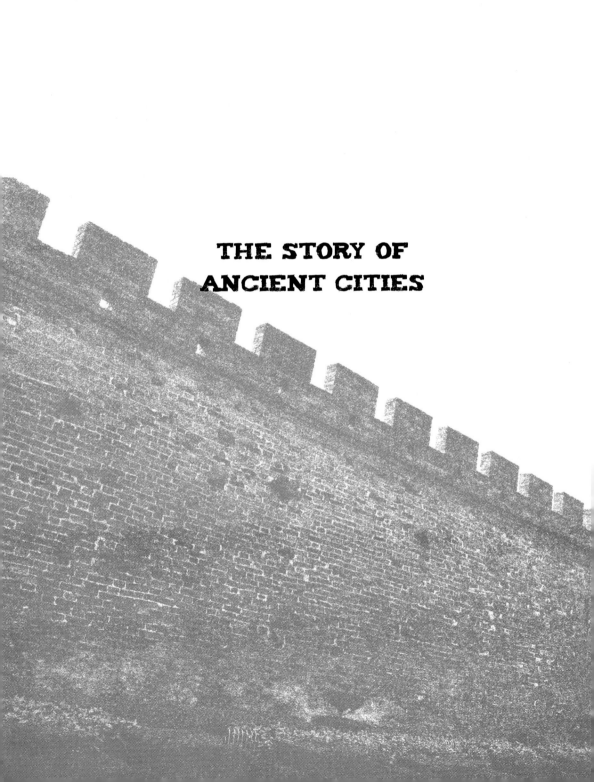

THE STORY OF ANCIENT CITIES

古城更新

空间生产视角下的城市振兴

王佃利　王玉龙　黄晴　等著

北京大学出版社
PEKING UNIVERSITY PRESS

图书在版编目(CIP)数据

古城更新:空间生产视角下的城市振兴/王佃利等著. —北京:北京大学出版社,2019.3

ISBN 978-7-301-30120-3

Ⅰ. ①古… Ⅱ. ①王… Ⅲ. ①城市建设—研究—山东 Ⅳ. ①F299.275.2

中国版本图书馆 CIP 数据核字(2018)第 276906 号

书　　　名	古城更新：空间生产视角下的城市振兴
	GUCHENG GENGXIN
著作责任者	王佃利　王玉龙　黄　晴　等著
责 任 编 辑	朱梅全
标 准 书 号	ISBN 978-7-301-30120-3
出 版 发 行	北京大学出版社
地　　　址	北京市海淀区成府路 205 号　100871
网　　　址	http://www.pup.cn　新浪微博 @北京大学出版社
电 子 信 箱	sdyy_2005@126.com
电　　　话	邮购部 010-62752015　发行部 010-62750672　编辑部 021-62071998
印 刷 者	河北滦县鑫华书刊印刷厂
经 销 者	新华书店
	730 毫米×980 毫米　16 开本　23.5 印张　373 千字
	2019 年 3 月第 1 版　2019 年 3 月第 1 次印刷
定　　　价	68.00 元

未经许可，不得以任何方式复制或抄袭本书之部分或全部内容。
版权所有，侵权必究
举报电话：010-62752024　电子信箱：fd@pup.pku.edu.cn
图书如有印装质量问题，请与出版部联系，电话：010-62756370

"城市发展与公共政策丛书"序

在这个快速城市化的时代,"城市治理"一词持续受到热议,对城市发展进行思考的会议也尤其多。其中有两次会议,意义尤为重大,并在世界范围内对城市发展产生深远影响:一是 2015 年 12 月在中国北京召开的中央城市工作会议,在时隔 37 年之后,再次将"城市工作"上升到中央层面进行专门研究部署,对城市发展作出顶层设计,指明进入新的发展时期中国城市发展的思路。二是 2016 年 10 月在厄瓜多尔首都基多召开的第三届联合国住房和城市可持续发展大会,20 年一次的大会通过了里程碑式的成果《新城市议程》,该文件着眼于未来,为今后 20 年世界城市的发展确立了目标和方向,引领各国迈向可持续发展的城市未来。

这类会议之所以激动人心,是因为会议主题关乎未来,关乎每个人,让人们深入思考人和城市的关系以及人如何在城市中生活。

城市的发展伴随着人类社会的进步。人为什么会来到城市?这一问题已经内设了人在物质和精神两个层面的追求。刘易斯·芒福德(Lewis Mumford)的观点更明确,即精神至上——城市最终的任务是促进人们自觉地参加宇宙和历史的进程。古典的城邦孕育了思辨的智慧,封建城市在中世纪的黑暗下逐渐孕育出独立与自由的曙光,近代以来城市的迅猛发展彰显了人类在工业时代飞速发展的经济与技术,当今全球范围内城市的发展和转型则与后工业时代人类社会的根本性变革息息相关。正如芒福德所言,城市是一个巨大而复杂的文化磁体和容器:通过感情上的交流、理性上的传递和技术上的精通熟练,尤其是通过激动人心的表演,从而扩大生活的各个方面的范围,这一直是城市的最高职责。人性因城市而不断丰富和发展,生活的精彩由此展开。

人们怀着向往来到城市,但城市如何让生活更美好?城市之美,源自于历史的厚重,更源自于对生命价值的关怀和追求。城市之美,柯布西耶(Le

Corbusier)憧憬的充满规则与秩序的静谧是一种,布莱恩·J. L. 贝利(Brian J. L. Berry)笔下那个包含众多并行、差异较大的生活方式的"马赛克"也是一种。在雅各布斯(Jane Jacobs)看来,在城市的舞台上,人们生活的艺术不是那种每个人在同一时刻起脚、转身的"舞蹈",而是每个人都表现出自己独特风格却又相互和谐的复杂"芭蕾"。现代城市值得人们期待和向往,是因为以现代化的经济、技术等物质条件支撑起的人性的释放和对自由的尊重,是城市追求的最高的"善"。

城市的追求并不等于城市的现实。在城市发展与人类发展的过程中,挑战与回应伴随着整个城市发展的历程。今天的中国,城市化的浪潮正呈现为一个观察城市发展模式转变的丰富舞台。

作为中华文明传承载体的中国城市,无论是变迁的历史还是规划的艺术或建筑的技艺,都足以让世界瞩目。如今中国城市现代化的发展,也正在创造一个令人瞩目的奇迹。经过改革开放以来的快速发展,2011年,中国城市化率达到了51.27%,城市人口历史上首次超过农村人口,中国初步进入"城市时代"。中国的城市化不仅仅是城市数量的增加,更是一个多层次的发展进程,城市群与区域、城市自身、城市社区都呈现出多姿多彩的面貌。

在这样的过程中,如何让人生活得更美好?这事关城市发展的质量。史无前例的经济增速和人口涌入带来了城市化的迅猛发展,但如何应对却准备不足,中国相应进入一个"城市病"多发的"阵痛期"。在区域层面,不同城市、不同区域之间的同质化竞争愈演愈烈,导致大量重复建设和经济发展的低效率;地区之间、城乡之间、群体之间的贫富分化日益拉大,损害了社会公平。在城市层面,交通拥堵、环境污染、公共服务供给水平不高且效率低下,"住房难""看病贵""上学难"等问题日益严峻,成为社会不满和群体冲突的导火索。从社区层面看,城市发展中的"大拆大建"带来的文物古迹、历史街区的破坏令人扼腕叹息,"拆旧建新""拆真建伪"等建设性破坏也让人无言以对。我们进入了城市化的新阶段,同时我们也站在了一个历史和时代的岔路口。

理解中国的城市,不仅要了解来路与现实,更要把握未来的"去向"。站在时代的岔路口,走向治理是我们的选择。无论是提出"走以人为本、四化同步、优化布局、生态文明、文化传承的中国特色新型城镇化道路",还是强调"推进国家治理体系和治理能力现代化建设",都指向一种新型的"城市治理"理念。现代化的城市治理理念,意味着城市生活中多元主体的共治共建共享;要求推进城市基本公共服务的供给侧改革,增强公共服务供给效率和供给质量,增强公众获得感;要求推进区域治理,改变同质化的低效率竞争,以合作治理的理念推动对区域公共问题的解决,完善区域公共物品供给,提升区域整体发展水平;要求完善市政建设,优化城市权力的组织架构和运行机制,缓解城市社会矛盾和社会冲突;要求推进社区更新,将历史文化保护与城市发展有机结合……

城市治理的现代化,不仅是城市管理者和实践者的职责,也是城市研究者的时代责任和担当。山东大学城市发展与公共政策研究中心自2009年成立以来,一直关注城市发展和城市治理的理论进展和实践问题,以城市可持续发展、城市群与区域发展、城市公共服务、城市更新等为主要研究领域,并形成了市政公用事业、城市管理体制、区域合作治理等几个特色研究方向。在承担多项国家课题、合作项目的基础上,中心决定对团队的研究成果予以集体出版,形成"城市发展与公共政策丛书"系列,以之作为对以往成果的总结与学术交流的平台。

拥有对城市的美好向往,直面城市发展的现状,我们思考城市发展当下的机遇和挑战,以此定义和塑造未来我们想要的城市和生活。在变革的时代,用行动改变未来。愿与各位同道者一起,前行!

山东大学政治学与公共管理学院
山东大学城市发展与公共政策研究中心
2017年5月23日

序 一

　　This book is a fascinating account of government-led efforts to revive the historical heritage of ten ancient cities in Shandong province. The revival of tradition in China has been widely discussed, but less well known is that these efforts concretize in the form of decisions to rebuild parts of ancient cities. Shandong province, richly endowed with culture and history, has been leading these efforts. As this book shows, however, reviving traditional cities is not a simple matter of copying and reimplementing the past. History does matter: each chapter includes a detailed discussion of each city's historical context and how it can and should inform redevelopment efforts. But so do contemporary needs, including the need to provide decent living spaces for city-zens and to make each city attractive for tourists who help to revitalize local economies. What's clear from this book is that there is no one-size-fits-all solution to the question of how to balance often conflicting requirements for successful revitalization of cities. Each city, in consultation with city-zens and advised by outside experts, has taken its own unique path to reviving ancient buildings, roads, and infrastructure.

　　What these efforts have in common is precisely the effort to affirm each city's unique spirit. Why does this matter? It seems obvious that modern-day "city-zens" take special pride not just in the fact that they live in an urban environment with material benefits that make urban life desirable compared to rural life, but also in the fact that they live in an urban environment that is special relative to other cities. This urban pride—we can call it "civicism" (爱城主义)—is rooted in the feeling that a city is particular; it's hard to feel proud of a city that only expresses the homogeneity of globalization, just as it's hard to feel proud of a neighborhood McDonald's. A sense of community—something that seems as deeply rooted in human nature as the quest for personal freedom—typically needs to be attached to a community that expresses particular characteristics. Those special characteristics can be expressed in the way of life and values of city-zens—think of the residents of Qufu who are often inspired by Confucian values—but they also need to take concrete forms in distinctive urban environments. And the challenge might seem particularly daunting in Chinese cities that often seem to smother difference; the drab, uniform look of Chinese cities appear to have erased the diversity that provides a sense of community grounded in local particularity.

Chinese cities were subject to decades of Soviet-style modernization, followed by decades of American-style modernization. From the architectural point of view, it may be the worst of both worlds. But it's not too late to rebuild cities so that they express a particular spirit grounded in each city's distinctive culture and history. It is an immense challenge, but it's a hugely important challenge, worth striving for. There may be costs in the short term, but the long term benefits are immense, both for local city-zens who can derive a sense of belonging grounded in particularity and for tourists who can benefit from new and unique cultural experiences. This book shows how the challenge of reviving historical cities can be done with sensitivity to both history and to the present and future needs of the people. Of course, the challenge of reviving ancient cities is an unfinished and sometimes flawed project, and the book's critical perspective provides valuable suggestions for how cities in Shandong province might revitalize their ancient cores with even more sensitivity, thus providing guidance for not just other cities in China, but cities in the rest of the world too.

Daniel Bell (贝淡宁)

08/2018

【附本序的中译本】

本书对山东省内十个由政府所主导的古城历史遗迹复兴项目作出了精彩的评述。虽然现在中国传统文化复兴这一话题广受关注,但是却较少有人将其与古城更新的一系列决策联系在一起。山东省有深厚的文化与历史底蕴,也引领着中国传统文化复兴与古城更新的尝试与努力。然而,正如本书所展现的那样,古城更新并不是对过去的简单复制与重现。历史传统的确很重要,书中的每一个章节都详述了一个城市的历史背景及其对于古城更新的意义。但与此同时,现下的需求也十分重要,包括为居民提供舒适的居住空间的需求,也包括回应游客偏好从而激活地方经济的需求。本书向我们清晰地展现了这样一种观点:在如何平衡不同需求之间的矛盾与冲突,从而实现古城更新这一问题上,并没有放之四海而皆准的方法。通过引入居民协商与咨询专家等方式,每个案例城市在历史建筑的保护和修复、道路系统和基础设施的改造和完善中走出了具有自身特色的道路。

这些城市更新的尝试具有一个共同的特征,即明确城市自身的独特精神。为什么它如此重要?显而易见的是,现代城市居民的自豪感不仅仅来源于城乡比较之下物质条件更加丰裕、生活更加舒适的城市环境,也来源于城城相较中城市环境所具有的独特性。我们将这种城市自豪感称为"爱城主义"(civicism),其根植于对于城市特殊性的感受;而那些在全球化浪潮下同质化的城市空间却很难唤起人们的自豪感,正如人们不会为麦当劳周边的社区感到自豪一样。社区归属感深深根植于人的本性中,也体现了人们对于个人自由的渴求,它的存在依附于社区所体现的独特性。这些独特性可以表现为市民的生活方式与价值观——正如时常受到儒家价值观所感染的曲阜的居民——但是,独一无二的实体性的城市环境也十分重要。然而,中国城市由于差异性的消弭而面临尤为严峻的挑战;中国城市单调而统一化的外表抹杀了多样性,而正是在这种多样性基础之上才产生了根植于地方独特性的社区归属感。

中国城市曾走过几十年的苏联模式的现代化之路,在随后几十年中又追求美国模式的现代化。然而,从建筑学的视角来看,这两种城市发展模式非议颇多。虽然走过一些弯路,但从现在开始重建城市,从而寻求根植于城市独特的文化与历史中的城市精神为时未晚。这是一项艰巨的挑战,但却十分重要,值得我们为之努力。虽然短期内难见收益,但是长期的增益可观,这既包括通过打造地方特殊性来重塑地方居民的归属感,也包括为游客带来新奇和独特的文化体验。本书向我们展现了在应对古城更新这一挑战时,如何处理人们对于历史的、当下的与未来的需求。当然,古城更新这一任务尚未完成,实践中也出现了很多问题。本书以其批判性的视角为山东省城市历史内核复兴提供了珍贵的建议,极具敏锐的洞察力,也因此为中国其他地方的城市乃至世界其他国家和地区的城市提供了指导和借鉴意义。

山东大学政治学与公共管理学院

Dan Bell(贝淡宁)

(翻译 黄 晴)

2018 年 8 月

序 二

有多少"古城"可以"今来"？

提起"古城"，总会让我有些拧巴，五味杂陈，似乎说不出，却又道不尽。

这里所言的"古城"，应该是指古代传承下来的具有丰富历史文化信息和载体的城市。在中国，古代城市是以围合的城池作为主要标志，一般都拥有完备的城墙和护城河。有人统计过，中国历代都城、各诸侯国及后来的州府郡县镇，带有城池的城市多达四五千座，可谓蔚为大观。鸦片战争之后，东南沿海一些开埠城市借鉴外国近现代城市发展理念，不再建造城池，城市形态逐渐变得开放，城市功能也趋于现代化。但是，大多数中国内陆城市依然是一座座威严的"围城"，这种状况一直持续到中华人民共和国成立以后。

20世纪50年代初开始，中国的城市发展出现了巨大的转折。1950年2月，著名的"梁陈方案"被否定后，北京外城城墙被陆续拆除，剩下的部分外城墙和城门楼也在60年代中期被拆光。也正是在这一时期，全国上下大兴"拆城运动"，似乎没过多久，数千座城池便化为乌有。

那是一个战争之后百废待兴的时代，上上下下提倡革故鼎新。说来也怪，一向"中庸"的济南在拆城这件事情上却先声夺人，早于北京，甚至也没有像北京那样引起什么争议，很多市民都在期盼交通环境改善，增加公交车，建设大工厂，过上好日子。济南作为府城所在地，宋代开始修筑城池，先是用夯土，后来石砌砖垒，至明清时府城墙及护城河已固若金汤。清晚期济南城关一带又修筑第二道城池，即圩子墙和圩子河。1928年，日本人制造了骇人听闻的"五三惨案"，在攻打济南府城时，府城墙损毁严重，东西南三座城门及瓮城遭重创，东门和南门箭楼几近坍塌，西门箭楼只剩下些残柱。30年代虽经民国政府修缮，但因财力有限，东西南三门箭楼及瓮城最后被全部拆除。加之1948年济南战役的惨烈，城墙更是千疮百孔了。1950年2月，济南开始逐步拆除府城和圩子墙，用时两年基本拆完。城墙原址大都拓宽为马路，护城河和圩子河的大部分保留至今。本书中所提及的山东其他一些中小城市的城墙,也大部分是在 20 世纪五六十年代"作古"的。

  一座古城的城池、道路和建筑是城市表征,是"骨肉",是"肌肤",而历史文化和居民生活才是城市内涵,是"魂魄",是"精神"。古城原来大都是某个区域的中心城市,城市设施较之其他地方会完善些,衣食住行等市民起居生活也相对方便,加之沉淀下来的小区域文化等林林总总,古城里生活的人自然会有些莫名的自豪感、优越感,这也构成市井文化和民俗风情的一部分。

  吾生已晚,本书中提到的古城,我都没看到过"原装"的城池。但在改革开放初期,这些城市旧时的模样还依稀可见,特有的气息尚能捕捉到。那时的人无论生活状态还是生活气质都与今天大有不同,而各个地方又都迥然有别。我一直找不到合适的词来形容这种情形,好像用闽南话所说的"古早"比较恰当,即很有些年代感,但又不太暮气沉沉。那时的古城让人能感觉到一股浓浓的"古早味"。

  例如,旧时隶属东昌府的临清,靠着与大运河相连的卫运河,舟楫往来,漕运繁盛。至明清,朝廷在运河沿线设钞关收漕运关税银子,临清钞关为运河八大钞关之首,税收占整个运河税收的四成,足见这里的船运业有多么鼎盛。虽然后期运河断航,风光不再,但小城里依然保留着当年的古风遗韵。运河边上还有几条如竹竿巷等老街,街面是用大石条铺就的,巷子两侧都是些上门板的门市,做竹耙子的,做笼屉、簸箕的应有尽有。老城往往出好酱菜,临清就是例证。创建于清乾隆年间的临清济美酱园,竟能与北京"六必居"、保定"大慈阁"、济宁"玉堂"并称"江北四大酱园",其进京腐乳、甜酱瓜口味很是独特。

  而云门山下的青州府古时的名气和地盘比临清大很多,它是"月儿弯弯照"的九州之一,长时间作为山东首府(省会),最远管辖到辽东半岛南部。从明代山东省会移到济南府后,青州府逐渐式微。三十多年前我初去时,这里已是易名后的益都县了。当时的小城宁静宜人,街道两旁国槐相接,斜阳穿过浓荫,将斑驳的光影洒在青石板路上,历史的年代感、自然的幽静与生活的温情在古城空间里重合了。"待要吃好饭,围着青州转。"青州不仅有隆盛糕点,还人人会做菜。青州羊汤是鲁中重要流派,还有炸全蝎、花椒叶,牛肉馅水煎包、柴禾炖鸡等,都是下酒的好菜。

  怀旧往往从味蕾的冥想开始,但眼睛总会提醒你回到现实。如果没有大量的"古早"的东西逝去,人们的怀旧便失去了原动力。

古城与其他城市一样,大规模的变迁,开展"新城运动"始于20世纪80年代中后期。无数的城市开始"摊大饼""滚雪球",城市不断蔓延,市区不断扩张。"一年一个样,三年大变样"成为很多城市主政人的口头禅。几乎所有的县以上城市都有"经开区""高新区"。大广场、大绿地、环城路、立交桥、高架路成为城市标配,"十里不同风,百里不同俗"变成了"千城一面"。人们在欣喜之余总觉得少了些什么。于是,"旧城复兴"或者说"古城再造"又粉墨登场了。

将古城作为一个整体成建制地保护和修复,山西平遥古城应该是滥觞;整体规划重建,云南丽江大研古镇是翘楚。前者一是因为20世纪80年代当地经济贫困,没有资金拆老城,重建迟缓却因祸得福;二是有郑孝燮、罗哲文、阮仪三等专家奔走呼号,仗义执言,才最终被"刀下留城"。而后者则遇到1996年丽江7.0级大地震,很多房屋毁于刹那之间,只能卧薪尝胆,重建家园,打造出另一番天地。

这个时期的山东人又一次钝感了,古城修复或重建的历程相较于其他省份推后了不少。台儿庄古城、青州古城、即墨古城、武定府城的修复或重建,都是进入21世纪后的事。要说古城重建前后变化反差最大者当属台儿庄,可谓脱胎换骨。台儿庄古城2011年重建之前,我所看到的景象与现在的"新古城"大相径庭。那时的台儿庄是地地道道的乡村,与"台儿庄"这一地名十分吻合。那条弯月形的运河河道,不再有漕运的功能,仅有几只小船在水中静静飘荡着,而航运的功能早已交给了距此不远的新运河。百姓中有人由驳岸旁青石台阶下到老河道洗衣,或刷洗过活的家什。河边几条狭窄的街道两旁,房舍陈旧低矮,偶见两层楼阁,或青砖灰瓦,或土坯墙草屋顶,没有热闹的市肆商号,一派萧瑟,一派质朴,却真有几分枕水人家特有的况味。

"罗马不是一天建成的",一座城总是需要慢慢生长。我一向不认为古城有什么"原生态"。"修旧如旧"也好,"建新如初"也罢,没有标准答案。古城的意义似乎是城市历史年轮的某种呈现,也似乎是某个地域的"视窗",让我等好奇之人去窥视、探寻与品味。今天,我们不可能与古人建造城市的目的与理念相同。我们赋予城市建设的诉求越来越高、越来越多、越来越复杂,目的不再是那样的纯粹和单一了。但旧时光回不去,古城同样无法返回。我们所能做的只有客观面对。

本书是对山东省十个古城更新项目进行调查后的梳理与解读。这些项目的初衷主要是保护、传承和复兴地域历史文化，发展旅游产业，提振当地经济，改善城市面貌和人居环境等，其中很多项目备受地方党委和政府重视。进展比较成功的项目大都是"政府主导，社会参与"，即政府、部门、企业和市民达成了有效共识，形成了利益攸关方的集约合力和协同联动的高效运转机制，最终被社会和市场所认可和接纳。而那些出现问题的项目大多存在政府决策失误，职能缺位，脱离当地实际，市场参与度和市民热情不高，运行机制失灵等因素。

　　作为古城，"留古、复古、承古、用古"这些原则基本没错，关键是在越发光鲜华丽与冷酷的外表下，古城的"内心"如何变得更加真诚，更加友善，更加美丽，更加温暖；如何给予生活在这里的人，无论是本地居民还是远方游客更多的喜悦和生活乐趣，或者是当下流行的说法，即有更多的"获得感"，这恐怕是"古城再造"与本书所探究的最大意义和价值。

山东省旅游规划设计研究院
牛国栋
2018年金秋于历山下

目　录

导论	古城更新、政策议程与城市文明	001

第一篇
古城议题与分析框架

第1章　城市化进程中古城的机遇与风险　021
 1.1　古城议题因何而热？　021
 1.2　我国古城保护的实践历程与制度设计　024
 1.3　从古城保护到古城更新：实践中的众声喧哗　028

第2章　空间生产理论的缘起与内容阐释　034
 2.1　空间生产理论的提出　034
 2.2　空间生产理论的内涵与构成要素　038
 2.3　城市空间生产的过程　041
 2.4　空间正义的价值追求　043

第3章　古城更新的空间塑造与生产动力　046
 3.1　古城的空间属性与更新目标　046
 3.2　古城空间生产中的动力　052
 3.3　古城更新中主体的关系　057
 3.4　我国以往古城空间生产再审视　062

第二篇
历史文化街区的更新

第4章　场所营造、人群集聚与事件营销：济南市明府城项目的空间生产策略　069
 4.1　济南的城市设置与明代府城　070
 4.2　明府城更新的探索历程　078
 4.3　新水流古舫，洲畔育百花　087

4.4　老街巷的异变与旧民居的蜕变　　097
　　4.5　明府城空间生产的效果与经验　　108
　　4.6　济南历史文化街区更新的思考　　113

第 5 章　空间想象与政策实践：青岛市中山路街区
　　　　 的复兴故事　　116
　　5.1　空间形态的基本塑造：空间想象、文化符号与空间具象（1898—1994）　　116
　　5.2　不均衡的发展：商业资本的转移与中山路的衰落（1994 年至今）　　123
　　5.3　复兴中山路：新时期的空间想象与政策行动　　126
　　5.4　价值争论：什么样的空间？谁的空间？　　130

第 6 章　征收安置与权利保障：烟台市历史文化街
　　　　 区"网格化搬迁"的实践创新　　138
　　6.1　烟台市历史文化街区的形成与发展困境　　138
　　6.2　烟台市历史文化街区更新的规划与管理体制　　149
　　6.3　"征收难题"的破解之道："网格化搬迁"的创新　　155
　　6.4　历史文化街区整体改造与渐进更新的思考　　162

第三篇　古城更新，让城市更美好

第 7 章　政府主导下的文化旅游复兴：台儿庄古城
　　　　 的空间生产　　173
　　7.1　台儿庄古城空间生产的历史背景与话语建构　　173
　　7.2　古城空间生产的推动力量与建设理念　　183
　　7.3　古城更新：顺势而为，亦假亦真　　193

第 8 章　古城空间与居民生活的交融：周村古商城
　　　　 的涅槃　　206
　　8.1　因商而城：周村城市空间演变　　207
　　8.2　重现昔日繁华：周村古商城空间生产的历程　　211
　　8.3　周村古商城空间生产的推动力量与推动理念　　215

8.4　周村古商城更新的特征　　220

第9章　千年古城,八载新邑:青州古城空间振兴之路　　225
　　9.1　青州古城当代的空间形塑与空间意象　　225
　　9.2　历史上青州古城的沿革与失落　　232
　　9.3　"八载新邑"的更新历程　　238
　　9.4　政策主导与居民共享的古城更新机制　　248
　　9.5　青州古城更新的经验　　256

第四篇　蓄势待发的古城更新

第10章　城市文化产业再造:即墨古城复兴的探索之路　　265
　　10.1　即墨古城的兴衰:历史视角下的城市空间演变　　266
　　10.2　古城空间生产的议程设定　　270
　　10.3　文化产业再造:即墨古城更新中的空间重塑　　277
　　10.4　作为"文化展柜"的古城空间:即墨古城中的大欧鸟笼　　284
　　10.5　即墨古城空间生产的成功经验与困境　　286

第11章　追寻武定府远去的辉煌:惠民古城更新的期待与探索　　289
　　11.1　惠民城市发展的兴与衰　　289
　　11.2　惠民故城和武定府衙的修复重建　　293
　　11.3　资本对历史痕迹的塑造:魏集古村落的更新　　299
　　11.4　惠民古城振兴的评价　　302

第12章　"运河边双子城"的复兴故事:临清中洲运河古城与聊城东昌古城　　308
　　12.1　历史视野中的临清中洲运河古城　　308
　　12.2　临清中洲运河古城的复兴尝试　　314
　　12.3　临清中洲运河古城复兴的困境　　318

12.4　聊城东昌古城重建:古城复兴的前车之鉴　　321

12.5　临清中洲运河古城复兴之路的思考　　327

余　论　古城空间生产的双重路径与城市振兴　　332

参考文献　　345

从"乡愁"到"城冀"的寻觅(代后记)　　352

导 论

古城更新、政策议程与城市文明

城市有其一以贯之的目标,城市也有其兴衰的波折。处于快速变化和更新当中的古城,如何在历史变迁中保持其进步目标和可持续发展,是当下亟待回应的问题。近年来,山东的许多古城都卷入了城市更新的浪潮当中。我们调研了济南、青岛、烟台的历史文化街区,走访了青州、即墨、周村、台儿庄等重建的古城,也到了惠民、临清、东昌等地的历史旧地,力求发现:快速城市化中的历史古城,在当代如何自处?

一、成为政策议题的古城更新

2011年,中国城市化率首次突破50%,达到了51.27%,这意味着中国城镇人口首次超过农村人口,标志着中国社会由乡村中国转变为城市中国,是中国城市化的一个关键节点。2017年,中国城市化率已经到了58.52%。①据联合国开发计划署发布的《2013中国人类发展报告》,到2030年中国城市化率将达70%,城市人口总数将超过10亿。②

进入城市时代,高速城市化的进程,要求推行相应的城市治理模式和机制。在这个趋势下,中国逐步完善了新型城镇化战略。为应对新挑战和新需求,城市必须寻求新的定位,即建设包容的城市、文化的城市、智慧的城市。所谓包容的城市,就是各种异质要素融入城市,促进城市对外力人口的包容和公共服务的提升;所谓文化的城市,就是注重城市文脉的传承和城市更新,

---

① 数据来自国家统计局2011年和2017年《国民经济和社会发展统计公报》,http://www.stats.gov.cn/tjsj/tjgb/ndtjgb/qgndtjgb/,2018年7月26日访问。
② 联合国开发计划署驻华代表处、中国社会科学院城市发展与环境研究所:《2013中国人类发展报告:可持续与宜居城市——迈向生态文明》,中国对外翻译出版有限公司2013年版,第2页。

挖掘城市的历史价值以增进可持续发展;所谓智慧的城市,就是融合互联网＋,促进科技发展,实现城市的智能化。新的城市发展目标,意味着新的政策策略和政策行动。

当下中国与文化城市相适应的政策行动就是"城市双修"。所谓"城市双修",是指生态修复、城市修补。生态修复,旨在有计划、有步骤地修复被破坏的山体、河流、植被,重点是通过一系列手段恢复城市生态系统的自我调节功能;城市修补,重点是不断改善城市公共服务质量,改进市政基础设施条件,发掘和保护城市历史文化和社会网络,使城市功能体系及其承载的空间场所得到全面系统的修复和完善。城市双修是一个长期的系统工程,是城市发展到成熟阶段进行城市更新的必然要求,是城市发展转型的重要标志。

美国建筑协会(AIA)认为,20世纪90年代以后,翻修重建房屋的需求会在长时期内持续增长,公众普遍关注保存当地著名建筑,城市从"建设时代"转变为"重建时代"。日本综合研究开发机构认为90年代后城市进入人口的稳定期,形成了稳定的地区文化和共同体基础,城市建设也相应地出现了转机,从"建筑的时代"进入"维护管理的时代"。[①] 从城市发展的规律看,城市内的建筑都会逐渐变多和变旧,城区空间都会日渐拥挤,必然会有改造和改善的需求,也就会出现"在城市中建设城市"的客观要求。从中国城市化的发展趋势来看,当城市化的比例超过50%,外延扩展式的城市化也将逐渐为内涵提升式的城市化所替代,城市修补、城市更新也就相应地进入政策议题,大量的古城就会面临保护与发展之间的冲突。

中国有着悠久的城市文明,每个城市都有自己引以为豪的历史,且大多数城市的历史都可以追溯到很早以前,因此中国的城市更新就是典型的"在城市中建设城市"的状况,城市更新的命题在很大程度上是古城更新的命题。由此引发的问题是,城市更新过程中如何面对已有的历史街区、文化传统、城市环境,这不仅仅是城市规划和建筑问题,更是影响广泛的公共政策议题,需要政府、企业、公众和专家各方主体的共识和力量整合。

[①] 张松:《历史城市保护学导论:文化遗产和历史环境保护的一种整体性方法》,同济大学出版社2008年版,第2页。

二、古城进入政策议程的方式

山东古为齐鲁之邦,有着悠久的城市文明,深厚的历史积淀和丰富的文化贯穿整个发展过程。因此,今日城市多为历史性城市,它们或者是历史悠久的文化古城,或是自古繁华的商贸中心,或是四方辐辏的交通枢纽,或是兵家必争的军事重镇,或是海防前沿的卫所营寨。每个城市都有光荣和辉煌的历史,这也是每个山东人津津乐道的话题。

然而,山东众多的历史古城在当代面临新的挑战。在城市更新的时代,面对丰富的历史遗存,面对新时代的经济发展形势,历史保护与经济发展如何有机结合?寻找城市新的发展动力、促进城市的可持续发展,成为每个城市都在思考的议题。既要历史古城又要现代化城市,既要历史保护又要创新发展,古城的双重使命,经常会出现想象中的美好和现实中的困难重重两种截然不同的局面,这是我们在调研山东古城的过程中能够时时感受到的。

城市发展中"以老城为中心"还是"发展新区、保护老城"的争论由来已久,实际上体现了古城发展中的政策难题。从山东古城的实践发展和探索中,我们认为主要有两种政策议程设置方式。

(一)作为文物保护式的古城

古城的首要价值在于其历史价值传承,其表现载体就是传统的建筑、街巷等等。中国1982年颁布《文物保护法》,建立了以文物保护为中心的遗产保护制度,并提出了对历史文化名城的保护,后来在法律的修订过程中,将历史文化街区、历史文化村镇也纳入了法律保护范围,形成包括单体文物、历史地段、历史文化名城的多层次保护体系。

在政策行动上,中国对于可移动文物,主要依靠国有博物馆,对各级文物形成系统的保护;对于不可移动文物,主要通过世界文化遗产、重点文物保护单位、历史文化名城等政策规定来加以保护。从城市保护的角度看,中国最明显的就是政府设置的对历史文化名城的审批。国家城建部门、文化部门分别于1982、1986、1994年公布了三批国家历史文化名城,并且陆续有增补,到2017年7月全国共有132座国家历史文化名城。在这个过程中,山东充分发挥自己的特色,获批国家级历史文化名城10座。此外,山东省还设置了"省级历史文化名城"。这充分体现了山东城市的文化厚度(见表0.1)。

表 0.1 山东省的历史文化遗产和历史文化名城

	类别	名称	公布时间
世界文化遗产	文化与自然双重遗产	泰安与济南:泰山、岱庙、灵岩寺	1987.12
	世界文化遗产	齐长城	1987.12
		"三孔"(孔府、孔庙、孔林)	1994.12
		大运河(山东段)	2014.6
国家历史文化名城	第一批	曲阜	1982.2
	第二批	济南	1986.12
	第三批	青岛、聊城、邹城、临淄	1994.1
	增补名单	泰安(2007.3)、蓬莱(2011.5)、烟台(2013.7)、青州(2013.11)	
省级历史文化名城		济宁、淄博、潍坊、临沂、临清、莒县、惠民、枣庄、滕州、文登	

资料来源:根据相关资料整理。

作为历史文化大省,山东省为保护历史文化遗产,早在1997年就出台了《山东省历史文化名城保护条例》,通过制定各种保护措施,对加强历史文化名城保护、避免历史文化名城在城市化快速发展过程中遭受建设性破坏发挥了重要作用,建立了历史建筑、历史文化街区、历史文化名城点、线、面三维一体的保护管理体系。2017年,山东省有关部门又启动了对上述保护条例的修订工作。

山东省确立的这些历史文化名城都是保存文物特别丰富、具有重大历史价值或者纪念意义的城市,划定为历史文化名城是对这些城市丰富历史文脉的充分肯定。从管理体制上看,城市规划行政主管部门负责历史文化名城保护工作,文物保护由文物保护部门负责。在文物保护工作中,常用的措施就是划定保护范围和划出建设控制地带,在保护范围内原则上不得进行建设,建设控制地内可以进行有约束的建设。这种限制式的政策工具注重保持城市的原貌,通过划定范围、限制建筑高度和体量、规定建筑风格和形式等手段,遵从了文物保护工作中"不改变文物原貌"的原则。

但这种限制式的政策工具对于偌大的城市来说,尤其是在快速城市化发展阶段,难免会出现"建设性破坏",所以在历史文化名城的基础上,主管部门又采取了历史文化街区的保护措施。2014年,山东省批准了35处历史文化街区,集中体现了城市的建筑和文化特色(见表0.2)。

表 0.2　山东省历史文化街区

市名	区名	历史文化街区名称
济南市	历下区	芙蓉街—百花洲历史文化街区
	历下区	将军庙历史文化街区
	历下区	山东大学西校区(原齐鲁大学)历史文化街区
青岛市	市南区	观海山历史文化街区
	市南区	鱼山历史文化街区
	市南区	八大关、汇泉角、太平角历史文化街区
	市南区	八关山历史文化街区
淄博市	周村区	周村古商城历史文化街区
枣庄市	台儿庄区	台儿庄古城历史文化街区
	滕州市	书院街历史文化街区
烟台市	芝罘区	奇山所历史文化街区
	芝罘区	烟台山—朝阳街历史文化街区
	芝罘区	广仁路—十字街历史文化街区
	芝罘区	虹口路历史文化街区
	芝罘区	宫家岛历史文化街区
	蓬莱市	戚继光故里历史文化街区
	蓬莱市	西关历史文化街区
	蓬莱市	万寿历史文化街区
潍坊市	潍城区	十笏园历史文化街区
	坊子区	坊子坊茨小镇历史文化街区
	奎文区	廿里堡火车站、大英烟公司历史文化街区
	奎文区	潍柴老厂区历史文化街区
	青州市	北关历史文化街区
	青州市	东关历史文化街区
	青州市	偶园历史文化街区
济宁市	任城区	铁塔寺及太白楼历史文化街区
	任城区	竹竿巷历史文化街区
	曲阜市	明故城历史文化街区
泰安市	泰山区	红门路—岱庙—通天街历史文化街区
威海市	环翠区	刘公岛西摩尔商业街历史文化街区
	文登区	召文台历史文化街区
聊城市	临清市	中洲运河历史文化街区
	东昌府区	米市街历史文化街区
	东昌府区	大小礼拜寺街历史文化街区
滨州市	惠民县	鼓楼历史文化街区

资料来源：根据相关资料整理。

这些历史文化街区基本上已经融聚了各个城市的历史文化精华,明确了保护目标,政府部门也从政策手段上加以维护,对这些区域提出了明确的建设要求,要求划定各历史文化街区及历史(优秀)建筑的核心保护区、高度控制区、风貌协调区。加之社会公众的文物保护意识较强和文化传承自觉度较高,共同促进了对历史文化遗产的保护。

(二)作为产业发展的古城

中国的古城更新在实践发展中必须回应不同的发展要求。首先是城市扩展带来的城市范围增长,建设新城区的要求带来了对旧城区的剧烈改造,旧城区陈旧的建筑、滞后的生活条件,都与人们对新城区和高质量居住条件的期待发生冲突;其次,城市发展中对经济增速的注重,致使高速发展的房地产业成为城市财政的主要支撑,历史城区所拥有的土地成为有利可图的"热点",历史建筑的消失和现代建筑的涌现成为人们广为诟病的问题;最后,在现代主义规划思想的影响下,对城市的想象,多表现为大建筑、大空间、整齐划一,城市形象的巨大表现力和快速变化又容易成为政策行动显而易见的效果,获得拥有雄心与抱负的城市政府的青睐,历史城区因此也成为"建设性破坏"的牺牲品。

在现实的城市更新中,古城更新不仅仅是城市规划部门和文物保护单位关注的对象,也被政府作为城市发展的引擎,期待带动城市经济的发展。在城市形象的塑造中,古城的历史价值也从各个方面被重新解读。城市作为经济和产业发展的基础,成为旅游业、房地产业等经济部门作为的对象。进入21世纪后,在保护古城的同时,人们更加注重对历史古城、历史文化街区和历史(优秀)建筑的利用。山东的各个城市开始了一轮又一轮古城更新的努力,从中可以看出政府的热切,表0.3所列是部分建设项目。

表0.3 山东的古城建设项目

项目名称	所在区域	投资净额	运作方	启动时间
台儿庄古城	枣庄市台儿庄区	27亿元	古城投资有限公司	2008年(已竣工)
聊城古城	聊城市区	38亿元	首都旅游集团、盛世百年公司	2009年(已竣工)
无棣古城	滨州市无棣县	14.6亿元	黄河三角洲融鑫集团有限公司	2010年(已竣工)

(续表)

项目名称	所在城市	投资净额	运作方	启动时间
青州古城	青州市老城区	420亿元	青州古城文化旅游发展有限公司	2011年(已竣工)
东阿古城	济南市平阴县	20亿元	山东龙岗旅游集团	2011年(已竣工)
即墨古城	青岛市即墨区	102亿元	江苏一德集团、青岛天泰集团	2013年(已竣工)
沂州古城	临沂市兰山区	100余亿元	伟光汇通文化旅游开发有限公司	2016(在建)
郯国古城项目	临沂市郯城县	30亿元	伟光汇通文化旅游开发有限公司	2016年(在建)
莒国古城项目	日照市莒县	37亿元	莒国古城投资开发有限公司	2016年(在建)
济州古城项目	济宁市任城区	62亿元	伟光汇通文化旅游开发有限公司	2018年(在建)
明水古城项目	济南市章丘区	65亿元	明水古城旅游发展有限公司	2018年(在建)

资料来源:根据相关资料整理。

这些古城建设项目可以从产业布局、旅游开发、文物保护各个角度进行解读,但总体都是作为依托古城而展开的城市综合发展策略。这方面的驱动,来自之前的建设项目所产生的示范效应,从山东省的国家5A级旅游景区就可见一斑(见表0.4)。

表0.4 山东省国家5A级旅游景区一览表

入选时间	所在城市	景区名城
2007年	泰安	泰安泰山景区
2007年	烟台	烟台蓬莱阁旅游区
2007年	曲阜	曲阜明故城(三孔)旅游区
2011年	烟台	烟台龙口南山景区
2011年	青岛	青岛崂山景区
2011年	威海	威海刘公岛景区
2013年	枣庄	台儿庄古城景区
2013年	济南	天下第一泉风景区(趵突泉—大明湖—五龙潭—黑虎泉—环城公园)
2013年	临沂、潍坊	山东省沂蒙山景区
2017年	青州	青州古城景区
2017年	威海	威海华夏城景区

资料来源:根据相关资料整理。

到2017年,山东省已经有11家国家5A级旅游景区。从这些古城建设项目中可以看出,多数景区是和历史古城、历史文化街区紧密联系在一起的,多数古城建设项目都是以此作为追求目标。尤其是台儿庄古城、青州古城,都是依据历史文化街区重建古城,作为发展旅游的抓手和龙头,进而引领城市的发展。

上述景区都是官方认定的。从民间的角度来看,网友曾经评定出"山东十大古城"(见表0.5),证明了古城重建在公众中的认知偏向。

表0.5 民间评选的"山东十大古城"

古城名称	历史沿革	历史特点	主要景点	景区级别
青州	古九州之一,西汉设青州刺史部,东汉为州名,此后一直有青州府的建制	"东夷文化"的发源地;商业繁荣;多元文化共融共生	偶园、衡王府牌坊、贡院、清真寺、基督教堂、偶园、府文庙等	国家5A级旅游景区、国家历史文化名城
临淄	原名营丘,周为齐国都城,汉为齐王首府,三国时为青州治所	工商业发达;思想学术中心、音乐之都和"东方奥林匹亚"	齐故城宫殿遗址、东周殉马坑、中国古车博物馆、姜太公祠等	国家历史文化名城
曲阜	周朝为鲁国都,是当时东方的礼乐之邦;汉朝时鲁封国都城	儒家文化发源地、文物古迹众多、孔子故乡	孔庙、孔府、颜庙以及历代孔宅府第、古泮池、乾隆行宫等	世界文化遗产、国家5A级旅游景区、国家历史文化名城
兖州	古九州之一,汉为十三州刺史部之一。后来一直是府以上级别,领有州县	史前文化、传统的建筑布局独特;军事重镇,战略地位突出	兴隆文化园、兖州市博物馆、青莲阁、西吴寺等	全国、省重点文物保护单位数处
台儿庄	明朝京杭运河的改道使台儿庄迅速崛起。台儿庄大战让古城化为一片废墟	运河文化、商业繁华、抗战记忆、鲁南民俗文化、宗教文化	翠屏学馆、山西会馆、运河漕帮镖局博物馆、天后宫扶风堂等	国家5A级旅游景区、国家文化遗产公园
莱州	齐置夜邑。西汉置掖县,为青州东莱郡治。唐为莱州。明升莱州为府	宗教文化、民间文化繁荣;曾为胶东半岛的政治、经济、文化中心	云峰山、千佛阁、崮山摩崖刻石、毛纪墓、蒜园子新石器遗址等	全国、省重点文物保护单位数处

(续表)

古城名称	历史沿革	历史特点	主要景点	景区级别
蓬莱	汉武帝筑城命名为蓬莱。唐始置蓬莱镇,后为登州治所。明初升为登州府	山海景观是形,神仙文化是魂;登州古港,对外开放程度高	蓬莱阁景区、蓬莱水城、三仙山、八仙渡、蓬莱古船博物馆等	国家5A级旅游景区、国家历史文化名城
即墨	齐国通商名邑。秦代置县。隋朝建城,迁于现址,有1400多年建城史	先秦时胶东半岛的政治、经济、文化、军事中心;久远的建城史	县衙、文庙、真武庙、城隍庙、财神庙、基督教堂、万字会等	全国、省重点文物保护单位数处
莒县	始自东夷的莒部落,秦时莒国改称莒县,西汉置城阳郡,清称莒州	史前文化、地上地下文物丰富、文学艺术繁荣	陵阳河遗址、莒州博物馆、定林寺、齐长城遗址等	省级历史文化名城
临清	临清之名始于后赵,明属山东省布政使司东昌府,清升为直隶州	运河文化、宗教文化、民俗文化	运河钞关、鳌头矶、清真寺、舍利宝塔、大宁寺等	省级历史文化名城

资料来源:根据相关资料整理。

民间的这种认可,实际上体现了古城在现实中的一种实然状态。可以说,历史价值在现实中都是作为促进城市发展的旅游业而呈现出来的。

作为文物保护的古城保护路径注重了历史价值的维护,却影响了城市活力的发挥;作为产业发展的古城保护路径以带动城市经济发展为目标,也容易存在损害城市个性、造成"千城一面"的问题。如何将二者有机地结合起来,成为许多古城更新在现实中的探索方向。就当前的政策取向来看,这也是政府所认可的。例如,山东省建设厅在回复有关政协委员《城市建设中重视文化保护和创新的建议》中就提出,山东省已经进行了历史(优秀)建筑保护与利用的相互促进的探索。如青岛市积极开展工业遗产改造,把登州路青啤老厂20世纪初的老建筑改建成啤酒博物馆,增强了城市的吸引力;淄博市对周村大街古建筑修缮复原,重现清末民初时期北方"旱码头"景象,成为诸多影视剧的拍摄取景基地。从中我们可以看到两种政策路径的融合和创新。

历史古城有不可割灭的历史,这些历史与城市的未来息息相关。要正确处理历史文化保护与经济社会发展的关系,处理好历史文化遗存、历史文脉与空间环境、自然景观的依存关系,体现出历史文化名城的特色,依法合理适度利用历史文化遗存,努力实现社会效益、环境效益和经济效益的协调统一,成为新的政策议程设置的标准。

三、城市文明发展中的山东古城

"山东"作为行政区划名词,是从南宋之后才基本明确为今天山东省的空间范围。在此以前的"山东",作为区域名词,有着其他具体的含义。战国之时,从秦国的视角将崤山以东的区域称为"山东",所以才有"山东六国"之说。秦汉至北宋,"山东"泛指太行山以东的地区,如著名的"山东士族"就是指这一区域的豪强士族。金朝改宋朝的京东东路为山东东路,治所是益都府(今山东省青州市),这是"山东"作为政区之名的开始。明朝把元朝的中书省一分为三,其中之一就是山东,山东行政区全称为"山东等处承宣布政使司",从洪武九年(1376年)起布政使衙门驻济南府。清朝沿袭明朝行政区划制度,确立了今天山东省行政区的雏形。梳理山东古城的发展历程,我们需要把握自然地理和经济地理在时间维度上的变化。

(一)自然人文地理视角下的山东古城

从中国传统的地理观来看,最早的行政区划就是"九州"的划分。《尚书·禹贡》以重要山川为标志,将当时天下划分为九州,一直深深地影响着中国的地理文化的发展。今天的山东省区域,从九州之时起,就横跨了九州之三州,即兖州、青州和徐州,反映了这些区域的历史悠久,体现了历史上山东区域文明成熟、人口稠密、经济发达,这都是山东古城在历史上可以追溯的源头。

在历史地理的视野中,这三州的划分依据的是"山川形便"的原则,山东区域的河流、大山、大海等地理因素就成为对区域划分的依据。由于泰山对于黄河的阻挡,山东所在地大致形成了三个相对独立的板块:"济河惟兖州",即古济水和古黄河之间是兖州;"海岱惟青州",即泰山以东至海为青州;"海岱及淮惟徐州",即泰山以南至淮河的区域是徐州。尽管《尚书·禹贡》的九州划分还仅是一种设想,但是引导了自秦统一之后中国行政区划的实施。时至今日,山东省的城市群规划中的三大块,仍然是济南为中心的省会城市群、青岛为中心的半岛城市群和鲁南城市群,反映了山东城市发展的方向。

城市发展进程中自然环境、社会与国家之间存在密切的互动关系。山东这种自然地理的划分也与各自河流的流域相匹配,进而影响了各自区域政治人文的发育,如方言的分布,进而形成了一种有意思的对应,如青州区域—胶东诸河流域—胶辽官话、兖州区域—黄河海河流域—冀鲁官话、徐州区域—淮河流域—中原官话。① 从本书所关注的山东古城发展来看,济南、淄博人说的是冀鲁官话,青州、青岛是胶辽官话。这种人文地理上的分野,就成为古城历史发展中的不同发展路径和历史地位,进而形成不同的古城文化底蕴。

中国古代经济发展重心是一个自北向南的转移过程,秦汉时期在北方,从东汉末年到两宋之际是一个加速向南转移的过程,到南宋以后就固定在南方了。与此相应,作为政治中心标志的都城选址也具有自西向东、自南向北的趋势,周振鹤先生分析了西安、洛阳、开封、南京、北京这五大古都变迁规律,在中国区域政治与经济力量对峙中,唐以前是东西对峙,西安以西驾东;宋以后是南北对峙,北京以北临南。这种分析体现了中国文化与中国人文地理的特征,讲求形势制胜,以此思路分析山东古城在历史中的地位变迁,可以获得许多有益的启示。例如,战国时代临淄和曲阜在后代都不可避免地走向衰落,运河时代的城市随着北京政治中心的确立和经济中心南移而得以繁盛。

山东的古城在古代除了受制于首都定位的影响,交通运输带来的变化也非常明显。元朝定都北京后开挖大运河,将江淮粮米运到北京,山东段河道就成为内陆漕运航道的关键之处,运河不断开挖、迁徙、荒废,历经明清,七百多年的历史深刻影响沿运河两岸城市的发展:漕运兴盛时,村庄就变为繁荣的港口码头;漕运荒废时,城镇也随之陷入衰落。可以说,沿河城镇的兴衰都与运河息息相关。近代以来铁路的发展,给沿线城市带了巨大的挑战和机遇。津镇铁路(京沪铁路前身)和胶济铁路通达济南,在运河城市衰落后,带动了山东新一轮的城市崛起,其影响直至今日。

总之,在自然地理的基础上,城市的发展以经济为本,但其兴盛还是要兼具政治、文化等因素。山东古城在当今要考量可持续发展,就必须对这些影响因素有清晰的认识。

(二)作为文明传承的山东古城的发展

城市是文明的载体,它是行政、教化、非农经济等活动的交织点,也是为

---

① 《大山东地理:一部"三国演义"!》,https://mp.weixin.qq.com/s?src=11&timestamp=1533307309&ver=1038&signature=EOWi6ts*R6htTW4pkTAUxw-BhmeZyMJQV0Kw*GfQdM*c27xWGSK4nGNhUh8REoiB7D3XTMjyAKuTGW6TyRDKCyOzTRj7UhjGKaagyV*9zvv-8Iisu2wa8rCEMYuauaHs&new=1,2018年8月3日访问。

农村和农业服务的中介地。城市的历史演变自然地体现了城市文明的演变，因此从城市文明的角度来看城市的发展，可以更好地把握其内在脉络。我们在中国城市文明发展过程中，努力勾陈出山东古城的发展历程和特点，可以发现，在发展中每个时代都给山东城市打下了深厚的印记。

中国城市文明有其独特的本土特色，不仅今天的文字可以和3500年前的甲骨文相互印证，而且城市的功能、形状、结构，在龙山时代前就已经自成体系，城市发展中的"天人合一""顺天应命"等原则也贯穿始终，从部落发展出来的"敬天""祭祖"为核心的宗法制度也一直是城市构建的原则。依据这一城市文明，可以串起我们所关心的山东古城的各个历史片段。

西方学者有三个粗略的指标来判定社会是否达到文明社会，即冶铜技术、文字和城市的出现。按照这个标准，中国约在仰韶晚期至龙山时代早期便已经跨入文明门槛。关于城市出现的标志典型地表现在龙山文化发展中。龙山文化是指源自山东的一个文化体系，当时出现的"龙山城邦"，即具有行政和经济功能的聚落。按照薛凤旋先生的研究，龙山文化晚期的黄河中下游八大聚落群，在今山东区域的就有日照组、临沂组、鲁北组和鲁西组四个，其中城子崖聚落就是其中典型代表，考古发现当时已经形成都、邑、聚三级行政区划，其中心城市就是城子崖邦国的首都，已经具备了城市的功能和性质，其特点在后代被延续下来。[①] 而如今，城子崖就是谈论济南城市文化的起点。

中国城市文明自夏代奠基，到商代达到了青铜器高峰，已经形成了以帝国首都为核心、其他区域中心为节点的行政管治网。发现于今天济南东北部的大辛庄遗址，就体现了它和国都的从属关系，表明当时城市的主要任务是转运渤海湾旁利津的盐产，以供应商代京师地区。这也形成今天济南城市发展的深厚历史根基。

随着春秋时期的"封土建国"和井田制度的实施，城市成为封建的节点和农村供应的中心，构建了中国城市集行政系统、军事系统和宗法制度于一体的城市发展基础。山东地区的各个周代封国，已经奠定了山东古城传承的基础。齐鲁之外，山东境内还有莒（今莒县）、曹（都陶丘，今定陶县北）、薛（今滕州城南）、郯（今郯城）、颛臾（今平邑东南）、谭（今章丘市西）、纪（今寿光南）、滕（都滕，今滕州）等几十个国土较小的诸侯国。今天山东各地古城的历史大

---

① 薛凤旋：《中国城市及其文明的演变》，世界图书出版公司2015年版，第31—41页。

多能在此阶段找到历史依据。

战国时期的百家争鸣,也是城市发展多元化的一个表现,许多城市成为工商业城市,"城以盛民"的理念开始流行,出现了"筑城以卫君,造廓以守民"①的内城和外城结合的城市布局。今天山东临淄的风采就来自那时候的辉煌。作为齐国都城,临淄是战国时期人口最多的城市,当时有7万户,约35万人,"其民无不吹竽鼓瑟,弹琴击筑,斗鸡走狗,六博,蹋鞠者。临淄之途,车毂击,人肩摩,连衽成帷,举袂成幕,挥汗成雨,家殷人足,志高气扬"②。作为齐国的名城,即墨在重建的时候也在搜寻那段历史以做出文章。做过鲁国都城的曲阜,其城市布局以最吻合《考工记》的记载而著名,体现了中国古城的宫城居中、坐北朝南、前朝后市、中轴排列的规划原则。这些中国特色,在曲阜后来的发展中被延续和传承。

自秦汉开始,中央集权的国家制度、儒学为基的价值理念促使中国的城市变成了行政性城市,行政需求成为城市化的基本动力,城市的地位取决于它在行政体系中的等级。由于全国的政权中心都在以西安为中心的关中,山东地区的城市仅仅是平缓发展,能够值得一提的仍旧是临淄,作为区域工商业中心,它曾经是西汉最大的铸铁中心。

三国和南北朝的战乱时期,山东的青兖之地往往是以战场的身份出现在历史上,城市难言有什么发展。如今能够被挖掘出来的一个亮点就是,山东的青州曾经在十六国时期做过南燕国的首都(当时名为广固城),这是自中国出现中央集权政府后山东地区唯一做过都城的城市。随后大统一的隋唐时期,中国城市的盛世面貌主要是由唐都城长安的壮丽和南方都会城市的崛起来表现,山东地区的城市则是黯淡和没有什么深刻痕迹的。

两宋时期,中国是当时世界上最富有、最文明和最城市化的国度,城市的商贸功能和娱乐功能得到空前的发展。由于政治中心的东移和文人官僚政治的兴起,山东的城市在平稳发展的时候积淀了许多文化意蕴,如曾巩、辛弃疾、李清照之于济南(曾称为"齐州"),范仲淹、富弼、欧阳修之于青州,都留有许多被后人一再挖掘的文化遗留。另外,由于农民起义的多发和宋金之间的战争,城市的防卫性功能增强,诸如城墙、箭楼、护城河等都得到完善,如水浒

---

① 《吴越春秋》。
② 《史记·苏秦列传》。

故事主要发生地的济宁(当时称为"济州")、宋辽之间的边境重镇惠民(当时称为"棣州"),这些历史事迹在民间的演绎也成为城市文化的一部分。

元代是中国城市发展的黑暗时代,元灭金时,北方人口十减其六七。山东地区的城市深受其影响,难言有什么发展,唯一例外就是元代海运和大运河的漕粮运输,带动了一些港口的发展,如胶东半岛的登州(今蓬莱),会通河沿岸的临清、东昌等。如今随着大运河遗址成为世界文化遗产,这些城市在挖掘运河文化方面的力度也越来越大。

明代城市开始全面重建,受"高筑墙"理念的影响,明代将564个城市的城墙改造为砖墙,完善防卫设备,建立了省—府/州—县完整的与行政体系对应的城市体系,这种城市发展的思路延续至今。在山东地区,省治由青州转移到济南,自此济南成为山东的政治中心,济南的明府城规模也达到了历代之最,所以济南古城的项目就被称为明府城项目。明代大运河的修复和漕运的兴盛,使得作为商道的运河沿线成为新的城市增长带,山东的济宁、临清、东昌、台儿庄都兴盛一时,临清在晚明,已经有3万户和庞大的流动人口,人数总计达数十万之多。此外,山东出现了另一类特殊的城市,即东南沿海为抵御倭寇建立的军事机构——卫所,开启了山东沿海城市发展的进程,如鳌山卫(今即墨)、灵山所(今青岛)、烟台所(今芝罘)、威海卫(今威海)等,形成了以军事为主、商贸为辅的新城镇。今天山东的青岛、烟台、威海、即墨等追溯自己历史的时候,都会就此大书一笔。

清代前期城市延续明代的发展格局,其中比较特别的就是建立了具有明显民族和军事色彩的"满城"。清政府在全国重要城市安置八旗军驻防,这些驻扎官兵及其家属另筑一城别居,与原来的城市并立发展。在山东区域就有德州和青州两地建有满城。德州的满城,作为护卫京畿、保障漕运、支援海防的军事驻地。青州的满城,在青州城北另建新城,成为连接东西,对外御敌、对内平叛的军事驻防城,驻防之外也解决京师旗丁生计问题。这种具有民族隔离特点的建城方式,也成为如今青州在古城重建时值得进行文化挖掘的一个亮点。

清代后期城市出现了半殖民地化,列强的入侵深深影响了中国城市的发展。列强影响下的山东城市可以分为三种情形:一是被直接管制,如被德国控制的青岛(见中德《胶澳租界条约》)、被英国控制的威海卫(见中英《订租威海卫专条》);二是约开商埠,即外国强迫中国履行不平等条约而开的商埠,如通过《天津条约》而开放的烟台（初为登州）；三是自开商埠，是指清政府为杜绝列强觊觎，以自开抵制约开，在交通便利、商业繁兴地区开辟了一批口岸，如济南、潍县（今潍坊）、周村（见《直隶总督袁世凯等为添开济南潍县及周村商埠事奏折》）。如何评价西方列强对城市文明所造成的影响，已经成为一个重要的学术命题和社会话题。显然山东近代这三种城市，影响了城市的开放程度和城市文化的塑造，也影响了百年后人们在思考城市更新时的文化想象。

思考城市的未来，就要思考城市发展的道路。从文明延续和文化发展的角度看，中国自秦汉以来的城市化动力和空间分布状态基本保持不变，而城市的功能和样貌都一贯依循礼乐和天人合一的传统观念，中国城市基本都是地区行政中心，其他的工商业、防御功能都仅仅是辅助而已。这种趋势只有到了清代后期才开始在新型工业化影响下发生改变，给城市发展增添了更多的可能。这也是如今古城更新时必须面对的城市可持续发展要回应的城市文明问题。城市更新并非仅仅是一种建筑和技术上的变革，也是一种关于城市文明的思考。

城市化时代的到来，给城市遗产保护和古城更新带来了各种挑战，实践中的更新活动与保护原则相矛盾和冲突的情况时常发生，在反思实践行为效果的同时，也应对城市更新的政策议题和过程进行重新审视。由于各国城市具有明显的文化色彩和文脉传承的价值，城市更新过程就应注重历史的进程，充分考虑城市更新的多样性、创新性和价值性，对城市空间从时间连续性和实践可行性的角度进行价值甄别，注重不同城市发展机制在城市可持续发展中的作用。

古城更新所包含的"古"与"新"，意味着必须寻求一种将城市遗产保护与城市可持续发展融合在一起的理念。这一理念能够使经过历史长河的古城在现代城市生活中寻求到自洽的立足场所，让城市生长的行动策略体现出对文化价值、历史传统和古老环境的一种尊重，并将这种尊重体现在促进城市可持续发展的政策策略和公众行动上。

四、本书的结构

本书力求对古城更新在现实中的实现路径和保护方法进行探讨。在分析的过程中，发现空间生产理论能够较好地解释古城更新的内容和发生过程、实现力量,遂对空间生产的理论渊源、主要内容进行了介绍,在此基础上明晰基本思路,随后对山东十座古城的更新情况进行了解释。本书的框架如图0.1所示。

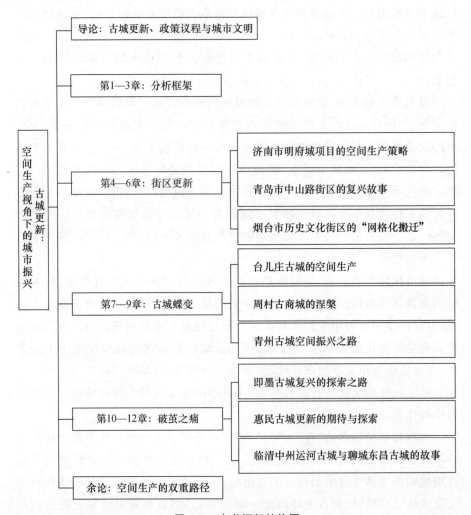

图 0.1 本书框架结构图

资料来源:作者自制。

在第一篇(第1—3章)中,本书阐述了研究所回应的现实问题和依据的理论视角,随着城市化的推进,中国古城保护和更新实践在不断深入的同时,也不断面临新的风险和挑战。基于空间的社会属性的空间生产理论,为分析当前古城更新的内涵、机制、挑战和策略提供了一个新的理论视角和分析工具。

第二篇（第 4—6 章）聚焦于历史文化街区的更新，考察了济南市明府城项目、青岛市中山路街区、烟台市奇山所城和烟台山—朝阳街两大历史文化街区的更新实践。

第三篇（第 7—9 章）选取了通过更新实现旅游发展的古城，包括台儿庄古城、周村古商城和青州古城，详细分析了这三座古城在保护更新和旅游开发中的策略和路径。

第四篇（第 10—12 章）关注于那些更新工作尚未全面展开、正在蓄势待发的古城，调研了"千年商都"即墨古城、"古武定府城"惠民古城、"运河双子城"临清中洲运河古城和聊城东昌古城，系统讨论了这些古城的历史演变、已经采取的保护和更新举措以及面临的发展挑战、启示和反思等。

第一篇
古城议题与分析框架

中国城市化的快速推进提高了市民对高质量城市生活的预期。古城保护乃至更新，成为城市政府创新城市发展路径、追寻优质城市生活的重要政策选项。本篇将用三章内容来解析全书所面对的古城议题和分析思路。

中国的古城在经历大拆大建的浪潮后，已逐渐进入到需重新审视和深度把握其本质属性与现实议题的"新时代"。近年来不断走红的各类古城，凸显了包括政府、开发商以及居民在传承城市文脉、增强城市竞争力方面所作出的努力。

随着大范围内古城更新实践的开展，古城空间范围的有限性、更新内涵的局限性、更新路径的极端性等问题引发各类城市主题的共同关注。尽管围绕古城"新旧""真假"与"形神"等方面的争论尚未休止，但既有古城保护及更新实践，依旧对在有限的空间内努力平衡历史遗存与摩登大厦间的关系，进行了有益探索。

社会科学中"空间转向"思潮的崛起，使得整合"空间—历史—社会"三维分析框架成为可能，空间生产理论已逐渐成为解析古城更新实践中物质空间、社会空间与精神空间的重要解释性框架。将古城更新的现实议题与空间生产理论进行碰撞、整合，将给我们带来认识古城空间和古城更新的新思考。

第 1 章

城市化进程中古城的机遇与风险

城市作为人类文明的伟大成果,其本质是地域文化的空间集聚①,丰厚的历史底蕴与文化内涵的汇聚使得城市这一空间显得弥足珍贵,其间承载着人文情怀与岁月沧桑的古城更是如此。几千年的文明史赋予了我国数量众多、各具特色的古城,但如何在有限的城市空间内平衡以古城为代表的历史遗存与象征现代文明的摩登大厦之间的关系,成为我国城市化进程中不得不仔细审视与斟酌的现实挑战。

1.1 古城议题因何而热?

古城保护不仅仅是一个老命题,同样也是一个新挑战。在经历了"问题凸显"到"风险放大"的变迁之后,古城保护及相关议题逐渐成为城市发展建设必须回应的问题和挑战,并引起社会各方的广泛关注。

1.1.1 古城保护的属性界定:从老命题到新挑战

古城的本质是人类城市生活的历史文化遗产,城市中历史文化街区、古建筑以及彼此联系的传统生活样态都是文化遗产的重要组成部分,平遥古城、丽江古城、凤凰古城、襄阳古城等都是我国古城的典型代表。② 中华人民共和国成立后的相当一段时间里,由于我国城市化水平较低、城市内部的发

---

① 苏勤、林炳耀:《基于文化地理学对历史文化名城保护的理论思考》,载《城市规划汇刊》2003年第4期。
② 王佃利、张莉萍、高原主编:《现代市政学(第四版)》,中国人民大学出版社2015年版,第311页。

展空间尚存余量,古城保护与城市发展并无明显冲突,此时的古城保护更多的是对文物古迹的保护与修缮,具有较强的技术属性。1953年政务院颁布《关于在基本建设工程中保护历史及革命文物的指示》,1961年公布全国第一批180处重点文物保护单位目录,都为日后我国古城保护工作的有序推进奠定了基础。

改革开放以来,随着我国城市化水平的快速提高,成倍增长的人口大量涌入城市。拥挤的城市空间加剧了各利益主体之间对空间资源的竞争,历史上便处于城市核心位置的古城往往首当其冲。城市中各主体对于发展空间和经济利益的渴望,逐渐冲淡和抵消对于古城文物保护的观念,同时经验的缺乏导致了一系列城市社会问题:"老城改造"造成"建设性破坏","推平头"式拆迁严重破坏了文化遗产和历史环境;"危旧房改造"片面追求基础设施和住宅的统一建设,忽视历史文化街区的多样性特色等。① 近年来在我国掀起的古城重建热潮实质上是城市更新过程的缩影②,城市空间的日渐匮乏使得古城保护问题逐渐由一类技术问题蜕变为影响一个城市发展的经济社会问题,复杂化的发展趋势贯穿于古城保护由老命题演化为新挑战的嬗变过程。

1.1.2 古城保护的问题凸显:站在时空交汇点上的中国古城

近年来,古城保护问题逐渐引起民众的广泛关注,动辄上亿的项目投入不断刺激着社会舆论敏感的神经。古城保护问题凸显的根本原因在于,我国古城正处于特殊的时空交汇点上。回顾西方发达国家的城市发展进程,可以发现,当城市化水平发展到一定阶段,特定时期内的城市更新活动中常常伴随对历史遗存的破坏:欧洲1950年城市化率达到50%,城市建设高潮造成大量历史建筑和历史街区迅速消失;日本1960年城市化率达到63%,粗放式开发与巨大城市化的浪潮,使京都、奈良、镰仓等古都的历史保护陷入困境;美国1960年城市化率达到70%,广泛的城市更新破坏了许多有价值的历史环境。③ 发展中国家也同样如此,有学者指出,发展中国家的城市化率达到

---

① 单霁翔:《留住城市文化的"根"与"魂"——中国文化遗产保护的探索与实践》,科学出版社2010年版,第6—9页。
② 王佃利、冯贵霞:《治理视野下的古城重建策略探析——以J市古城为例》,载《公共管理与政策评论》2013年第3期。
③ 赵勇:《我国城镇化进程中历史文化名城保护的思考》,载《城市发展研究》2013年第5期。

30%至70%时,也是城市的历史传统、地段、街区和习俗被破坏的高危期。[①] 2017年,我国城市化水平已高达58.52%,正处于城市化快速推进阶段,同样也处于历史遗存保护的高风险期。基于其他国家的发展经验,可以发现,当前我国城市化所处阶段的特殊性成为解释近年来国内古城保护问题日渐凸显的重要时间要素。

与西方宗教及贸易因素主导下的城市建设不同,古代中国更为重视城市政治与军事功能的实现。在此类建设思路的影响下,我国古代城市的本质是由高大城墙围绕起来的封闭空间,城市核心区域具有极强的稳定性,作为城市发源地的古城区一般都处于城市之中的核心位置。虽然相较于现代城市建成区而言,古城的用地规模较小,但古城恰恰是城市传统特色与城市文化最为集中的体现,是历史文化遗产最集中的区域,是城市记忆保存最完整、最丰富的地区。[②] 随着我国城市的发展与蔓延,绝佳的地理位置使得古城始终处于政府、房地产商以及公众彼此争夺的黄金地段,并在各种主体的干预下成为受破坏最为严重的区域。我国自20世纪80年代以来进入城市化的高峰期,旧城改造所带来的面目全非的城市布局是对历史传统和地段破坏性影响的主要表现。[③]

1.1.3 古城保护的风险放大:预期与现实间的巨大落差

有学者曾指出:"城市越是发展,人们对于城市在人文精神方面的品位要求就会越高,对于城市历史文化方面的追求就会越突出。"[④]城市的建设与市场经济的发展,使得城市主体越来越希望能在古城更新实践中获得更多的利益,这在无形之中大大增加了古城保护尤其是古城更新所面临的困难与挑战:位于城市中心地区的历史地段整治和更新的代价越来越高;居民(无论是房主还是租户)对改善居住环境的愿望越来越迫切,对搬迁补偿的经济预期

[①] 王䶮云:《传统保护与现代化进程的矛盾——以四川为例看历史文化名城保护与开发存在的问题》,载《四川大学学报(哲学社会科学版)》2007年第3期。
[②] 单霁翔:《留住城市文化的"根"与"魂"——中国文化遗产保护的探索与实践》,科学出版社2010年版,第6—7页。
[③] 王䶮云:《传统保护与现代化进程的矛盾——以四川为例看历史文化名城保护与开发存在的问题》,载《四川大学学报(哲学社会科学版)》2007年第3期。
[④] 单霁翔:《留住城市文化的"根"与"魂"——中国文化遗产保护的探索与实践》,科学出版社2010年版,第10页。

也越来越高;具体负责操作的企业组织在提高投资收益和缩短完工时间等方面也有越来越高的要求;保护工作者想坚守的保护原则同现实社会中各种利益相关者的价值取向之间的关系也越来越盘根错节。[①] 不同主体无论是对于古城保护的推进策略、补偿机制还是对于古城更新的效果,都存在着差异化甚至彼此矛盾的预期。古城保护实践的开展将面对越来越复杂的风险,承担越来越多的责任,也越来越需要一种有效制度安排加以维护和解决。

遗憾的是,面对古城保护过程中出现的复杂矛盾与较高的预期风险,现实中仍有许多障碍:政府自上而下的管治模式依然不变,公众参与的途径依旧稀缺,社区力量仍很薄弱,各参与主体的利益冲突难以协调,自下而上的城市更新诉求得不到有效回应,城市更新陷入多元合作的"政策真空"。[②] 同时,产权、拆迁、土地等制度在现实中的失效使各利益主体倾向于采用一种非常规、制度外的方式,以谋求各自的权益。[③] 现实中古城保护实践引发了一系列社会问题,并在部分失效的制度安排下走向复杂化和放大化,从而导致古城出现"居民不愿住、游客不愿来、领导不愿管"的尴尬局面。

1.2 我国古城保护的实践历程与制度设计

就我国古城的内涵而言,既应包括由我国各级政府公布的历史文化名城,又应涵盖尚未纳入现有历史文化遗产保护体系但却具有较强的历史人文价值的城市街区及其古文物建筑等,即具有文物保护和城市更新双重价值的历史文化区域。下文以由我国政府认定且具有涉及范围广、保护效果较明显等特征的历史文化名城为例,力图剖析古城保护的发展脉络及其现存制度。

1.2.1 我国古城保护实践的演进历程

中华人民共和国成立以来,我国古城问题的应对策略带有强烈的文物保护色彩,常以历史文化遗产保护的形式出现在各级政府的行政决策之中。我

---

① 张兵:《探索历史文化名城保护的中国道路——兼论"真实性"原则》,载《城市规划》2011年增刊。
② 王佃利、冯贵霞:《治理视野下的古城重建策略探析——以 J 市古城为例》,载《公共管理与政策评论》2013 年第 3 期。
③ 张杰、庞骏、朱金华:《旧城更新拆迁博弈中的帕累托最优悖论解析》,载《规划师》2008 年第 9 期。

国古城保护经历了形成、发展与完善的三个历史阶段,即以文物保护为中心内容的单一体系的形成阶段,增添历史文化名城保护为重要内容的双重保护体系的发展阶段,以及重心转向历史文化保护区的多层次保护体系的成熟阶段。[①] 1950 年,政务院颁布的《古文化遗址及古墓葬之调查发掘暂行办法》《关于保护古文物建筑的指示》以及《禁止珍贵文物图书出口暂行办法》标志着我国文物保护制度逐渐走向正轨。改革开放后,国务院分别在 1982 年、1986 年、1994 年公布了三批国家历史文化名城,并在之后陆续增补了若干城市(见表 1.1),标志着我国历史文化遗产尤其是对于古城的保护工作实现了从点到面的过渡。与此同时,古城开始以历史文化名城的身份逐步得到国家的承认与保护。

表 1.1　我国历史文化名城汇总表

公布批次	公布时间	历史文化名城名称
第一批 (24 处)	1982 年 2 月	北京、承德、大同、南京、泉州、景德镇、曲阜、洛阳、开封、苏州、扬州、杭州、绍兴、江陵、长沙、广州、桂林、成都、遵义、昆明、大理、拉萨、西安、延安
第二批 (38 处)	1986 年 12 月	天津、保定、平遥、呼和浩特、沈阳、上海、镇江、常熟、徐州、淮安、宁波、歙县、寿县、亳州、福州、漳州、南昌、济南、安阳、南阳、商丘、武汉、襄樊、潮州、重庆、阆中、宜宾、自贡、镇远、丽江、日喀则、韩城、榆林、武威、张掖、敦煌、银川、喀什
第三批 (37 处)	1994 年 1 月	邹城、正定、邯郸、新绛、代县、祁县、哈尔滨、吉林、集安、衢州、临海、长汀、赣州、青岛、聊城、临淄区、郑州、浚县、随州、钟祥、岳阳、肇庆、佛山、梅州、雷州、柳州、琼山、乐山、都江堰、泸州、建水、巍山、江孜、咸阳、汉中、天水、同仁
增补 (35 处)	2001 年 8 月至 2018 年 5 月	山海关(区)、凤凰县、濮阳市、安庆市、泰安市、海口市(与琼山合并)、金华市、绩溪县、吐鲁番市、特克斯县、无锡市、南通市、北海市、嘉兴市、宜兴市、中山市、太原市、蓬莱市、会理县、伊宁市、泰州市、会泽县、烟台市、青州市、湖州市、齐齐哈尔市、常州市、瑞金市、惠州市、温州市、高邮市、永州市、长春市、龙泉市、蔚县

资料来源:根据网络资料整理而成。

20 世纪 90 年代以来,我国城市化的快速发展使得古城保护工作面临更

---

① 王景惠、阮仪三、王林编著:《历史文化名城保护理论与规划》,同济大学出版社 1999 年版,第 9 页。

为严峻和复杂的保护形势,如何进一步完善我国历史文化遗产体系以减少资本力量对古城资源的破坏作用,成为摆在城市管理者和古城研究者面前的重要课题。自国家颁布《黄山市屯溪老街历史文化保护区管理暂行办法》伊始,我国逐渐形成了"文物古建—历史街区—历史文化名城"①的整体保护格局(见图1.1),包含古城在内的历史文化遗产保护体系逐渐走向成熟。

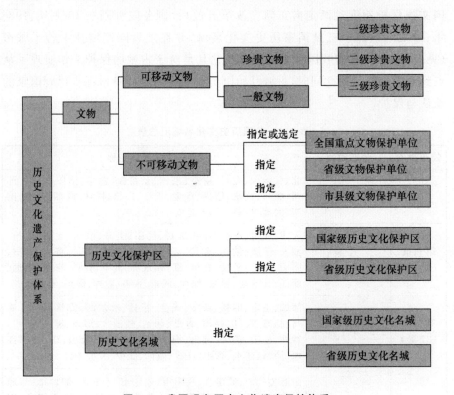

图 1.1 我国现有历史文化遗产保护体系

资料来源:王景惠、阮仪三、王林编著:《历史文化名城保护理论与规划》,同济大学出版社1999年版,第9页。

1.2.2 我国古城保护实践的制度现实

我国逐渐建立历史文化名城保护制度的初衷,是减少古城更新中对高历

---

① 王景惠、阮仪三、王林编著:《历史文化名城保护理论与规划》,同济大学出版社1999年版,第70页。

史价值的古建筑、文物古迹和周边环境的"建设性破坏"。自1982年公布第一批历史文化名城名单伊始，经过三十多年的建设，我国已在行政管理制度、法律法规体系和专项资金保障等方面初步建立起具有显著国情特色和较强保护效能的古城保护制度。

在管理制度方面，伴随着多次政府机构改革和政府职能转变，我国历史文化名城的管理部门也经历过多次调整和优化。国家基本建设委员会、国家文物事业管理局、国家城市建设总局是公布第一批国家历史文化名城时的主管部门；城乡建设环境保护部、文化部是第二批历史文化名城公布时的主管部门；建设部、国家文物局是第三批国家历史文化名城公布时的主管部门。当前，在国家层面，住房和城乡建设部、国家文物局全面负责名城的保护管理、监督及指导工作；在地方层面，历史文化名城由地方城建或规划管理部门与地方文物、文化主管部门共同管理，或由专设性名城保护机构（如平遥古城的古城保护管理委员会等）专门负责。

在法律法规体系方面，除《宪法》《刑法》等中的相关条款之外，被称为"两法一条例"的《文物保护法》《城乡规划法》和《历史文化名城名镇名村保护条例》是我国历史文化名城保护的基本法律法规。同时，地方政府围绕历史文化名城的保护工作，制定了大体三类管理法律规范，包括：关于历史文化名城及其整体空间环境保护法规及管理规定（如《山西省平遥古城保护条例》）、关于名城特殊区域或历史文化保护区保护法规及管理规定（如《上海市历史文化风貌区和优秀历史建筑保护条例》）、关于文物保护单位及其他单项保护法及管理规定（如《苏州园林保护和管理条例》）等。① 由此，历史文化名城保护的法律法规体系在我国已初步建立起来。

在专项资金保障方面，国家历史文化名城保护专项资金和各级政府的文物保护经费是我国历史文化名城保障资金的主要来源。根据《国家历史文化名城保护专项资金管理办法》的规定，国家历史文化名城保护专项资金是中央设立的，专项用于国家历史文化名城中确有长期保护价值的重点历史街区及文物的保护规划、维修、整治的资金，由中央专项拨款。文物保护经费主要由地方政府承担，《文物保护法》规定县级以上人民政府应当将文物保护事业

---

① 王景慧、阮仪三、王林编著：《历史文化名城保护理论与规划》，同济大学出版社1999年版，第77页。

纳入本级国民经济和社会发展规划，所需经费列入本级财政预算，部分文物单位也可自筹经费。当然，我国有限的古城保护经费并不能有效应对庞大的古城规模及严峻的保护形势，借鉴英美等国家的资金保障经验、充分调动社会参与的积极性并由此建构起多元的历史文化名城资金保障体系，成为未来古城保护需要面临的重要挑战。

1.3 从古城保护到古城更新：实践中的众声喧哗

城市化水平的提高与城市空间的捉襟见肘，推动了我国城市更新的进程。单纯从文物保护的思路开展的古城保护，已无法解决城市的可持续发展问题。古城作为城市更新重要的空间对象，在城市发展中被赋予了更为积极的角色。但同时，城市更新的治理挑战在城市化浪潮中凸显，引发了人们对"我们究竟需要一个怎样的古城更新"的当代思辨。

1.3.1 中国式古城更新的实践策略

从已有的实践经验来看，古城更新主要通过三种方式来实现促进城市发展的目标。但在地方政府的实践中，往往不会将某种方式作为单一化的政策选择，而是通过制定"组合拳"的古城更新方案来推动古城改造，促进城市发展。

一是以商业为导向的古城更新，在古城中建设商业设施，或者将原有的古城建筑改造为商业经营场所，引入商业经营活动，吸引消费，从而直接创造财富。

二是房地产开发导向的古城更新，通过对古城内落后的建筑和设施进行拆除，在古城内建设现代化的住宅区或商业体，从而将传统、落后的古城区域改造为一个现代化的居住、商业区域，并通过对附着物的建设、设施和服务质量的提升，推动古城区块乃至周边区域的地价升值。

三是以文化和旅游为导向的古城更新，深入开发和挖掘古城内所拥有的历史文化资源，并围绕这些历史文化资源打造古城的文化标签、彰显历史底蕴，将古城内的历史建筑、文物古迹进行保护修缮和展览，将古城打造为城市中的文化旅游景区，并对景区内的建筑、配套基础设施和服务设施进行保护、修缮和改造提升，使古城承接现代化的旅游业和服务业，从而推动财富的创造。

尽管不同策略在古城保护和更新的重点上有所侧重，但回顾多年来城市更新的实践可以发现，古城更新呈现出了独特的实践经验和现实特征，可称之为"中国式古城更新"。在建筑形式上，古城更新总体上以保留建筑风格为主，以保留建筑的形态符号来传承古城的建筑文化；通过保护修缮以传承古城内特殊历史建筑、文保建筑的意义和价值；保护后的建筑通常会作为吸引旅游观光或承接商业经营活动的场所节点。

在功能定位上，古城更新通常将古城定义为风格各异的商业街区，将古城内部划分为若干功能街区，并围绕古城主要的街区道路、建筑节点打造商业街轴线及旅游参观动线；在古城不同街区内部打造服务于不同功能的商业物业，从而在古城街区内部形成多元化的商业业态布局；在古城街区深处或外围区域，开发高档次的居住物业，通过现代化的高档居住设施、配套商业设施和公共服务设施，提升以古城为中心的周边区域的整体地价。

1.3.2 我国古城更新实践引发的治理挑战

在轰轰烈烈的城市更新运动的背后，在我国城市化快速推进的过程中古城受到的破坏日益严重，"建设性破坏""保护性破坏""大拆大建""仿古一条街"等现象还没有得到有效遏制。[①] 服务于城市经济发展的古城更新同时引发了一系列有关古城保护和社会发展的治理挑战。

古城更新的实施范围有待扩展。我国历史文化名城并不能代表古城的全部，我国古城更新的涉及范围，还应包括那些尚未纳入现有历史文化遗产保护体系但却具有较强的历史人文价值的城市街区及其古文物建筑等。当前我国的古城保护实践主要依托于历史文化遗产保护体系来展开，并更多的是从文物保护而非城市更新的视角加以认知，此种认知惯性在一定程度上淡化了古城在城市发展中的角色与作用。而在具体范围上，当前古城保护实践中往往将大量资源投入到被认定为文保单位的建筑或价值较高的"文物精品"，对于承载城市记忆但未被列入各级保护名录的传统民居建筑和历史价值较小的历史遗存并未进行更大力度的保护，这种"选择性忽视"并不能有效承担起古城更新的任务。

---

① 赵勇：《我国城镇化进程中历史文化名城保护的思考》，载《城市发展研究》2013 年第 5 期。

古城更新的具体内容有待丰富。 一般而言,古城保护具有"不破坏、维护和修缮、整治古迹周围环境、适用性利用"等四层含义。① 不破坏是指停止人为破坏,维护和修缮是指古迹的延年益寿而非返老还童,环境整治是指将古迹周边环境纳入保护范围,适应性利用是指对古建筑的功能再开发。② 而在当前我国古城更新的过程中,城市管理者更多地关注古城格局、街巷形制、建筑形态等物质性内容,对于大到城市文化的传承、小到居民市井生活及邻里关系等社会性及精神性内容关注不够,"重形态、轻文脉"是我国古城更新内涵局限性的重要体现。

古城更新的主体权益有待保障。 城市更新作为一个系统工程,需要政府、市场和居民的有效沟通与紧密合作。其他国家的经验表明,世界上尚未有一座城市能仅凭政府实现古城区的有效更新。与其他城市更新活动类似,政府与资本在当前我国古城更新实践中占据主导性地位,以公民个体和社会组织为代表的社会力量参与力度明显较弱。在当前古城重建热潮中,政府官员的政绩需要和房地产商的利润最大化原则成为旧城改造运动最主要的动力源泉。③政府垄断着古城更新的政策议程决策权,其以行政号令的方式近乎可以决定古城更新的最终走向。市场力量虽然在古城更新活动中具有一定参与权,但其参与过程具有较为明显的行政依附性。城市居民作为城市文化的创造者,在政府与市场的强势干预下,被动地参与到古城更新实践之中,其城市权利并未得到充分保障。

古城更新的实现路径有待调整。 当前我国古城更新路径呈现出极端化的演进倾向,具体表现在以下几个方面:一是各城市一哄而上地大肆推进城市内古城区重建的进程,"拆真文物、建假古董"现象屡见不鲜且屡禁不止;二是将古城发展简单视为发展旅游业、零售业,将许多历史遗迹盲目改造为景点景区,发展方式单一且过于追求经济效益;三是在政绩取向下,某些城市的政府急于求成,要求古城更新达到立竿见影的发展效果,甚至为此不惜突破某些保护规划的限制,这在新申报的历史文化名城之中尤为明显。

在快速推进的城市化进程中,轰轰烈烈的城市建设热潮极大改变了城市面貌,城市仿佛一夜之间成为各方关注的重中之重。但此番红火的场景并不

---

① 倪斌:《历史文化遗产保护现状探析》,载《同济大学学报(社会科学版)》2005年第5期。
② 王景慧:《城市历史文化遗产的保护与弘扬》,载《城乡建设》2000年第3期。
③ 陈映芳:《城市中国的逻辑》,生活·读书·新知三联书店2012年版,第33、107页。

能掩盖古城在城市空间布局和城市发展轨迹上的尴尬地位,现实中的古城要么被遗忘,要么被以房地产开发的名义所侵占,古城更新问题并未得到应有的重视与承认。重新审视当前我国的城市发展建设就会发现,一些城市中的古城或被丢弃于城市一角,无人问津;或被过度开发,原汁原味的古城消失殆尽。以上种种表明,城市管理者仿佛还未真正认清和重视古城在城市发展与文脉传承中应该扮演的角色。

1.3.3 新时代古城更新的迷思与争论

在我国的新型城市化时代,反思我国城市更新实践,可以发现,"新旧""真假"与"形神"问题是困惑我国古城更新实践的重要方面。这使我们不得不思考,我们到底需要什么样的古城、需要以何种方式更新和保护古城。

1. 古城更新的新旧之辩:徘徊在传统与时尚之间

归根结底,古城是城市的一部分,而城市则是需要发展的。在空间有限的条件下,是保留个性与缺陷共存的古城,还是建设整齐划一的新城,对于古城资源众多但急需大量发展空间的城市而言,是亟须解决的现实难题。

古城代表着过去、彰显着传统,是一个城市个性的鲜明写照。一种观点认为,古城承载着城市文化片段,具有强烈的人文色彩与历史文物价值,保留古城是彰显城市特色、传承历史文脉的基本要求。而另一种观点则认为,在快速推进的城市化建设中,落后的基础设施、杂乱的居住环境则在很大程度上意味着传统古城在现代化背景下基本生活功能的缺失。同时,大量具有较低单体文物价值的建筑占据着城市发展的核心位置,浪费着城市宝贵的发展空间,其较差的基础设施、较高的修缮维护费用也将进一步加大城市发展负担,从而失去了古城保护的可持续性。而通过拆除古城、新建城区,将会极大改善古城居民的生活环境,从而更易达成完善城市功能、提高生活质量的要求。以上两种观点,是传统与时尚之争,同时也是文化价值与经济利益之间的激烈碰撞。实践表明,解决不好古城保护与发展的关系,古城会自然堕落为城市发展的负担,古城"与城市的现代化建筑协调并存,使秦砖汉瓦、唐宋城墙、明清民居在包豪斯建筑、摩天大楼与仿生建筑间遗存"[1]的美好愿景将更难实现。

---

[1] 任平:《时尚与冲突:城市文化结构与功能新论》,东南大学出版社 2000 年版,第 176 页。

2. 古城更新的真假之辩:难以界定的古城真实性

随着对古城社会价值认知的不断深入,保留古城的观念正得到越来越多的认同。但古城的留存并不意味着就地封存,更多地意味着一种修缮与更新,以便使其能够更好地融入城市更新的进程。在此理念的影响下,古城重建之风大肆盛行且愈演愈烈。而在这一过程中,古城更新的真实性问题逐渐引起社会的反思。就城市更新的整体进程而言,城市居民到底需要什么样的古城？修饰与改建后的古城能在多大程度上保留其真实的历史意味？

历史文化街区的真实性,是指街区内保存了一定数量的记载真实历史信息的物质实体。① 古城更新的关键在于"新其所新,旧有所旧",是在尽量维持其历史原貌的前提下加以改造,使其成为城市更新进程的助力而非负担。但在城市空间有限性和刚性的土地资源双重约束下,国家历史文化名城同样处于城市化与城市更新的风口浪尖,现实中对于文物古迹的迁建趋势难以遏制。近年来出现的古城重建热潮,表面上看是历史文化遗产受到重视,实际上有的借着古城重建搞房地产开发,有的则大造仿古建筑吸引游客,与古城保护背道而驰。② 在文物保护领域,"原材料、原工艺、原结构、原样式"是文物古迹修缮的"四原"原则,实现"整旧如故,以存其真"是其最终目标。③ 在当前我国古城更新实践过程中,以文物修缮的名义"拆毁真文物、修建假文物"的事件屡见不鲜,已经造成了不可挽回的历史遗憾。实际上,居民在外表光鲜亮丽的假"古迹"身上并不能找到古城应有的历史味道,更多的只是"建筑和街区的空洞躯壳"④。

3. 古城更新的形神之辩:城市形态与文脉之间的割裂

中国的社会转型,其意涵远不止是中国历史上的朝代更替,也不仅是像美国反殖民的独立革命,还涉及器物、制度和价值系统的文明形态的转型。⑤ 在当前古城更新实践中,如何实现城市文化的传承是需要城市管理者重点考虑的问题。

---

① 张松:《为谁保护城市》,生活·读书·新知三联书店 2010 年版,第 200 页。
② 苗红培、陈颖:《公共性视野下的古城保护》,载《城市发展研究》2015 年第 4 期。
③ 阮仪三:《历史文化名城保护实践的新探索》,载《中国名城》2011 年第 7 期。
④ 边宝莲、曹昌智:《历史文化名城的形态保护与文脉传承》,载《城市发展研究》2009 年第 11 期。
⑤ 资中筠:《启蒙与中国社会转型》,社会科学文献出版社 2011 年版,第 4—5 页。

在当前我国快速推进的城市化过程中,出现了"千城一面"的怪象,"特色危机"成为共性问题[1],"北方南方一个样、省内省外一个样"的尴尬画面并不少见。在此背景下,各个城市都试图以各种方式、通过各种渠道拼命挖掘本城市的特色文化资源,各种古城的开发利用方式被不断地尝试。而此时,人们发现,所谓的古城更新活动被日渐明显的逐利色彩所驱使,古城开发正由一种文化传承活动向一种经营性活动转变。古城的物质形态与文化传承之间的割裂,使得城市管理者逐渐反思:在古城更新活动之中,应通过何种方式实现城市文脉的有效传承。有学者曾指出,"割裂文物环境所导致的形神剥离、对文化内涵不求甚解所造成的形神错位以及科学严谨决策态度缺少所带来的形神相悖"是当前古城保护中物质形态与文化传承之间割裂的重要表现。[2] 古城是历史文脉的物质载体和城市历史的见证者,物质形态和城市文脉是古城的两大构成要素。城市管理者应该认识到,城市形态并非是古城更新的全部,能够实现城市文化的传承与发展才是古城更新的根本任务。

以上的思考和争辩表明,从古城保护到古城更新,我国对于古城认知正不断加深,期望也在不断提高,古城更新逐渐超越一般性的文物保护概念,成为影响我国城市发展的重要命题。使古城能够有机融入城市更新实践,正成为落实新型城镇化战略、推动城市文脉传承的基本要求,古城中人与物的现实关系越来越需要重新进行思考与界定。

---

[1] 单霁翔:《留住城市文化的"根"与"魂"——中国文化遗产保护的探索与实践》,科学出版社2010年版,第6—9页。

[2] 边宝莲、曹昌智:《历史文化名城的形态保护与文脉传承》,载《城市发展研究》2009年第11期。

第 2 章

空间生产理论的缘起与内容阐释

随着现代化和城市化的发展,20 世纪中叶以来,在列斐伏尔(Henri Lefebvre)、福柯(Michel Foucault)、哈维(David Harvey)等空间思想家的推动下,出现了空间的社会转向。空间不再仅仅是形而上的抽象含义,也不再仅仅是容纳和上演物质生产的容器或舞台,而成了社会生产本身,"空间不是社会的反映(reflection),而是社会的表现(expression)。换言之,空间不是社会的拷贝,空间就是社会"[①]。

对空间社会属性的强调和阐释,使人们对空间的认识逐渐完成了从物质属性到社会属性的巨大转变。同时,社会属性赋予了空间强大的包容力和解释力,空间研究受到哲学、社会学、文学、管理学等诸多学科的青睐。这样,空间的社会性转向也促成了社会科学研究中声势浩荡的空间转向。空间转向思潮极大地延展了空间的概念内涵,空间生产理论的产生是对社会性空间与精神性空间的回应,同样也为分析当前城市更新实践提供了极具价值的理论视角。

2.1 空间生产理论的提出

"城市化和空间生产是交织在一起的"[②],城市空间生产理论诞生于如火如荼的城市化实践,城市化实际上就是城市空间生产的过程。在列斐伏尔看来,正是由于空间生产的这种机制,空间已经成为统治阶级进行统治的一种

[①] 〔美〕曼纽尔·卡斯特:《网络社会的崛起》,夏铸九、王志弘等译,社会科学文献出版社 2003 年版,第 504 页。

[②] 〔美〕大卫·哈维:《列菲弗尔与〈空间的生产〉》,黄晓武译,载《国外理论动态》2006 年第 1 期。

策略和工具,但同时也是被统治阶级进行抗争的工具,不同主体围绕着空间展开激烈斗争,其中占主导地位和绝对优势的是占有资本和掌握权力的一方,他们寻求的是利用空间投资,带来更大的利润和更多的权力。所以,他也指出,"如果未曾生产出一个合适的空间,那么'改变生活方式'、'改变社会'都是空话"[1]。

那么,如何认识空间?空间作为一个极为抽象的概念,学界对其探索从未间断。但具体"什么是空间?没有哪个定义能一言以蔽之,因为空间无所不在,而又复杂多元"[2]。从字面意义上理解,空间是"物质存在的一种客观形式,由长度、宽度、高度表现出来,是物质存在的广延性和伸张性的表现"[3]。空间生产理论的提出同样是以空间概念的延展为前提的。

2.1.1 传统意义上的朴素空间观

朴素空间观更多地将空间理解为事物运动变化的场所。正如《辞海》对空间的理解,空间是包容所有物质(包含天体及其运动在内)的三维空间容积,是在哲学上与"时间"一起构成运动着的物质存在的两种基本形式。[4]《英国大百科全书》认为空间更多地强调的是其无限度的三度范围,在空间内,物体存在,事件发生,且具有相对的位置和方向。[5] 自古希腊伊始,这种规范层面的空间概念,其客观属性和场所属性被不断放大。

在亚里士多德看来,"空间是像容器之类的东西,因为容器是可移动的空间,而不是内容物的部分或状况"[6]。牛顿的绝对空间、莱布尼茨的经验空间,以及康德的先验空间在本质上都是一种超验的、无法把握的绝对空间[7],他们都强调空间是虚空的,和人类实践活动没有关系,仅仅作为人类活动的实践场所而存在。牛顿认为空间是与外界任何事物无关而永远是相同的和不动

---

[1] 〔法〕亨利·列斐伏尔:《〈空间的生产〉新版序言(1986)》,刘怀玉译,载张一兵主编:《社会批判理论纪事(第1辑)》,中央编译出版社2006年版,第180页。
[2] 张荣军:《辩证的空间范畴和空间范畴的辩证理解》,载《创新》2013年第6期。
[3] 《现代汉语词典(第6版)》,商务印书馆2012年版,第740页。
[4] 《辞海(第6版)》,上海辞书出版社2010年版,第1041页。
[5] 《英国大百科全书(第17卷)》,中华书局1989年版,第60页。
[6] 〔古希腊〕亚里士多德:《物理学》,张竹明译,商务印书馆1982年版,第96页。
[7] 张品:《空间生产理论研究述评》,载《社科纵横》2012年第8期。

的。① 康德认为空间是一个作为一切外部直观之基础的必然的先天表象。②在黑格尔看来,"自然界最初的或直接的规定性是其己外存在的抽象普遍性,是这种存在的没有中介的无差别性,这就是空间"③。列宁曾经指出:"空间和时间也不是现象的简单形式,而是存在的客观实在形式。"④

由此可见,朴素空间观是将空间视为人类实践活动的包围者和场所载体,而非活动的本身或者一部分。正如列斐伏尔所言,传统意义上的空间更多的是一个抽象物,是没有内容的空壳子。⑤

2.1.2 社会科学中的空间转向思潮

20 世纪 60 年代,西方国家出现的诸如城市中心衰落等问题极大刺激和推动了社会科学对于空间尤其是城市空间问题的关注,以列斐伏尔、福柯、哈维等为代表的空间研究学者对于空间与资本、空间与社会关系等问题进行了深入思考,并由此引发了空间转向思潮。

在空间转向思潮影响下产生的社会空间观,在承认空间客观存在的同时,强调物质性和社会性共同构成人类社会的空间性。⑥ 在列斐伏尔看来,空间看起来完全像我们所查明的那样是同质的客观形式,但它却是社会的产物。⑦ 对空间社会属性的承认,使得空间不再仅仅是人类活动的场所,它是由存在于人、机构和制度之间的关系所构成的。⑧ 不同学者对于空间的关注点带有明显的差异化色彩,但总的来说,空间的内涵、向度以及与权力资本的互动关系是空间研究的重点。

针对带有强烈虚无色彩的朴素空间观,列斐伏尔强调空间从来就不是空洞的,它不仅仅是一个事物、一种产品,它还包容了生产出来的事物,包含了

---

① 〔英〕牛顿著,〔美〕塞耶编:《牛顿自然哲学著作选》,王福山等译,上海译文出版社 2001 年版,第 26—27 页。
② 〔德〕康德:《纯粹理性批判》,邓晓芒译,人民出版社 2004 年版,第 28 页。
③ 〔德〕黑格尔:《自然哲学》,梁志学等译,商务印书馆 1980 年版,第 40 页。
④ 《列宁专题文集:论辩证唯物主义和历史唯物主义》,人民出版社 2009 年版,第 75 页。
⑤ 张一兵主编:《社会批判理论纪事(第 1 辑)》,中央编译出版社 2006 年版。
⑥ Barney Warf and Santa Arias (eds.), *The Spatial Turn: Interdisciplinary Perspectives*, Routledge, 2009, p. 12.
⑦ Enzo Mingione, Urban Sociology Beyond the Theoretical Debate of the Seventies, *International Sociology*, Vol. 2, No. 2, 1986, pp. 201-209.
⑧ D. Massey, On Space and City, in D. Massey, J. Allen & S. Pile (eds.), *City Worlds*, Routledge, 1999, pp. 278-299.

事物的共时态的并行不悖的有序或无序的相互关系。① 通过考察空间生产与城市之间的互动关系,列斐伏尔认为空间存在感知的空间(perceived space)、构想的空间(conceived space)和生活的空间(lived space)三个向度,分别指代空间组织和空间使用方式、概念化的政策及规划空间、居住者和使用者的符号空间。② 与此同时,我国学者孙全胜依据使用尺度的不同,将城市空间划分为具有市场出售价值的日常小尺度空间产品、具有社会交换价值的大型空间产品以及具有政治意识形态价值的制度空间产品(行政边界)。③ 学者哈维主要关注城市中空间与资本的互动关系,认为城市空间的本质是一种建构环境,是资本作用的产物。④ 而福柯立足于空间与权力的关系问题,认为"空间是任何公共生活形式的基础。空间是任何权力运作的基础"⑤。曼纽尔·卡斯特(Manuel Castells)从维持资本主义劳动力再生产的角度出发,认为"城市空间是社会结构的表现"⑥。正如马克·戈特迪纳(Mark Gottdiener)指出的,一方面,人类在社会结构的限制下在一定的空间下生产与生活;另一方面,人类可以创造和改变空间以表达自己的需求和欲望。⑦

这些认识意味着,自空间转向以来,空间的社会属性与自然属性共同构成了空间的全部内涵,空间正成为一个包含各种社会关系、社会权力、社会矛盾和冲突的领域⑧,由"空间中的生产"转向"空间本身的生产"正成为"社会空间观"的主要特征。因此,当前城市及区域研究中将空间视为人们生产和生活的条件与结果,受占据主导地位的市场化和资本化的生产模式的制约;而从社会哲学的角度出发,空间与社会、时间是同样重要的因素或者维度。⑨

总体来看,在经历了"朴素空间观"和"空间转向思潮"的发展演变之后,国外学者对于"空间"的认知主要强调其社会属性,深入探讨了空间的向度类

---

① C. G. Pickvance, Theories of the State and Theories of Urban Crisis, *Current Perspectives in Social Theory*, Vol. 1, 1980, pp. 31-54.
② 汪原:《关于〈空间的生产〉和空间认识范式转换》,载《新建筑》2002年第2期。
③ 孙全胜:《城市空间生产:性质、逻辑和意义》,载《城市发展研究》2014年第5期。
④ 张应祥、蔡禾:《新马克思主义城市理论述评》,载《学术研究》2006年第3期。
⑤ 〔法〕米歇尔·福柯、保罗·雷比诺:《知识、空间、权力》,载包亚明主编:《后现代性与地理学的政治》,上海教育出版社2001年版,第13—14页。
⑥ 夏建中:《新城市社会学的主要理论》,载《社会学研究》1998年第4期。
⑦ M. Gottdiener, *The New Urban Sociology*, McGraw-Hill, 1994, p. 57.
⑧ 王佃利、邢玉立:《空间正义与邻避冲突的化解》,载《理论探讨》2016年第5期。
⑨ 强乃社:《空间转向及其意义》,载《学习与探索》2011年第3期。

型、与资本和权力的互动关系等命题,并在此基础之上延伸出空间生产等相关理论。就国内学者而言,对"空间"这个"舶来品"的概念、内涵更多地借用国外学者的研究成果,但随着研究的深入,越来越多的学者将空间的理论视角运用到对实践问题的研究之中。

2.2 空间生产理论的内涵与构成要素

空间转向思潮最大的价值在于,使人们逐渐认识到空间不再仅仅是实践活动的客观背景,"空间的生产"正逐渐替代"空间中的生产",由此带来了对空间认知的跃升与提高。随着空间的社会属性被不断承认与强化,空间性逐渐上升为当前时代的本质特性,空间批判成为人们考察这个时代的重要方法维度。① 空间生产理论的核心观点认为城市空间是资本主义生产和消费活动的产物,并构建出空间生产过程的三元一体理论框架。②

2.2.1 概念界定:空间是社会过程的产物

源于"空间"概念的空间生产理论,同样具有自然性、精神性和社会性的多重属性③:空间首先是物质的,其无法脱离物质资料的生产而存在,其精神性更多地表现为被赋予的"象征财富或贫贱"的抽象价值,对生产关系的再生产是其社会性的主要表现。综合考虑国内外学者的相关研究成果,要把握空间生产理论,除了空间的社会转向,还可以从历史和社会的角度形成"空间—历史—社会"的三维认知。

空间生产理论的形成是以空间的社会转向为基础的。空间是有目的地被生产出来的,是政治经济的产物,它被各种意识形态所充斥。④ 同时,空间是随着历史发展而产生的,并随历史的演变而重新组合和转化,所以从一种生产方式转化到另一种生产方式就必定伴随着新空间的生产。⑤ 因此,空间

---

① 陈忠:《空间生产、发展理论与当代社会理论的基础创新》,载《学习与探索》2010年第1期。
② 叶超、柴彦威、张小林:《"空间的生产"理论、研究进展及其对中国城市研究的启示》,载《经济地理》2011年第3期。
③ 孙全胜:《城市空间生产:性质、逻辑和意义》,载《城市发展研究》2014年第5期。
④ M. Gottdiener, A Marx of Our Time: Henri Lefebvre and the Production of Space, *Sociological Theory*, Vol. 11, No. 1, 1993, pp. 129-134.
⑤ Henri Lefebvre, *The Production of Space*, Blackwell, 1991, pp. 30-31.

生产理论的提出并非仅仅是概念的演绎,城市的急速扩张、社会的城市化以及空间性组织的问题等各个方面都是空间生产的现实表现。① 社会形态的变化必然带来特定历史条件下空间性质的变化②,历史维度上的空间生产是一个从简单到复杂、从低级到高级、从单一到多样的发展过程,越来越呈现出复合化、系统化的趋势。③

空间生产的实质即在于改变物质资料现有的空间形式和空间关系,创造出符合人特定需要的新的空间形式和空间关系。④ 长期以来,城市与社会都是空间生产理论的重要研究领域,城市空间在权力与资本干预下,其空间生产性质与样态呈现出鲜明的实践特点。戈特迪纳曾指出,空间生产的实质就是空间被开发、设计、使用和改造的过程,是社会阶级和特殊利益集团通过控制土地和建筑物等空间的主要特征来塑造和影响城市空间形态和组织的过程。⑤ 我国学者包亚明认为,空间生产的本质应当包含"生产关系和再生产关系,并赋予这些关系以合适的场所"⑥,此观点成为对空间生产理论的较早界定。高峰提出了"空间的辩证法"的观点,认为城市空间乃是各种利益角逐的产物,城市空间生产逻辑是资本的力量、政府干预以及城市社会运动较量的结果。⑦ 唐旭昌从社会生产的角度分析,认为空间本身便具有生产、交换和消费的特点,空间直接介入到其生产与自我生产当中,是生产关系和生产力的重要环节。⑧ 刘珊等认为资本、权力与阶级是城市空间生产的动力,当前我国城市空间在政府、市场、文化及个人四个层面经历着从空间生产到关系生产的嬗变。⑨ 通过国内外诸多研究者的共同努力,空间生产理论的内涵逐渐明晰,相关研究逐渐转向过程属性与价值评判等方面。

---

① 白永平、时保国:《空间生产、资本逻辑与城市研究》,载《宁夏社会科学》2012 年第 6 期。
② 同上。
③ 庄友刚:《从技术建构到社会建构:中国城市化发展的历史抉择——基于空间生产的视角》,载《苏州大学学报(哲学社会科学版)》2012 年第 2 期。
④ 庄友刚:《何谓空间生产?——关于空间生产问题的历史唯物主义分析》,载《南京社会科学》2012 年第 5 期。
⑤ M. Gottdiener, *The Social Production of Space*, University of Texas Press, 1985, p.1.
⑥ 包亚明主编:《现代性与空间生产》,上海教育出版社 2003 年版,第 87 页。
⑦ 高峰:《城市空间生产的运作逻辑——基于新马克思主义空间理论的分析》,载《学习与探索》2010 年第 1 期。
⑧ 唐旭昌:《大卫·哈维城市空间思想研究》,人民出版社 2012 年版,第 41 页。
⑨ 刘珊等:《城市空间生产的嬗变:从空间生产到关系生产》,载《城市发展研究》2013 年第 9 期。

2.2.2 要素构成:空间生产的理论框架

空间概念的延伸赋予了空间生产的可能性,在城市发展的过程中,不仅生产和创造了物质资料的空间形式,同时也创造和影响着整个城市的空间关系。正如列斐伏尔所强调的,整个城市空间是由感知的空间、构想的空间和生活的空间三个维度共同组成,涵盖包括一般的空间使用方式、空间政策及令人感同身受的生活空间等在内的方方面面。为此,列斐伏尔从空间生产的属性入手,对城市空间生产的作用过程进行了深度剖析。

在列斐伏尔看来,空间生产蕴含着三种属性:自然性、精神性和社会性。[①]空间生产的自然性是指在空间中所进行的物质资料生产实践,精神性则强调空间生产同样也是具有范畴性质的空间规划活动,而社会性则强调空间生产带有一定的政治意识形态色彩和生活色彩。基于对空间生产属性的认知,列斐伏尔建构起一种"三元一体"理论框架的对空间生产的作用过程加以分析[②],并指出三个空间生产过程是相互影响、无法简单割裂的现实关系。"空间实践"(spatial practice)是空间生产过程的第一个维度,城市日常的社会生产与再生产实践构成了空间实践的主要内涵。第二个维度是"空间的表征"(representations of space),作为一类概念化的空间形态,其更多的是指科学家、规划者、社会工程师等的知识和意识形态所支配的符号化空间。而"表征的空间"(representational spaces)则涵盖生活层面的"居民"和"使用者"的空间,并常常处于被支配和消极地体验的地位。列斐伏尔所提倡的"三元一体"理论框架的最大意义在于,几乎每一种社会形态或者生产方式都可以用"空间实践"—"空间的表征"—"表征的空间"的模式来解释:

"空间实践"对应于那些发生在空间中,并与空间相联系的物质性实践活动及其结果和产物,在每一种生产方式中作为社会空间性的物质生产保证着社会生产和再生产的需要,在这里它相当于我们马克思主义者人与自然直接发生关系的物质生产实践过程;"空间的表征"对应于任何社会中占主导地位的、被设想和构建出来的、被作为"真实的空间"的空

[①] 孙全胜:《列斐伏尔"空间生产"的理论形态研究》,东南大学 2015 年博士论文,第 58 页。

[②] M. Gottdiener, A Marx of Our Time: Henri Lefebvre and the Production of Space, *Sociological Theory*, Vol. 11, No. 1, 1993, pp. 129-134.

间,是知识权力的仓库,是一种凌驾于空间实践之上的结构,类似于马克思的生产关系、上层建筑等概念;"表征的空间"则是一种再现性的、包含着"空间的真理"的、人们生活其中经历和体验空间的本真性的空间,它是对于"空间的表征"的超越,又是对于"空间实践"的"回归"。①

空间生产理论转变了对空间内涵的传统认识,在空间的物质属性和精神属性之外,深刻揭示出空间的社会属性,空间生产从"空间中的生产"转向"空间的生产"。"空间的生产"包括"空间实践""空间的表征""表征的空间"三个不同的维度,体现了空间层次形态的多元化和差异性。

2.3 城市空间生产的过程

2.3.1 生产动力:参与城市空间生产的三种基本力量

城市空间生产是由多种力量共同推动的,其中资本、权力和阶级是城市空间生产的三大动力。② 哈维对资本积累的深刻分析指出了资本是城市空间生产的决定性力量之一,资本总是按照其利益和原则,引导城市的空间生产,在现代城市中,各种大型的房地产项目、商业设施、交通设施的兴建,都是市场和资本运作的体现和结果。资本流动的规模既是塑造出积累的社会结构的动因,又是其结果。③

权力也是主导城市空间生产的重要力量。空间里渗透着权力关系,建筑空间与经济、政治或制度紧密地交织在一起,构成某个特殊群体或阶级利益压迫控制另一个群体和阶级的一部分,被深深地打上了权力的烙印。权力对空间生产的影响主要在于,相关集团和组织利用自身所拥有的资本优势和政治优势,优先考虑自己的利益和观念,来改变城市土地的利用方式。④ 空间生产不仅受到诸如政府宏观调控和政策规制等正式权力的支配,也受到诸如专业权力、文化权力、话语霸权、意识形态等非正式权力的影响。很多政策规划

---

① 张子凯:《列斐伏尔〈空间的生产〉述评》,载《江苏大学学报(社会科学版)》2007年第5期。
② 王庆歌:《空间正义视角下的历史街区更新研究》,山东大学2017年硕士论文,第18页。
③ 〔英〕约翰·伦尼·肖特:《城市秩序:城市、文化与权力导论》,郑娟等译,上海人民出版社2011年版。
④ 刘珊等:《城市空间生产的嬗变:从空间生产到关系生产》,载《城市发展研究》2013年第9期。

用以维护富人、房地产商以及追求政绩的政府官员形成的联盟利益,是权力关系影响空间生产的重要体现。

此外,阶级也是影响城市空间生产的重要动力之一。曼纽尔·卡斯特认为,城市是社会阶级之间利益和观念冲突的动态过程的体现,而城市空间是服务于社会阶级之间操控和反操控的一种物质机制。[①] 城市空间生产中的隔离与分层现象充分展示了不同社会阶层是如何占据着不同的空间,中上层阶级通过居住和生活空间的高档、舒适以及封闭来展示其社会地位和阶层身份,而劳动者和低收入群体则因其阶级资源的限制而被迫蛰居于边缘和劣势空间,尤其是旧城改造中的"绅士化"现象实质上就是不同阶层关系主导下社会空间的变迁,动态地展示了阶级在城市空间生产中的支配作用。

2.3.2 资本循环:资本在空间生产过程中的作用方式

哈维重点分析了资本主义的城市空间生产,认为资本与空间有着双向互动的辩证关系:一方面,资本影响、塑造和改变着城市空间,在资本逐利性和增值性的驱动下,城市空间如基础设施、住房、公共空间等不断被更新和改造;另一方面,资本主义的城市空间生产本身也在为资本服务,不断生产着新的有利于资本积累和增值的社会关系和空间形态,即资本主义城市空间生产在不断强化和固化有利于资本而不利于劳动者的社会关系和空间形态。[②]

基于这种理解,哈维得出"城市化从来都是吸收剩余资本和剩余劳动力的关键手段"[③] 的论断,他认为,资本主义正是通过城市空间生产来实现资本积累和资本主义制度的延续。在哈维的资本分析视域下,城市空间充分体现了商品的特性,是价值、使用价值和交换价值的统一体,城市空间生产的目的就是生产更多的剩余价值。城市空间生产的过程受资本的主宰,受"为积累而积累,为生产而生产"的内在法则的支配,以至于"城市空间的每一个角落都被充分利用来作为商品开发,土地得到高度利用。哪里可以用的土地越

---

① Alexander R. Cuthbert (ed.), *Designing Cities: Critical Readings in Urban Design*, Blackwell, 2003, pp. 251-271.
② 王庆歌:《空间正义视角下的历史街区更新研究》,山东大学 2017 年硕士论文,第 17—18 页。
③ 〔美〕戴维·哈维:《叛逆的城市:从城市权利到城市革命》,叶齐茂、倪晓晖译,商务印书馆 2014 年版,第 43 页。

少,哪里的租金就越高,于是城市成为谋求利润的场所"①。

在城市空间形塑过程中,行政权力、市场资本与社会力量相互交织。城市空间生产也由此表现为在资本循环积累推动的空间再造过程中,围绕空间权力配置与运转,以及地方公众城市权利的实现与保障,权力、资本、社会力量进行互动、博弈和协调的政治过程。

2.4 空间正义的价值追求

随着空间生产的概念内涵及其作用逐渐明晰,价值判断逐渐成为空间生产理论的重点,由此带来的"空间正义"成为评判空间生产实践的重要理论武器。② 一般认为,由1968年布莱迪·戴维斯(Bleddyn Davies)所提出的"领地正义"是"空间正义"概念演化的重要理论起点。艾丽丝·M.扬(Iris M. Young)从非正义出发,将非正义压迫分为五种不同但相互作用的形式,在"差异的承认"基础上论述了"差异政治"正义论。她认为,边缘化是一种非正义模式,包括削弱充分参与社会生活、社会资源的可及性,尊重人口的特定阶层,系统地降低他们的生活质量。③ 边缘化充分体现了非正义行为被空间化的结果。扬对尊重差异和多元化的强调为空间正义展开了新的向度。哈维将"社会正义"这一概念引入空间研究领域,他提出要使社会资源以正义的结果与过程实现公正的地理分配,并提出"地域再分配正义"的概念。④

基于对空间及空间生产概念的深入认知与理解,国内学者对于空间正义的研究逐渐展开。任平认为,所谓空间正义就是空间生产和空间资源配置中的社会正义⑤,此概念成为我国对于空间正义的较早界定。曹现强、张福磊结合我国城市发展实践,认为城市化和城市发展实质上是城市空间生产的过

---

① 唐旭昌:《大卫·哈维城市空间思想研究》,人民出版社2014年版,第101页。
② 王庆歌:《空间正义视角下的历史街区更新研究》,山东大学2017年硕士论文,第19—20页。
③ 〔美〕爱德华·W.苏贾:《寻求空间正义》,高春花等译,社会科学文献出版社2016年版,第75页。
④ 曹现强、张福磊:《空间正义:形成、内涵及意义》,载《城市发展研究》2011年第4期。
⑤ 任平:《空间正义——当代中国可持续城市化的基本走向》,载《城市发展研究》2006年第5期。

程，我国城市发展中已经出现城市空间正义缺失，空间剥夺就是其中表象之一。① 张京祥、胡毅通过分析我国城市更新过程中存在的诸多非正义现象，提出社会空间正义应当是我国城市更新和空间生产过程中所遵循的核心价值观。② 王素萍从理论本土化的角度出发，认为空间正义正是实现空间生产的中国本土化的路径选择。③ 王佃利、邢玉立将空间正义视为结果和过程的有机统一，认为空间正义所关注的是城市弱势群体应得的空间权益并赋予其为应得的空间权益进行抗争的权利。④

空间正义的价值观强调，所有事物（包括正义）同时且内在具有空间性，就像任何空间事物，至少在人类世界中同时且内在具有社会性一样。⑤ 因此，正义天然地具有空间性，从空间性视角去探讨正义的内涵和实现路径是一种更为自觉的理论发展和实践尝试。由资本、权力和阶级主导的城市空间生产实践偏爱那些产生巨大利益的房地产项目、大型商业设施和娱乐设施，改变了普通居民的生活空间，迫使劳动者和下层阶级离开其熟悉的家园，富有感情的邻里关系遭到破坏，越来越多的弱势群体被迫聚集在边缘和郊区空间，而城市富有的中上阶层则维持着这种坚固的社会分层与空间隔离。这些居住区隔离、社会分层、弱势群体边缘化等不公正现象，驱使人们为了争取正义而斗争。

因此，空间视角赋予了理解和解决正义问题的新思路，空间正义不是正义的某一种类型，也不是正义在某一领域发展起来的次级概念，而是在将空间置于本体论的高度的前提下，在空间、社会、历史三位一体的视角下探讨正义问题。空间正义在理论上超越了原有的仅仅从分配角度探讨正义的传统路径，而是将更多的注意力放到社会结构的不平等和不公正上，从讨论结果转向追寻根源，在承认平等、主张权利、尊重差异、推崇多元、呼吁行动中寻求

---

① 曹现强、张福磊：《我国城市空间正义缺失的逻辑及其矫治》，载《城市发展研究》2012 年第 3 期。
② 张京祥、胡毅：《基于社会空间正义的转型期中国城市更新批判》，载《规划师》2012 年第 12 期。
③ 王素萍：《对"空间生产"的中国本土化思考》，载《哈尔滨工业大学学报（社会科学版）》2013 年第 2 期。
④ 王佃利、邢玉立：《空间正义与邻避冲突的化解》，载《理论探讨》2016 年第 5 期。
⑤ 〔美〕爱德华·W. 苏贾：《寻求空间正义》，高春花等译，社会科学文献出版社 2016 年版，第 5 页。

正义的空间生产过程和结果。

回溯"空间—空间生产—空间正义"的空间研究脉络,可以发现,"空间"内涵范围的扩展实际上是对生产"空间"可能性与合理性的承认,并进一步推动了空间生产理论的产生,进而提供了一种可以重新审视我国的空间生产实践活动的空间批判的理论视角。由资本、权力和阶级主导的城市空间生产实践导致了非正义的空间生产结果,并驱使着人们为了争取正义而斗争。同时,在空间的视角下,人们对正义及如何实现正义有了新的理解。未来城市空间的生产将是寻求正义取向的,空间生产正义观需要从空间的正义性和正义的空间化两方面进行解读。

第 3 章

古城更新的空间塑造与生产动力

随着城市发展和古城更新的实践,我国城市管理者、规划者、研究者和公众才逐渐醒悟,破旧的古城区不是城市阔步向前的负担,而是一笔承载着城市文化的历史财富。古城更新绕不开城市的历史,更关乎城市发展的未来。20 世纪 90 年代兴起的"大拆大建"的古城更新模式受到人们的诟病,现有的古城更新研究虽然在更新模式、更新理论以及更新的方法、原则、技术等方面取得了积极进展,但现实中的古城更新实践依然面临冰冻式保护与开发性破坏的双重难题。当前我国正在积极推进新型城镇化战略,古城更新活动是我国城市转型期空间生产实践的重要表现形式。空间生产的理论视角有助于我们深刻把握古城的空间本质与空间生产机制,以更好实现多维古城空间的可持续发展。

3.1 古城的空间属性与更新目标

基于空间生产的理论视角重新审视古城,可以发现,古城的属性本质远非其表象所展现出的图景:破败的历史建筑、狭窄拥挤的道路和空间格局、日渐不合时宜的基础设施等。古城的本质是物质空间、精神空间与社会空间的辩证统一;古城更新,实质上就是古城空间在不同维度和层面上的重塑,以保护和维系古城这一由城市居住者共同创造的共享资源。

3.1.1 古城的空间属性

古城是过去时代人们进行社会生产和日常生活的产物,它不仅仅是一个地理场所,更是由物质空间、精神空间与社会空间三元空间共同组成的辩证统一体。

1. 保留历史遗存的物质空间

古城首先表现为一种显而易见的物质空间或自然环境，包括古城的古树花草与青石板路、具有历史年代感的文物建筑，以及体现历史面貌和地方特色的庭院街巷、古城格局等随处可见的物质构筑物和空间形态。物质空间是古城得以存在和延续的基础，也是古城居民生活于其中的基本环境构成。因此，物质环境的改善是古城更新的第一层目标，没有了物质形态的真实性和空间格局的完整性，古城只能沦为支离破碎的文物道具。

处于不同地理环境和经历不同历史兴衰的古城往往具有显著的差异，素有"北平遥、南凤凰"之称的两座风格迥异的古城即是典型代表。平遥古城是汉族中原地区古县城的典范，其城墙、街道、民居、店铺和庙宇等物质建筑与空间格局直观展现了明清时期中原县城的基本原型，物质空间的真实性和完整性是平遥古城重要的历史价值的要素基础。[①] 享誉国内外的凤凰古城则鲜明展现了湖南湘西土家族、苗族、汉族等多民族聚集地的文化习俗，城内纵横交错的青石板路、江边依山傍水的木结构吊脚楼、北城门下以石为墩的窄木桥等，无不体现着不同民族文化汇聚融合的古城形貌。[②] 因此，在古城更新中，对物质空间进行"一刀切式"的拆旧建新是片面且短视的，唯有在深入调查和研究了古城的物质空间及其背后文化，才能在保护古城历史文脉基础上开展符合古城本质属性的物质更新实践。

2. 维系场所记忆的精神空间

区别于一般的空间形态，古城具有突出的精神性或文化性。古城区记录着一座城市的历史变迁，承载着一座城市过去的故事。在古城物质空间背后，深藏的是城市的历史与文化，展现的是城市的地方面貌与特色，具有浓郁的文化气息。古城的更新实践也不断地产生着新的话语、文本与更新理念，不断补充且重构着古城的精神空间。古城物质空间背后的规划思想、理念和话语是古城精神空间最直观的表现形式。例如，平遥古城的街道格局呈现出"土"字形，城内建筑布局也遵从八卦的方位，这充分体现着明清时期的城市

---

① 阮仪三、吴承照：《历史城镇可持续发展机制和对策——以平遥古城为例》，载《城市发展研究》2001年第3期。
② 张群：《凤凰古城的保护开发思路》，载《安徽农业科学》2008年第12期。

规划理念和形制分布。此外，古城内居民的饮食习惯（或者表现为地方美食）、服饰特征、宗教信仰、方言俗语、手工艺品、传统节日和生活习俗等都体现了古城在物质形态背后的深刻内涵。

某种程度上，古城体现了空间对流转不息的时间的"挽留"，由变迁、故事、记忆等历史文化要素构成的精神空间，是古城的灵魂。在"眼看他起朱楼，眼看他宴宾客，眼看他楼塌了"的兴衰沉浮之间，古城留下了曾经喧闹繁荣的蛛丝马迹，这些痕迹不仅仅存在于斑驳的建筑中，更在那些让人们津津乐道的历史故事里，在代代传承的生活方式、民俗习惯里，在历代居民的生命记忆里……这些由历史故事、生命记忆、生活方式、民俗习惯和传统手工艺等传统文化构成的精神空间，是古城形成其独特性的重要基础。

3. 承载生活体验与交往方式的社会空间

作为古城的第三维空间，社会空间是对物质空间和精神空间的融合与超越，是人们日常生活和使用的空间。古城既是过去人们进行社会生产与社会生活的产物，同样也满足着当代人的社会生产与日常生活需求。社会属性是古城最为本质的空间属性，古城也因社会空间而呈现出源于社会日常生活的生机与活力。

以丽江古城为例[1]，在大规模开发旅游业之前，丽江古城见证着纳西族的兴起与发展，集中体现了地方历史文化和民族风俗民情。但自1997年丽江古城被列为世界文化遗产以来，旅游业的迅猛发展给当地居民带来了一系列困扰，当地居民的生活与古城的商业化发生了严重脱节，古城人口出现大规模置换。丽江古城俨然已成为一个游客的古城，而不再是丽江的古城了。在今日喧嚣繁华的丽江，已经很难再见到土生土长、代表着古城古老生活方式的纳西族了。赶走了人，也就赶走了人的社会关系，而社会关系决定着空间生产的内容和方向。纳西族居民的外迁带走了在古城延续近千年的民俗文化和在漫长的历史进程中形成的邻里关系，而搬入的外地客商和游客大多是能够承担起高房租和高消费的中上阶层，冷漠的中产关系和大城市生活方式逐渐取代了原有的质朴淳厚、人情浓郁的社会关系结构，而丧失的则是古城的社会性、地方性和独特性。

---

[1] 杨慧：《旅游发展与丽江古城命运的思考》，载《中央民族大学学报（哲学社会科学版）》2002年第1期。

古城的物质空间、精神空间和社会空间并非彼此割裂,而是辩证统一的。古城的空间生产实践赋予了古城物质、精神和社会三重辩证属性,第一空间是客观可见的,第二空间由无形的精神与文化构成,第三空间则交融于人们日常生活之中。物质空间是古城存在的基础,是历史文化得以传承的载体;精神空间则是物质空间的灵魂,失去了历史文化的古城无疑会沦为假古董;而人们生活于其中的社会空间则是对前两者的融合与超越,没有了社会空间的日常生活与实践活动,物质和精神空间就会成为无源之水、无本之木,一切"只见物质建筑、不见文化(精神性)和居民日常生活(社会性)的行为"都是对古城完整内涵的损害。

在这一意义上,古城空间是与当代社会的互动沟通紧密相连的,古城空间的营造离不开热闹、鲜活的日常生活及其实践活动。冰冻的"博物馆式保护"下的古城只是一处缺乏生机与活力的空洞场所;将古城过度营造为一处商业经营与旅游观光场所,则是对居民的日常生活空间和既有社会关系网络的侵蚀。空间生产视角下,古城的营造依赖于古城居民的日常生活创造,唯有在特定空间下的真实社会生活中,才能培育和延续真正的在地文化,实现古城生机与活力的维持和延续。

3.1.2 作为空间生产活动的更新目标

作为一种空间生产过程,古城更新实际上是对古城空间资源及利益进行再生产与再分配的过程,并在这一过程中重构了古城的建筑形态、空间格局、文化氛围与社会关系结构。因此,实现古城经济的振兴、物质环境的改善、历史文化的传承和社会关系结构的延续,以保护和维系古城这一共享资源,都是古城更新的题中之义。

1. 古城经济的振兴

现存功能样态与当代社会预期间的巨大落差是古城发展首先需要化解的现实尴尬,片面地强调保护或开发都无法实现古城的可持续发展。就古城而言,经济的振兴是古城更新的先导,只有激发经济活力,才能为古城的真正复兴吸引足够的资金、人口等各类资源,为古城物质环境的改善提供基础。古城存活于鲜活的社会生活与生产实践中,因此在古城更新中不能采取置之不理或静态式的限制性保护策略。如果说,古城是一艘载着无数奇珍异宝的船,那么古城更新就在于激发古城的经济活力,使得这艘古老的船在历史的长河中再次扬帆远航。实践表明,发展旅游业、文化产业、住宅建设、工业和商业等都是振兴古城经济的重要路径。① 但值得注意的是,在经济振兴中尤其要避免对古城过度地开发和破坏,应以商业和旅游业的适度发展实现古城经济的振兴。

2. 物质环境的改善

历史建筑及传统空间形态是古城特有的"古老"元素。随着时间的流逝,古城内古老建筑和街道等物质空间也需要保护和修缮,置之不理只能使古城在现代社会中慢慢消失。此外,改善生活环境与设施条件亦是现代社会中古城居民的现实需求。因此,面对古城在现代文明中的物质性衰退、功能性衰退和结构性衰退等现实挑战,对古城物质环境的保护与改善成为古城更新的重要命题之一。面对古城在物质形态上的衰退,必须在维护古城的真实性和整体性的基础上,在技术上对古城的建筑、街道和其他基础设施进行修复和改善。而面对古城的功能性衰退和结构性衰退,必须对古城重新进行功能定位、功能置换和使用价值挖掘,使古城重焕新生。

例如,在北京杨梅竹斜街改造过程中②,面对世界书局这种承载重要历史文化价值的砖木结构建筑,改造者只采取简单的立面维护与修复措施,没有进行过多的改变与市场化介入,甚至将原本不和谐的铝合金窗户改成了更有历史气息的红木窗,以更好地展现世界书局这座建筑的形貌。除了保护性修复外,在杨梅竹斜街改造过程中还采取了诸如建筑功能拓展、使用功能置换等积极的设计方式,即通过一种"内盒院"的设计实现了老建筑"换新芯"的效果。这种"内盒院"由一种 PU 建筑材质构成,在内盒里可以预先埋设各类水管、电线、插座等用以满足居民水暖电需求的现代基础设施,以局部微调实现古城居住功能的现代化。面对部分院落环境局促、破败不堪等现状,在杨梅竹斜街改造中通过适当的腾退更新,将其改造成为富有文化气息的茶馆、酒吧或者文艺小店,通过功能置换的方式实现古城的有效利用和街区活力的重新焕发。

---

① 〔英〕史蒂文·蒂耶斯德尔、〔英〕蒂姆·希思、〔土〕塔内尔·厄奇:《城市历史街区的复兴》,张玫英、董卫译,中国建筑工业出版社 2006 年版。

② 北京杨梅竹斜街改造的详细故事参见温宗勇等:《杨梅竹斜街的前世今生——城市软性发展的更新模式探索》,载《北京规划建设》2014 年第 6 期;李艾桦:《北京杨梅竹斜街城市更新案例研究》,北京建筑大学 2015 年硕士论文。

3. 历史文化的传承

古城历史文化的保护与传承是实现古城精神空间发展的必然要求。以历史文化、地方风貌与民族特色等要素为代表的精神空间的留存是古城得以存在和具有珍贵价值的重要原因。在古城更新中,必须时刻着眼于古城历史文化的传承,"只见物质翻新,不见精神传承"的更新模式是对古城空间的"建设性破坏",失去了历史与文化传承的古城只能沦为"千城一面"的假古董。因此,在对古城进行物质环境改造时,应在关注建筑形态一致性的基础上,重点关注对建筑风格、景观意象和空间连续的把握,充分挖掘和保护其背后所代表的古城风貌和地方特色。同时,基于对民俗文化的精准把握,在更新过程中对于古城特有的风俗习惯、手工艺术和生活方式进行挖掘、总结和保护,通过对古城居民口耳相传的历史故事与民间传闻、传统节日和传统活动等进行再发现和再创造,确保古城文化传承的延续性和创造性。

4. 社会关系结构的延续

社会关系结构的稳定与延续是古城更新的重要内涵。古城的空间生产依赖于鲜活的社会生活实践,离不开古城原住居民及其在多年的共同生活中所形成的社会关系,古城居民的日常生活实践是生产和再生产古城精神文化与社会关系结构的源泉。人始终是古城的首要主体和更新目的,改变了人,就改变了社会关系,进而改变了古城的形式与内容。强调社会关系结构的延续不是顽固地坚持原有的社会关系结构,而是避免古城空间生产中一种过于剧烈的群体结构置换。相反,坚持社会关系结构的延续意味着,提倡古城的开放性,欢迎如商人、游客、文人、艺术家等多种主体介入古城的空间生产,而杜绝权力和资本对古城的霸占。在古城更新中,诸如文人、艺术家、富有眼光的商人等人群往往是进行小规模渐进式微循环更新的重要主体,并在更新实践中逐渐建立起新的社会关系,这一过程是缓慢而自然的,万不可人为地、剧烈地加以推进,以免对古城空间的可持续发展产生不利影响。

5. 保护和维系集体劳动创造的共享资源

哈维认为,现代城市是一个由城市集体劳动创造出的巨大的共享资源。[①]

---

① 〔美〕戴维·哈维:《叛逆的城市:从城市权利到城市革命》,叶齐茂、倪晓晖译,商务印书馆2014年版,第79页。

作为过去人们留下的遗产,古城见证着城市的发展与变迁,凸显着城市独特的性格与气质,成为城市文化与个人生命历程的共同载体。毫无疑问,古城在本质上是一种共享资源。因此,古城由城市集体劳动所创造,属于城市市民所共有,在本质上具有"城市公共性"。① 古城所承载的历史文化是市民所共有的社会实践与生活记忆,其公共性不仅体现在空间形态上,更体现在精神和文化层面上。② 同时,古城作为一种开放的城市空间,也是当今人们生活的重要公共空间。古城既是共享式创造的产物,也是共享式使用的产品。

共享资源不是一种固定不变的事物,而是现实中不断进行的空间生产实践的产物。显然,对古城的共享式创造在今天依然继续着,这意味着对古城的管理、更新和使用都应遵循公共性的原则,任何商业垄断和资本私人化行为都将损害古城作为共享资源的公共性和作为文化载体的独特性,恰如哈维所言,"由文化创造的共享资源不会通过使用而被摧毁,却会由于过度滥用而退化和被庸俗化"③。唯有多主体平等参与、确保各主体城市权利的共享式创造,才能使历史街区作为一种共享的社会关系得以持续发展。

3.2 古城空间生产中的动力

行政力量、市场力量与社会力量是我国古城空间生产过程中的重要推动力量。行政力量体现在政府对古城更新的态度立场与策略选择的影响,不仅包含地方政府官员的行政动机、行政理念,也包括国家政策导向与政治文化在古城更新中对地方决策者产生的影响。市场力量体现为商业主体在古城更新中所扮演的角色。社会力量则体现为地方媒体、周边居民与城市市民、专家学者等多元主体在古城更新中所施加的影响。行政权力、企业资本和社会力量相互交织,以不同的逻辑影响着古城历史遗存的保护、场所精神的维系和交往生活方式的重塑,从而推动古城的空间生产过程。

---

① 姜杰、邹松、张鑫:《论"城市公共性"与城市管理》,载《中国行政管理》2012年第12期。
② 王乐夫、陈干全:《公共管理的公共性及其与社会性之异同析》,载《中国行政管理》2002年第6期。
③ 〔美〕戴维·哈维:《叛逆的城市:从城市权利到城市革命》,叶齐茂、倪晓晖译,商务印书馆2014年版,第75页。

3.2.1 权力推动下的古城空间重塑

1. 行政权力与古城物质空间重塑

政府在古城物质空间重塑的过程中扮演着至关重要的角色,通过宏观规划和具体方案的政策话语,构建起古城的基本轮廓和空间概念。从空间生产的视角看,古城的物质空间不仅是历史形成的结果,更是政策话语构建的产物。一方面,政府出台的规划和保护方案,以古城历史演变过程中保留下来的历史建筑、文物古迹、空间布局边界等物质形态为基础;另一方面,那些相对完整的文物古迹遗存、存在于典籍记载或代际相传中的文化积淀和历史逸事,经由规划和保护方案等政策话语确认,才进入古城更新的政策议程,成为古城物质空间的基石。

围绕古城更新项目所建立的领导和管理体制,是行政权力介入古城空间生产过程的集中体现。专门的领导和管理机构,从静态上描绘着党委、政府、企业、社会公众等多方主体在古城更新中的权力配置方式和主体关系形式;从动态上则通过权力的行使和运转,对具体的改造行为施加推动、监管、调整等政策影响。

行政权力不仅介入到古城历史遗迹的保护性修复,更在物质设施提升和空间改善中发挥影响力。在古城更新的空间生产内涵中,古城环境的改善、基础设施和公共服务的完善、居民生活品质的提升等要素被赋予了重要的地位。地方政府对公共服务的供给、空间用途的规划,都赋予了古城现代空间功能。

2. 行政权力与古城精神空间重塑

行政权力在很大程度上维系着市民对于城市过往的场所记忆,这种维系主要依赖政策引导下的古城空间想象。通过古城更新的规划和政策设想,行政权力定位了一个古城的未来形象。这一形象以古城所拥有的历史文化资源为基础,对内试图迎合居民对古城的情感认知和场所想象;对外则打造属于城市的文化名片,引导外地公众进行空间想象,塑造城市形象。

行政权力不仅引导塑造当代人的空间想象,还通过传承城市的历史文化,在作为共同体的城市中,传承共识性的场所精神,从而维系后代人对这座城市的情感纽带,增强城市共同体的凝聚力。这不仅是城市应对复杂转型与时代变革的策略选择,更是城市管理者对城市后人应承担的时代责任。

3. 行政权力与古城社会空间重塑

古城更新过程中,行政权力是影响乃至根本转变古城既有生活方式与社会交往方式的重要力量。古城改造的策略选择直接影响和冲击现有的古城社区邻里关系。通常来说,古城更新一般会采用居民整体搬迁或保留原住居民两种方式。古城通常是院落式的住宅形式,对于整体搬迁的居民而言,从邻家院落转向封闭社区,"上楼"改变了居民既有的社会网络关系;而对保留在古城区域内的原住居民而言,尽管邻里关系和社会网络没有发生根本性的变革,但古城更新后居民日常生活同商业活动之间、居民之间、居民居住与工作之间等复杂关系的变动和调适,同样重塑着古城的社会空间形态。

此外,行政权力还深刻影响着公众对古城空间资源的使用。政府在古城更新政策规划和古城更新实施过程中定义了古城未来的"用途"。古城无论是作为推动城市发展的"聚宝盆",还是展示地方历史积淀与文化底蕴的"展览馆",或是居住的"家园"或市民呼朋唤友游玩休闲的"公园"等,在一开始就通过行政权力得到定位。

3.2.2 资本力量推动下的古城空间重塑

1. 资本力量与古城物质空间重塑

企业资本直接介入并推动古城物质空间的具体改造。和政府行政权力不同,企业拥有巨大的资本体量,可以实现快速灵活的资金周转,通过资本循环实现积累;同时具备专业的施工资质和项目团队,契合于古城更新这种前期投资成本巨大、具有较高专业技术门槛的工程。因此,企业通常是古城物质空间改造的具体实施者。

资本在古城保护、改造和再现中发挥着重要的作用。企业在施工过程中使用原有的建筑工艺、原有的技术材料,以维护和再现传统的古城空间布局等;对于历史遗存损坏严重的古城而言,企业通过对原始建筑结构和建筑风格的"仿制"来运作资本。

通过资本的运作,古城还被赋予了更加现代化的空间功能。古城更新离不开大规模的基础设施的建设,以及由此升级的市政公用服务、环境营造、垃圾处理等生活服务。现代化的空间功能,服务于古城更新后期商业业态的布局运营，推动着财富的创造与土地价格的升值。后期的利润回报和建立在资本三级循环基础上的财富增值，是资本力量参与古城空间形塑的主要经济动力。

2. 资本力量与古城精神空间重塑

古城形象的塑造和传播，一方面依赖于企业对古城建筑风貌、文化积淀的再现，另一方面依赖于公共服务供给提升后对人们现代化需求的满足。企业在保护和商业发展之间寻找平衡点，关键在于重塑后的古城精神空间是否能够得到认可和承认。

作为承载城市厚重历史文化积淀的空间场所，重塑后的古城对于历史的尊重和文化的再现，是否契合于城市共同体成员共识性的空间想象，维系着居民和古城之间的情感纽带，这依赖于资本在保护性修复过程中的运作艺术。而作为一个旅游消费景区的古城，承载的商业活动和文化产业，能否在带来良好旅游体验、城市印象的同时，传递当地特色文化与风俗民情，强化游客对于地方文化的感受和体验，则依赖于资本在改造和商业运营中的运作艺术。

3. 资本力量与古城社会空间重塑

资本对古城社会空间的改造，体现在征收安置、文物建筑保护和公共设施品质提升等方面。一方面，古城的改造修复冲击着原住居民既有的居住环境、生活体验、社交行为，人们无论留在或是搬离业已习惯的生活区域，都需要重新适应新物质空间下的社交网络、接纳现代化的公共服务供给、适应更加现代化的生活方式。

通过重塑，古城建立起了新的消费模式。新的旅游业和服务业业态、相对高端的消费场所和消费方式，转变了传统的消费模式。有限空间内的社会交往、沉浸式的文化体验与消费相融合，成为古城消费的重要内容。这既围绕古城内游客的消费行为和交往方式建立起了新的社会空间，也同时改变了古城原住居民、当地市民围绕古城空间的使用所建立起的生活方式与社会网络关系。

3.2.3　社会力量推动下的古城空间重塑

1. 社会力量与古城物质空间重塑

社会力量所拥有的动员潜力，通常能在古城物质空间的重塑过程中发挥重要作用。一是由民间志愿者、历史文化爱好者自发开展的文化保护活动，如收藏文物典籍、编纂城市历史文化专题书籍、传承民风习俗等，对于城市历史文化积淀的挖掘具有重要意义。二是专家学者基于各自专业知识背景提出的古城保护修复建议，如对古城建筑的历史脉络的系统挖掘和梳理、对建筑材料和建筑技艺的识别与分析、对古城历史形态与现代功能融合的规划设计等，是古城更新的重要智力支持。三是游客、原住居民、市民等公众对于古城差异化的空间利用方式，公众在历史文化、游览、居住、消费、休闲等方面的古城资源利用方式和使用行为，也影响和定义着古城的物质空间。

2. 社会力量与古城精神空间重塑

公众通过制度化的参与渠道向决策者传递自身建构的空间概念与古城想象。这种想象由古城建筑的保护诉求以及现代化空间功能的利用诉求构成，不只反映了公众形成的对于城市历史形象的认知，也包括对古城发展的未来想象。公众通过参与政策建议、提供历史文化资料、从事古城文化产业、进行古城公益文化活动等方式，参与到场所精神的营造中。

公众对古城的情感维系还建立在自身利益的基础之上。古城改造中的征收搬迁、补偿安置等举措，同公众经济利益和公民权利密切相关。一旦居民的合法权益无法得到保障，采取抵制和制度外的诉求表达渠道，将使居民站在古城改造的对立面，隔断居民同古城的情感纽带。反之，古城改造中居民自身生活品质的改善和提升，将推动居民对古城改造的认可，使其更易接受改造后的古城意象。

古城改造的"评委"不仅限于古城内的原住居民。包括古城游客、城市市民、专家学者、新闻媒体等社会力量，基于自己不同的立场，会"用脚投票"来表达对古城意象的认可程度。一个游客罕至、市民抵触、专家质疑、缺乏曝光或者被负面宣传的古城，是缺乏活力和可持续发展生命力的空间场所。

3. 社会力量与古城社会空间重塑

对古城居民而言，古城是过去时代的回忆，是今天生活的空间；而对于专家学者和历史文化爱好者来说，古城最重要的价值在于其背后承载的珍贵历史文化。就城市居民而言，非古城街区的居民更看重古城的历史文化和旅游休闲价值，而古城街区的居民则更关注古城生活设施的改善。此外，根据马斯洛需求层次理论，不同的经济条件和社会地位也影响着人们的利益需求，经济水平和社会地位较高的市民更倾向于怀旧，更偏爱历史感和文化艺术氛围，而普通劳动阶层则更关注当下的物质生活条件。不同社会主体，基于差异化的空间利用诉求，围绕古城进行着差异化的生活消费行为，由此形成了充满多样化、相互交织的社会空间关系。

3.3　古城更新中主体的关系

国内外相关研究表明，古城空间生产过程中存在两种不同的主体关系模式。一是政府同市场、权力与资本进行"强强联合"，在古城更新中结成"增长联盟"，社会力量远离决策中心，在利益受损和参与受阻的情况下不得不依靠抗争表达自身诉求；二是在塑造城市的过程中，行政力量、市场力量和社会力量依托于非正式关系展开协调合作，社会力量对于权力和资本的空间形塑进行有效的约束。目前，政商合作仍是国内古城更新主要的推动力量，但随着社会的发展，社会力量在其中的话语权也愈发不可忽视。

3.3.1　财富创造、"增长联盟"与公众抗议

约翰·R.洛根（John R. Logan）和哈维·L.莫洛奇（Harvey L. Molotch）的研究发现，在城市更新的进程中，寻求城市经济增长的驱动力推动着城市的不断发展，城市实际上是一台由房地产商和政府组成的"增长联盟"所推动的"寻求财富增长的机器"。① "增长联盟"的关系模式在古城更新中十分常见，无论是原住居民的搬迁安置，还是古城空间的商业化开发，"增长联盟"都试图以尽可能小的成本投入换来尽可能高的经济回报。在这一驱动因素下，原住居民搬迁安置工作通常在经济上降低补偿标准，并借助行政权力推动强制拆迁；在空间开发过程中则关注现代化的房地产项目建设，忽视历史文化的保护和公众意见的诉求，也由此招致地方公众的抵制。

1. 在古城更新中获利：行政与市场力量结成"增长联盟"

基于洛根和莫洛奇的分析，古城同时具有"使用价值"和"交换价值"的双重属性。古城居民和城市市民依托古城空间进行居住、工作等日常生活，主

---

① 〔美〕约翰·R.洛根、哈维·L.莫洛奇：《都市财富：空间的政治经济学》，陈那波等译，格致出版社、上海人民出版社2015年版。

要利用了古城空间的"使用价值"。但古城对于城市财富增长的贡献主要源自古城空间的"交换价值"。古城当前呈现出建筑设施老化、公共服务滞后等问题,这制约了古城土地和房价的升值;但同时,古城在历史上通常是人口集中、商业密集、交通便利的城市核心区,具有可观的升值潜力。因此,通过现代化的古城更新和古城后期的商业运营,一方面能够为企业带来可观的利润收入,另一方面也有助于增加地方政府的财政收入,打造城市名片。因此,地方政府和企业通过权力和资本的联姻,形成城市更新中的"增长联盟",推动着城市这部"追求增长的机器"运转,并显著影响了古城更新的走向。除此之外,还存在着许多利益群体,它们是城市空间开发的利益相关方,尽管没有开发商和政府那么大的影响力,但它们也同样和城市的增长"一荣俱荣",①并用自己的方式对古城空间生产施加影响(见表3.1)。

表 3.1 城市"增长联盟"的构成

"增长联盟"的成员	在空间开发中的获利方式	在"增长联盟"中的角色
房地产商	直接从事租金生产活动	投资、开发、销售等商业行为
政治家和政府	获得选举支持、增加税收	关于增长议题的政治动员
地方媒体	增加发行量	引导舆论、同开发商和官员进行非正式对话
公用事业单位	增加使用客户	提升城市新建区的生活质量
辅助参与者(大学、博物馆等艺术机构、专业的运动队伍)	存在较少的利害关系,主要通过人口增长增加客户和赞助群体,从而维系机构的运转	是城市开发的优势资源,吸引顾客前来,作为城市发展的工具
有组织的工会	增加就业	支持城市开发政策
小零售商	增加顾客、扩大销量	支持城市开发政策
企业资本家	通过支持增长获得企业所在地区民众的尊重	以间接的方式影响城市增长的相关决策

资料来源:王玉龙:《城市权力重构:美国城市政治理论演变的逻辑》,山东大学2016年硕士论文,第30页。根据美国学者约翰·R.洛根、哈维·L.莫洛奇所著《都市财富:空间的政治经济学》(陈那波等译,格致出版社、上海人民出版社2015年版)第48—82页相关内容整理。

---

① 王玉龙:《城市权力重构:美国城市政治理论演变的逻辑》,山东大学2016年硕士论文,第30页。

2. 古城更新中的"反增长"抗争

"增长联盟"主导下对古城"交换价值"的利用，不可避免地影响到地方公众对古城"使用价值"的享有。首先，古城更新会冲击地方公众对古城空间所形成的既定空间想象。这种空间想象往往具有代际的延续性，年长者或从亲身经历中形成对古城空间的认知，建构自身对古城空间的概念和理解；而城市中的年轻人则从老一辈口口相传中，或从大量地方历史介绍中形成对当地古城空间的一种空间想象。尤其是当拥有丰富历史文化内涵的空间向商业化空间重塑时，哪怕在物理外观与建筑风格上选择遵循传统，地方公众业已形成的空间想象不可避免地会遭到冲击，并经历一个空间概念重新建构的过程。而这个过程，或在人们对古城更新与城市未来发展蓝图的期许下进展顺利，或在人们对往昔美好与现实喧嚣的对比中磕磕绊绊。

其次，古城更新会转变人们既定的社会关系与生活方式，特别是对古城空间中的原住居民而言。在这种古城空间的更新中，往往伴随着房屋的征收与拆迁。而无论是政府和开发商给予的补偿方式与补偿条件，还是在征收拆迁过程中的政府行为方式，或是对于生活方式和生活习惯变化所引发的抵触，都会成为地方公众反对的原因。通常这种古城空间对原住居民生活方式的影响，意味着从平房到楼房的变化，意味着从大院式的相对开放空间到各楼各户的相对有限的约束空间，也意味着邻里交往和沟通方式发生变化。

逐渐地，这些群体基于共同的利益形成"反增长联盟"，以集体的力量和"增长联盟"进行博弈，从而维护自身权益，或者使自身也能从古城更新中获益。"反增长联盟"并非是反对增长本身，而是反对牺牲一部分人的福利以增加另一部分人的福祉的发展方式。

在古城空间更新中的"增长联盟"模式下，不仅政府和房地产商以共同利益为纽带结成"增长联盟"推动城市建设，而且政治家和政府官员会利用政治工具向社会宣传增长议题，寻求社会认同，同时采用行政手段（包含决策）为城市空间开发提供便利。社会力量则难以介入古城空间更新的决策和执行环节，而是针对相关决策和行政行为给自身带来的负面影响，诉诸补偿方式和行政手段不合理、决策过程不透明、商业化开发破坏历史文物等话语，对古城空间的更新进行抵制和抗争，从而在一定意义上对行政和市场力量进行约束。但总的来说，在这一模式下，行政和市场力量掌握主导权，而社会力量则处于被动的弱势地位。

3.3.2 城市发展、关系协调与权力制约

在 20 世纪 80 年代,"增长联盟"的理论模型受到质疑。诸多学者研究认为,在市场经济条件下,社会资源分散在不同群体手中,任何一方都无法单一控制全部资源;在民主的政治制度设计下,城市政府是公共利益的代表者,维护全体市民的利益。①因此,"为实现各自的目标,城市政府、企业机构和社会组织不得不展开合作"②。这种"合作"增加了社会力量在古城更新中的发言权,公众的利益诉求和参与方式能够对政府权力行使和企业资本运作进行有效的约束,从而在古城空间生产的目标、路径和结果中都传达出公众的声音。

1. "塑造城市"的机制力量

城市机制理论强调,在城市中,除了围绕政治体制和法律制度形成正式关系之外,各主体会基于合作协商形成非正式关系,而后者尤为重要。正式的制度强调支配,而非正式制度强调合作协商,后者更容易使多元主体达成集体行动共识。斯通(Clarence N. Stone)的研究指出,根据城市管理的主要任务、所需资源水平的差异,城市机制呈现出不同的运作方式。城市管理的主要任务,包括常规服务供给、机构精英协调、复杂的规制和大众动员等,其困难程度和挑战性依次递增,所需的资源水平也呈现出不同的难度。城市机制的良好运行则取决于任务难度和资源供给水平的匹配。③

由此,斯通将城市机制的运行模式分为维持型机制、发展型机制、中产阶级改革型机制以及下层阶级机会扩张型机制。维持型机制抵制重大的变革,只聚焦于常规性服务的提供;发展型机制聚焦于土地的开发利用,以实现城市经济的增长或抵制城市经济的衰退,私人投资则和公共官员存在一定程度上的利益交换关系;中产阶级改革型机制往往致力于通过改革解决社会问题,推动社会的进步,反映了城市中产阶级对于改善生活质量的政治诉求;下层阶级机会扩张型机制主要聚焦于低层居民生活状况的改善,包括教育、工

---

① 王婷婷:《走向多元合作:城市机制理论视角下我国旧城更新研究》,山东大学 2016 年硕士论文,第 22 页。
② Clarence N. Stone, *Regime Politics: Governing Atlanta 1946-1988*, University Press of Kansas, 1989.
③ Clarence N. Stone, Urban Regimes and the Capacity to Govern: A Political Economy Approach, *Journal of Urban Affairs*, Vol. 15, No. 1, 1993, pp. 1-28.

作技能培训、增加商业机会和完善住房所有权等议题。① 不同的机制类型,主体之间的合作程度与聚焦的合作议题有所差异,但都超越了政企—公众的对立立场,去审视城市发展过程中多方主体的互动关系。

2. 古城更新中多方主体协调与权力约束

城市机制构建了古城更新中的另一种主体关系模式。基于合作网络体系,行政力量、市场力量与社会力量之间形成了相互协调、相互约束的空间权力关系模式,同时也重新定义了各主体在古城更新中的角色定位。②

(1) 地方政府基于城市整体效益提升承担利益协调的角色。在这种基于非正式关系所展开的合作中,地方政府不再为了追求城市财富的增加和财政收入的增长而同市场力量结成同盟,而是综合考量经济增长、城市生活改善等整体效益提升等多维发展目标,在市场力量和社会力量的博弈中充当协调者。正如有学者所言,"在这样一个公民积极参与的社会中,公共官员将要扮演的角色越来越不是服务的直接供给者,而是调停者、中介人甚至裁判员。而这些新角色所需要的不是管理控制的老办法,而是做中介、协商以及解决冲突的新技巧"③。古城更新活动的目标往往在于对城市公共利益的保护,出于保障古城更新项目顺利推进、维护公民权利、承担公共部门社会责任的考虑,地方政府通过房屋征收补偿与搬迁安置政策,在开发商和地方居民之间担任利益关系的协调者,从而使得古城更新真正成为一项造福于民的政策工程。此外,通过对企业具体的古城改造施工过程的规划约束和行政监督,保护古城拥有的历史文化遗产,承担延续城市文脉、提升当代人生活质量、维系后代人的城市记忆的历史责任。

(2) 开发商在获取经济利益的同时创造社会效益。尽管开发商进行的古城更新活动本质上是逐利的,但古城在空间属性方面的特殊性,决定了古城更新中市场力量的定位不仅是推动古城空间升值以实现利润的最大化。一方面,围绕古城更新所开展的经济活动本身就在同时创造社会效益,古城

---

① 王玉龙:《城市权力重构:美国城市政治理论演变的逻辑》,山东大学 2016 年硕士论文,第 35—36 页。
② 王婷婷:《走向多元合作:城市机制理论视角下我国旧城更新研究》,山东大学 2016 年硕士论文,第 22—23 页。
③ 〔美〕珍妮特·V.登哈特、罗伯特·B.登哈特:《新公共服务:服务,而不是掌舵》,丁煌译,中国人民大学出版社 2010 年版,第 5 页。

更新中的基础设施建设、商业空间的创造、社会住房供应对于改善居民生活、工作都具有重要的价值和意义；另一方面，古城空间载体的保留和历史文化的延续，无论对于当代人丰富文化生活还是后代人传承城市记忆，都具有重要的公共价值。因此，古城更新中的市场力量，在实现经济效益与社会效益共赢方面具有潜力，其合理的利润追求在古城更新中应当被尊重和实现。但同时，这种双赢的前提在于遵守法律法规与古城更新的规划约束，在于维护和满足地方居民对于古城空间资源合理的财产权利和使用权利，将企业形象和社会责任感融入到创造社会效益的行动中，从而获得更多社会群体的支持，顺应时代的趋势。

（3）公众实现古城更新中的决策参与和外部监督。公众在基于非正式关系的合作网络中处于举足轻重的地位，既是古城更新项目的主要参与者，也共享古城更新的成果。当地居民作为古城更新的利益直接相关者，通过多种渠道全方位参与古城更新的政策制定环节，城市市民、新闻媒体、社会组织等基于对城市未来发展的关注，在古城更新中提供重要的外部支持和监督力量。具体而言，非政府组织在古城更新中通过发挥自身独立性、非营利性的优势，向公众普及公众参与的重要性，提高公众的权利意识和责任意识，并组织和领导公众有序参与，从而提高公众参与的组织化程度；新媒体通过提供多样化的监督渠道，全面高效地监督当地政府和开发商的行为。

3.4 我国以往古城空间生产再审视

从理论上看，行政权力、市场力量和社会力量作为空间生产的动力，在古城更新中呈现出不同的关系模式。而回顾我国以往的古城空间生产实践会发现，我国古城的空间生产在主要力量、生产导向和社会关系等方面都呈现出鲜明的特征。这些特征反映了目前古城更新中的治理挑战，也推动着对古城空间生产的再思考。

3.4.1 古城空间生产的现实特征

我国以往的古城空间生产实践，在生产动力方面，行政权力和资本力量成为主导空间生产的力量；在古城文化方面，浓厚的商业化色彩超越了在地文化；在社会关系方面，与古城更新相伴随的"绅士化"浪潮对既有的社会关系结构带来了剧烈冲击。①

1. 行政权力和资本力量是以往古城空间生产的主要力量

在整个古城空间生产潮流中,政府通常扮演着资本积累的帮手。为了彰显政绩,政府偏爱大型房地产商和资本集团,并在一定程度上默许和支持土地级差地租交易和大规模的开发活动。在新公共管理及城市经营理论大旗的掩盖下,城市政府的企业化行为促进了权力与资本的合谋。同时,开发商通过参与古城更新中的商业运作追逐巨额经济利益,迎合了城市政府促进经济增长、塑造城市形象的强烈动机。

权力和资本的合谋极大地改变了古城既有的权力格局,参与力量和话语权的不对等影响着古城更新的基本走向。在政府和开发商组成的"增长联盟"面前,代表着社会力量的普通居民显得弱小无力,权力在古城更新实践中的话语权远超民众权利。因此,在这种极度失衡的力量博弈中,处于弱势地位的古城居民难以表达其需求、维护其利益:对于商业化运作的古城,原有的生活空间被商业和富人阶层占据;对于缺乏保护和振兴的古城,居民的基础生活设施则得不到改善。

作为一种城市共享资源,古城空间生产应当遵循公共价值并维护公共利益。然而,在回答"古城为谁而建、为谁而保护"的问题上,政府出于对经济利益、政绩工程的追求,常常偏离于古城居民的现实诉求,偏离了古城作为一种共享资源本应创造的社会和经济效益。正如哈维所指出的那样:"那些创造了精彩而令人振奋的街区日常生活的人们,输给了房地产经营者、金融家和上流阶层消费者。"②在既有古城更新实践中,那些为了私人利益而占有和使用这种公共空间的市场行为与商业化运作模式,不仅仅剥夺了原住居民创造共享资源的权利(他们往往因为地价和租金上涨而被迫离开),而且使得这种共享资源本身变得面目全非。

2. 商业化超越在地文化成为古城文化的主要表征

古城是在历史进程中沉淀下来的文化空间,其古老且独特的属性赋予了其珍稀的历史价值。但在具体的古城更新实践中,商业化的运作模式凸显了

---

① 王庆歌:《空间正义视角下的历史街区更新研究》,山东大学 2017 年硕士论文,第 28—30 页。
② 〔美〕戴维·哈维:《叛逆的城市:从城市权利到城市革命》,叶齐茂、倪晓晖译,商务印书馆 2014 年版,第 79 页。

古城空间作为一种积累资本的可交换价值,文化的异质性逐渐被商业的同质性所替代,附着于真实社会空间之上的在地文化也逐渐流失。"人们对空间的文化想象有相当一部分是透过这些制造感觉的符号和空间的邂逅被建构出来的"①,为了显示其价值,古城沦为被兜售的文化符号,更多地成为被建构出来的想象或幻想。事实上,以历史故事、文化名人、民俗体验等为主题切入的商业化运作,把大量的古城变成或喧嚣或空洞的消费空间。

尽管古城往往被打上"传统文化"或"城市文化"的标签,以文化为名以期获得更高资本回报,但事实上,我国各大古城样态正逐步走向趋同:兜售廉价旅游纪念品的小店、来自全国各地却打着本地招牌的餐饮小吃店、同样复古的石板路与精致建筑,如此等等。商业和旅游业的产业化发展造成了古城的"千城一面",以至于让人们开始产生迷失感。古城的商业化过程不可避免地削弱乃至替代了原住居民和真实的社会生活功能,而原有社会关系的迁移和街区功能的商业化则带来了真实的在地文化的丧失。②

3. 既有古城社会关系结构受到冲击

作为"舶来品"的"绅士化"(gentrification)概念,意指一种空间生产实践,深刻揭示了城市中社会关系的重构过程。在古城更新实践中,伴随着建筑的修缮和居住环境的改善,商业资本的巨大投入带来了地价和租金的大幅上涨,古城原住居民在市场机制的调节下被迫迁离家园。与之相对,拥有大量的财富、较高的社会地位、较好的教育水平和文化品位的中上阶层占有了更新后的古城空间。"有钱人请进来,没钱人搬出去"③形象地概括了与古城更新同步的绅士化过程。在政府与开发商主导的古城更新模式下,绅士化几乎成为古城更新的必然结果。虽然带来物质条件一定程度的改善,但这种更新过程却以剧烈的方式打破了古城原有的社会结构网络,穷人的被迫边缘化和中上阶层的空间聚集无形中又进一步加剧了社会分层和空间隔离。同时,绅士化也不断冲击着古城历史文化遗产传承的既有方式。文化是建立在真实的生活和特定的地域及人群之上的,诸如民俗、手工艺、传统风情等这些文化

---

① 胡毅、张京祥:《中国城市住区更新的解读与重构——走向空间正义的空间生产》,中国建筑工业出版社 2015 年版,第 74 页。
② 王庆歌:《空间正义视角下的历史街区更新研究》,山东大学 2017 年硕士论文,第 29 页。
③ 张松、赵明:《历史保护过程中的"绅士化"现象及其对策探讨》,载《中国名城》2010 年第 9 期。

要素离不开社会生活的延续性,离不开原住居民的口耳相传。[①]绅士化现象在破坏古城社会关系结构的同时,并不能实现对历史文化传承方式的有效衔接,进而削弱了古城文脉的传承性。

与这一过程同步的是士绅阶层所塑造的消费文化。古城更新使古城从日常生活空间转变为一个现代化的消费社会。古城成为消费的对象,且其本身正创造着更多的文化消费对象。从商业和城市营销的角度来看,这无疑是成功的。但从历史文化的真实传承和社会生活的真实延续的角度来看,这种方式又是值得反思和商榷的。社会空间是对物质空间与精神空间的融合和超越,社会空间更是物质与精神空间的基础。无论是古城的空间形态还是历史文化,都必须建立在真实的、鲜活的社会生活之上。在旅游和文化创意产业流行的今天,消费空间对日常生活空间的全面占领理应引起城市研究者的反思。

3.4.2 古城空间生产的模式思考与展望

基于空间生产理论重新审视我国古城更新实践,可以发现,列斐伏尔所提出的"空间的实践""空间的表征"和"表征的空间"三个维度都应是古城更新的应有内涵,空间生产视角下我国古城更新的实践剖析如图 3.1 所示。

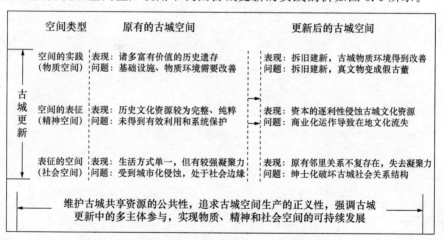

图 3.1 空间生产视角下的古城更新
资料来源:作者自制。

---

① 王庆歌:《空间正义视角下的历史街区更新研究》,山东大学 2017 年硕士论文,第 29—30 页。

权力和资本超越社会力量,成为古城空间生产的主要力量;商业化超越在地文化,成为古城文化的主要表征;古城更新推动城市的绅士化,冲击了古城既有的社会关系结构,这些构成了我国当下古城空间生产过程的主要现实特征。古城空间生产解决了原有古城空间的治理问题,同时又引发了新的治理挑战。作为一项政策过程和利益博弈,古城空间生产中的空间权力如何配置?古城空间生产中,公众的城市权利如何保障?如何深入定位古城在"文化保护"和"经济发展"中的多元价值立场?从历史中走来的古城,如何通过古城更新演绎助力城市可持续发展的当代传奇?

第二篇
历史文化街区的更新

历史文化街区是一座城市中历史建筑和文物古迹集中分布的片区,也是传统街巷布局肌理和历史风貌景观保存相对完好的街区,一直都是古城更新的重点。本篇选取了济南明府城历史文化街区、青岛中山路历史文化街区、烟台奇山所城与烟台山—朝阳街历史文化街区进行探讨。

济南自2010年开始了对"明府城"的保护性更新,通过场所营造、人群集聚和事件营销,复兴传统的历史文化风貌。在国际化浓厚的青岛,中山路历史文化街区的更新反映出根植于城市规划思想中的殖民主义与西方美学理念。在沿海城市烟台,代表中国传统文化的奇山所城与承载近代开埠文化的朝阳街体现了"中西合璧"的规划思想,"网格化搬迁"则为历史文化街区的更新提供了有益的经验。

这三座城市的更新历程向我们展现了我国大城市在寻求转型过程中的思考与挣扎——传统性与现代性、本地文化与西方文化、生产导向与消费导向,对这些问题的回答最终描绘了大城市的空间形态及其文化内涵。当今历史文化街区越发成为装点现代大都市的奢华珠宝,彰显着城市品位、文化多元与包容,而这些是城市发展创意文化产业与吸引人才所必不可少的特质。

第 4 章

场所营造、人群集聚与事件营销：济南市明府城项目的空间生产策略

济南的城市发展是中国城市化的缩影，期间经历了复杂的过程，有停滞，也有激进，有剧烈动荡，也有平静的变化；变化的方式也是复杂的，古代、近代交织在一起。济南历史上的城市发展有两个关键的节点，一是明朝大规模城市建设留下的"明府城"，二是近代胶济铁路通行后自开商埠并保留至今的"商埠区"。如果说明府城是中国历史画，那么商埠区就是近代西洋画，共同奠定了济南"双子城"的古城底蕴。

济南明府城自古以来便居于机要之地，既是文人骚客的聚集之处，又吸引着达官巨贾的注意。中华人民共和国成立以后，在政治、经济、社会的快速发展和变革之中，明府城出现了功能衰退。由于用地功能复杂、房屋年久失修、居民参与能力薄弱、基础设施不配套、业态层次较低等，明府城片区环境逐渐遭遇破坏，一度陷入脏乱差的漩涡，昔日光彩不再。破败的建筑、污染的泉水、杂乱的街道，无不与其往日的光辉产生强烈的对比。繁华一时的"双子城"，渐渐走向衰落。虽然济南在1980年后对其展开了一系列的重建，但均不太成功，直到2015年济南市启动了新一期的明府城项目，才使日渐衰落的片区有了重拾辉煌的可能。

陨落的古城能否实现复兴？能否在现代化大潮中释放独特魅力？自2013年起，课题组就持续关注济南城市更新的进展。自2017年9月起，课题组以明府城为主展开了为期三个月的深入调研，以期通过研究达到以下目的：以明府城的历史价值为基础，以空间生产为视角，具体以场所、人群和事件作为线索，梳理明府城在不断的变迁过程中各方的行动；了解明府城复兴现状；知悉明府城更新中的困境；反思明府城的空间生产；提出进一步发展的

改进建议。

4.1 济南的城市设置与明代府城

济南，因位于济水之南而得名，《尚书·禹贡》中记载："导沇水，东流为济，入于河，溢为荥；东出于陶丘北，又东至于菏，又东北，会于汶，又北，东入于海。"济南以"泉城"闻名，素有"四面荷花三面柳，一城山色半城湖"之美誉，也拥有深厚的历史文化积淀，有着"汉筑城，晋定邦，宋设府，清开埠"的说法。

4.1.1 "汉筑城，晋定邦，宋设府，清开埠"：历史上的济南城

1. 从秦汉到宋元时期的城市发展

自古以来，济水自中原流来，于是在济水之南就出现了一座历史名城。春秋时期，齐国在今济南地区设"历下城"，作为齐国西部重要的边防门户，这成为济南城市发展的起源。西汉设立"济南郡"，治所在东平陵，是当时经济文化发达地区，"济南"作为一个行政区划名词，第一次出现在历史舞台上。西晋永嘉末年，为躲避战乱，济南郡的郡治由平陵转移到历城，即现在济南市区，由此确定了济南的基本轮廓。从此，历城（济南）一直作为济南郡治所在，成为山东地区的政治中心和经济中心。隋唐时期，此地置齐州。在这个时期，济南更多的是凭借天然优越地理位置，在历史中扮演着军事重地的角色。直到唐末，山东军事重心转移，济南古城的政治地位稍有下降。[①]

宋朝英宗年间，时称"齐州"的济南升格为节度州[②]。宋徽宗政和六年（1116年），齐州又从节度州升格为济南府，治所设在历城，此为府治之始。济南设府，很大程度上是因为济水与大运河的连通为胶东地区与中央物资运输提供了有利的条件。金朝在城北开凿了小清河，直通至海，济南成为重要的盐运集散地，对后世本地经济的发展产生了重大影响。及至元朝，济南已成为统辖鲁中、鲁北地区的政治中心，成为全国物资集散的重要城市之一。

[①] 这里重心转移的表现为唐天复元年平卢不辖齐州（现在的济南）而偏安青州的史实。参见张华松等：《济南历史大事记》，济南出版社2010年版，第41页。

[②] 以节度使为长官之州。宋代为三品州，高于观察州，为六等州第二等。参见《中国历史大辞典（上卷）》，上海辞书出版社2000年版，第637页。

2. 明朝升格的政治地位

明朝建立后,国家政治中心东移,济南因其地理位置优越、经济发达、文化昌盛,取代了益都(今青州)和东平,成为新成立的山东布政使司、都指挥使司及按察使司驻地,济南遂成山东首府,延续至今。此时,明朝政府对济南城进行了一次大规模的整修,将土城墙变为砖城墙,这便是所谓明府城修建的开端。新建的济南城包含省、府和县三级政府,在当时各省省会中的规模名列前茅。城内既有规模庞大的德王府,也有与政府、军队以及百姓生活密切相关的军卫、仓廒、庙宇和民居,城北还有著名的众泉汇流而成的大明湖(见图 4.1)。

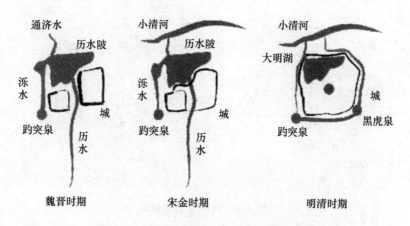

图 4.1 魏晋至明清时期济南城市格局演变

资料来源:郁颖姝:《基于历史城区和风貌区理论的济南商埠区保护更新研究》,清华大学 2015 年硕士论文,第 28 页。

那时,济南不但成为山东省政治、经济中心,同时还成为南京与北京之间重要的交通要道和军事重地,其军事、交通、政治地位都日益明显,对全国的经济发展也起着重要作用。

3. 近代济南"双子城"格局

到了近代,伴随胶济铁路的修建及《胶澳租界条约》的签订,济南正式申请"自开商埠"。作为一座曾经以保守著称的内陆古城,在时代大潮的推动下,以领时代之先的"自开商埠"之举,主动吸纳域外经济文明,以崭新的观念自我发展,逐步走出了以农耕经济消费为特征的圈子,开始向近代城市转变。

此举使济南从传统的政治中心一跃变为山东内陆第一大商贸中心,成为整个山东内陆市场经济发端的标志。"商埠区"和"古城区"交相辉映,成为济南的"双子城"(见图4.2)。开埠加速了社会群体思想的转变,促进了近代市民观念的形成。在"欧风美雨"的浸润下,济南的传统民俗文化中融入了外来文化的气息,在细节变化中折射出的中西文化交流已超过了以往任何一个时期。

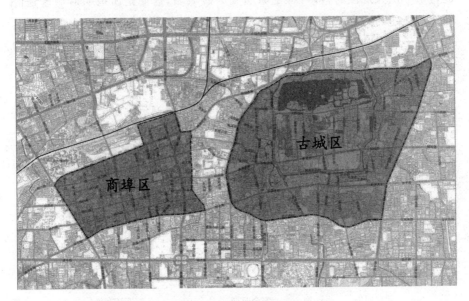

图 4.2　1911 年济南城区

资料来源:作者自制。

4.1.2　明府城的城池建设与变迁

明朝是济南历史上城市建设的一个关键期,在那个时期济南城的建筑布局与空间肌理得到了完善。明朝之前,济南的城墙都是土城墙。明洪武四年(1371年),政府对济南城进行了一次大规模整修,将原来的土城墙变成了砖城墙,并予以加固加厚,这就是明府城修建的开端。府城中共有四门,其中东门叫齐川门,在今天的东关大街一带;西门叫泺源门,在今泉城路西口;北门为汇波门,就是今天大明湖公园内的汇波楼;南门叫舜田门,在今天泉城广场附近(见图4.3)。其中,南门居中,北门偏东,东门偏北、西门偏南,俗称"四门不对",这在风水学上有聚财纳气的作用。老济南有句谚语叫做"四门不对出王位",说的就是这个意思。① 而这四大城门环绕的区域,就是今日所说的明府城。

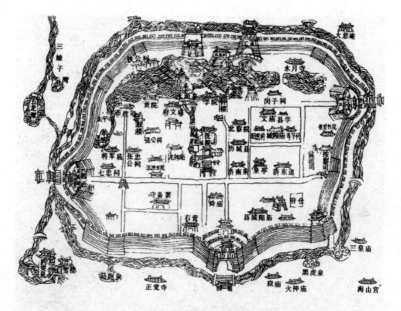

图 4.3 明代的济南府

资料来源:杨秉德主编:《中国近代城市与建筑(1840~1949)》,中国建筑工业出版社 1993 年版,第 329 页。

抗日战争和解放战争期间,济南城的很多城墙在战火中遭到破坏。中华人民共和国成立以来,经济的发展和人口的集聚带来城市建设的巨大压力,推动城市空间不断向外围延展。在城市建设过程中,很多城墙被拆除以修建环城马路。根据济南市规划局的界定,今天济南市的明府城片区指济南老城护城河以内的区域②,在空间范围上和明朝的济南城具有统一性。明府城片区以现在的道路为界,主要指西至趵突泉北路,南至黑虎泉西路,东至黑虎泉北路,北至大明湖的面积 3.2 平方公里的区域(见图 4.4)。片区内包括"芙蓉街—百花洲""将军庙"两大历史文化街区以及享誉中外的国家 5A 级旅游景

---

① 健宏:《明府城史话——济南明府城的前世今生》,http://jinan.dzwww.com/ztzh/jnmfc/sh/201712/t20171225_16304351.htm,2018 年 7 月 23 日访问。
② 《市规划局积极推动济南明府城保护与改造实施》,http://jnup.jinan.gov.cn/art/2015/2/28/art_10272_1524532.html,2018 年 7 月 23 日访问。

点"天下第一泉风景区"的部分区域。可以说,济南能够成为国家历史文化名城的重要条件之一,就是因为明府城片区内大量的历史街区与古城遗留。

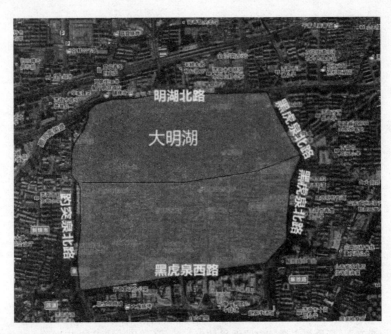

图4.4　今天的明府城区域总览图
资料来源:作者自制。

4.1.3　明府城的山水形态与文化积淀

独具特色的泉水垂杨和湖光水色、近现代名人故居、四大书院等均汇聚于此,一批知名老字号聚集,使得明府城充满了别致的自然风光、浓厚的历史文化味道和原生态的市井生活气息。老舍先生在《济南的秋天》中描述的"上帝把夏天的艺术赐给瑞士,把春天的赐给西湖,秋和冬的全赐给济南",赞美的就是这个区域;刘鹗笔下的"家家泉水,户户垂杨,比那江南风景,觉得更为有趣",写的就是这里。

1. "山、泉、湖、河、城"的城市形态

根据2011年济南市名泉办的普查,济南市共有808处泉眼,其中拥有珍珠泉、芙蓉泉、腾蛟泉等名泉的明府城及周边区域,泉眼数量达151处之多①,水系串流分布在小巷民居之内,形成"家家泉水,户户垂杨"的泉城特色风貌。闻名遐迩的四大泉群——趵突泉、黑虎泉、珍珠泉、五龙潭都分布在明府城及其辐射区内。千百年来,祖祖辈辈的泉城人,依泉而生,伴泉而居,繁衍生息,泉水成为济南的"城市之魂"。

除了世所罕有的冷泉,明府城片区还拥有大明湖、趵突泉两大风景名胜区。古城区内诸泉之水汇入的大明湖,尽显"佛山倒影""一城山色半城湖"湖山辉映一体的秀美景色。借助于良好的观山视廊、开阔的湖面,明府城内外空间相互融合,景观彼此因借,共同构筑了"山、泉、湖、河、城"互为一体的独特山水城市形态。如此充分利用自然地理环境,凭借山水之形胜,巧妙安排城池格局,不可不谓设计精妙。

2. 深厚的历史文化积淀

明府城片区内集中分布了清朝陈冕状元府等63处文保建筑,特色院落星罗棋布,构成世界独一无二的冷水泉居环境。济南市的三处"山东省历史文化街区",有两处均位于明府城片区内,即"芙蓉街—百花洲历史文化街区"和"将军庙历史文化街区"。明府城内百花洲、红尚坊、曲水亭街、宽厚所街等街巷片区,见证了济南城市发展的历史变迁,记录着老济南的日常生活,也是城市建设和更新中重要的历史文化遗存(见图4.5)。

在芙蓉街—百花洲历史文化街区内,有一亭坐落于百花桥上,因此处"弯弯曲曲的溪水与珍珠泉的玉带河汇成曲水河,从街中央大摇大摆穿行而过",故得名"曲水亭"。曲水亭街内小桥、曲水、垂杨、屋舍相得益彰,曾是济南的围棋中心。② 过曲水亭街,便进入百花洲,州畔"岸边民居错落有致,柳丝随风飘逸,平静的水面上,荷叶滴翠,莲花映日,鹅鸭翻掌"③,不仅有着宜人的自然景光,也承载着惬意的老城生活。

游客一提起济南老城,必然会想到芙蓉街。尽管芙蓉街只是一条数百米长的南北向小街,但因街上的芙蓉泉而得名,"济南老城内原有4个芙蓉泉,芙蓉街就占了3个"④。时至今日,芙蓉街因其特色小吃而成为游玩济南的必

---

① 济南市史志办公室编:《济南泉水志》(上卷),济南出版社2013年版,第3页。
② 牛国栋:《济水之南》,山东画报出版社2013年版,第23页。
③ 同上书,第24页。
④ 荣斌、荣新:《泉城掌故》,济南出版社2012年版,第115页。

图 4.5 明府城主要历史文化街区与历史街巷片区分布
资料来源:作者自制。

到之地。每逢周末芙蓉街内的游客络绎不绝,逢年过节更是摩肩接踵,就连工作日亦是人声鼎沸;来济南看球的外地球迷,也喜欢在赛前赛后前往芙蓉街体验一下济南这座老城的风土人情。

省府前街在历史上一直是济南的"官道"。省府前街在元代称为"宪衙街",是"山东东西道肃政廉访司"驻地。明洪武九年(1376 年)因山东行省改置为山东承宣布政使司,"宪衙街"改称"布政司街",自 1948 年山东省人民政府驻地迁至济南后改称"省府前街"。[①] 省府前街曾经是济南文化商业集聚的片区,如今已改造成红尚坊商业片区。

此外,拥有"民居博物馆"之称的宽厚所街也坐落在明府城内。宽厚所街拥有老城区为数不多的里弄,还有很多四进、五进院落,以及二进、三进院加

---

① 雍坚:《济南城记》,山东画报出版社 2017 年版,第 83—84 页。

上跨院、旁院的组合式院落，很多院落还有原始的泉井，无论是建筑规格、建筑质量都在老城区内数一数二。① 如今的宽厚所街，已经被改造成由世茂集团投资运营的一处商业场所。

在学者眼中，明府城是一块历史与人文领域的瑰宝；在旅游专家眼中，明府城是一座亟待开发的旅游富矿；在老济南眼中，明府城是个寻找儿时回忆的地方；在外地游客眼中，明府城是独具特色的老街。② 在国家层面对中华优秀传统文化日益重视的今天，以儒家文化为主的齐鲁文化作为中华文化最重要的组成部分，在海内外的影响正日益深广。现在明府城独特的地质现象和长期延续发展的人居环境形态已经正式列入《中国国家自然遗产、国家自然与文化双遗产预备名录》，成为我国第一个以泉水为主题的世界自然与文化双遗产的"申遗"项目。③

4.1.4 迫切的发展压力与更新任务

中华人民共和国成立后，随着社会、政治、经济和文化的变革，明府城的传统功能逐渐衰退。一些机关单位进入该地区原有的重要地段后，居住地的空间结构和社会关系也发生着变化，加之长期以来受国家住房制度制约，明府城片区内一系列问题不断凸显。根据历下区城建环保委员会的报告④，明府城近年来的保护工作存在的问题有：保护管理工作连续性不强；名泉资源未得到系统的保护利用；基础设施不能满足发展转型需要；相关法规和政策与发展转型的实际严重脱节等。上述问题不断冲击着这一千年古城。

2013年11月，济南市城市更新局（济南市住房保障和房产管理局）牵头编制《济南市旧城更新专项规划》。专项规划的目的之一在于提升旧城活力，实现旧城的有机持续更新。2014年12月，为进一步调整、完善规划，济南市规划局面向社会各界征求意见建议。这个由专家制定、公众参与的《济南市旧城更新专项规划》明确了济南市旧城更新的近期目标和行动路线。根据该

---

① 雍坚：《济南城记》，山东画报出版社2017年版，第110页。
② 《千年明府城蝶变国际一流旅游目的地》，http://jnrb.e23.cn/shtml/jinrb/20170810/1674059.shtml，2018年7月23日访问。
③ 黄中明：《泉水申遗，先得"PK"国内40余景点》，http://jnsb.e23.cn/shtml/jnsb/20150907/1479862.shtml，2018年7月23日访问。
④ 《关于加强济南明府城保护与更新的调研报告》，http://rd.lixia.gov.cn/art/2017/12/13/art_14747_284365.html，2018年7月23日访问。

规划评估,济南旧城呈现高集聚度、高吸引力、高速度和高难度四大特征。对此,规划提出将有计划、有步骤、分时序逐步推进旧住宅区综合整治试点工作。

4.2 明府城更新的探索历程

由于明府城是济南城市建设当中的筑城高峰,代表了城市建设的最高水平和艺术成就,在明府城也汇集了众多的历史文化古迹,济南市著名的历史文化街区也多聚集于此,因此当济南市寻求城市更新的时候,这一区域就成为城市更新的主要场域。在实践中,政府部门也把这一区域的城市更新命名为"明府城更新",意图重新发现济南城市辉煌的历史。因此,"明府城更新"也成为济南城市核心区域更新的代名词。

4.2.1 改革开放后早期的更新尝试

自1980年起,明府城规划就在政治力量与资本力量的相互博弈与合作下曲折发展。明府城空间生产的早期探索总体来说可以分为两个阶段。

1. 改造的提出与停滞

自20世纪80年代至20世纪末,随着改革开放后经济的快速发展,旧城区的开发和改造受到社会关注。1981年,山东省人民代表大会审议通过了《济南市城市总体规划(1980—2000)》,提出济南城市建设要突出"青山进城、泉水入户"的特点。此时社会上对于明府城的改造存在两种不同的声音:一方主张进行大规模的改造,以密度更高的多层住宅取代破旧的老房子,改善当地居民的生活环境;另一方则认为不应盲目改造,需要进行合理的规划和引导。面对两种不同的声音,济南市政府邀请清华大学郑光中教授编制了《济南市珍珠泉地区(芙蓉街与曲水亭街)保护与改建规划研究》,并在1986年向社会公布。该项规划强调以保护和恢复为主,一经公开便引起了激烈的争议与更新派的反对。最终,出于对经济资源的有限性和利益再分配的考量,济南市政府搁置了该项规划。

20世纪90年代,随着经济环境的日益开放和自由,房地产市场进入了快速发展阶段。这一时期,我国实现了市场经济体制的变革,济南市政府也开始与房地产商合作，投入到城市建设的浪潮中。[①] 此时，明府城片区被历下区政府列为更新对象。历下区政府先后于 1991 年和 1997 年试图与济南城投集团合作以期在明府城片区“做点事儿”，但分别由于容积率和拆迁补偿方面无法达到开发公司收支平衡的要求，明府城片区更新项目再次搁置。但值得注意的是，两次规划搁置也使明府城片区幸免于大拆大建。

2. 改造的重启与“消失”的老街

2001 年，借助泉城路改造的契机，由济南市政府牵头重新启动明府城片区更新项目，并再次委托济南城投集团负责运作。为了吸引更多的经济实体投资，济南市政府将明府城片区的芙蓉街历史街区改造列为招商引资的房地产开发项目，并在济南市政府信息公众网上发布招商公告（见图 4.6）。

芙蓉街-曲水亭街改造招商公告　　单位：万美元

一、项目单位概况						
单位名称	济南市城市建设投资开发总公司					
单位地址	济南市公和街 4 号（250001）					
联系人	宋卫东		联系电话	0531-6025624		
二、项目概况						
项目名称	芙蓉街-曲水亭街改造					
项目简介	芙蓉街-曲水亭街地区是济南的老城区，是济南最早发展起来的城市的主要部分。该项目规划用地面积 16.19 公顷，总建筑面积 119,300 平方米，其中旅游服务设施建筑面积 37,700 平方米，商业服务设施建筑面积 66,700 平方米，文化娱乐、市政工程等 14,900 平方米，项目总投资 7,272 万美元。					
投资总额	7,272			立项情况		
三、投资方式						
合作方式	合资	合作	外商独资	BOT	TOT	其他
	√	√				
投资比例（%）	中方		外方		第三方	
合作期限						
四、市场分析						
据初步调查，济南和外地已有大批商贾关注该地区，一些有名气的古玩、书画、药店决心不惜倾资，也要在此占领一席之地。按目前市场状况测算，项目建成后，将会带来巨大的经济效益。						
五、经济效益分析						
经营收入	成本	税金	利润	利润率		
9,434	7,272	519	1,643	22.59%		

图 4.6　芙蓉街—曲水亭街的招商公告

资料来源：柴琳：《中心城区历史街区保护历程的历史解读——济南市芙蓉街—曲水亭街历史街区》，同济大学 2005 年硕士论文，第 38 页。

① 柴琳：《中心城区历史街区保护历程的历史解读——济南市芙蓉街—曲水亭街历史街区》，同济大学 2005 年硕士论文，第 29—32 页。

此时,政府对该项目的改造思路是:原住居民必须全部迁出,实行统一改造,引入市场机制,增加经济收益。这一思路很快被落实到实践中,济南城投集团决定先对芙蓉街南口(芙蓉街与泉城路交叉部分)进行试点改造。其目的是最大程度地挖掘其商业价值,即进行"商业化改造"。但是,开发商对芙蓉街南段与泉城路衔接的部分开发完成后,便失去了开发的动力,对街区内部缺少经济吸引力的地块采取搁置策略,从而导致街区整体环境和功能产生一定的失衡,"测绘图纸成了这些建筑最真实的历史记录"①。

"消失"的高都司巷最能佐证济南在2000年左右对历史街区保护的无力。高都司巷本是明府城片区内一条有着500年历史的老街,北起将军庙街西口,南至泉城路,东邻鞭指巷,西至太平寺街,街巷两旁建有许多优秀的清代民居。但在2000年时,为了建设"泉城特色标志区",打造全市商业中心,这条百年古街不得不"服从大局",被夷为平地,原址由大连万达集团出资,建造一座50000平方米的特大型商场。虽然那时高都司巷的拆迁引起了大范围的讨论,市文物局等单位还专门召开新闻发布会,强调高都司巷在学术上的价值,迁拆过程也曾一度中止。但2002年"五一"长假期间,高都司巷还是被突击一拆到底,变成了现在的悦荟广场。高都司巷的命运向我们表明,在资源占有极度不平衡、政治力量介入不足、资金不够充裕和街区资源价值居于次要地位的情况下,古城的保护如无政府强制性的外部约束规划是很难实现的。

同样"旧貌换新颜"的还有芙蓉街。2006年年初,明府城芙蓉街片区又出台了改造整治方案。整治工作结束后,沿街许多典型的古老建筑被拆除,变成"仿古建筑一条街"。应该说,如今芙蓉街作为济南市的名片,每年来到芙蓉街的游客络绎不绝,与此次拆建有着密切的关系——大大加强了商业经营环境与游客承载量。但是,也正是因为此次拆建,片区内不少独一无二的泉景自此便消失了。② 现在看来,这是比较遗憾的事情。

应该说,这个时期对明府城片区的改造,给片区内的历史遗存带来了一定的冲击。但也应该指出,这一阶段政府和开发商还是表达出了寻求合作的

---

① 江丹:《抢救老济南》,载《济南时报》2014年3月13日B01版。
② 白亮、魏巍:《"可惜了这条老街"——记者专访济南市考古研究所副所长李铭》,http://news.sina.com.cn/c/2006-09-20/033410059451s.shtml,2018年7月23日访问。

意向,无论是区政府还是开发商,都在努力探索与对方合作的方式,为今后双方达成更稳定的合作联盟奠定了基础。同时,居民从自身的合法利益出发开始表现出一定的维权意识,这主要体现在拆迁方面[①],如在芙蓉街拆迁时就有居民以"上书"的形式向市政府"请愿"。但由于那时力量还很弱小,也比较没有组织性,因此没有受到决策者的重视,作用也微乎其微。

总结改革开放以来明府城片区更新工作的几次尝试(见表4.1)可以发现,政府有保护意愿但资源不足、开发商拥有资源但同时又具有较强的逐利性,贯穿明府城片区近三十年更新和改造过程。在第一阶段的实践中,前者是矛盾的主要方面,导致了更新的搁置;在第二阶段的实践中,后者是矛盾的主要方面,开发商的逐利性开发导致原本片区内蕴含的丰富的历史价值丧失。在此过程中,济南市政府也逐渐意识到片区更新存在的问题,这在随后的开发商主导的省府前街(现红尚坊)和宽厚所街(现宽厚里项目)更新中便有所体现。

表 4.1 改革开放以来明府城片区的更新尝试

时间	模式	结果	主要原因
1980—2000	政府主导、开发商介入	搁置	经济资源的有限性、各方利益再分配无法达成一致、无法达到开发公司收支平衡的要求
2001—2007	开发商主导	全面商业化、现代化,更新片区历史价值丧失	全面商业化、现代化更符合资本逐利性的特征

资料来源:作者自制。

4.2.2 明府城更新目标的提出

社会的发展在于人们认识的进步,对于空间的认识同样如此。明府城片区三十多年曲折的保护改造历史带给地方政府深刻的启示:单纯的保护无法保住历史留给济南的财富,盲目的开发更会毁掉这一丰厚财富。[②] 随着人们对于历史文化名城中所蕴含的包括经济价值在内的各项价值认识的提高,以

---

① 柴琳:《中心城区历史街区保护历程的历史解读——济南市芙蓉街—曲水亭街历史街区》,同济大学2005年硕士论文,第59页。
② 韩宵鹏、陈长礼:《文化为魂古城为质 千年明府城蝶变国际一流旅游目的地》,http://news.e23.cn/jnnews/2017-08-10/2017081000013.html,2018年7月24日访问。

及乌镇、西塘等历史名城项目的成功实践,"明府城"这一宝贵历史资源的保护和开发再次被济南市政府提上重要议事日程。

1. 明府城更新的管理体制

明府城的更新以"将军庙历史文化街区"和"芙蓉街—百花洲历史文化街区"两大历史文化街区为突破点。济南市委专门成立了明府城管理委员会,并在2015年召开的十届八次全会上明确将明府城保护开发项目上升为市级战略项目,将明府城的工作交由历下区政府。吸取"政府规划好但运作僵化、企业善于运作但逐利"的教训,历下区政府确定了"政府主导、平台运作"的经营模式。

在历下区第十二次党代会、第十八届人民代表大会上,确定成立明府城片区保护与改造工作指挥部,区委、区政府主要领导任双组长,指挥部下设现场办公室,拿出专门编制组建济南明府城管理中心来负责明府城片区总体规划的组织实施并承担济南明府城管理委员会的日常工作。同时,依托历下区政府所属的资产运营平台历下区控股集团组建济南明府城投资建设有限公司,作为明府城的土地熟化平台与实施平台,主要负责明府城历史文化保护利用、土地整理与熟化、保护性开发建设、整体招商运营管理等业务(见图4.7)。按照"整体策划、总体规划、分区储备、分片实施、统一开发、统一运营"的开发思路,开展明府城项目整体策划。明府城投资建设公司建设之初,超越了传统企业的逐利性特质,由于公司由历下区政府提供全额预算支持,因此在运作方面既有企业的灵活机制,又兼具政府机构通盘考虑、统筹兼顾的长远目光。①

2. 明府城的更新意向

明府城更新的整体规划由济南市规划局出台。明府城片区内将军庙、曲水亭—百花洲②两大历史文化街区构成了明府城主体,根据济南市规划局的规划,两大历史文化街区的意向构造如下:

---

① 根据《济南明府城管理中心》(http://jw.lixia.gov.cn/html/2017/xzsydw_1120/1457.html)、《济南明府城投资建设有限公司》(http://www.lixiahg.cn/comcontent_detail5/i=15&comContentId=15.html)相关内容整理而成。

② 济南市规划局将芙蓉街—百花洲片区规划为一个整体历史文化街区,但由于芙蓉街自2006年改造后至今无重大变化,曲水亭街与百花洲片区地理位置最接近,且更新联系密切、方式相似,故本书作此表述。

第 4 章　场所营造、人群集聚与事件营销:济南市明府城项目的空间生产策略　083

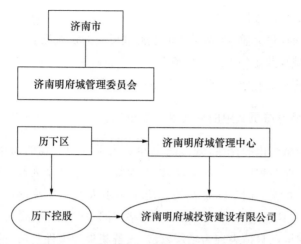

图 4.7　新一轮明府城空间更新的管理体制
资料来源:作者自制。

(1) 将军庙历史文化街区的更新意向

作为济南古城现存的保留较完整的、最具传统居住与宗教特色的地区，将军庙街区在历史、艺术、科学研究方面具有极高价值。将军庙历史文化街区是古城的传统居住区；街区集中了大量宗教建筑，是中西文化交流繁荣的区域；街区内整体风貌保存尚好，传统街巷空间基本保留完好，名泉水体、大树丰富，建筑遗产多样。因此，将军庙街区更新的价值定位于:①

- 具有济南"城泉共生"特色的传统居住区之一
- 济南古城宗教建筑分布最为集中，同时最能体现多元宗教信仰的文化中心
- 建筑类型多样，体现了中西建筑精湛的建造技艺
- 济南古城内中西文化交汇融合、商贸交流繁荣之地

(2) 曲水亭—百花洲历史文化街区的更新意向

作为济南古城现存的保留最完整、面积最大的传统特色地区，曲水亭—百花洲街区在历史、人文、科学研究方面具有极高价值。街区是古城的核心商业街区；街区内传统街巷空间基本保留完好，传统功能格局清晰，名泉水体集中分布；建筑遗产丰富，具有深厚的历史人文积淀。因此，曲水亭—百花洲

---

① 《将军庙历史文化街区保护规划批后公布》,http://www.jinan.gov.cn/art/2018/5/14/art_3051_2138976.html,2018 年 7 月 14 日访问。

街区更新的价值定位于:①
- 济南保存最完整、能够反映山水营城思想的古城核心区
- 世界城泉共生的人居环境典范
- 能够充分反映济南"泉文化"的重要片区

4.2.3 明府城更新中的空间生产手段

作为一种结构化的存在,城市的空间是人类行为实现的场所,又是人类在行为过程中保持相应联系的路径,以及对社会关系中个人和群体社会网络关系的反映。古城空间实际是在漫长历史中由人类主体有意识的活动不断生产出来的,并且通过物质、行为、社会网络空间中的载体表现出来,②明府城新一轮的空间生产具体表现为场所营造、人群集聚和事件营销(见图4.8)。

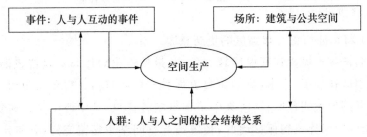

图 4.8　空间生产中的场所营造、人群集聚和事件营销
资料来源:作者自制。

1. 场所营造:水街共生的格局和青砖黛瓦的建筑

老建筑、老街区是不可再生的财富,具有不可重复性,一旦拆掉就不可恢复。明府城内很多建筑里有泉子,这些泉子形状各异,泉口有方有圆,就算是进行"只拆掉一部分,留几个点来保护"的保护性开发,也会破坏明府城的环境和建筑肌理。因此,历下区政府认为,全国做老城更新的很多,有经验也有教训,一些东西大家拿不准、看不准的时候先等等,保护起来比妄动更有意义。

---

① 《芙蓉街—百花洲历史文化街区保护规划批后公布》,http://www.jinan.gov.cn/art/2018/5/14/art_3051_2138978.html,2018年7月14日访问。
② 左静、袁犁:《基于"空间生产"视角的古城镇再生模式探析——以丽江古城为例》,载《安徽建筑》2012年第2期。

因此,明府城项目建设之始就提出"建筑风貌绝不破坏,街巷肌理绝不破坏,文保建筑和风貌建筑能保就全力保"的要求:在整体格局与风貌特征方面,保护街区与济南古城的格局关系、街区内部及其周围整体风貌,控制街区核心保护范围整体高度,以及保护由街巷和院落构成的城市肌理格局等;在传统街巷保护方面,重点保护曲水亭街、芙蓉街等"街因泉走、水街共生"的格局。针对建筑遗产方面,做到街区整体色彩与古城传统的"青砖黛瓦"基础色调相统一;要求严格控制不可移动文物、建议历史建筑、传统风貌建筑的原有建筑色彩,对建筑的修缮应尽量依照传统工艺、做法进行,确保建筑色彩的真实性。针对泉文化遗存保护方面,要求街区内所有建设活动均要进行地下泉水泉脉的勘探工作,确定保泉深度;以泉池水体的保护为前提,要求保护街区内53处泉文化遗存及其构成的"点、线、面"的地上水网格局。值得一提的是,在2017年9月,济南市把"泉水"申遗改为"泉·城"申遗,确保明府城"不再掉一砖一瓦"。

2. 人群集聚:业态营造与文化挖掘

明府城的空间生产是对片区社会网络的重构。在重构的过程中,城中存在了近千年的民俗文化和在漫长历史中形成的社会关系明晰、血缘地缘关系浓厚的社会网络空间被破坏了。取而代之的是外来人口与本地居民再生的另外一种社会网络空间,这种网络往往缺乏"地方性"。因此,如何打造片区内的业态,如何构造明府城片区内的社会关系,成为项目必须解决的问题。

在政府主导的空间生产中,政府意志在社会关系的构造中显得格外重要。在明府城空间生产中,市、区两级领导在这方面都表现出了令人称道的态度。在市一级方面,在济南市委十届八次全体会议上,时任济南市委书记王文涛发表了关于明府城项目的讲话,指出要对标世界,坚持世界眼光、国际标准、山东优势,以最高起点的规划,最高起点的设计,最高起点的业态策划,最接地气的"三民"(民族、民俗和民间)文化定位,最受群众欢迎的齐鲁传统民俗展示,把明府城建成活态的齐鲁民俗博物馆,打造成以诚信、礼仪为主的东方道德之城。更新后的明府城,要让外国人从中看到中国元素,让外地人从中看到济南元素,让本地人从中找到儿时的感觉。

在区一级方面,明府城管理中心主任朱俊如提出"绝对不能建成商业性街区,把古城拆了再重建仿古城",明确"古城的社会业态绝不破坏"的操作原则,要求严守"小规模、渐进式"的开发理念,成熟一片打造一片,坚持高端规划、战略定位，发扬工匠精神，谨守大师标准，稳步推进将明府城打造成中华传统文化暨齐鲁传统民俗文化及济南冷泉人居生态环境文化的保护平台、展示平台、创新平台、体验平台、传承平台和中外交流平台。

国内不少古城建设项目都对文化产品的生产情有独钟，希冀以此引导大众驻足和消费。这种做法的优势是可以迅速带来经济收入，但其不利后果也很明显，极易使文化变成一味适应市场经济和迎合大众口味的消费产品，甚至失去其本身个性。明府城片区自规划起，就确定前期所需资金由政府全额承担。得益于此，片区的业态布局避免了庸俗化、大众化的过度商业开发，明确公益类、展示类业态至少占四成，将以公益博览、民俗文化（曲艺）以及齐鲁宗坛、宗祠、广场、名人、名门、名企为主，打造民间艺术、非遗传承、娱乐休闲的特色宅院、特色院落客栈、情景再现式主题院落，以及亲泉、戏泉、品泉、用泉的泉水文化中心等。

值得一提的是，与之前专家在规划中偏向务虚的作用相比，专家在本次更新当中起到的作用更加具体。明府城更新旨在发掘和传承儒家文化、泉水文化、古城文化、大舜文化，主打文化牌。按照济南市控制性规划修编工作的要求，历下区与市规划局共同委托专业单位（王志刚工作室）开展明府城片区的规划研究，针对芙蓉街、曲水亭街两条街巷和百花洲片区、王府池子片区、将军庙片区等片区的相关设计，面向全国知名单位进行业态招标，"所有项目要力争经得起时间的检验，上对得起爷爷的爷爷，下对得起孙子的孙子"[①]。

3. 事件营销：文化活动与人气凝聚

古城打造的文化娱乐、节庆活动往往体现当地民俗，唤醒来访游客的文化意识，是传承文化的重要途径。文化事件聚集空间内人气，也是空间生产的重要组成部分。文化事件通常被古城运营方视作创造价值的资源，大多数古城项目看重的是如何将古城镇在漫长时间下形成的物质文化和精神文化作为资本转化到市场上，以透过符号价值的交换而被消费。明府城更新也考虑到了这一观念可能带来的潜在风险，通过政府全额承担资金，使得明府城在文化事件的打造和营销上较好地避免了短期逐利行为。

对于片区的长远规划，明府城管理中心制订了"二三二五计划"。第一个

---

① 《千年明府城蝶变国际一流旅游目的地》，http://jnrb.e23.cn/shtml/jinrb/20170810/1674059.shtml，2018 年 7 月 23 日访问。

"二"即两大引擎,指的是以泉和文化为各项工作的重要抓手。"三"是指"三个重点项目",分别是:由创意梦工厂、创客集市、私人博物馆群构成的中国艺库项目;以题壁堂为中心,融入现代时尚音乐和曲艺艺术,结合茶馆、书吧等业态,打造微剧场集群,重现老济南曲山艺海景象的曲山艺海项目,以及以小明湖为中心,汇集画展、摄影展、音乐会、时装发布会等艺术和商业活动的小明湖畔项目。第二个"二"是指两大节庆活动,分别是曲水流觞文化展演项目和泉水博览会项目。"五"是指五大工程,即文化保护工程(包括齐鲁文化、泉水文化、古城文化、宗教文化、中医文化等)、泉水景观工程、智慧古城建设工程、畅游交通工程及共享空间工程。通过计划的实施,在2018年后的8—10年的时间里,把明府城打造成一个彰显济南气度、刷新济南形象,融合民族、民俗、民间文化的中华文化特区和一张代言中华文明的璀璨名片,使明府城化身济南版的"清明上河图",让本地市民体验泉水叮咚,让省内游客回忆美丽乡愁,让外省游客感悟家国情怀,让外国游客看到中国元素。①

4.3　新水流古觞,洲畔育百花

在地理位置上,曲水亭街与百花洲两者地理位置紧邻,且都是由政府主导下的空间更新,但是,两者在空间更新上实施时间不同,曲水亭街项目(2013年)先于百花洲项目(2015年),且内容上有所区别,分别呈现出鲜明的项目特色。②

4.3.1　新水流古觞:政府主导的曲水亭街更新项目

曲水亭街位于济南老城区的核心位置,属于历下区大明湖街道办事处辖区。曲水亭街北靠大明湖,南接西更道,东望德王府北门,西邻济南文庙,从珍珠泉和王府池子而来的泉水汇流成河,与曲水亭街相依,向北汇入大明湖(见图4.9)。曲水亭街以亭得名,以水相称,因其特殊的位置和价值,虽经历

---

①　韩霄鹏:《实施"二三二五计划"打造清明上河图济南版》,http://www.dzwww.com/shandong/sdnews/201801/t20180110_16893711.htm,2018年7月23日访问。

②　本章中所选案例及相关分析均来源于孙重才:《城市更新中多元动力与更新模式比较研究》,山东大学2018年硕士论文。

曲折的改造与更新过程,在各方的共同呼吁保护下,至今仍保留着济南老城区的古朴风韵。

图 4.9　曲水亭街

资料来源:作者自制。

1. 曲水亭街更新事记

曲水亭街的空间更新充分展现了政府主导下,政府、资本及民众在城市空间存量优化过程中的角色作用及互动方式。2013 年 4 月,济南市历下区启动明府城片区内修复提升工作,力图打造大明湖、曲水亭、芙蓉街三条精品旅游路线。历下区政府就工作规划充分征求市民意见后,于 8 月底前完成了片区内 30 座名泉、无名泉的泉口整治和周边环境更新工作。2014 年 1—11 月,历下区所辖街道接到关于曲水亭街车辆乱停乱放、交通拥堵等问题的投诉 30 余件,机动车剐蹭纠纷 20 余起,社会车辆在曲水亭街偷偷洗车后横穿街道,冬天导致路面结冰,影响居民出行。历下区街道办事处出于居民投诉意见的考量以及保护曲水亭街老街巷石板路面的需要,于 2014 年 11 月中旬开始在曲水亭街北安装遥控门栏,限制外来车辆进入,逐步将曲水亭街打造为"准步行街"。

2014 年 11 月,芙蓉街—百花洲、将军庙街、山东大学西校区正式获批为省级文化街区,济南市规划局按照"依法统一规划、市区联合开展、重视社会参与、推动复兴提升"的思路,就这三处历史文化街区保护规划的编制工作,广泛征求社会民众和专家意见。

2016年11月,三个街区的规划设计开始进入新一轮的专家论证阶段,充分听取专家的意见,并得到了相关城市建设专家的认可,完成了专项规划的专家审查工作。

除此之外,地方管理者根据规划,在实践中优化政府职能,强化对曲水亭街商户的经营管理,以改善片区的生活秩序。自2013年起,许多商户在曲水亭街的小道旁设椅子和遮阳伞,进行茶水售卖,尤其是近几年,随着游客的增多,本就不宽敞的老街越发拥挤。为了方便游客和市民游览通行,济南于2017年9月开始将露天摆放的茶桌、椅子等清理至临街室内经营,曲水亭街变得更加整洁宽敞。

通过曲水亭街近几年来的变化可以发现,对民众参与的重视使得历史街区的保护与整治更加科学,更加人性化。民众力量的参与,使曲水亭街空间更新过程中更加注重内涵式的提升,更加注重居民与历史街区之间的互动,这也是接下来曲水亭街空间更新的趋势与努力的方向。

2. 曲水亭街更新的成效和特点

(1) 曲水亭街更新成效

一是原有物质空间状态改变。曲水亭街的空间生产,尤其是近几年来民众参与下的空间生产过程,更加注重对街区原有邻里关系网络的保护。在规划改造中,人与环境的交互关系也被考量在内,这种人文色彩,既体现在宏观上对建筑和街道的整修中,也渗透到每一个游客、每一个居民、每一个商户在这条老街上所感受到的细节体验中。曲水亭街的规划和改造充满了对和谐关系的强调与维护。

二是内在社会空间关系重塑。在权力、资本、民众共同推动曲水亭街的空间更新过程中,曲水亭街的空间更新也在不断改变三者之间的博弈关系,过去权力与资本博弈的战场变为权力、资本、民众等多方力量共舞的舞台,过去为实现经济效益与资本合作的政府开始更加注重公共性与社会利益,过去一味追求经济利益的企业也开始进一步扮演街区活力创造者的角色,过去艰难发声的民众和专家开始渐渐成为街区空间更新的真正生产者。文化遗产和文艺小店隐藏于此,低调勃发,原住居民的社会关系发生变化。也有不少商铺门前挂着仿古招牌幌子,恰当地还原了古韵私铺的风情。街头、巷内还有很多人文雕塑,以更加立体灵动的方式诠释了人文生活场景。

(2)曲水亭街更新特点

曲水亭街更新最大的特点便是随着更新的推进和深化,政府的角色和职能不断优化。不同主体在政府主导下参与曲水亭街的空间生产实践,展开互动,并且参与形式不断完善。

曲水亭街早期更新时,由于地方政府缺乏经验,不可避免地对传统建筑造成了一定程度上的破坏,同时资金的缺乏使得曲水亭街的空间更新一度陷入停滞。其后,地方政府开始寻求同企业展开合作,资本的介入给其空间更新注入了强大的动力,曲水亭街开始实现真正意义上的空间更新,过去破旧的老建筑开始翻新,杂乱的街道开始变得整洁,死气沉沉的老街区开始有了新的活力。但是,资本的过度侵入也不可避免地带来规划方案一味迎合开发商利益、原有建筑和环境遭到破坏、空间更新缺乏内涵与实质等风险。2012年之后,曲水亭街进入空间生产的新阶段,民众的广泛参与使得曲水亭街重新拾起了老街区应有的味道与底蕴,曲水亭街的改造更加注重对居民利益的回应。

曲水亭街的空间更新历程不仅仅是权力和资本的运作过程,更是民众参与空间生产的有益尝试。虽然曲水亭街的空间更新还未完全完成,还残存之前遗留下来的问题,但是在多元主体共同合作下,在对社会空间关系更加强调下,在对历史文化的重视保护下,曲水亭街的空间更新会带给我们更多的启发与思考。

4.3.2 百花洲畔育"百花":政府主导的百花洲一期更新项目

早至2011年,百花洲一期工程作为先行试点区启动保护性开发,前期由济南市园林局负责建设,2014年2月26日全面移交历下区政府。2016年6月,作为明府城项目的名片与先头兵,百花洲一期工程启动试验性展示。历下区政府在百花洲一期项目的建设中,特别强调项目的社会公益属性,规划布局了大量体现老济南泉水景观与人文传统的建筑和景点,广泛播种并积极培育展现老济南民俗、民间特色的"名花珍草"。该项目是政府主导下的历史街区更新项目又一范例。

1. 百花洲一期的更新规划与管理体制

百花洲一期项目东起泉乐坊,西临百花洲,南至后宰门街,北临大明湖景区,占地84亩(见图4.10)。

图 4.10　毗邻曲水亭街的百花洲一期项目
资料来源:作者自制。

项目建设过程中,历下区政府借鉴成都宽窄巷子等国企市场化运作的成功经验,以历下控股下属的历下区国有资产运营有限公司作为运作平台,与山东鲁信文化传媒投资集团有限公司合资成立了山东文苑经营管理有限公司,负责百花洲一期项目的运营管理(见图4.11)。[①] 由于鲁信占股49%,历下区国有资产运营有限公司占股51%[②],因此百花洲一期项目仍然属历下区主导的项目。截至2018年5月底,已完成建筑8260平方米,4200平方米地

[①] 《百花洲一期项目6月1日起试验性展示》,http://jnsb.e23.cn/shtml/jinrb/20160530/1559361.shtml,2018年7月23日访问。

[②] 资料来源:https://www.1688.com/xinyong/68bee40a1cfb5c729ad7b2b54b1d9eb0.html,2018年7月23日访问。

下停车场及6000平方米地上建筑临近收尾。

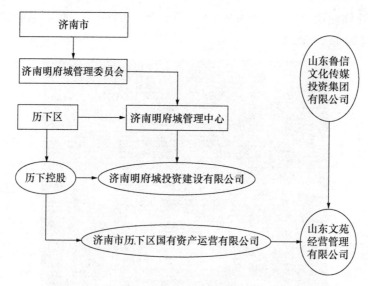

图4.11 百花洲一期的运营体制
资料来源:作者自制。

2. 百花洲一期项目中的空间生产手段

(1) 物质空间:百花洲项目实施中的场所再造

吸取三十余年的经验,百花洲项目开始之初就决定首先解决片区内的产权问题,为接下来的工作奠定基础。其中,济南市艺术学校宿舍楼的29户居民的拆迁,是当时历下区政府产权回收工作中的"老大难"问题。为此,历下区政府开展"扫尾攻坚战"活动。① 历下区政府成立了由街道书记、主任任组长的拆迁工作领导小组,对居民按照工作性质、拆迁意向、身体年龄等各方面情况分门别类,细致划分,做到有的放矢、底数清楚,"因人而异、因事而异、因时而异"。对于家属子女在区里工作的被拆迁户,区教育局、区公安分局等部门主要负责同志亲自做工作。同时,扩大工作面,发动被拆迁户的各类社会关系,多方做好被拆迁居民的工作,营造了支持配合拆迁工作的良好氛围。针对部分身在外地的房主,历下区政府派专人到北京、上海等地做工作,争取

---

① 《大明湖街道三措并举圆满完成百花洲一期拆迁扫尾攻坚战》,http://zfxxgk.lixia.gov.cn/xxgk/jcms_files/jcms1/web41/site/art/2016/1/21/art_2401_9712.html,2018年7月23日访问。

工作主动;针对移居国外的房主,历下区政府工作人员加班加点,克服地域和时差困难,说服房主从国外回国签约。与此同时,历下区政府对拆迁中涉及的影像文字资料留存、拆迁协商记录、相关文件送达等过程,都做到细致清楚,并建立联络员制度和工作例会制度,确保拆迁工作高效开展,最终完成了该期项目的产权回收工作,确保了项目片区内建筑的统一规划和统一建设。

为逐步恢复传统街区格局,百花洲一期在保持老城风貌和历史人文环境的基础上,落实明府城片区规划和历史街区保护规划,精心打造特色街巷和泉水院落。片区内处处可见济南民居特色的泉池水系,据考证这些水系早在明清时期就是存在的。恢复这些水系的时候,还挖出当年的暗渠遗迹,外罩钢化玻璃加以保护。片区内的老建筑,像民营报社旧址、吴家南纸店等被精心保留下来。百花洲的民居民巷,也基本保留了原来的格局。

除保护外,项目按照"修旧如故"和"小规模、渐进式"的审慎推进方式建设和改造了一批建筑,旨在"建设一批代表济南传统建筑特色的大师级传世作品,形成新的地标性建筑"。如片区内翻新的百年老街后宰门街、岱宗街、万寿宫街都使用饱含历史韵味的巨型长条石铺装,全部使用老旧石材。更新改造过程充分挖掘各方面文化元素,对所有建成和改造的建筑都进行了细致的文化策划,围绕曾巩、李攀龙、王象春等历史名人,针对白雪楼、问山亭、万卷楼等历史建筑,基于联群报社、江西会馆、万寿宫等古建遗存,进行了定名和文化定位,让片区内所有建筑都有了不同的个性特点和文化特征(见图4.12)。例如,以纪念曾巩为主题的百花居,以纪念李攀龙为主题的白雪山房,以《老残游记》为主题的老残茶馆,以后宰门四大名店为主题的远兴斋酱园和庆育药店等等,无不体现了浓郁的济南地方文化特色和老城历史人文资源。

这些传统建筑民居,有单层的合院,也有二层或三层的楼阁,高低错落,屋宇建筑质朴典雅,灰瓦雕檐、镂窗乌门。门槛有高高的青石台阶,天井院落小青砖铺地,淡淡青苔叠加着岁月打磨的痕迹,有一种生命通透的寂静与安好。院子里多栽种着石榴树,初夏时,榴花似火,让青瓦庭院多了一份妖娆;秋节至则果实累累,沉甸甸地坠下枝头,充满着季节成熟的馨香与甜美诱惑。墙角偶尔还生长着矮松和夜来香,随意而安静。在庭中种植石榴树,除了美化庭院,还能留住风景,留住岁月。院落之间有很多石板小巷,穿插错落,互相勾连。每一条巷子都有很美的名字,且充满浓浓的历史人文的味道,如雨

图 4.12 百花洲一期的建筑布局
资料来源:"济南明府城"微信公众号。

荷巷、问山巷、书香胡同、流杯池子街、岱宗街等,气质温婉,格调优雅。

总之,百花洲一期在保护老建筑的同时,采用符合济南民居特色的工艺和设计,采取"修旧如故"的审慎方式,在保持老城风貌和历史人文环境的基础上,落实古城片区规划和历史街区保护规划,最大限度地恢复了济南古城泉水人居和谐相生的历史特色。

(2) 社会网络:百花洲人群的散与聚

昔日的百花洲,溪畔水渚,文人墨客们汇聚于此,吟风弄月,挥洒文艺。其中也不乏坊间里弄百姓的生活俚曲和溪畔捣衣声。

而现在,随着原有建筑特别是住宅的改变,百花洲原有社区的居民被外迁安置,住宅区变为商业区,原有社区关系基本消失殆尽。这是百花洲空间生产与曲水亭街区别最为显著的地方。曲水亭街原有建筑得以保留,原住居民并未迁出,由此改变了居民同街区的关系,居民不仅仅是日常居住在街区空间内,而且积极参与到街区空间生产之中;而更新后的百花洲则没有原住居民,社会网络关系的建构是通过项目内的业态建设而实现的。

百花洲一期项目展示的定位以民俗文化为主,因此项目组织了省内知名老字号单位、非遗单位和特色文化单位通过与市民互动的方式展示传统文化和特色文化,体现民族文化、民俗文化、民间文化精髓(见图 4.13)。对于业态布局,百花洲的招商要求就是业态要"高大上",要有文化内涵,最好能与老济南传统有些关联。正如百花洲片区内工作人员所言:"我们不会把百花洲一期打造成小吃街区,通过招商我们希望把它打造成老城泉水文化展示街区。"①因此,历下区政府按照"民族的、民俗的、民间的"项目定位,制定了合理完善的活动方案。试验性展示期间,宏济堂、泰山文交所等15家单位通过老工艺、老字号和曲艺活动面向市民全面互动。另有70多家业内顶尖文化类单位和200余家非遗单位循环进场轮展。如片区内的民俗文化市场,就是典型的主打文化牌的业态布局,游客参观时,就可以全方位地感受到与其他商业街区不同的消费体验。

图 4.13　百花洲一期丰富多彩的业态布局
资料来源:调研时拍摄。

片区内着力打造的泉水人家民俗馆,就是一座典型的、以民俗文化为主

---

① 刘杰:《百花洲春天有看头——吃传统小吃 看满池鲤鱼》,http://news.e23.cn/jnnews/2017-04-11/2017041100544.html,2018年7月23日访问。

题的济南民居四合院。游客跨入民俗馆大门二门,便来到四合院内。院子面南背北,分为正堂屋与东、西厢房,布置三个展厅,主题分别是清代官宦家庭、民国商人家庭和中华人民共和国成立后的平民家庭。馆内展示了众多的济南老物件,其中包括原来悬挂在山东巡抚大堂的道光十四年(1834年)御书正大光明匾。这些老物件对于"老济南"有着极高的吸引力。另外,片区内"吃、住、行"等方面的业态布局也无不体现着民俗文化的特点。如百花洲片区内的泉水豆腐博物馆,恢复"原始业态",实现商业和民俗相结合的典型文化品牌。最后,百花洲一期还在与曲水亭街接壤的部分打造了一个民俗文化市场,与之相伴的还有片区内儒家文化为主的特色创意客栈,以及别具一格的黄包车、独轮车、轿子、小船等行游交通工具,处处体现着"文化"二字。

(3) 事件营销:百花洲空间生产中的行为空间

目前,百花洲吸引人气的方式主要有三种形式。

其一是百花洲片区自营事件,主要包括线上宣传和线下的表演展示。线上宣传即媒体宣传,与其他众多景区吸引人气的手段相同,2015年7月份上线的"济南明府城"微信公众号承担了这一任务。济南市旅游发展委员会等机关单位的对外发布平台也偶有参与。

线下则多以展示性的民俗文化相关活动为主,具体做法是直接通过组织或招标采购的形式,与省内知名老字号单位、非遗单位和特色文化单位等文化产业相关单位合作来展示传统文化和特色文化,体现民族文化、民俗文化、民间文化精髓。具体内容主要以济南乃至整个山东的传统曲艺、技艺、游艺、民间娱乐等演示体验为主,也有戏曲表演、曲水流觞表演、服装表演、明清生产生活风俗表演等活动。有常态化的定期的公益表演,也有针对特别节日的专场演出,特别是在各大传统节日,民俗文化的表演和展示更是几乎不间断地举行。

其二是百花洲片区与社会力量合作营销事件,如与电视台等媒体合作,通过举办各类专题节目,使广电旅游与文化体验交相融合,聚集人气。以山东广播电视台博物馆打造的山东广播电视台博物馆百花洲分馆[①]为例,其曾在举办的某活动中整体还原了山影制作的影视剧《琅琊榜》里的道具和场景。

---

① 《济南将重现〈琅琊榜〉场景 游客在百花洲可自由演绎》,http://www.dzwww.com/shandong/sdnews/201704/t20170430_15861694.htm,2018年7月24日访问。

游客可以在开展活动的时候穿上《琅琊榜》里面演员的服装,根据提供的脚本和现场配乐及道具,对剧中的桥段进行模拟演绎、深刻体验。这种形式在吸引游客来到百花洲的同时,也对影视剧起到了很好的宣传作用。

再如与市内中小学合作,让孩子们来这里了解老济南的故事,体验老济南的生活,既可以开阔孩子的视野,又可借机展开绘画、建筑等兴趣爱好的培养和学习,使孩子们感受到老济南传统民俗文化的魅力,了解祖辈们的生活习俗和民间艺术,让大家亲身体验民俗活动,动手实践民俗艺术品的制作过程,锻炼动手能力。通过这些活动,孩子们和家长们不仅增加了对非物质文化遗产的认识,更多地了解、接触到非物质文化遗产项目,也发自内心地愿意为传承与发展这些古老传统手艺贡献自己的一分力量。① 由于孩子们多是选择上课时间来此参观,"错时游"恰恰弥补了百花洲工作日期间游客数量不足的短板。慢慢地,百花洲将成为学生们的第二课堂。

其三是百花洲片区与群众合作的营销事件,如鉴于百花洲片区的公益性定位,片区开设各类公益课程,内容以传承老手艺、老文化为主,游客可以自己或带家人朋友一起来到百花洲,在游览的同时,学习济南的"老手艺""老绝活"。因学习活动需要时间的持续性,故一方面群众获益,另一方面也保证了百花洲人气的旺盛。

另外,百花洲片区也长期开展"寻找济南老照片活动""指认老建筑""百花洲设计方案市民代表评议会"等吸引居民共同参与建设百花洲的活动。这些活动让市民融入百花洲片区设计,使百花洲项目不再是专家和政府的专属领域,在丰富百花洲文化内涵的同时,更为项目赢得济南市民的支持和肯定。

4.4 老街巷的异变与旧民居的蜕变

4.4.1 老街巷的异变:融新公司主导下的红尚坊更新项目

红尚坊项目南临济南市著名商圈泉城路,北枕山东省人民政府办公大院,东距被评为"济南市民最喜爱的 20 条老街老巷"之首的芙蓉街 30 米,西接名巷鞭指巷(见图 4.14)。所处整个片区在济南市的地图上属最中间位置,

---

① 《山师附小 5.13 班百花洲体验老济南民俗》,http://jinan.dzwww.com/qcxw/201703/t20170303_15624510.htm,2018 年 7 月 24 日访问。

因山东省人民政府位于此街北首,坐拥大量政治辐射资源。如今,这片在地图上被标注五星的区域附近早已发生了翻天覆地的变化。

图 4.14　红尚坊区域

资料来源:作者自制。

1. 红尚坊的前世今生

(1)拆迁前的省府前街

拆迁前的省府前街民房以大杂院为主,特点有二:杂和乱。但据史料记载,此区域曾经文化氛围浓厚,商铺和大宅门遍布各处,与当前杂乱的大杂院生活情景相去甚远。

由于历史上遗留的诸多难题和长期形成的各种不利因素叠加,省府前街大杂院在安全使用管理等方面存在不少问题。一是建成时间较久,老化破损现象严重,自身安全问题日益凸显。二是院内房屋建成年代较早,基础设施设计技术落后、标准较低,住户私拉、乱接电线,水电气暖管线铺设不统一、不规范。各项设施设备老化破损,杆线分布杂乱无序,管线爆裂易毁易损。三是院内生活环境堪忧,人口类型较为复杂,社会环境安全问题突出。四是院内居民整体收入水平较低,有自费维修房屋能力的只是少数,并且只能是小范围、轻程度的表面"缝补",既存在较大随意性,也不能从根本上消除安全隐患。同时,省府前街的改造还面临着外部限制。对有重要历史文化价值和被认定为文物的建筑进行维修,需要文物保护部门的专业指导,并由具备一定从业资质的队伍进行施工。自行维修很可能对建筑造成不可逆的"修缮性破坏",影响文物的真实性和完整性。这些问题属于拆迁前的省府前街老旧住宅,特别是老旧平房院落存在的共性问题。

2006年,地方政府启动省府前街改造工程,旨在整治街区交通拥堵、环境乱差、私搭乱建现象,更好展现济南市中心商业区的地位形象。

2007年,省府前街周边地块被济南融新投资发展有限公司以5.22亿元人民币的高价收入囊中,标志着红尚坊项目商业运作启动。

(2)红尚坊的诞生

红尚坊项目位于山东省人民政府南门前省府前街两侧,地处济南市核心地段,与东邻的芙蓉街历史文化风貌保护区、西邻的将军庙街历史文化风貌保护区一并被规划为济南市"泉城特色风貌区"。红尚坊项目部分大事记如下:

• 2007年8月15日,济南融新投资发展有限公司竞得省府前街总占地约137亩的商业项目。项目名称"红尚坊",寓意"红色情怀、红红火火"与"时尚"。

• 2008年3月28日,省府前街商业广场规划方案公示。据项目设计方有关人员介绍,规划将"泉文化"作为起源,通过水系、绿地、小品的有机结合,打造形成园林景观。商区街道通过多样的空间组合,转化为多个商业特色明确的区域空间,通过立面、整体布局展现"齐鲁之邦、礼仪之乡"的文化内涵。方案显示,省府前街改造后古建筑风貌被保留,高度不超过22米,以省府前街和将军庙街划分为四个区,包括地上、地下购物中心,小型商业建筑,中等商业建筑等。

• 2008年5月,红尚坊项目动土开工

• 2010年11月29日,济南市国土资源局挂牌出让济南高新区盛福片区地块。地块总出让面积22万余平方米,主要用于省府前街改造项目、大明湖扩建工程等项目拆迁居民安置房建设

- 2013年,红尚坊项目建成

项目总投资 7.8 亿元,总占地面积约 90 亩,总建筑面积约 11.5 万平方米(地上 9 万平方米,地下 2.5 万平方米),商铺面积 2.7 万平方米,拆迁安置居民 900 余户。红尚坊诞生的同时,省府前街这条千年老街成为历史陈迹。

2. 市场力量主导下红尚坊的更新特征

(1) 红尚坊的开发过程由房地产开发商融新公司主导

规划方面,红尚坊项目是集聚餐饮、酒吧、休闲、创意零售等业态的休闲娱乐综合体,意图建成济南的"上海新天地",打造"中式新古典主义"建筑风格,实现"传统建筑与现代商业的完美结合"。产权方面,政府完成拆迁工作后,除回迁安置单位外,红尚坊项目相应土地和地上房产均登记在济南融新投资公司名下,不动产产权归该公司所有;招商和整体运营方面,整个过程也完全由该公司掌控操作。红尚坊项目涵盖传统餐饮、酒吧、美容、咖啡、摄影等业态,是 24 小时对外开放的庭院式特色商业街,也是济南市少有的物业自持的特色商业街,由其开发商济南融新投资公司投资开发并资助招商运营。该项目的开业宣传口号是"传统魅力、时尚激情",以"2000 年历史的辉煌与未来"和"绝版地段上的城市名片"为宣传卖点,招商广告的宣传册上将"省府前街"与"红尚坊"的 LOGO 并列排放。为突出自身人文情怀与内涵,融新公司专门组织编写了《省府前街文化研究》一书,搜集整理了省府前街的泉水分布、老建筑宅院、民俗、民俗器物和名人轶事。

经过一段时间的运营后,针对项目定位、经营方面遇到的问题和政治大环境发生的变化,项目开发商逐渐改变营业初期的运营模式,宣传口号变更为"老济南底片 新城市客厅",项目被重新定位为"以美食为主的休闲街区""结合泉城路商业发展,拟打造成济南市唯一 24 小时对外开放的庭院式美食休闲街,真正成为济南的城市名片,属于济南人自己的街区"。融新公司对红尚坊项目的规划、业态布局、运营等方面的自主性充分体现出其对该项目的主导地位。

(2) 地方政府在红尚坊项目的开发中起统筹、协调、服务作用

为全力做好省府前街更新工作,济南市历下区政府成立省府前街建设改造拆迁中心,中心下设拆迁指挥部,负责红尚坊项目前期拆迁及与有关方面的沟通协调工作。例如,济南市政府于 2005 年 7 月到 2006 年 1 月确定省府前街改造工程的拆迁冻结范围,公告决定冻结期限至 2006 年 1 月 11 日止。

在拆迁期间,济南市政府相关部门做了大量艰难工作,最终成功拆迁原省纪委举报中心、原省统计局等房屋。可以说,红尚坊项目的建成基本贯彻了开发商的想法,地方政府在统筹总体规划之后,并未过多具体干涉开发商的开发运营。

(3) 社会性组织在红尚坊项目中的参与度不够

在红尚坊项目的更新过程中,当地居民、非政府组织、专家学者等社会性组织参与项目更新的意识和能力并不太强,参与渠道有限,参与度较低。即使偶有声音在网络或报纸等载体发出,但基本围绕"怀旧"主题,力量比较薄弱,且对利益和权利的诉求较少,影响力也十分有限,意见建议很难被采纳,难以影响政策决策过程。最终的结果是,当地居民被全体迁往位于城市东部边缘的盛福片区,原有建筑和社会关系被完全颠覆,非政府组织和专家学者等其他社会性组织的呼吁诉求被忽视或被选择性采纳,社会性组织在红尚坊项目中发挥的作用十分有限。

3. 红尚坊项目的成效和特点

(1) 红尚坊项目的成效

红尚坊项目基本体现的是开发商的想法和观念,在这个过程中,政府有关部门的主要作用是配合做好相关工作。对政府来讲,位于济南市核心位置的省府前街经过改造后,城市形象大大改善,片区从以住宅为主转变为以高端商业为主,但后期项目的地上商业运作并不理想,项目利税和后续收入未达到预期效果,并不可观的人气也与其位于济南黄金地段的区域位置不符。对开发商来讲,一方面项目运营后店铺闲置率较高,利用率尚不足三成,且消费者体验感不佳,人流量和营业额均不乐观,法律诉讼纠纷不断,经常需要赔偿回迁业主高额过渡补偿费和违约金,表面看开发商在此项目中损失较大。但另一方面,红尚坊项目所占地块位置极佳,土地保值增值性很好,升值潜力巨大,因此开发商所储土地利润十分可观。

目前,为改变地处繁华地段却成为人气"洼地"的尴尬局面,融新公司已经与历下控股初步达成合作意向,下一步将由历下控股子公司——济南明府城投资建设有限公司接管街区整体运营,撤出全部商铺,联合山东发展投资控股集团,在山东省发展改革委、山东省经济和信息化委员会、山东省金融管理办公室等政府部门的共同指导下,投巨资建设"时尚创新创意平台",大力发展文创产业。①

（2）红尚坊项目的特点

红尚坊项目实施的主体是民营企业融新公司，政府的主要作用是配合、指导做好相关工作，公民参与更新的程度较低、影响力度较小。

红尚坊的更新面临中高端的更新定位与低端业态布局的现实尴尬。红尚坊项目借助极佳的空间资源，定位偏向中高端消费：一是主打历史文化牌，凭借毗邻历史文化街区的地理位置优势，高举文化旗帜；二是试图依托泉城路的传统金街效应，聚集大量人气；三是借力政府资源，包括政治中心区位带来的荣誉感和政府"三公"经费管理机制不完善之前吸纳的财政性消费。但事实是，街区内除四家大型商业项目之外，其他基本为餐饮，业态不丰富且相对低端。

红尚坊更新采取了大胆冒进的改造过程。一是体现在实体方面，包括街巷肌理和老建筑宅院风貌被完全摧毁，推倒重建，已经找不到过去的痕迹。二是体现在社会关系方面，住宅变为商业区，一方面原有居民迁出原地，告别"大杂院"生活，生活环境和条件有了很大改善；另一方面原有邻里社会关系随着居住地的外迁不复存在，彻底改变。

4.4.2　旧民居的蜕变：世茂集团主导下的宽厚里更新项目

宽厚里项目所在地改造前称"宽厚所街"。被拆除之前的宽厚里，保留着十几个清末民初建筑风格的四合院，保持着较完整的传统街巷格局和总体空间尺度（见图4.15）。因为宽厚所街仍较好留存了济南老城的居民风俗，所以被济南市民誉为老济南民俗文化的"活化石"；又因其兼具济南民居缩影的形象，所以被称为"民居博物馆"。如今，宽厚所街原有建筑除浙闽会馆、金家大院等极少数古建筑外，其余全部更新为仿古建筑，"民居博物馆"轰然倒塌。街区更新的主要推动力便是实力雄厚的房地产商——世茂集团，其几乎掌控着宽厚里项目具体更新过程和后期商业运营，宽厚里的更新模式也呈现出不同于百花洲和红尚坊的特征。

---

① 《历下30亿元接盘红尚坊泰府广场 昔日酒吧街转型时尚产业平台》，http://news.e23.cn/jnnews/2018-04-12/2018041200047.html，2018年7月23日访问。

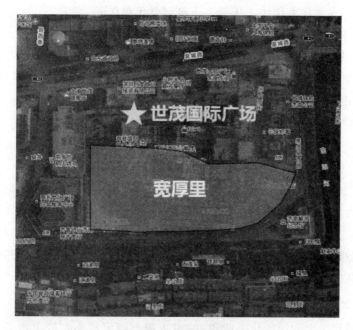

图 4.15　宽厚里区域

资料来源:作者自制。

1. 宽厚里项目的来龙去脉

(1) 拆迁前的宽厚所街

宽厚所街全长 400 米,东西走向,以住宅为主,与司里街、所里街、后营坊街并称济南"城南四大名街"。上溯老街历史已有 400 多年,岁月沧桑中展现了代代济南市民的日常生活,见证了城市一路的发展变迁。

宽厚所街前身为王府南街(也称"南王府街"),得名的由来是王府街北建有东小王府和西小王府。此后,"宽厚所街"名称记载多有不同。例如,明朝崇祯十三年(1640 年),《历城县志·建置》记载:"南王府街舜庙东。"而在清朝乾隆版的《历城县志·地域考一》中,此街被称为"宽后所街"。至光绪版的《省城街巷全图》,街道已被标注为"宽厚所街"。

据老济南民间传说,小王府周边两户居民因住宅扩建滋生矛盾,一户人家给在京做官的亲戚去信请求帮助,京官回诗一首:"两家争斗为一墙,让他五尺又何妨。居邻不忘睦为主,宽厚所致持家长。"于是两户人家重修旧好,街道也因此得到"宽厚所"美名,佳话以彰。这也正是宽厚所街体现济南厚德修身、睦邻友善优秀传统文化的一个典型象征和良证。

(2) 宽厚里项目的建设

宽厚里，2015年9月正式营业，位处济南市著名"金街"泉城路核心地段，"是世茂股份为延续老济南建筑、民俗的传统语汇，于城市中心打造茂与街对话、河与市共享、河与城呼应、泉与水融合、历史与现代交融的齐鲁大地百年历史街区"①。

宽厚里项目毗邻解放阁、黑虎泉、环城公园等著名景点，定位商业、旅游和文化一体化的情景式消费街区，推行"文态、行态、业态"三态一体的理念(见图4.16)。业态布局规划"一街两带三板块九组团"，以南北两部分将项目划分为两条主题休闲带，结合商业价值和文化价值分布特征，设计记忆、创意、时尚三大版块，贯穿娱、购、食、艺四大板块，融人文、生态、体验、国际于一体。业态形式多样，既包括民俗生活体验、公益性博览、特色策展、情景再现，也包括高档餐饮、娱乐休闲等。

2. 世茂集团主导下的宽厚里改造特征

世茂作为大型国际化企业集群，旗下拥有两家核心控股上市公司"世茂房地产"和"世茂股份"。世茂官网的介绍显示，"世茂投身于推动城市化进程的大业……在弘扬民族经典文化的同时，也为项目当地引进国际资金，促进国际经济、文化交流……在生态住宅、商业地产、旅游地产等多个领域取得瞩目成就"②。

作为世茂布局济南的重点项目，世茂集团致力于将宽厚里打造为"济南新城市会客厅"，主题定位是"文、商、旅"，"旅游"是项目的诉求点，具有400年历史、文化底蕴深厚的宽厚所街被定位为本项目核心。宽厚里项目开发过程中，世茂集团作为项目开发主体，发挥街区更新主导作用，同时在地方政府指导下，具体实施管理、经营、招商、利益分配等。

(1) 世茂集团的主导作用突出体现在"五统一"的商业管理模式

宽厚里项目由世茂集团组织专业商业运营团队操刀，采取"统一定位、统一招商、统一物业管理、统一营销推广、统一服务监督"的现代化管理模式，以

---

① 《宽厚里——寻找古老济南的记忆》，http://jn.house.qq.com/a/20150924/069623.htm，2018年7月23日访问。

② 资料来源：http://www.shimaogroup.com/pub/infor.aspx?MetaDataId=15334，2018年7月23日访问。

第 4 章 场所营造、人群集聚与事件营销：济南市明府城项目的空间生产策略

图 4.16 宽厚里项目内景

资料来源：调研时拍摄。

此保障项目的市场良性经营和强劲竞争力。通过"五统一"的现代化商业管理模式，房地产开发商世茂集团对宽厚里项目实现了从前期规划、中期运作到后期管理的全过程参与，可谓全方位深度介入项目实施，在街区更新全过程中占据支配地位，发挥主导作用，并决定项目的整体规划、业态和运作。

（2）地方人民政府的作用主要体现在指导方面

济南市政府通过印发文件的形式对街区的规划、定位和发展等方面作出原则性顶层设计，但并不干涉街区更新的具体操作和运营。例如，2016 年 7 月 14 日，济南市政府办公厅发布《济南市特色商业街区建设三年行动计划

(2016—2018年)》,规定为促进区域性经济增长,制订济南市特色商业街区建设三年行动计划(2016—2018年)。该计划指出,工作目标是确定到2018年年底,济南全市特色商业街区总量超过55处,商业街总长度达到5万米以上。该计划要求,结合地块开发和旧居、旧厂、旧院更新改造,新打造一批融合本地特色、注重错位经营的特色商业街区。通知中还列举了一批济南市将集中精力抓好建设的重点项目,百花洲和宽厚里项目便名列其中。

(3) 社会性组织参与积极,但实际作用发挥有限

随着经济社会的发展,社会思想日益多元、多样,公民社会渐渐崛起,民众的主人翁意识不断增强。在宽厚里项目的规划、动迁、建设以及建成运营的各个阶段、各个方面,我们几乎都可看到社会性组织积极活动的身影。它们奔走呼号,试图以各种努力影响项目改造政策。例如,当地原住居民通过各种途径和形式,包括报纸、杂志、微博、微信等传统和新兴媒体发出声音,阐述观点,维护权益;众多专家学者发表大量关于宽厚所历史价值、文化积淀的文章,从专业视角提出关于宽厚里项目改造的建设性意见建议;部分省市媒体刊登项目有关报道,大力发挥舆论监督作用,吸引政府和社会大众关注;各类公益性非政府组织努力沟通、协调各方,希望能为城市留住更多文物古迹,为市民留下更多记忆和乡愁。从结果来看,宽厚里项目中社会性组织的声音与意见被采纳和接受的程度十分有限,项目更新的走向始终依然被力量更加强大、支配资源更加雄厚的开发商操控。但从过程来看,凡此种种对话语权和政策影响力争夺的努力,都反映出社会力量的蓬勃生长、日益活跃和快速增强,表明社会性组织在街区更新中的影响力有了较大幅度提升。

3. 宽厚里项目的成效和特点

(1) 宽厚里项目的成效

目前仅从客流量和游客消费额等商业因素方面来看,宽厚里项目可以算作一个比较成功的商业运作范例。以下是宽厚里项目部分大事记:

- 2015年9月28日,宽厚里项目一期、二期开街运营
- 2016年8月12日,宽厚里项目落成济南市第一家"夜休闲文化旅游街区"
- 2016年11月29日,济南世茂国际广场举办了"济南老字号入驻宽厚里"签约仪式
- 2017年9月30日,世茂集团举办了"山东省第一届宽厚文化节暨宽

厚里全面开街仪式"

自宽厚里开街至今,商铺入住率不断攀升,知名度迅速提高,客流量持续增加。在业态布局中,街区与一大批"济南老字号"达成合作,宏济堂、福牌阿胶、燕喜堂饭店、草包包子铺、便宜坊、会仙楼、颜家菜、黄家烤肉、亨通、孟洛川等正式入驻宽厚里,业态涵盖餐饮、食品、服装、制药、洗涤、制笔等多行业。但该项目自规划伊始就同时伴随着大量争议,争议的焦点便在于其几乎完全"推倒重建"的更新模式。目前,除浙闽会馆、金家大院等个别历史保护建筑外,原宽厚所街其他地上原有建筑已被全部拆除,原居民住宅区也已完全变成商业区,大量现代仿古建筑拔地而起。特别引起我们关注的是,《济南市历史文化名城保护规划》在完成专家论证后,决定"宽厚所特色文化街区经改造不再作为保护对象"。宽厚所街特色文化街区保护对象的身份从此被剥除。

(2) 宽厚里项目的特点

一是商业繁荣,传统丢失。一方面,宽厚里项目的开发更新基本忠实地贯彻了世茂集团的意志,开发商在商言商,作为理性经济人追求利润最大化,商业手段运用巧妙,商业发展呈现繁荣态势。另一方面,街区商业化的过度发展,使街区在很大程度上忽视了对老济南传统的延续传承,"里街""所里街""后营坊"这些对老济南人耳熟能详的名字,伴随着宽厚里的改造遗失在历史的尘埃中。

二是以假乱真,肌理蜕变。原有建筑和历史遗迹几已不复存在,原有街区的肌理格局也已经消失,取而代之的是符合消费规律的商业步行街道布局。街区拆掉木头、堆起水泥,风貌全变、格局大失,杂乱的老四合院成为历史。坑坑洼洼的老石板换作平整精致的青石板,古树亦被砍伐移植,大量假文物、假古董粉墨登场——街区实已无历史厚重感可言。

三是缺乏特色,业态单一。宽厚里项目设置商铺数量众多,且布局紧密,目前商铺入住率十分可观,但商户经营普遍缺乏独创性,所售商品特别是文化产品鲜能体现济南特色,存在与国内类似项目同质化现象。业态以餐饮行业独占鳌头,各种所谓节庆活动人造味道浓重,建筑、商品、文化民俗活动等方面缺少能够充分、切实代表城市独特风物和民俗特点的"老济南内涵"。

4.5 明府城空间生产的效果与经验

4.5.1 明府城空间生产效果的技术分析

本部分使用 POI[①]空间分布图和热力图对明府城片区空间生产的效果进行分析。通过对明府城及其周边地区进行兴趣点空间分布、兴趣点热力分布和人口热度分析,可以发现明府城改造后,兴趣点的空间分布的类型特征、密度特征以及人口集聚趋势。

兴趣点数据爬取自高德地图,以 2017 年 10 月为时间节点,共获取 6390 条 POI 数据,经过去重、筛选,挑选出 4456 条有效信息,信息有效率为 69.73%。高德地图使用的是火星坐标系,不能直接添加到 WGS84 坐标系下,我们通过纠偏算法将有效数据进行了矫正,处理后通过地理反编译验证最大偏移距离在 10 米以内,小于密度分析的空间分辨率,精度满足研究需要。道路数据是根据研究区范围截取自 OSM(Open Street Map),根据道路可供车辆、行人通行速度以及道路宽度将道路等级设置为一级和二级,一级道路可供车辆双向通行,二级道路仅可允许车辆缓速单向通行或者仅允许行人通过。对中国地区的测算是基于中国 1990 年到 2010 年的人口空间密度[②]的演变规律和夜视灯光等多源数据组合分析,经联合国发布的基本行政单元人口数量校正,制作而成的 100 米空间分辨率的人口分布数据。

1. 明府城及周边地区兴趣点空间分布特征

兴趣点分布图可以清晰呈现出明府城改造后的业态分布情况。从图 4.17 可以看到,明府城片区的兴趣点主要集中于泉城路沿线附近,泉城路是济南的商业中心,泉城路以南建有恒隆广场、世贸国际广场等多个现代化的商业综合体,以北则是明府城的核心片区。泉城路因此集中了各类餐饮、购物等商业业态。此外,在明府城内,芙蓉街也是兴趣点密集的地区之一,且芙

[①] POI 是"Point of Interest"的缩写,中文可以翻译为"兴趣点"。在地理信息系统中,POI 可以代表一栋房子、一个商铺、一个邮筒、一个公交站等空间特征点的地理位置。

[②] 人口数据来源于 http://www.worldpop.org.uk/,是南安普顿大学世界人口地图项目的成果。

蓉街兴趣点以餐饮服务网点为主，集中反映了芙蓉街改造后"特色小吃一条街"的片区定位。另一处兴趣点密集的地区为县西巷，县西巷及泉乐坊集中了生活服务、餐饮、购物、文化等多类网点。此外，宽厚里也是兴趣点分布密集的地区之一，是以餐饮为主，综合生活服务、购物服务和文化服务的片区。

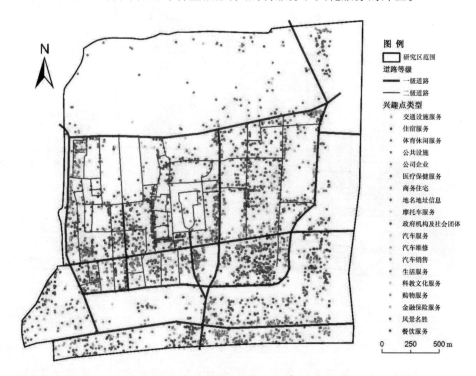

图 4.17　明府城及周边的兴趣点分布情况
资料来源：作者自制。

2. 明府城及周边地区兴趣点热力分布特征

兴趣点的热力分布反映了区域业态的密集程度。从图 4.18 可以看到，改造后的明府城片区，业态分布集中于泉城路商业街沿线，其中趵突泉北路与黑虎泉西路交口是餐饮业与商业写字楼集中的区域，该区域以东的恒隆广场、世贸国际广场和宽厚里也集中了大量的餐饮和商业购物场所。明府城片区内，芙蓉街、红尚坊、县西巷和县东巷也在较小的空间范围内集中了众多网点。

图 4.18 明府城及周边兴趣点的热力分布图
资料来源:作者自制。

3. 明府城及周边地区人口热度分布特征

人口热力图反映了人口热度,即区域内人流的集聚状况。从图 4.19 可以看到,泉城路沿线依旧是人流高度集中、访客热衷的重点区域。趵突泉北路与黑虎泉西路交口附近、芙蓉街片区和百花洲片区也是访客较为热衷的区域。

可见,在整个片区内,红尚坊、宽厚里的兴趣点密度较高,与之相应的是人口也比较密集,而百花洲一期及其旁的曲水亭街虽然没有过多的兴趣点,但仍旧保持很高的人群热度。这从技术上实证了百花洲(曲水亭街)片区作为政府主导的古城更新的试验区所获得的成功。

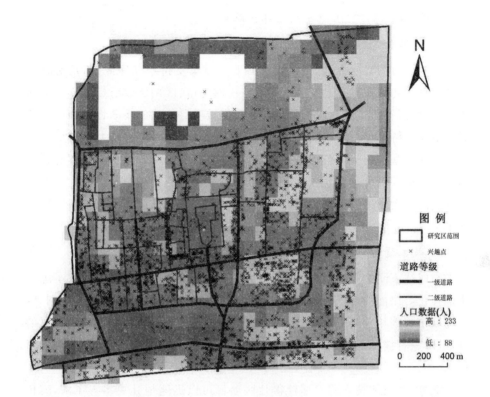

图 4.19　明府城及周边的人口热度
资料来源:作者自制。

4.5.2　明府城空间生产的经验

到 2018 年年底为止,明府城项目获得了一定的成功。总结原因,得益于以下四大资源在项目中获得了保证:

1. 经济资源:保证资金的充裕

济南快速发展的经济使地方政府变得"富裕"。早前明府城保护建设的滞后,很大程度上并不是由于政府的决心不够,而是受制于政府资源的有限性,以至于不得不让步于开发商。反观目前的成功,一方面,恰是由于政府财政资金日渐雄厚,可以将明府城变成公共项目进行建设,暂时"只投入,不回收";另一方面,由于明府城中如芙蓉街、宽厚里、泉城路、红尚坊等商业片区的蓬勃发展,也使得明府城片区拥有绝对优厚的商业资源,将明府城的"古"

镶嵌在周边的"今"之中,才显得不那么单调。

2. 政治资源:争取领导的支持与公共权力的介入

公共权力的必要介入,借以提供必要的政策支持与秩序保证,是明府城项目得以成功的基础。三十多年的跌跌撞撞为市、区两级政府提供了丰富的决策经验,而省、市、区三级的领导对于明府城项目价值的不断肯定和项目开展的不断支持,以及国家层面对历史文化街区保护的关注,成为明府城项目顺利展开的基本前提。值得一提的是,正是由于之前明府城更新中政府领导的正确决策等多种主客观因素,才使得明府城这一充满历史价值的片区没有被逐利的开发商进行的"破坏性"开发建设所摧毁,也才使得明府城得以焕发新生。

3. 技术资源:引导专家深入参与和媒体传播相辅相成

与以往不同的是,在这次明府城项目的建设中,专家的作用得到了进一步的强化。以前的专家能参与的主要是关于"建"还是"不建"的务虚规划,以及与城市规划相关的顶层设计,或者说仅仅停留在"场所"上。而本次项目的开展,专家直接深入到业态规划和活动策划层面,也就是深入到"人群"和"事件"之中。

此外,新媒体技术的发展使得片区项目可以迅速地让更多人了解,宣传点迅速从传统的单向纸媒跨越到了微博、微信等一系列的互动媒体,且内容更加丰富,与受众的沟通更加频繁和方便,极大地促进了片区项目的宣传工作。在新媒体的支撑下,"人群"和"事件"也可以迅速地得到充分反馈,从而又反过来促进专家进行深入规划。

4. 合法性资源:发展中的公众相对价值

纵观明府城保护和更新的三十多年,与经济发展相伴随的是公众认识,也就是所谓相对价值的发展。与以往"不管一切先富起来""一切向 GDP 看齐"的相对价值不同,公众——无论是普通群众、专家、政府官员,还是地产开发商——也越来越认识到并且认可明府城片区的历史独特性与不可再生性,认可历史遗产的原真性与完整性对其所有价值起基础决定作用,明白了一旦其物质实存遭到破坏,则历史遗产的一切价值都将不复存在。古城的历史文化资源是明府城片区的价值所在,后者作为济南市中心核心区的地位也是因前者决定的。也正是因为整个社会对遗产存在价值广泛而持续的关注,才赋予其巨大的潜在经济和其他价值。因此,如果将其过度开发追求短期利益,任何事后的补救与惩罚皆于事无补,其损失将是永久和无可挽回的。

可见,所谓"皮之不存,毛将焉附"的道理渐入人心,公众对于政府更新工作变得日益支持,明府城的保护也获取了其社会合法性。

4.6 济南历史文化街区更新的思考

近年来,通过不同改造项目的推进,明府城通过场所营造、人群集聚和事件营销实现了新的空间生产。而在明府城空间生产的具体改造项目中,行政权力和市场资本呈现出不同的介入形式和运作方式,行政主导和企业主导下的改造也呈现出极大的差异。行政主导下的曲水亭街和百花洲改造项目,尽管在对待原住居民的态度上存在差异,但都更加关注对原有街巷空间肌理和建筑文化的维系;而企业主导下的红尚坊项目和宽厚里项目,则更加强调原有历史空间向以仿古建筑为载体的现代商业空间的转变,在使得街区更具商业化气息的同时,其对历史文化的态度也招致很大的争议。明府城的更新项目获得了一定的成效,但同时也引发了诸多的思考。

首先,历史街区的保护是公益性行为,而非开发性行为。城市历史文化遗产不可能单独依靠自发的市场机制而得到合理有效的配置,只有作为公权力代表的政府有效履行职能,市场机制在历史保护领域中的失灵现象才能被克服。其次,保护更新活动中需要平衡和协调各方利益,同时需要大量的资金投入和政策支持,政府在社会博弈格局中的强势地位使其能有效地动员和组织保护更新活动所需的各种资源(包括政治资源、经济资源、知识资源、合法性资源等),减少各类信息成本和协调成本。最后,保护城市历史文化遗产是维持地方特色、带动地方经济发展的重要方式,保护活动的成功与否同地方发展之间具有密不可分的联系。地方政府不仅是历史保护的主要责任者,同时也是社会经济效益的重要受益者,这种内在的利益关联机制决定了地方政府应担负起保护的主要责任。

与千年以来的济南古城一样,今天的济南古城正又一次在政府主导下走向复兴。特别是作为济南市井文化浓缩地的明府城片区,它的未来,正致力于成为一个充满齐鲁文化、泉城特色、济南乡愁的片区,成为中华传统文化暨齐鲁传统民俗文化及济南冷泉人居生态环境文化的保护平台、展示平台、创新平台、体验平台、传承平台和中外交流平台。明府城正在努力将传统文化资源和独特的自然及人文资源转化为拉动经济社会发展和产业崛起的动力，我们期待这块瑰宝能够在新时期绽放更加夺目的光芒。

古城更新中的人和事

行履百花洲畔——民俗馆馆长的古城情结

鱼翔荷淡柳照影，月溶泉镜人娉婷。在距今已有六百余年的济南明府城百花洲畔、泉水池边坐落着山东省首家"家风"主题博物馆——泉水人家民俗馆。馆内林林总总陈列着千余幅/件济南老照片、老物件，让人流连其中。下文记述了民俗馆馆长管延伟的古城情结。

泉水人家民俗馆馆长管延伟祖籍距济南三百多公里的舜帝故里诸城，年轻时因缘际会来到济南，在离百花洲不远的泉城路邂逅现在的妻子，而后结婚生子，扎根古城。2015年，管延伟以政府购买服务的形式接手民俗馆，成为"管馆长"。

民俗馆有独具特色的场所设计，营造体现"民俗、民间、民族"的场景和格局。民俗馆为典型的济南四合院民居，设有"明清""民国"和"建国"三个展厅，馆内围绕廉洁、平安主题安置"廉让""平安"石雕，聚焦家风、家教、家训，设置"家教廊道"；先期征集了大量济南老照片、老物件等有较高价值的收藏品。目前民俗馆已成为"济南市廉政文化示范点""青少年传统文化教育基地"，传递着积极向上的价值观。"我们不是在简单地陈列，而是要通过场景和器物塑造一种文化的符号，彰显一种独特的价值观，体现对人物的重视"，管延伟如是说。

民俗馆通过不同的展品吸引不同的人群，因人而异，聚拢人气。本地市民可以驻足老照片前找到曾经与自己紧密依存的城、人、事，外地游客可以通过文物和文献感受到独特的济南泉水文化和民俗风情；中老年人可以透过展橱后的老物件穿越时空重拾儿时记忆，青年人可以饮尝一碗大碗茶品味夏雨荷与乾隆的悱恻爱情，中小学生可以亲手装订一本线装书体验非物质文化遗产的魅力。

管延伟关注对山东和济南"官有清明,商有厚德,民有佳风"优秀传统价值观的弘扬,推崇文旅深度融合的文化旅游4.0版本,紧扣时代脉搏开展各种互动体验式活动。例如,组织曲水流觞修禊大典,亲自撰写赋辞;举办乡饮茶礼活动,身着汉服,领读经典;开展"给我一日,还你千年"研学活动,借助制作传统拓片等一系列创新活动寓教于乐,致敬传统……

凡是过去,皆为序章。关于古城的发展,管延伟期待着百花洲片区的文化底色更加浓厚,来到片区的人越来越多,人们对古城的认识更加深入,百花洲的每个院落都能找到来自本原的、关于初心的、属于自己的故事,每个院落、每个故事都能让人记得住,印象深刻。

(课题组成员　孙重才)

第 5 章

空间想象与政策实践:青岛市中山路街区的复兴故事

青岛是一座具有百年历史的滨海城市。1900 年,德国殖民者颁布了青岛历史上第一部城市规划,从此开启了青岛快速城市化的进程。在长达百年的发展历程中,青岛市形成了独特的城市风貌与文化脉络,山海交融、欧式风情、传统村落、市井文化、街区里巷,共同构成了这座城市独特的文化魅力。如今,保护城市历史文化也成为青岛城市规划中的主导理念与首要任务。

中山路一直是青岛市历史文化保护的重点。中山路位于最繁华的市南区,纵贯南北,长约 1500 米,最南至青岛市南部海滨,连接青岛市著名历史景观栈桥。自 20 世纪 90 年代末开始,青岛市多次颁布了复兴中山路的更新计划,拟将其打造为充满异域情怀的德国风情街与具有怀旧气息的旅游观光街区,但效果寥寥,中山路依旧面临商业结构转型、吸引客源、消费升级等方面的严峻挑战。中山路见证了青岛城市的发展,丰富的历史赋予了这条街道深厚的文化内涵,也是其走向复兴之路的沉重枷锁。作为历史文化街区,中山路的历史建筑与文化脉络得到了有效的保护,但也由于严格的空间保护政策,限制了资本的盈利空间,削弱了中山路空间再生产的原始动力。历史街区保护与功能复兴是青岛市中山路发展中面临的双重困境。如何在保护性更新的前提下实现城市空间的文化复兴与功能再造,是青岛市中山路在未来发展中需要破解的难题。

5.1 空间形态的基本塑造:空间想象、文化符号与空间具象(1898—1994)

青岛市中山路最初由德国殖民者于 1898 年开始建造,至今已经有 100

多年的发展历史。从德占时期的斐迭里街、日占时期的静冈町,到民国政府时期的山东路,至中华人民共和国成立后更名为充满革命意味的中山路,中山路的街道名称在不同历史时期不断更迭。虽然在1898年到1948年的50年间,战争频发,但中山路的发展政策依然得到了较好的延续,形成了如今中山路街区的基本空间形态与功能:具有综合性功能的商业街区,以及城市的社会、文化与经济中心。在整个20世纪,中山路一直作为青岛市最繁华的商业街而存在。

5.1.1 殖民主义空间想象与空间再造

随着1898年《胶澳租界条约》的签订,青岛成为德国租借地。经过两年时间的酝酿,《青岛城市规划》于1900年正式颁布,从此开启了青岛的城市化进程(见图5.1)。该规划设计了一个容纳能力为5万人口的小型海滨港口城市,并且进行了基本的城市功能分区(包括城市生活区、商业区和工业—仓储区)。规划中纵贯城市南北的主街道即中山路(当时名为斐迭里街或弗里德里希街,取名自普鲁士国王弗里德里希大帝)。据记载,围绕中山路的功能定位,德国议会与海军意见相左。德国海军支持将中山路建成海军基地,充分利用其地理优势:南端连接军用码头栈桥,北端连接铁路线。然而,最后中山路的功能规划依据德国议会的设想敲定:建成城市的商业中心。

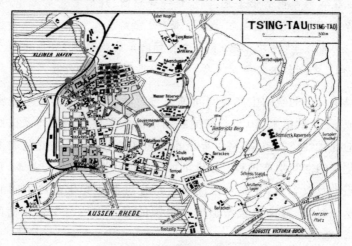

图 5.1　1900 年青岛城市规划

资料来源:原图来自维基百科(http://zh.wikipedia.org/wiki/File:Qingdao-city-map-1912-in-german-from-madrolles-guide book-to-northern-china.jpg),已由作者编辑。

殖民者对海外飞地空间的打造总是秉持着一定的规律,安东尼·D. 金(Anthony D. King)将其称为殖民主义的空间想象。这一空间想象有三个特征:城市基础设施的优先修建、去本土化的空间具象以及社会空间分化。① 首先,优先修建城市基础设施一方面出于殖民者获得卫生、安全的居住环境的现实需要,另一方面也体现了对无序空间的征服改造。中山路的基础设施修建获得了优先的资金支持,至 1902 年,中山路的马路、路灯、排污系统、房屋等设施基本建设完成。

其次,在中山路的空间生产中,去本土化的空间具象通过对建筑风格的整体控制来实现。1898 年,德国政府颁布了《建筑控制法令》,规定中山路两侧的所有建筑都应为欧式,不能保留中式风格。建成后的中山路完美地诠释了这种空间想象,将包括古典复兴式、巴洛克式、洛可可式、新艺术运动风格等在内的多样的欧式建筑风格和谐地容纳在中山路上。至 1902 年,以中山路为核心,一个现代化的欧洲风貌城市已经在青岛初现形态。当年,在青岛的德国官员呈送给德国皇帝的工作报告中,描述了青岛与中山路的快速发展与显著变化:②

(这里)起初只是一些中国驻使使用的破房子和古老渔村的一些零星的中国住房。没有像样的街道,完全没有卫生设施。……然而,目前展现在我们面前的景象是:一座统一规划的、规模宏大的城市,是欧洲式的青岛市容,毗邻的是位于奥古斯特、维克多利亚海湾的别墅区。……(现在)市区里(的中山路)有一个可行汽车的街道网,有雨水和污水下水道,有自来水和电灯照明设备,有教堂、医院和学校为欧人和华人开放。

殖民主义下的空间生产与空间具象与对城市现代性的想象是密不可分的。形成于 19 世纪末、20 世纪初的欧洲殖民主义世界城市体系按照一种欧洲本位的现代性空间想象,将世界城市进行等级排序,并在此基础上进行了文化同化式的空间生产过程。以欧洲城市为现代性的代表与范本,殖民主义统治者借助政权力量,在海外殖民地生产着与本地文化截然不同的海外飞地。在这一时期,青岛也被塑造成了德国的海外飞地与文化移植区。1913

---

① Anthony D. King, Colonialism, Urbanism and the Capitalist World Economy, *International Journal of Urban and Regional Research*, Vol. 13, No. 1, 1989, pp. 1-18.
② 刘善章、周荃主编:《中德关系史文丛》,青岛出版社 1992 年版,第 67—71 页。

年《香港每日新闻》的报道印证了这一观点:"从海上眺望青岛城,只见其坐落在一片旖旎风光之中。其建筑整齐美观。重重红瓦屋跃动于层层翠绿之中,令人心旷神怡。这景色简直就是德国的一个小小的剪影,这剪影在移植过程中变得愈加完美。"而中山路则更加浓缩着这种殖民主义的空间想象。中山路不仅通过建筑物与物质空间诠释了欧洲的"现代性",更是力求将德国的城市生活方式与城市文化情怀整体移植。中山路上修建了水兵俱乐部、海因里希王子饭店、德国海军音乐厅,从而将舞会、电影院、交响乐等欧洲的生活休闲方式引入青岛。同时,中山路上也开设了代表欧洲城市精神的咖啡馆。其中一家是于1903年开张的佛劳塞尔咖啡店,出售德国传统的烘焙食物与德国啤酒。

最后,在德国殖民统治下的中山路也体现了殖民主义对于社会空间秩序的想象——严格的种族隔离制度。1900年颁布的《治理青岛鲍岛东西镇章程总则》对青岛整体的社会空间秩序进行了规定。其中,对于中山路作出了如下要求:以德县路为界,南端至栈桥为"欧人区",是德国殖民者及其他欧美侨民居住地;北端至大窑沟为"华人区",供本地人居住。种族歧视一方面体现在这种居住隔离上,另一方面也体现在城市规划与城市建设的区分上。例如,根据规定,欧人区的街道规划为20—25米宽,其中包括车行道12米宽;而华人区的街道仅为12米宽,车行道8米宽。

德国对青岛的城市空间规划奠定了青岛市未来一个世纪的发展格局,而其对中山路的设计建造也奠定了中山路直至今日的空间形态。日本殖民者在1914—1922年、1938—1945年两段历史时期内占领了青岛。日占期间,中山路的功能定位基本延续了德国的规划与设想——城市的商业中心与政治中心。日占青岛的第一个阶段中,中山路的建成环境并没有显著的新发展,更多的则是日籍居民代替了德国居民,沿街商铺更换了日文牌匾。

在第二个阶段,抱着长久统治青岛的政治设想,日本为青岛制订了城市发展规划,包括《青岛特别市地方计划设定纲要》和《青岛特别市母市计划设定纲要》两个文件。纲要中首先设想了大规模的城市扩张:将青岛建设成一个具有180万人口的城市,并重新定义了城市性质——政治、港湾、工业和观光性质的城市。围绕着新增的"工业城市"的规划设想,日占下的青岛呈现带状的发展格局。沿着由南至北延伸至腹地的火车线,北部为工业区,聚集着大量的中国劳工;南部沿海一带则为城市的商业与旅游中心。在南部,商业的发展是以中山路为中心的,这条街也同时成为日占时期城市观光旅游的名片。日占下的青岛也呈现着与德占时期同样的政治空间秩序——社会居住空间分化,但是由于民族间的紧张关系,空间分化与秩序警戒在日占时期更为严格。在中日关系较为紧张的时期,中山路曾经一度禁止中国人进入,日本殖民者通过警察巡逻、设立宵禁等方式来维护中山路的秩序。

5.1.2 战乱中的民族商业与地方文化方舟

身穿谦祥益,头顶盛锡福,手戴亨得利,看戏上中和,吃饭春和楼,看病宏仁堂。

——青岛民间流行语

在殖民主义统治潮涨潮退的间歇,中华民国政府在20世纪上半叶对青岛进行了碎片化的短暂统治。由于1919年爆发的五四运动及其随后的政治影响,日本殖民者于1922年将青岛归还中国。从1922年至1938年,青岛经历了短暂的北洋政府统治与国民政府统治时期。随后,青岛经历了1938年至1945年的第二次日本占领时期,国民政府于1945年至1949年再次收回青岛的统治权。在政权动荡、战争频发的动乱时期,作为城市的政治、文化与商业中心,中山路得到政治权力的庇护,因此其商业生态与文化脉络得以存续和发展。而民族商业与地方文化也将中山路作为战争年代的庇护方舟。尤其在中山路北段,即自德国殖民者统治以来所形成的"华人区"地带,多样化的民族小商业日益繁荣,民族艺术家登上舞台,并出现了融合东西方文化的建筑形式。

1922年12月10日,在中华民国政府收回青岛主权之时,青岛已经发展成为具有20.9万人口的港口工商城市。1922年北洋政府颁布的《胶澳商埠暂行章程》进一步明确了中山路商业中心的地位。在中山路南段,德国殖民者所建设的酒吧、咖啡店、电影院、舞厅、西药店等店铺被保留下来,得到妥善经营;而中山路北段大量本地民族资本商业在国民政府统治时期得到了迅速的发展,当铺、钱庄、布店、差馆、货站等多种多样的商业形式涌现。随着时间的推移,中山路北段出现了一批著名的本地品牌,包括春和楼、亨得利、谦祥益等。一时间,消费这些品牌也成为人们所追求的身份的象征。山东大戏院(今中国电影院)、福禄寿大戏院(后改为红星电影院,现已被拆除)与华乐大戏院(今工艺美术公司)也成为市民休闲娱乐的重要场所。作为自由贸易港，青岛吸引了汇丰洋行、德士古洋行、汉堡—美洲航运公司等国际贸易公司云集中山路。据记载，1933 年在青岛有 21 家银行，其中 13 家在中山路片区；40 家私营钱庄中有 30 家在中山路第四公园附近。入驻中山路的银行包括中国银行、交通银行、实业银行、大陆银行、山左银行和上海商业储蓄银行等，这使得中山路成为闻名国内的国际金融街。

里院是兴盛于 20 世纪二三十年代独具特色的青岛民居建筑，融汇了西方建筑风格与青岛本地的市井文化。在建筑风格上，里院借鉴了德式建筑风格：花岗岩斧剁石墙基，明黄色墙体，红筒瓦坡面屋顶，山花装饰，屋顶天窗。同时，里院也沿袭了中国传统天井式院落的建筑形式，据载有"口""日""凸""目""回"等多种院落造型，在规格上有独院、两进院、三进院、套院等。里院中的市井生活是青岛这一时期城市生活的真实写照。据青岛市社会局 1933 年的统计数据，当时青岛共有里院 506 处，房间 16701 间，住户 10669 家。较高的居住密度、一定程度的居住私密性、便于交往的共享开敞空间，为邻里生活的形成提供了前提条件。里院也孕育了本土的娱乐休闲生活，民间艺人可以在里院的开敞空间中搭台表演，表演形式包括茂腔、柳腔、山东琴书、山东快书等。这一时期"串里"表演的著名艺术家包括相声演员马三立、"戏法大王"王鼎臣、评书演员葛兆洪、山东快书演员高元钧、曲艺世家传人刘泰清以及琴书艺人李金山、高金凤等。

在中山路北段，即德占时期与日占时期的"华人区"，分布着大量里院建筑。里院虽然为居民提供了丰富的市井娱乐生活，但是其拥挤的居住环境与落后的生活设施也备受诟病。1931 年，青岛历史上著名的市长沈鸿烈就任之后，开展了住宅环境更新计划，针对对象包括棚户区及中山路上居住条件落后的里院。对里院的更新措施包括重新修缮房屋外墙、建设并完善里院中的邻里活动室、在里院周边辟马路、铺设水电官网、建设配套的市场与小学。这一套以邻里更新推动社区复兴的思路，在 30 年代是可以与欧美等国家比肩的前卫的思想。

5.1.3 "大街里"：计划、节俭与工业化浪潮中的商业娱乐"飞地"

一二一，上街里，买书包，买铅笔，到了学校考第一。

——青岛民间流行语

中华人民共和国成立后,全国各个城市建立了社会主义计划经济体制。在这一时期,包括青岛在内的许多城市呈现出了如下的发展特征:一是基于社会主义意识形态的城市空间再生产,政治符号与其意义的空间表达影响了城市发展与城市更新的主导理念;二是以生产为中心的城市发展模式,城市化围绕着塑造工业生产功能而开展,城市消费、娱乐功能在空间生产过程中被边缘化。因此,计划经济时期的中国城市也被称为"红色城市""生产型城市"和"节俭型城市"。

1949年以后,青岛市进行了全面的社会主义改造。在中山路片区,不仅仅企业、房屋收归国有,街区空间功能也进行了符合社会主义政权的改造。由德国设计师保罗·费里德里希·里希特(Paul Friedrich Richter)所主持建造的青岛国际俱乐部位于中山路的最南端,是殖民时期青岛社会精英的社交场所。奢华的建筑形式、临近海岸线的地理位置,都体现了建筑与权力的内在关联与隐喻。中华人民共和国成立以后,这栋建筑被国家征收,先后成为中苏友好协会所在地与青岛市科协的办公处。青岛中山路上另外一座著名的建筑是水兵俱乐部,又名"水师饭店",由德国殖民者于1902年左右出资修建。这栋建筑是德皇回应德国驻青水兵的要求,为其修建的休闲娱乐的场所,体现了远在欧洲的政权对海外殖民地的治理。20世纪50年代,水兵俱乐部成为共青团青岛市委办公楼。此外,位于广西路37号的青岛侯爵饭店虽然并不在中山路上,但也是中山路片区的重要历史建筑之一。侯爵饭店竣工于1906年,是一座极富建筑美感的德国19世纪古堡式风格的砖石结构建筑。在日本殖民期间,这栋建筑由饭店变为日本宪兵驻地,抗战胜利后则变为青岛市警察分局驻地。可以说,在20世纪50年代,青岛中山路片区基本实现了建筑功能与权力关系的更替。

与中山路南段所体现的政治功能的聚集不同,中山路北段则具有了日益繁荣的商业功能。在娱乐消费功能日益被边缘化的生产性城市中,青岛市政府将中山路打造为青岛市最重要的消费场所。为了延续中山路的商业功能,青岛市留存了那些诞生、发展于殖民主义时期的民族商业,包括春和楼酒店、宏仁堂药店、盛锡福鞋帽店、亨得利钟表店等老字号商铺。这些商铺因其优质服务与品牌吸引力,深受青岛市民喜爱。同时,除中山路以外的商业功能区域被挤压、消减。据青岛文史专家鲁海回忆,在1956年的公私合营改革中,许多私营商业被整合:青岛七家亨得利钟表眼镜店被整合至中山路一家;

全市也只保留了中山路一家书店。由于这次改革,城市的商业功能更加集中至中山路,尤其是在物质生活匮乏、凭票购买的计划经济年代,中山路成了人们购买紧俏物品、进行消费娱乐的不二之选。

在这一时期,中山路的商业功能进一步向周边溢出,形成了著名的中山路商圈,在全国范围内可与北京王府井、上海南京路齐名。在中山路上成立了几家大型百货公司,成为老青岛"逛街里"的重要回忆。始建于 1930 年的青岛国货商场,在 1950 年转型为"中国百货公司青岛分公司"。1929 年始建的英商洋行大楼在 1949 年改组为"中国百货公司青岛分公司及其第一门市商场",随后在 1967 年、1988 年先后更名为"青岛百货商店"和"青岛第一百货商店"。

中山路的商业功能进一步向北溢出,推动了位于中山路最北端的"大窑沟"商业中心的发展。大窑沟位于中山路、济南路、市场三路、堂邑路、冠县路的交汇处。大窑沟原名"孟家沟",在德国殖民时期,由于殖民主义者所推动的快速城市化进程,这一带成为建窑烧砖之处,也因此从"孟家沟"更名为"大窑沟"。在计划经济时期,人们所说的"上街里",指的就是中山路北段直至大窑沟一带。在大窑沟,由日商建立的劝业场曾经是青岛最大的零售商场,后在计划经济时期变身为人民市场。同时,大窑沟也一度成为青岛市的交通枢纽以及市民"上街里"的集散地。根据鲁海在《济南路》一文中的描述,20 世纪 50 年代,大窑沟的汽车站总是人满为患,成为前去中山公园、台西镇等市中心之地的必经之处,同时也连接了四方、李村、沧口等工业蓬勃发展、工人家庭聚集之地。在中山路临近处,也形成了时下家喻户晓的功能性商业街区,包括海泊路鞋业一条街、天津路旅馆一条街、潍县路杂货一条街。到了 80 年代末期,位于中山路北段的即墨路小商品市场变得愈发火爆,是市民与学生"淘宝""搜物"的必去之处。

5.2 不均衡的发展:商业资本的转移与中山路的衰落(1994 年至今)

改革开放以来,资本在我国城市发展的过程中发挥着愈发重要的作用。对于青岛来说,影响城市发展的里程碑事件是 1992 年的城市空间东扩。进入 20 世纪 90 年代,青岛市开始了大规模的旧城改造与快速的城市建设,东部新区迅速崛起为城市新的政治、经济、文化中心，中山路由此逐渐走向衰落。

5.2.1 公共政策与资本的"磁石"：东部崛起与西部衰落

1992年，时任青岛市市长的俞正声敲定了青岛未来的宏观发展战略：打破以中山路为中心、南北狭长状的城市空间布局，实现"大青岛"空间发展规划，将东部打造成青岛新的城市中心。青岛市政府将位于栈桥、中山路附近的政府办公大楼及其土地进行拍卖置换，获得了开发东部的第一笔资金，从而撬动市场资本的投入。为了支撑东部发展规划，青岛市政府于1994年率先搬迁至位于五四广场附近的香港中路上。政治权力的东迁为这一待开发区域增加了投资前景的确定性，五四广场区域引发了投资开发的热潮。

青岛东部在空间形态与功能上实现了快速发展与现代化。90年代末，香港中路附近的摩天大楼纷纷拔地而起，重塑了这一地带的天际线，市政府大楼对面的五四广场被打造成全国闻名的艺术广场，吸引着国内外游客前来观光。以2008年北京奥运会为契机，青岛市进一步加快了东扩的节奏，在五四广场以东修建了奥帆基地，完善了东部地区的基础设施，提升了该地区的国际知名度。同时，青岛东部成为高档的休闲购物场所，佳世客、家乐福等卖场、麦凯乐、阳光百货、百丽广场等百货店等综合性购物广场自90年代末开始纷纷入驻青岛东部地区。2015年正式开业的万象城成为青岛地标式的购物中心，进一步增强了东部商圈的吸引力。青岛东部逐渐取代了中山路老城区，被塑造为青岛的政治、经济、文化中心。

在东部地区快速崛起的同时，中山路商圈则开始了其衰落的进程。在东部大型购物中心的冲击下，百盛、青岛国货等中山路老牌商场经营状况每况愈下。自2000年以来，中山路商圈中的东方贸易大厦、发达商厦、伊都锦等购物中心就陆续关门歇业。2011年开业的悦喜客购物广场由利客来集团重金打造，商场面积达到6.5万平方米，被寄予了复兴中山路商圈的厚望，然而却效果寥寥。

在大型购物商场每况愈下的同时，中山路上的小商业也面临着经营窘境。本地消费者与外来游客愈发青睐于光顾东部的大型购物中心，中山路的小商业也因失去客源而逐渐撤离。剩余的店铺多经营海鲜、干货、贝壳工业品，这些商品原是中山路的经营特色，然而却逐渐在青岛各处商场广为销售，中山路也因此失去了核心的商业特色。

诚信危机也严重影响着这些苦苦支撑的店铺。2000年以后,常有中山路商家"欺客""宰客"的新闻见诸报端,这将中山路进一步推进了危机泥潭。同时,老字号商铺也由于客源不足逐渐失去活力,多家中山路的老字号在2000年以后陆续关门。

2000年以前,老青岛人所指的中山路商圈范围从最南端的栈桥一直延续到北段的市场三路人民商场附近,而2000年以后,中山路商圈缩小到百盛至国货商场范围内,规模缩小了近一半。在中山路的鼎盛时期,有着100余种的丰富业态、1000余家大小店铺。而从1995年至2006年,中山路年营业额从50亿元下降到20亿元,同时客流量从10万人次减少到3万人次。2013年的数据显示,萎靡不振的中山路商圈在这一年的商铺租金仅为90元/平方米/月,而香港路商圈与五四广场附近的租金则达到了150元/平方米/月。①

5.2.2 缺乏"吸引力"的中山路

中山路商圈衰落的直接诱因是市政府东迁与青岛市中心东移,其背后更深层次的内在因素包括空间生产的内在规律、人口结构变迁以及城市生活方式的转变。首先,中山路商圈衰落最根本的原因是缺少对资本的吸引力。20世纪90年代后期,私有资本对我国城市空间生产过程发挥着愈发关键的作用。不均衡的发展既是资本投资城市空间的必然规律,也是城市发展的根本动力;资本投资空间追求的是级差地租,那些土地价格低却有发展潜力的地区成为开发的热点,而利润率较低的地方则为资本所绕行。② 在青岛,东部地区提供了可观的级差地租与利润回报,同时由于政府的一系列优惠政策支持,使其成为吸引资本的磁石,而中山路则成为逐利的资本所无暇顾及的区域。

其次,中山路的衰落与这一区域人口结构的变化有着密切的内在关联。在城市东部,综合性的商场、高档住宅区、现代写字楼在短时间内拔地而起,吸引了外来人才与本地中产阶级入驻,从而开始了其绅士化的过程。中山路

---

① 《青岛商铺变"伤铺" 中山商城生意清冷商户忙退租》,载《青岛早报》2013年7月8日。

② David Harvey, *A Brief History of Neoliberalism*, Oxford University Press, 2005; R. Weber, Extracting Value from the City: Neoliberalism and Urban Redevelopment, *Antipode*, Vol. 34, No. 3, 2002, pp.519-540.

附近的人口变迁则呈现出截然相反的过程:人才与中产阶级流失,这一空缺逐渐由低收入群体与外来低收入劳动力所填补。因此,中山路区域居民在教育层次、就业能力、消费能力等方面日益衰降,这进一步导致了商业、企业的外逃。可以说,引力(东部)与推力(中山路地区)共同导致了中山路商圈的衰败。

最后,快速变化的城市生活方式与消费者喜好也是中山路区域失去活力的重要原因。集购物、餐饮、娱乐为一体且家庭友善型的大型购物商场愈发受到青睐,而中山路的小商业集群却难以满足这一新的消费需求。中山路的小巷店铺、老字号虽然受到老青岛市民的信赖,但是却难以迎合逐渐成为消费主力的中产阶级与 80 后一代对知名品牌和国际时尚的偏好。

此外,停车场设施的缺乏也是导致人们不愿光顾中山路的一个直接原因。2000 年以后,开车出行成为城市的重要生活方式。2007 年中山路商圈街道与地下停车位仅为 800 个,这条老街无法在规划上满足消费者对于停车位的需求。

5.3 复兴中山路:新时期的空间想象与政策行动

作为青岛市文化与历史的发源地,中山路的衰落受到政府与市民的关注。自 20 世纪 90 年代末开始,青岛市政府采取了一系列举措,试图振兴中山路商圈。直至今日,青岛市政府共实施了 4 次大规模的中山路更新复兴计划(1996 年、2003 年、2005 年、2012 年)。在更新政策的历史演变过程中,主导性的政策理念也发生了变化:从商业振兴转向生活导向与保护性更新。近些年来,青岛市政府对于中山路的复兴计划从模仿上海转变为立足于本地特色,体现了城市规划中的地方文化自信。

5.3.1 1996—2003 年更新计划:上海模式与商业振兴

1994 年,青岛市被国务院批准为第三批国家历史文化名城,这将青岛的历史文化保护工作推上正轨。在随后的城市总体规划中,青岛市对历史文化保护作出了专项规划(包括 1995 年、2002 年以及 2006 年《青岛市城市总体规划》)。此外,青岛市政府也推动了城市风貌保护的立法进程,于 1996 年颁布了《青岛市城市风貌保护管理办法》,并于 2012 年制定了《青岛市历史建筑保护管理办法》。在 2016 年正式被批复的《青岛市城市总体规划（2011—2020年）》中，青岛市在全市范围构建了历史文化名城、历史文化街区与文物古迹保护点三个层次的保护框架，对城市空间形态与天际线、街区风貌与建筑风格、文物保护与利用作出了更加明确的规定。

中山路首次更新规划颁布于 1996 年，其设想是将青岛中山路改造成可与上海南京路齐肩的商业步行街。然而，由于中山路依旧需要承担城市交通主干道的功能，这一规划理念无法落地实行。最终，90 年代末的更新计划以街道美化而收场——包括对中山路沿街露天电线整改、商铺广告整治以及实施沿街的亮化工程。

2003 年的改造计划延续了 1996 年对于中山路作为"商业旅游街区"的总体设想，并进一步对中山路的功能转型作出了更为宏观的、综合性的规划。2002 年，青岛市政府聘请了清华大学规划设计院承担中山路更新的设计任务，并聘请设计建筑大师吴良镛、周干峙作为规划顾问。商讨之下，青岛市规划局制定了初步的更新规划草案，提出了"一线""四区"的理念：划定了总面积为 56.6 公顷的中山路区域，将中山路商业街作为更新的主轴线，周边片区分别划分为现代商业购物区、金融商务区、旅游观光区和传统商业购物步行街。

作为主线的中山路无须对历史建筑进行大规模的拆除工程，而是将其商业功能进行升级，从小商业转型为经营中高档商品的名牌一条街。传统商业步行街保留传统的小商业业态，为青岛市民保留了历史记忆与情怀；旅游观光区则更多地迎合了游客文化猎奇的心理，以特色酒吧街为核心，打造集酒吧、咖啡店、欧式风情小旅店为一体的旅游休闲区域；金融商务区采用保护式更新方式，主要对历史上外资银行所建的欧式建筑重新修缮利用，引进银行、保险、证券等金融机构，将其打造成老青岛城区的金融中心；现代商业购物区则采用大规模拆除重建、房产开发的模式，建设大型现代综合购物广场、高层写字楼、住宅和高档酒店。

经过一年的酝酿与修改，正式的规划方案于 2003 年 2 月，在位于东海西路 37 号的青岛城市规划展厅向市民公示。基于"一线""四区"的设定，正式的规划方案进一步细化了中山路产业功能分区，将其划分为：中山路两侧特色商业区及专业服务区、滨海旅游商贸区、南部旅游文化区、中部文化产业区、东北高档住宅区、北部商业办公区和西北居住区。

5.3.2　2005 年更新计划：有机整合的区域更新

由于融资困难，2003 年的改造计划推动缓慢。2005 年 8 月，青岛市政府开始了第三次中山路改造计划，并将中山路改造权责全面下沉，交由市南区政府牵头负责。此次的更新计划具有一定的创新性，其规划思路不再仅仅局限于中山路片区的改造，而是提出了区域性更新方案：通过复兴整个城市西部地区，来实现区域人口、产业结构、功能的更新。此次区域更新方案抓住了中山路复兴困难的症结所在：区域性的衰落导致中山路商圈的消费群体与功能转型难以实现。青岛市政府期待通过区域性复兴来实现消费人口结构的更新。西部区域更新计划总投资达 80 亿元，预计拆迁居民 6000 户，总建筑面积 109.25 万平方米，共有火车站商圈改造、南岛组团拆迁改造、嘉祥路片区旧城改造、东平路片区改造、北岛组团部分区域改造、莘县路小学周边旧城改造、青岛食品厂周边旧城改造、广州路以西旧城改造等 8 个项目。改造之后的西部区域将实现"三区一街"的功能，包括航运核心服务区、商贸聚集区和休闲旅游区以及中山路商业街区。其中，火车站商圈改造对于中山路的复兴发挥着关键作用。根据规划，火车站商圈的改造范围包括市南区单县支路、广州路以西，费县路、东平路、定陶路以南，滋阳路、观城路、朝城路以东，单县路、鱼台路以北，面积为 6.7 万平方米，拆迁 1765 户居民，投资预算将达到 15 亿元。改造后的火车站商圈包含商业、餐饮、文化娱乐设施，并通过直通的人流立交枢纽与栈桥、第六海水浴场直接贯通。

除了区域性更新的战略，2005 年的更新计划也明确了中山路商圈复兴的方针：投资 25 亿元打造以中山路主街为主线的三大特色街区，即劈柴院"老街里"、黄岛路"老街坊"和浙江路"欧陆老城"。中山路南段与北段也采用了分而治之的理念。中山路南段采用保护式更新的方式，将其打造为德式风情街；中山路北段则适当使用拆除重建的方式，解决居民居住问题。从 2005 年至 2010 年前后，南段道路见证了一系列"微更新"举措，包括重铺道路、翻新绿化、广告牌治理、房屋粉刷、楼院整治等；在发达商厦前广场、百盛广场搭设欧式售货亭、安置座椅、举办露天广场庆典活动，从而营造公共空间氛围。

此次对中山路商圈的更新计划有两项具体方案可圈可点。一是中山路至栈桥的步行"无障碍"规划。栈桥是青岛市著名的旅游景点，但太平路的车流却将栈桥的游客与中山路隔离开来，使得栈桥与中山路隔路相望，却在人气上截然不同。经过多年酝酿,青岛市政府提出了太平路车下沉的规划设想,期冀将栈桥的游客吸引至中山路。二是潍县路19号的更新方案。潍县路19号是中山路片区具有100年历史的著名建筑,也是一栋居住条件简陋的居民楼。由于是历史保护建筑,加之安置居民的资金平衡问题,潍县路19号的更新方案一直难以出台。2009年,青岛市政府正式公布了对这栋历史建筑的更新计划,决定将其改造成特色酒吧大院,可供顾客喝酒、喝茶、唱歌、跳舞。

5.3.3 2012年更新计划:基于生活改善的保护性更新

虽然1996年、2003年与2005年的更新计划都对中山路的复兴提出了具有创新性的设想,但是由于融资、产权纠纷等问题,更新计划推进缓慢,包括太平路下沉、潍县路19号特色酒吧等许多很好的设想均无法得到落实。

2010年以后,对于复兴中山路商业、改善居民生活水平的呼声愈发高涨。因此,青岛市政府于2012年开展了第四次中山路更新计划,其核心理念包括两点:一是注重对历史建筑的保护,以保护式更新为主;二是优先改善居民的居住条件,并通过渐进式征收的方式来缓解资金压力。在此次更新中,青岛市政府正式提出了打造中山路"欧陆风情街区"的理念,并于2012年委托青岛理工大学编制了《青岛中山路欧陆风情区改造总体规划》。

上述规划中既明确了保护性更新的总体方针,也规定了此次中山路区域更新的范围:西到火车站,北至快速路三期,东至安徽路,南至太平路,共约1平方公里的区域。同时,青岛市政府也组建了中山路欧陆风情区改造项目专家委员会,共有29名城市建设、建筑设计、城市规划方面的专家。其中,著名专家包括东南大学建筑研究所所长、中科院院士齐康,以及新加坡重建局原局长、总规划师刘太格。

为改善中山路片区居民的生活条件,自2012年起,青岛市政府启动了房屋征收。此次征收采用了"快征收、慢规划"的方针,这一方面保证了居民尽快办理老楼、危楼的征收搬迁工作,另一方面确保了对于历史建筑的审慎规划。为了推进征收工作的落实,于2012年组建的"中山路欧陆风情区改造指挥部"在2014年更名为"青岛湾老城区改造工程指挥部",并由时任副市长徐振溪担任总指挥。整个中山路片区的征收工作涉及居民2.2万户,预算为200亿元,计划于5年内完成。在2012年率先启动征收程序的是居住条件最为艰苦的四方路、黄岛路。直至2017年课题组开展实地调研时,中山路的房屋征收工作仍在进行中。在四方路、黄岛路附近,居民已经逐渐搬离,饱经历史沧桑的楼院静候更新规划与设想。

5.4 价值争论:什么样的空间？谁的空间？

空间想象与空间实践共同构成了城市空间(再)生产的过程。在一个城市当中,包括历史传承、文化渊源、民众喜好、领导政策偏好等在内的复杂因素,相互作用,互为博弈,共同构成了城市空间想象。在青岛中山路的空间变迁中,殖民主义的空间想象对于空间生产的实践发挥着主导性的作用。它不仅仅奠定了街区最初的空间形态,并在接下来的一个世纪中,持续地影响着人们对于中山路甚至青岛市的文化定位。如今,"德国风情""欧陆风情街区""山海相融、古郊洋城"等空间文化理念频繁地出现在青岛城市规划与城市发展政策中,标志着那段德国殖民时期的城市历史成为如今青岛市政府的"官方空间想象",并将在未来继续主导中山路的空间重塑过程。在更新的过程中,青岛中山路面临着与其他历史文化街区相类似的困境,其中突出的问题包括:一是打造"什么样的空间",这需要平衡保护主义与发展主义;二是思考"谁的空间"的问题,重新审视空间重塑过程中的本地主义与游客消费主义之间的张力。在青岛中山路,二十多年来持续不断的更新实践对这两个问题给予了回答。

5.4.1 文化保护还是商业开发？

在青岛,历史保护与文化传承的理念持续而深刻地影响着城市规划与城市管理的实践。无论是民国政府统治时期,还是在中华人民共和国成立后的计划经济时期,青岛市的历史建筑与街区风貌都得到了较好的保护与延续。青岛市在1994年被国务院批准为第三批国家历史文化名城,历史文化保护正式成为城市发展的主导性理念之一。2016年颁布的《青岛市城市总体规划(2011—2020年)》明确了13片历史文化街区,其中中山路历史文化街区名列第一位。同时出台的《青岛历史文化名城保护规划(2011—2020)》更加详细地划定了历史文化街区的范围,其总面积达1363.8公顷。正如图5.2所示,青岛市的历史文化街区以中山路为轴线,向外延展。

第5章 空间想象与政策实践:青岛市中山路街区的复兴故事

图 5.2 青岛历史文化名城保护规划(2011—2020)
资料来源:《青岛历史文化名城保护规划(2011—2020)》,http://upb.qingdao.gov.cn/n32207958/n32207968/170904171219928640.html,2017年10月2日访问。

1. 当文化保护遇到融资难题

在市南区沿海一带,包括中山路在内的历史文化街区得到了严格而有效的保护。中山路片区的历史建筑拆除、改造,以及周边建筑物的高度限定严格按照政策执行,中山路的历史风貌、街区轮廓得到了较好的延续,但是却出现了融资问题。无法随意拆除意味着无法得到大块土地,从而难以获得具有吸引力的投资收益。同时,青岛市政府对中山路片区改造的审慎态度也意味着这里不会进行大规模的拆迁,资本的组团入驻、联动盈利的模式也无法实现。

此外,对于政府来讲,安置居民也是一项挑战。中山路片区的特点是居住密度大,产权构成复杂,迁出居民意味着需要付出较高的金钱成本与时间成本。由于缺乏对资本的吸引力,自2003年起,中山路的改造主要交予青岛中山置业开发有限公司,该公司由青岛开发投资有限公司与市南区政府共同设立。对于青岛中山置业来说,为中山路的更新发展融资、投资成了一项自上而下发起的政治任务,需要贯彻政府的一系列要求,包括"非营利模式""保护优先""修旧如旧"等。然而,青岛中山置业的融资也并不顺利,很多美好的更新设想由于融资困难并没有落实,其中包括2003年关于打造教堂周边风情酒吧街的设想。

2. 当资本参与带来历史建筑破坏

在中山路的更新历史中,青岛市政府不断地在融资与文化保护两边进行探索与平衡。虽然秉持着文化保护优先的理念,但很多时候,资本依旧撬动了历史保护主义的"缝隙",商业营利式的开发在一定程度上重塑了中山路的空间形态。在中山路片区,具有代表性的商业开发项目包括 2009 年香港方兴地产对于中岛组团的开发;2010 年和记黄埔地产启动了晓港名城项目,拟将其打造为可与上海新天地媲美的集高档居住、旅游观光、购物娱乐、休闲度假为一体的城市综合体。在房产开发中不可避免地拆除了一些历史建筑,其中包括于 2003 年拆除的青岛饭店、红星电影院与古籍书店等,以及在 2005 年拆除的春和楼饭店旧址和文物商店旧址。

3. 当文化保护共识遇上文化内涵分歧

在青岛,中山路的历史文脉保护与传承一直是城市的热议话题,引发了各界的关注。早在 2005 年,围绕着中山路的"文化内涵"定位问题,青岛市本地的专家学者们展开了对话与讨论,并在青岛市的新闻媒体上广为转载。专家学者们对于中山路需要走"文化更新"之路达成了共识,但是对于秉持何种文化却有着不同的意见:基于本地市民的市井文化(青岛文史学家鲁海)、基于殖民主义的西式休闲文化(青岛大学葛树荣)、名人故居文化(原青岛市博物馆馆长王桂云)、历史建筑美学文化(刘小利)、消费主义文化(青岛理工大学徐飞鹏)。2010 年,市南区区长万建忠在媒体上公开谈论中山路的历史文化传承问题,指出中山路的复兴要坚定地走文化保护之路。2011 年,青岛人大代表提出了《关于将中山路打造成具有青岛文化旅游特色的一条街的建议》,将中山路保护性更新的议题正式带到了"两会"上。在愈发浓厚的文化保护氛围下,青岛市政府推动了 2012 年的中山路更新计划。

5.4.2 本地人的生活空间还是游客的消费空间?

历史文化街区的更新实践面临多元化的理念张力,其中既包括文化保护主义与资本开发之间的张力,也包括本地居民的生活导向与游客的消费导向之间的博弈。自 20 世纪 90 年代末开始,中山路的更新政策也在本地居民需求与游客需求之间不断探索,寻求其合理的平衡。首先,中山路的更新实践体现了基于本地主义与生活导向的规划管理。中山路是青岛历史文化的起源地，也是承载着如今老青岛人的回忆之地。因此，在所有对中山路的更新设想中，回应老青岛人的情感需求是重要的维度，青岛市政府也多次提出"重塑本地记忆""打造老青岛情怀"等口号。同时，为了增强本地居民的参与感与归属感，青岛市政府多次发起有关中山路更新政策的居民参政议政及市民意见征集活动。其中，在2004年的"市民金点子"活动上，由市民所提议的"红顶工程"（平顶楼房上加盖坡顶）被采纳并付诸实践；2010年政府发起中山路形象标识征集活动，最高奖励达到4万元。除此之外，在中山路长达二十多年的更新历程中，开展了多次老旧楼院整治行动与房屋征收，从而达到改善居民生活条件的目的。

老青岛人的情怀寄托在老城原貌、幽深街巷、市井生活，而这些空间想象却并不能满足外地游客需求，甚至与游客的空间审美、文化喜好截然相反。游客是文化的猎奇者，追求着城市的节庆氛围与嘉年华，是消费空间的使用者与生产动力。本地居民的幸福空间往往使游客乏味，而游客趋之若鹜的观光胜地又是市民们所避绕不及的无序之地。这也许能解释为什么栈桥、滨海步行街以及充满异域情调的中山路南段游客络绎不绝，而充满老青岛市井气息的中山路北段却难以受到游客的青睐。

为此，青岛市政府在中山路作出了一系列尝试，其中代表性的是劈柴院的修缮更新。劈柴院的更新主打重现老青岛民间曲艺、餐饮文化的更新理念，尝试提供这样一种符合双重目的的空间：既满足本地居民的怀旧主义情结，又提供给游客本地文化特色体验。然而，劈柴院在更新过程中逐渐丧失了老青岛的原汁原味，成为迎合游客需求的小吃一条街（见图5.3）。

5.4.3 历史文化街区的保护性更新：前景与挑战

自20世纪90年代末开始，中山路历经多次更新规划，对于拆除与保护的平衡与挣扎贯穿始终。作为城市历史文化的起源地，中山路对其周边地区的文化价值溢出使得投资与拆除的冲动愈发强烈。一方面，城市历史文化街区保护规划的制订及严格执行确保了中山路历史文脉的传承，为未来更加妥善的文化更新政策的出台保留了无限的可能；另一方面，保护主义也成为中山路谋求发展的"锁子甲"，无法拆除、重建与开发的历史街区成为囚禁文化资本的牢笼。面对这一困境，许多城市开始尝试对历史建筑的保护性更新与功能再造。在青

图 5.3　街景对比：游客熙攘的劈柴院（左）与居住区的街边剃头匠（右）
资料来源：调研时拍摄。

岛中山路，对"新天地"模式与"田子坊"模式的应用都进行了初步探索。

首先是中山路 1 号的改造。中山路 1 号的前身为青岛国际俱乐部，在德占时期是上流社会的社交场所。2000 年以后，经过多次讨论与规划，中山路 1 号成功招商引资，通过 2000 万元的投资改造变身为国际美食俱乐部，成为定位高档的文化饮食消费场所，并被寄予希望，以成为拉动中山路发展的引擎之一。

此外，中山路片区中的水兵俱乐部旧址在 2016 年重新整修开放之后，变成了主打艺术情怀的文创中心。它以中国现存最早的电影院作为文化磁石，吸引了多种文创产业入驻，目前可以提供的文化体验、消费功能包括电影博物馆、音乐剧场、电影生活馆、创意婚庆、西餐、咖啡馆、美学阅读空间等。在中山路未来的发展中，保护性更新将是大势所趋，而商业消费与艺术文创的合理运用与有机整合则是一条有效的政策路径。

中山路是谁的中山路？对空间使用者的不同界定引导着不同的公共政策产出。基于本地主义的空间生产是一种基于日常氛围、市民情怀、生活友好的更新路径，其不仅仅具有生活导向，更寄情于复现"老青岛情怀"。在这样一种更新思路下,中山路及其周围片区的发展应侧重于提升生活舒适感的微更新,并修缮、复现老青岛街区里院风貌。然而,市民的生活幸福感与游客的良好体验往往彼此矛盾。如何平衡本地主义与游客消费主义之间的矛盾,对于青岛中山路以及其他历史文化街区的更新政策来说,都是极大的挑战。

对于中国的城市来说,历史文化街区的有机更新依旧是一项需要不断尝试、谋求创新的政策实践。空间想象与政策思考逻辑指引着历史文化街区的空间再生产过程。合理的空间想象首先应合理定位文化,思考城市历史与城市未来的有序协调之路;同时,应该在空间形态塑造的过程中探索空间保护与空间开发有机融合的途径,并在空间功能的规划上谋求本地主义与游客需求的合理共生。

古城更新中的人和事

中山路文物保护单位与历史建筑(摘选)

作为一条拥有着百年历史的商业街,青岛中山路享誉全国,一直以来都是青岛的"名片","在时光的滞留和交错中幻化成一大把年纪的青岛老城、老街的境遇,带着青岛海边的根性。再没有比中山路更能唤起人们记忆线索的街道"[①]。在车水马龙、高楼林立的摩登都市之中,中山路彰显着历经沧桑的厚重气质,这种气质,深深地凝固在中山路的历史文化建筑之中。

表 5.1 文物保护单位一览表

序号	现在名称	始建年代	地址	文保等级
01-001	胶澳商埠电汽事务所旧址	1909 年	中山路 216 号	省级
01-002	青岛春和楼	20 世纪初	中山路 146 号	区(市)级
01-003	劈柴院	1902 年以前	中山路北端与北京路交界	区(市)级
01-004	青岛物品证券交易所旧址	1933 年	大沽路 35 号	区(市)级
01-005	青岛三江会馆旧址	1907 年	四方路 10 号	
01-006	青岛广东会馆旧址	1907 年	芝罘路与四方路口	
01-007	谦祥益青岛分号旧址	1911 年	北京路 9 号	

---

① 刘金平:《行走中的青岛光影》,青岛出版社 2008 年版,第 18 页。

表 5.2 重点文物保护单位一览表(摘选)

序号	现在名称	年代	始建地址	文保等级
1	栈桥及回澜阁	清代	太平路10号栈桥公园内	省级
2	天主教堂	1932年	浙江路15号	国家级
3	中山路近代建筑—德式建筑	1897年	中山路17号	省级
4	中欧银行青岛分行旧址	1934年	中山路62号	省级
5	山左银行旧址	1934年	中山路64—66号	省级
6	上海商业储蓄银行旧址	1934年	中山路68号	省级
7	大陆银行旧址	1934年	中山路70号	省级
8	青岛商会旧址	1905年	中山路72号	省级
9	义聚合钱庄旧址	20世纪30年代	中山路82号	省级
10	交通银行青岛分行旧址	1931年	中山路93号	省级
11	山东大戏院旧址	1930年	中山路97号	省级
12	德国警察署旧址	1904年	湖北路29号	国家级
13	中国实业银行旧址	1934年	河南路13号	省级
14	青岛银行公会旧址	1934年	河南路15号	省级
15	金城银行旧址	1935年	河南路17号	省级
16	青岛国际俱乐部旧址	1910年	中山路1号	国家级
17	侯爵饭店旧址	1906年	广西路37号	国家级
18	医药饭店旧址	1905年	广西路33号	国家级
19	水师饭店旧址	1901—1902年	湖北路17号	国家级
20	青岛市礼堂旧址	1934年	兰山路1号	市级
21	民宅	20世纪初	宁阳路26号	区(市)级
22	东莱银行旧址	1923年	湖南路37号	区(市)级
23	美口酒厂原址	1912年	湖南路34号乙	区(市)级
24	吉祥里	20世纪初	宁阳路11号	区(市)级

表 5.3　历史建筑一览表(摘选)

序号	现有名称	始建年代	地址
1	梅尔商业大楼旧址	1906 年	中山路 21—25 号
2	德式建筑(民宅)	1914 年以前	肥城路 17 号
3	近代建筑(现金灯台酒店)	1914 年以前	浙江路 9 号
4	近代建筑(办公楼)	约 1911 年	浙江路 26 号
5	圣心修道院旧址	1901 年	浙江路 28 号
6	德式建筑	1949 年以前	广西路 42、44、46 号,浙江路 2 号
7	德式建筑(民宅)	1914 年以前	肥城路 15 号
8	车站饭店旧址	1913 年	兰山路 28 号
9	近代建筑(民宅)	1914 年以前	浙江路 3 号乙
10	礼和商业大楼旧址	1904 年	太平路 41 号
11	广西路 21 号建筑	1901 年	广西路 21 号

第6章

征收安置与权利保障：烟台市历史文化街区"网格化搬迁"的实践创新

烟台，一座因缘起于狼烟墩台的古城卫所，同时又是一座在殖民开埠中历经繁华的沿海城市。起源于明朝奇山所的奇山所城历史文化街区，和开埠后兴起的烟台山—朝阳街历史文化街区，成为烟台城市文明的发源地。随着城市的发展，这两处孕育烟台城市文明的古老街区，在当代也遭遇了发展迟滞、环境落后、公共服务滞后等一系列问题，成为城市中"不宜居"的发展短板。

2017年9月，烟台正式启动对这两大历史文化街区的改造工程，对街区居民进行整体搬迁，对街区房屋进行统一征收和修复改造。城市管理者在面对由错综复杂的产权关系和利益纠葛带来的拆迁难题时，创新性地采取了"网格化搬迁"的方式，以保障在2018年完成既定的拆迁目标。也由此，如何通过"网格化搬迁"，推动房屋征收与居民安置，成为历史文化街区更新行动的关键。

课题组从2018年3月至2018年5月对烟台进行了多次调研，对参与烟台市朝阳奇山所城历史文化街区更新的专家学者、烟台市北部滨海开发建设指挥部的相关领导进行了深度访谈，对奇山所城和烟台山—朝阳街历史文化街区的更新实践进行了实地调研，并且同烟台市公众进行了访谈，以深入了解这一正在进行着的历史文化街区更新中的搬迁实践。

6.1　烟台市历史文化街区的形成与发展困境

与其他古城相似，烟台市历史文化街区的发展也饱经沧桑。奇山所城历史文化街区和烟台山—朝阳街历史文化街区的繁荣与衰落,既见证了烟台城市的发展历程,也反映了城市化浪潮中古城空间的当代境遇。

6.1.1 所城里与朝阳街:烟台城市文明的起源地

位于烟台市芝罘区的奇山所城和烟台山—朝阳街两大历史文化街区,是烟台历史上城市文明的起源地。明洪武三十一年(1398年),为防范倭寇入侵设立了奇山所。1858年《天津条约》签订之后,烟台成为近代山东第一个对外开放口岸、全国首批开埠地区,并在朝阳街一带集中了外交机构、邮电局、银行、医院等近现代政治、商业、文化、服务设施。

奇山所城历史文化街区和烟台山—朝阳街历史文化街区都位于烟台市芝罘区,奇山所城历史文化街区位于烟台市区中心,北侧紧邻烟台主干道南大街,为典型的十字形布局,总面积8.6万平方米,其中城内7.96万平方米。烟台山—朝阳街历史文化街区东起东太平街,西至胜利路,南起北马路,北至烟台山海滨,占地42万平方米。两大历史文化街区之间的距离比较短,只相隔不到2公里(见图6.1)。两大街区一个起源于明朝的军事卫所,一个源自近代开埠,集中体现了烟台的历史与文化积淀。

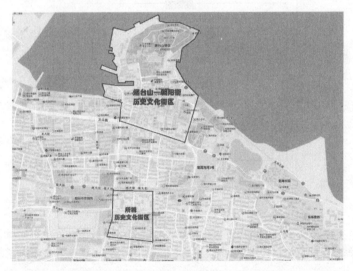

图6.1 奇山所城历史文化街区与烟台山—朝阳街历史文化街区示意图
资料来源:根据相关资料自行绘制。

1. 奇山所城街区演变中的特色形成

明洪武三十一年(1398 年),为防范倭寇入侵流窜,于奇山设立奇山守御千户所,即"奇山所",开启了以军事卫所的形式发展城镇的历史。明朝在芝罘湾畔北山(即今烟台山)顶峰设立狼烟墩台,以昼燔烟、夜举火的方式守卫海疆。尽管此处烽火台设立后少有战事,但烽火台的设立使得"烟台山"由此得名,"烟台"之名自此流传至今。

按照明朝"卫下设所"的既有规制,烟台的奇山所属于威海卫,该所约有 1100 人,四周建有城墙,并建有东保德门、西宣化门、南福禄门、北朝崇门等四城门,奇山所城区域建筑面积约为 7 万平方米。在整体功能划分上,奇山所城遵循"西北为衙、西南为仓、东北为营、东南为演"的空间布局(如图 6.2 所示),是典型的军事功能主导下的城市建制类型。千户是奇山所城内的最高军事长官,当前奇山所城中现存居民以刘姓和张姓为主,即大多为刘姓和张姓这两位军事长官的后裔。

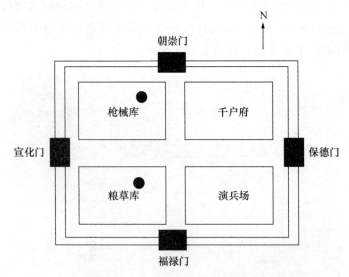

图 6.2 奇山所空间示意图

资料来源:张俊鹏:《烟台历史文化街区保护开发中的微循环有机更新模式研究》,山东大学 2016 年硕士论文,第 33 页。

"所"是军事机构,但随着时代环境的变迁,尤其是沿海倭患匪情趋于缓和,奇山所防范倭寇的现实作用不断弱化,并最终于康熙二年(1663 年)进行了"军改民"改制,即所谓的"军变民地"。奇山所原有单一的军事防御功能被居住功能所替代,封闭的军事设置逐渐转变为开放的城镇,周边大量村民涌入奇山所。由此,一个作为军事防御机构的"奇山所",逐渐演变为人们居住生活、日常交往的"奇山所城",也成为最早烟台城址的起点。① 随着城市的发展,在日常生活中,人们多用"所城里"或"奇山所城"②来形容烟台的这片老城区。2014 年,山东省公布的第一批历史文化街区中,奇山所城历史文化街区榜上有名。③

当前奇山所城历史文化街区为省级整体性保护街区,街区以传统的四合院为主,有刘子琇故居等省保文物 36 处,不可移动文物 74 处。其中,奇山所城历史上的两大家族——张家和刘家的祠堂,至今仍保留相对完好;此外,奇山所城历史文化街区还保留有药王庙、观音庙、唐王庙等大量庙宇。奇山所城内众多的住宅建筑都是清代或民国时期的民居,体现着当时的建筑工艺和历史风貌(见图 6.3)。

图 6.3　奇山所城历史文化街区内的清代建筑与民国民居
资料来源:调研时拍摄。

---

① 支军:《胶东文化撮要》,山东人民出版社 2015 年版,第 180 页。
② 关于奇山所城历史文化街区的表述有着多种术语。"奇山所"专指明朝用以海防的军事防御机构,"奇山所城"则指康熙二年"军变民地"后日常生活居住的区域。"所城"和"所城里"则更加口语化和日常化,是当今市民形容这一区域时通常采用的称谓。"奇山所城历史文化街区"是山东省政府在《山东省人民政府关于公布第一批历史文化街区的通知》中明确使用的政策术语。"所城区片"则是烟台市政府在更新改造过程中使用的政策术语。同样地,"烟台山—朝阳街历史文化街区"和"朝阳街区片"分别是山东省政府和烟台市政府所使用的政策术语。本章根据具体的语境,分别使用不同的术语表述。
③ 《山东省人民政府关于公布第一批历史文化街区的通知》(鲁政字〔2014〕205 号),2014 年 11 月 17 日。

2. 烟台山—朝阳街街区演变中的特色形成

鸦片战争以来的近现代化历程,极大冲击着我国几千年以来的城镇格局。在西方资本主义力量的作用下,我国涌现了一批具有典型殖民开埠文化色彩的近现代化城市,其中烟台是全国首批开埠地区,也是近代山东第一个对外开放口岸。朝阳街一带则集中承载着烟台这座城市开埠的历史记忆。

相较于其他古代重镇,开埠之前的烟台无论是政治影响力还是经济实力都平淡无奇。1861年烟台开埠,使这座城市有了突变式发展。以烟台山、朝阳街一带为中心,带有鲜明西式色彩、承担现代城市功能的建筑设施逐渐涌现,并整体上构成了具有鲜明开埠文化色彩的近现代城市形态。截止到20世纪初,烟台山及朝阳街已取代奇山所城,成为烟台最重要的金融商业中心、政治中心和海上港口交通中心。①

明显有别于体现传统建筑风格的奇山所城,烟台山—朝阳街区域呈现出典型的近代城市形态。这些近代建筑可大致分为以下三种类型:

一是领事馆建筑。自烟台开埠以来,先后有17个国家在烟台设立领事馆(见表6.1),仅在烟台山上现今就还存留英国、法国、美国、日本、俄国、丹麦等6个国家的领事馆,挪威、芬兰、意大利、瑞典等国家领事馆也分布于周边区域。如此稠密的外交机构,进一步印证着烟台在我国近代史中的重要地位和作用。

表6.1 近代外国驻烟台领事馆

国家	设立时间	闭馆时间	国家	设立时间	闭馆时间
英国	1861	1941	奥地利	1873	1919
法国	1861	1941	比利时	1874	1945
美国	1863	1941	日本	1875	1945
挪威	1864	1941	俄国	1881	1919
瑞典	1864	—	西班牙	1885	1945
德国	1867	1945	朝鲜	1901	1945
荷兰	1867	1919	苏联	1923	1925
丹麦	1867	1919	芬兰	1932	1945
意大利	1871	1945			

资料来源:《1861~1945年外国驻烟台领事馆一览表》,http://szb.yantai.gov.cn/art/2010/11/15/art_1333_378564.html,2018年4月3日访问。

---

① 辛俊玲、李泽陆:《东海关税务司公署旧址》,载《中国海关》2005年第6期。

二是邮局建筑。烟台是我国近代邮政的发祥地，是 1879 年我国五处邮政试办城市之一（见图 6.4）。除保留有我国最早的邮电局之一的烟台邮电局之外，俄国、德国、法国等国的邮电局也曾在此设立。

图 6.4　20 世纪 20 年代烟台"客邮"分布图
资料来源：调研期间摄于烟台开埠陈列馆。

三是商行建筑。烟台曾拥有数量众多的洋行、商行。其中既包括以太古、和记、美孚、仁德等为代表的欧美洋行，还存在三井等在华日商。随着近代民族资本的崛起，以酿酒、钟表等为代表的烟台本地民族工业得到一定发展，更赋予了烟台这座海滨城市更为厚重的中西方文化积淀。

烟台山上和朝阳街一带大量的近现代建筑群以及背后承载的开埠文化，赋予了这片街区独特的文化想象和历史记忆，烟台山—朝阳街历史文化街区也由此于 2014 年被认定为山东省首批历史文化街区。

3. 奇山所城与烟台山—朝阳街历史文化街区的文化比较

奇山所城历史文化街区和烟台山—朝阳街历史文化街区汇聚了中西方

不同文化元素,以奇山所城为代表的东方传统古城卫所和以烟台山—朝阳街为代表的近代开埠城市形态,穿越不同的年代在相邻的城市空间交汇,不仅奠定了现代烟台城市蔓延的空间基础,也内蕴着中国传统建筑风格和近代开埠文化相结合的文化积淀。烟台在 2013 年成为国家历史文化名城,而奇山所城和烟台山—朝阳街两大历史文化街区,无疑是承载烟台城市文明的基础和核心。

"一中一洋",兼顾中西方文化色彩。可以说,烟台是为数不多的在受西方资本力量影响下而不过度破坏当地传统历史风貌的城市。以奇山所城为代表的中国传统建筑风格,彰显着东方意蕴;烟台山—朝阳街留存的大量领事馆、洋行、商行、教会遗址等无不体现着作为西方文化在本地留有的历史印记。

"一动一静",凸显多样化城市样态。奇山所城代表的是一种相对静态的农业社会的生活样态,尤其是描绘了奇山所城在"军变民地"之后的我国明清时期传统城镇生活的历史原貌。而烟台山—朝阳街则是近代开埠以来外国资本主义力量刺激下的产物,反映着在动荡的半殖民地半封建社会下我国沿海城市的风貌变化,各类异国风情的建筑也在侧面印证着动荡环境下中国社会的剧烈变迁。

"一高一低",反映差异化群体需要。近代以来,烟台山—朝阳街片区由外国资本力量投资建设,主要是服务于驻华外交人员和来华外商,区域内分布理发店、美容店、咖啡店等生活设施,代表着一种较高消费水平、更贴近西式的生活方式;奇山所城作为烟台老城区,是在大量典型中式的生活设施基础上所建立的居住地,不断满足着更具中国传统特色、更接地气的居民生活需求。

6.1.2 城市化浪潮中历史街区发展的外部压力

烟台所具有的数量众多、特色鲜明的历史文化街区及文保建筑,成为其推进古城有机更新的重要基础。近年来烟台开展的一些古城街区保护实践,主要基于以下现实背景所展开:

1. 经济迅速发展背后的文化挖掘需求

在调研的过程中,受访者多次强调烟台是一个经济实力强劲但缺少文化挖掘的城市。2017年,烟台全市实现生产总值7339亿元,增长6.5%,①居山东省第2位、全国第20位。与迅速腾飞的经济相比,烟台在历史挖掘和文化传承方面显然较为滞后。就城市形象来说,烟台更多被视为贸易港口和旅游城市,其典型建筑风貌和历史价值并未得到充分重视。经济迅速腾飞与城区文化衰弱的巨大落差,已经受到包括政府官员、专家学者等在内的越来越多社会群体的广泛关注:②

> 烟台经济工作(如商业开发、招商引资等)做得比较好,而文化工作走得不像国内其他一些城市那样靠前。2017年GDP全国第20名,经济是很强势,但文化传承比较滞后,还没有达到城市经济文化都能共同繁荣的程度。

回顾历史必须承认,城市在其不同的发展阶段,城市管理者将面临不同的发展任务。随着烟台整体经济实力的增强,人民物质生活条件的提升和精神文化生活需求的增强,使得城市发展对文化挖掘提出了现实需求。同时,迅速发展的城市经济已经能够为未来古城更新实践的有序开展提供充足的物质基础,推进相关拆迁安置工作的有序开展已成为可能:

> 每个阶段有每个阶段的发展实际和特征,不能用现在的眼光去质问当时为什么没保护,之前保留下来了,现在来看政府要做保护改造这回事,这就很好了。

2. 古城重建热潮下"守宝缓行"策略受到质疑

近年来,全国各地掀起了一系列古城重修的热潮,历史文化成为带动旅游业发展的新热点:从全国范围来说,平遥古城、丽江古城、凤凰古城等成为以古城带动经济发展的范例;就山东省内而言,青州古城、台儿庄古城也在迅速发展。相较于上述古城,作为兼具东西方文化色彩的烟台古城街区并没有得到有效的开发和利用,这种"守宝缓行"的保守策略正受到越来越多的质疑:

---

① 《烟台市2018年政府工作报告》,http://www.ytboc.gov.cn/Article_show.aspx?id=16077,2018年3月6日访问。
② 资料来源:根据调研记录整理而得。调研中对专家学者、地方官员进行了访谈,根据研究需要,不一一署名。本章其他引述均依此整理,不另加注说明。

……(改造)确实牵涉很复杂(的事),工作很难做,难度很大,但是难度再大必须得做,再不做,烟台仅有的这么点东西慢慢地就消失了。城市发展不能光是高楼大厦,城市还是得有文化。

但幸运的是,当地政府的"夺宝缓行",对于保护历史建筑方面也带来了一定的积极影响。在这个喧嚣的时代,位于市中心的奇山所城静静地处在周围拔地而起的高楼大厦中间,在房地产开发的浪潮中,烟台市历届政府尽管没有实现实质性的保护进展,但达成了烟台古城保护的基本共识,并没有急于对城区内现有留存的古城进行拆除或重建,确保了奇山所城街区和烟台山—朝阳街街区没有被商业开发的浪潮所吞噬,从某种程度上说,"没有行动就是最好的保护"。

3. 规划缺失下的城市转型困境

奇山所城和烟台山—朝阳街的长期共存,是以不同片区间的相对割裂为前提的。就奇山所城而言,"军变民地"之后大量居民涌入,使得原有空间布局遭到破坏,加之历史的影响缺乏必要的规划引导。而在烟台山—朝阳街片区,由于开埠早期辖域内外国势力错综复杂,无法展开有效的整体性规划,因而造成多样性有余、整体性缺乏的窘境。总体而言,历史上的烟台并非作为单一国家的殖民地或租界,缺乏统一、长远的整体规划,因此城市发展过程中一定程度上呈现出杂乱无章的特点。近年来随着烟台城市的扩展,由历史上的规划缺失所带来的无序城市样态对于城市的转型发展呈现出愈发明显的限制性作用。因此,在整合既有空间布局的基础上推动城市空间样态的持续优化,逐渐成为实现烟台城市转型发展的必要前提。

4. 沿海城市强势崛起带来的巨大压力

烟台和青岛两座城市地理位置相近,都是山东半岛较早开埠的沿海城市。不过,烟台的开埠历史远远早于青岛,而且较之青岛统一的德式风格,烟台拥有更为多样的历史建筑风格。但自胶济铁路修建以来,烟台区位交通优势丧失,青岛实现了对其的赶超,并逐渐成长为区域的经济贸易中心。而近年来青岛在旅游产业上的巨大投入,更使得青岛这座历史底蕴远不如烟台的城市实现了对城市文化的率先挖掘与城市形象的迅速提升。

为什么青岛就发展这么快,就是青岛比烟台有文化,文化在哪个地方? 就在于它们的文化保护下来了,传承下来了,建设起来了,烟台这一块做得比较滞后。1861年烟台开埠的时候,青岛还是个小渔村,1897年中德《胶澳租界条约》签订后,青岛才平地建了个城市。

这种历史与现实的巨大落差,不断刺激着烟台这座开埠先发城市的敏感神经,这成为烟台进一步强化历史文化挖掘、推动城市形象发展的重要现实动因。

6.1.3 城市发展与街区生活质量滞后的矛盾

诚然,在城市发展的过程中,地方政府也对奇山所城和烟台山—朝阳街历史文化街区的建筑采取了一些保护措施。自2004年以来,烟台文物局和规划局多次对两大历史文化街区内的文保建筑和历史建筑进行挂牌认定(见图6.5),其中奇山所城街区前后认定了三批文保建筑和历史建筑,烟台山—朝阳街街区则认定了五批。对文保建筑和历史建筑的挂牌认定,从法律上对其中住户的日常使用和改建行为进行了约束,从而一定程度上遏制了对老建筑的破坏。

图 6.5 所城里和朝阳街登记认定的不可移动文物
注:照片中的"交"表示在调研拍摄时,该房屋已交给政府,原住居民已搬迁。
资料来源:调研时拍摄。

但即便如此,随着城市的发展,历史文化街区生活质量滞后的矛盾仍旧愈发严重,从而给街区的改造和更新提出了客观上的迫切要求,主要表现在三个方面。

一是老建筑不断因自然和人为原因而遭破坏,尽管破坏趋势有所遏制,但无法从根本上解决街区建筑的老化和衰落问题。由自然因素造成的破坏难以避免,而人为因素造成的破坏也同样难以完全遏制,对于在街区内生活、工作的居民而言,建筑的历史文化价值首先要让位于生活、工作的需要,居民对住宅改变外立面、进行搭建等现象频繁发生,尽管文物认定对此有所约束,但影响力有限。

> 应该说这个(改造)工作早就该启动了。再怎么保护它的破坏也是(很难避免的)。好多住户都把房子租出去了,都做生意,他们私搭乱建,整个破坏得很厉害。你要是到朝阳街去看看,十年前它的破坏程度还轻一点,十年后破坏程度越来越严重了。

二是街区内公共服务和基础设施薄弱,环境脏乱差现象突出。作为老旧社区,本身空间布局和建筑条件就相对有限,加之长期以来缺乏长远规划,保护和改造滞后、疏于管理等因素,街区内环境整治落后、公共设施条件差,严重制约居民生活质量的改善和提升。街巷内污水、垃圾随处可见,环境质量堪忧;各种电缆、电线等裸露在室外,如蛛网一般相互缠绕,带来明显的安全隐患;缺乏燃气、暖气等必要的基础设施供应,各户自行烧煤做饭、取暖,既带来环境污染,也加剧安全隐患。

三是街区内老弱病残等弱势群体聚集,居住条件拥挤、简陋,缺乏自我服务、自我提升的可持续发展后劲。其中,所城里近七成的住宅面积不足45平方米,朝阳街街区内则有四成多的住户居住在不足45平方米的住宅内。尤其是奇山所城街区内的一间院落式住宅,有多户人家共同居住,人均享有的居住面积最少的只有数平方米。另外,街区内糟糕的环境还促使有劳动能力的年轻群体向外迁移,奇山所城街区内的原住居民几乎都是无力改善居住条件的老年人。因此,街区居民本身缺乏自我服务、自我发展的能力,严重制约了居民生活质量的提升。因此,通过拆迁改造等外部动力改善居民生活显得十分必要。

尽管政府对奇山所城和烟台山—朝阳街历史文化街区采取了一定的保护措施,在一定程度上遏制了人为因素对历史文化建筑的破坏趋势,但是政府仍缺乏实质性的更新举措。随着时间的推移,奇山所城和烟台山—朝阳街这两大孕育烟台城市文化的历史文化街区,逐渐演变成由衰落的历史建筑、滞后的公共设施、拥挤的居住条件所表征的旧城空间,成为烟台城市发展必须补齐的短板。

6.2 烟台市历史文化街区更新的规划与管理体制

对奇山所城和烟台山—朝阳街历史文化街区的正式保护更新始于2017年9月。根据规划,更新涉及两大历史文化街区全域,核心思路是搬迁区域内绝大部分居民,对街区内房屋建筑统一征收、整体规划。这种更新策略有利于进度控制,统一保护修复标准,便于统筹安排。但由于两大历史文化街区聚集了大量居民,拆迁涉及的利益群体众多,且街区内建筑类型和产权关系十分复杂,因此自更新项目开始以来,街区内房屋的征收和居民安置,成为烟台市历史文化街区更新的主要工作。

6.2.1 历史文化街区更新的任务规划

《烟台市历史文化名城保护规划》明确指出保护奇山所城历史文化街区的传统民居建筑风貌,以及烟台山—朝阳街历史文化街区的近现代建筑风貌。[①] 随后,烟台市政府委托同济大学国家历史文化名城研究中心编制形成了《烟台奇山所城历史街区修建性详细规划》《烟台烟台山—朝阳街历史街区修建性详细规划》,规划了总共占地51公顷、建筑面积30万平方米的保护修复项目,并明确了两大历史文化街区保护修建的区域范围、目标定位和阶段性任务。然而,由于管理上的调整变动和历史文化街区的现实利益纠葛,这些规划在当时并未付诸实施。直到2017年,烟台市才以这些规划为基础,正式开展所城里区片和朝阳街区片的更新改造项目。

1. 所城里区片的改造范围和更新规划

所城里区片的改造北至南大街,西至胜利路,东到北河街,南起南门外西街和东街、西南关中街,涉及区域占地10.7万平方米,总建筑面积约7.2万平方米,覆盖奇山所城历史文化街区的全域。

根据规划设计,奇山所城历史文化街区更新后旨在重现奇山所城的传统

---

① 《7.6平方公里历史城区守望老烟台》,http://www.shm.com.cn/ytrb/html/2013-09/29/content_2946931.htm,2018年3月11日访问。

布局。奇山所城最早作为军事区域,在空间上东南西北四个方向由城墙和四座城门构成了一个封闭的区域,内部形成"西北为衙,西南为仓,东北为营,东南为演"的空间布局特征。尽管伴随人口的增加和日常活动、社会交往的扩展,城墙逐渐被破坏,但核心的十字形空间布局依旧被完整地保留了下来。奇山所城历史文化街区的更新项目,通过拆除东西两侧的部分住宅建筑,复建东西城墙,并在此基础上,按照原始的形制,恢复东保德门、西宣化门、南福禄门、北朝崇门四城门,重现奇山所城的空间布局。

2. 朝阳街区片的改造范围和更新规划

根据规划,烟台山—朝阳街历史文化街区的改造范围同样覆盖整个街区,但和所城里区片不同,根据实际情况分两期推进区片改造工作。朝阳街区片改造的一期工程主要针对朝阳街区片的东部区片,涵盖海岸街以南、海关街—广东街以东、北马路以北、解放路以西范围内的房屋征收和居民搬迁;二期工程则在一期工程推进的基础上,对海岸街以北、海关街—广东街以西的朝阳街西区片进行改造(见图 6.6)。

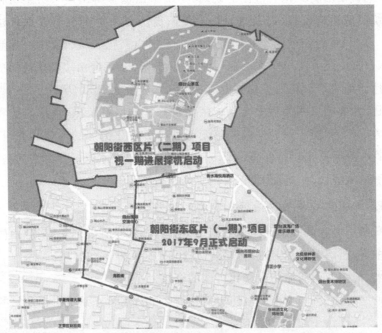

图 6.6 烟台山—朝阳街历史文化街区改造的范围与进度安排
资料来源:根据调研资料绘制而成。

根据规划设计，通过两个阶段来保留烟台山—朝阳街历史文化街区内近现代和西方色彩相对浓厚的建筑。在一期工程中，主要对街区内的历史建筑和文保建筑进行保护和复建，根据规划，保护和复建的建筑面积基本占到总建筑面积的一半，共9.5万平方米的建筑得到保留，而历史意义和文化价值浓厚但受损严重、需要复建的建筑总共达到了4.5万平方米。通过一期工程，保留下烟台山—朝阳街中最能彰显近现代商业文化的核心物质要素。而在二期工程中，则主要针对不符合整体空间布局规划、不契合整体风格的现代建筑进行拆除，从而从空间整体上恢复近现代商业文化与殖民想象的空间表征。

6.2.2 历史文化街区更新的拆迁挑战

随着历史的演变、居民世代更替和人口流动，奇山所城和烟台山—朝阳街两大历史文化街区内的房屋产权关系十分复杂，这极大地增加了征收和拆迁工作的难度。

1. 牢固的居民生活与情感纽带

两大历史文化街区是居民日常工作生活和社会交往的主要空间，聚集了大量的居民，尤以"老烟台"和"坐地户"居多。街区的更新不可避免地会对居民生活工作、邻里交往、经济利益带来强烈的冲击。更重要的是，街区改造带来的影响不仅涉及街区内的老居民，也会对周边居民和经济业态带来影响。

奇山所城历史文化街区地处烟台市经济、生活的中心区域，同周边的居民社区和现代商业业态联系十分紧密。街区拆迁和修复工作启动后，施工环境、交通疏导、配套市政公用设施的调整，都可能会对周边居民的生活出行和经济活动带来一系列影响。

受街区拆迁改造影响最大的还是街区内的居民。奇山所城和烟台山—朝阳街两大历史文化街区作为烟台城市文化的起源地，大量"老烟台"或"坐地户"家族世代定居于此。这些居民对于奇山所城和烟台山—朝阳街拥有深厚的感情，对他们进行住宅征收和外迁安置，面临的情感阻力会更大。此外，拆迁范围内的原住居民绝大多数都是无力改善居住条件的老年人。这一方面对拆迁安置工作提出了迫切的要求；同时另一方面，如何对老年人详尽解释拆迁安置政策，争取后者对政策的理解和支持，如何切实解决老年人搬迁过程中在财物搬迁、日常生活、邻里情感等方面面临的不便和困难，都对安置和搬迁工作提出了更高的挑战。

2. 复杂的产权关系

奇山所城和烟台山—朝阳街两大历史文化街区内不仅建筑数量多，而且建筑类型和产权关系十分复杂。其一，征收和拆迁工作既包括占街区内建筑绝大多数的住宅，还包括很多非住宅建筑。其二，住宅的产权关系复杂多样，拆迁工作既需要面对大量拥有自有产权住宅住户的利益补偿，也要处理众多公有产权住宅的产权利益关系。其三，住宅的居住和使用情形也十分多样，除家庭自己居住之外，还有很多住宅用于经营活动，此外许多院落式的住宅内同时存在多户居住，每户都对此院落拥有权利。其四，街区内存在大量或被市政府认定为不可移动文物，或已成为省级乃至国家级文保单位的建筑或院落。

两街区搬迁共涉及住宅 2650 户、非住宅 188 户，总建筑面积 20.6 万平方米。① 奇山所城历史文化街区内作为省级重点文物保护单位，拥有不可移动文物院落 242 处。② 烟台山—朝阳街历史文化街区内的历史保留建筑的面积也达到 10 余万平方米。③ 可以说，两街区保护工程面临的首要难题就是区域内建筑产权分散，整合难度大。两街区内，除临街有少量商业店铺和军事、学校等现代建筑及部分公共设施外，大多以居住功能为主，且多为私人产权，同时受历史原因影响，同一个院落的房屋产权大多分属不同的产权人，部分房产存在纠纷、抵押情况，尤其是祖上留下的房屋产权不明晰，存在纠纷隐患。街区内的房屋大多用于出租，出租的房屋大多被用来从事商业经营活动。此外，还有部分建筑处于闲置状态。由于产权分散、功能不统一，导致修缮、改造、开发的前期工作非常多，且后期推进中也将面临较大的不确定性。④可以说，在拆迁过程中，政府既要面对不同的建筑类型所带来的不同的改造任务和要求，也要处理在不同产权关系、不同用途之下，居民多元化的权利诉求和

---

① 《朝阳所城拆迁年前将遍地开花 预计 2020 年整体开街》，http://yt.leju.com/news/2017-12-01/10556342194200595196956.shtml, 2018 年 3 月 13 日访问。
② 《所城里历史文化街区项目》，http://www.zhifu.gov.cn/system/2017/07/04/010421423.shtml, 2018 年 3 月 13 日访问。
③ 《朝阳街历史文化街区项目》，http://www.zhifu.gov.cn/system/2017/07/04/010421424.shtml, 2018 年 3 月 13 日访问。
④ 张俊鹏：《烟台历史文化街区保护开发中的微循环有机更新模式研究》，山东大学 2016 年硕士论文，第 40 页。

复杂交织的利益关系网络。

6.2.3 "层级＋网格"的管理体制

1. 市级"环芝罘湾区片建设指挥部"的建立

为推进奇山所城和烟台山—朝阳街历史文化街区的更新，烟台市委市政府在市级层面成立了"环芝罘湾区片建设指挥部"，领导统筹环芝罘湾所城里、朝阳街、会西街、经伦街、环海路、北马路、一二三四突堤区片改造项目。① 在市级层面，历史文化街区的更新从一开始就被纳入提升城市形象、传承历史文化、改善居民生活、升级产业结构的城市发展宏观战略中统筹考虑。

在资金来源方面，烟台成立了市属国有投资公司——烟台蓝天建设有限公司。烟台蓝天建设有限公司在城市建设领域的重大项目中发挥投融资功能，承接城市基础设施和公用事业建设运营业务，成为奇山所城和烟台山—朝阳街两大历史文化街区改造的重要投融资平台。

2. 区级"北部滨海开发建设指挥部"的管理体制

在区级层面，作为环芝罘湾区片改造项目的行政辖区，芝罘区委、区政府成立了"北部滨海开发建设指挥部"，直接负责辖区内的区片改造项目。包括所城里、朝阳街区片改造在内，共有五个区片改造项目由芝罘区负责。针对不同区片改造项目的区位特征，北部滨海开发建设指挥部同时成立了幸福、芝罘岛、向阳、毓璜顶四个分指挥部，从而实现对不同区片改造项目的有效管理。其中，所城里和朝阳街区片改造是整个开发建设的重点和难点，为此，市、区两级指挥部实现合署办公，以提升管理效率。

作为开发建设的重点，奇山所城和烟台山—朝阳街历史文化街区的搬迁工作更是重中之重。为此，北部滨海开发建设指挥部根据项目推进过程中的主要环节与任务分配设置指挥部具体职能部门，内设综合协调、房屋征收、政策法规、信访维稳、考核监督、资金保障、修缮运营等工作组，以保障征收搬迁工作的顺利推进为工作重点。

所城里区片和朝阳街区片的改造，采取了常见的政府主导下的"指挥部＋国有企业"的管理、运作模式。在投资运营环节，由芝罘区国有资产管理中

---

① 《环芝罘湾区片改造工程含七个项目——通过改造保护打造城市新亮点》，http://www.shm.com.cn/jcld/html/2017-09/12/content_3271688.htm，2018年3月13日访问。

心和烟台建投投资有限公司共同出资成立芝罘湾历史文化投资有限公司,作为北部滨海开发建设指挥部下设的公司,承担具体的管理运营工作。

3. 一线搬迁部的建立

为推进所城里和朝阳街两个区片的房屋征收、居民搬迁和建筑改造,北部滨海开发建设指挥部成立了两个搬迁部,作为推进街区房屋征收和居民安置工作的一线机构,第一时间回应街区内居民的利益诉求和政策疑虑,第一时间处理街区内居民的利益纠纷。"市级指挥部——区级指挥部——一线搬迁部"三级管理体制的建立,为"网格化搬迁"的具体实施奠定了制度基础(见图6.7)。

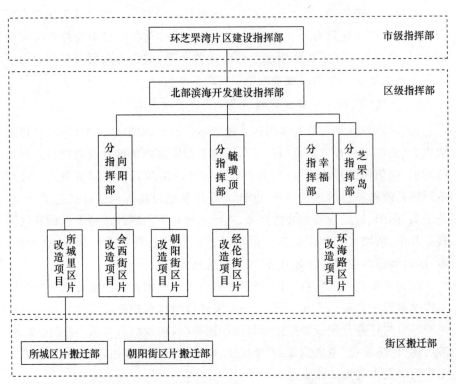

图6.7 所城里、朝阳街区片改造中的三级管理体制
资料来源:根据调研资料整理而得。

6.3 "征收难题"的破解之道:"网格化搬迁"的创新

奇山所城和烟台山—朝阳街历史文化街区的更新项目,面对改造区片内多样化建筑类型、多元化产权形式所带来的差异化利益诉求,创新性地探索了"网格化搬迁"的方式。管理部门将街区的整体拆迁分解成对一个个网格的征收安置,从而分解了复杂的工作,实现对每一网格内居民诉求的精准回应,实现对每一网格内建筑类型和改造任务的精准定位,有效推动了房屋征收和拆迁安置工作的进展,为历史文化街区更新中的征收安置提供了一种可行的思路。

6.3.1 历史文化街区内的搬迁网格划分

网格化搬迁,是将整体的拆迁区域分解成若干个拆迁网格,从而将政府推进的街区整体性拆迁项目,分解成对一个个网格内的建筑及居民进行安置的项目集合。第一期推进的历史文化街区改造,包含朝阳街东区片(朝阳街区片一期改造区片)和奇山所城街区全部区域,区域内的住宅房屋共涉及2650户。网格化搬迁将每座独立院落或独栋建筑划分为一个个网格,将全部改造区域划分成了667个网格。[1] 整个街区内建筑性质的认定、住户情况的摸排、征收安置协议的签署均以网格为单位开展。

根据规划原则和街区改造的需求,对每一网格内的建筑进行评估,根据进驻历史现状、街区改造的功能设计等因素,评估每一网格中建筑的保护级别。将所有网格的建筑分为文保建筑、历史建筑、提升改造建筑和拆除建筑。对于认定的文保单位和重要历史建筑,按照影响最小、"修旧如旧"的原则根据原貌进行恢复。提升改造的建筑,在保护修复过程中可以进行发挥和协调改造,对建筑进行重新修缮和景观重塑,必要时可以对建筑墙体进行美化和整体的立面改造,使其更加美观,与整体环境更加协调。而拆除建筑主要包括两类:一是街区居民以前在日常生活中自行加盖、改建的"违建建筑";二是根据详规,由于需要在原有建筑空间内重新修建必要设施,因而需要进行拆

---

[1] 钟嘉琳:《朝阳所城1728户居民签约交房 搬迁改造项目有序推进》,http://news.iqilu.com/shandong/shandonggedi/20171103/3732990.shtml,2018年3月18日访问。

除的建筑。

为保障网格化搬迁的顺利推进,避免由于网格过多且分散导致搬迁工作中组织和领导力量薄弱,改造工作将朝阳街区片和所城里区片内进一步划分成八个工作区片,每个区片包含若干搬迁网格,各区片的搬迁工作组均由一名科级领导带队,工作组成员由部门干部、街道机关干部、社区工作者、楼片长、评估和咨询公司工作人员等组成,承担区片内网格的建筑评估、政策宣传、矛盾处置、协议签署等工作。

奇山所城和烟台山—朝阳街历史文化街区包含着多元的建筑类型和复杂的产权关系,但每个网格一般只包含独栋建筑或院落,从而将街区内复杂多元的建筑布局转换成网格内单一、网格间多元的"马赛克"。同样,每栋建筑和院落的住户社交网络和产权关系也相对简单,政府在每个网格中的拆迁难度都得到了降低。

6.3.2 以网格为单位的协议搬迁原则

为了减少搬迁工作中由于产权关系、利益诉求、情感羁绊等因素造成的阻力,在搬迁区域网格化的基础上,征收安置工作采取自愿基础上的协议搬迁模式。搬迁协议的签署必须基于住户居民的意愿,政府可以通过提供优惠的补偿政策和良好的安置条件,引导和鼓励居民同意征收和搬迁,但必须由居民自愿签订补偿协议之后才可以进行房屋的征收和搬迁。

虽然一般每个搬迁网格内只有一栋建筑,但在很多网格内,一栋建筑往往为几户共有,尤其是院落式的住宅建筑。因此,只有每个网格内的所有住户都对搬迁一事无异议,房屋征收和居民安置工作才能顺利开展。只有每一网格区域内的被搬迁人签约率和在搬迁期内的交房率均达到100%,政府同该网格区域居民签订的补偿协议才正式生效,开始对该网格区域内的房屋进行征收,对该网格内居民进行安置。但凡签约率和搬迁期满前的交房率任一项尚未达到100%,先前已经签订的补偿协议就暂不生效。

无论是将搬迁区域进行网格化划分,还是对每一网格采取协议搬迁,都是探索在阻力最小化的情况下最大程度上推进搬迁工作。网格化使得街区的征收搬迁工作能够差异化、层次化推进,对于征收难度较小的网格,能够实现快速的征收及居民安置;而对于利益和产权关系复杂、征收阻力较大的网格,则可以后期集中力量重点突破。

6.3.3 网格化搬迁中的经济补偿激励

在拆迁安置工作中,补偿政策在工作中至关重要,同居民切身经济利益密切相关。在征收安置工作中,网格化基础上的补偿激励是激发居民搬迁意愿,激励居民自愿签订补偿协议的重要举措。这种补偿激励体现在产权关系理顺、房屋价格评估、补偿条件设计、按期搬迁奖励等方面。

1. 产权关系认定中的政策激励

奇山所城和烟台山—朝阳街历史文化街区的住宅搬迁补偿,需要对多种复杂的产权关系进行针对性的回应。一是打通公管房的房改渠道。奇山所城和烟台山—朝阳街(一期)历史文化街区共涉及直管公房587户,其中住宅452户,非住宅共135户,①公管房征收过程中如何保障居民的合法权益,是搬迁工作面临的重要问题。公管房的征收改造涉及众多部门,为此北部滨海开发建设指挥部同住建、规划、财政、文物、投资公司等部门和企业就公有产权房屋搬迁、安置房建设、规划搬迁、文物修缮、项目资金来源等问题进行协调沟通。在沟通协调基础上,《朝阳(一期)、奇山所城历史文化街区住宅房屋协议搬迁补偿方案》提出了房改方案:"被搬迁房屋为公管房、企业自管房的,承租人提出书面申请,经产权单位同意,报市有关部门批准,符合房改条件的,可进行房改。"②由此,搬迁工作为这些住户提供了渠道,可视同自有产权住户享受同等房屋征收补偿待遇。

二是将共有产权住宅认定为一套房屋。共有产权住宅是奇山所城和烟台山—朝阳街历史文化街区住宅建筑里的一种特殊产权形式,为征收过程的产权的认定、住宅面积的评估带来了难度。《朝阳(一期)、奇山所城历史文化街区住宅房屋协议搬迁补偿方案》规定,"被搬迁房屋属共有产权的,按一套房屋进行补偿",从而保障了拥有共同产权的居民在房屋评估和征收补偿中的权益。

2. 房屋评估中的政策激励

在理顺复杂的产权关系认定基础上展开的房屋面积测量与价格评估,也

---

① 《烟台市住建局"以情动迁",市直管公房完成签约508户》,http://news.qlwb.com.cn/2017/1123/1132101.shtml,2018年3月27日访问。

② 《芝罘区召开朝阳(一期)、所城历史文化街区住宅房屋协议搬迁补偿方案新闻发布会》,http://www.zhifu.gov.cn/system/2017/09/17/010440302.shtml,2018年3月22日访问。

面临一些特殊的房屋现状所带来的补偿难题。一是对建筑面积有限的住宅"定底线"。由于奇山所城和烟台山—朝阳街历史文化街区历史悠久,住宅建筑年代普遍较早,很多居民拥有的居住面积十分有限,不足 45 平方米,在居住条件、生活质量、享有的公共服务等方面都处于弱势。在制定补偿标准时,对于这部分居民的居住面积如何认定,是事关改善居民生活、保障居民利益、鼓励居民搬迁、保障搬迁工作顺利进行的重要问题。为此,住宅评估工作对征收补偿制定了不少于 45 平方米的"底线",将房屋建筑面积低于 45 平方米且仅有一套住房的被搬迁人认定为"房困户",规定房屋补偿中被搬迁人房屋建筑面积小于 45 平方米的,按 45 平方米计发①,从而打通网格内相对弱势群体通过搬迁改善居住条件的政策渠道。

二是对遭受外力因素影响居住的受损住宅"定原貌"。历史文化街区内的住宅建筑比较老旧,在日常生活中容易因自然、人为等因素,或各种不可抗力而遭受损坏,从而导致居住面积受到影响。例如,有个别居民的住宅曾遭受过火灾,房屋受损严重,但居民对住宅拥有产权,持有房产证。此次征收对此类部分甚至完全失去居住功能的房屋,也予以完整的住宅认定,最大程度地保障特殊情况下居民的合法利益。

3. 补偿标准与安置方式中的政策激励

奇山所城和烟台山—朝阳街历史文化街区的征收和搬迁,通过高补偿标准吸引和鼓励居民搬迁。在搬迁过程中,政府提供货币补偿和产权置换两种方式。

在货币补偿方面,经房地产评估机构评估后,制定了 14111 元/平方米的单位面积补偿标准。对于给居民在搬离住所和入住新居过程中带来的不便,搬迁征收工作一次性给予搬迁费,对于需要周转过渡的居民则给予两次搬迁费;同时发放三个月的临时安置费,作为对后者安置过渡期间的补偿。此外,自 2017 年 9 月 21 日征收搬迁工作正式启动后三个月内作为签约奖励期,在此期间内网格内居民签约率和交房率达到 100%,补偿协议正式生效,对该网格的征收和搬迁工作正式启动,则对该网格内居民给予网格签约交房奖励费和搬迁奖励费。奖励费标准以建筑面积为基础,其中搬迁奖励费不少于 1 万

---

① 《芝罘区召开朝阳(一期)、所城历史文化街区住宅房屋协议搬迁补偿方案新闻发布会》,http://www.zhifu.gov.cn/system/2017/09/17/010440302.shtml,2018 年 3 月 22 日访问。

元,另包括附属设施及装修补偿等。因此,网格内选择货币补偿的居民总共获得的补偿标准为:①

> 货币补偿额＝房产证建筑面积("房困户"按照 45 平方米计算)×房屋主体评估单价＋搬迁费＋奖励费＋三个月临时安置费＋附属设施(包括燃气、固定电话、有线电视、小棚等)及装修等补偿。

在征收过程中,产权置换成为多数居民倾向的一种补偿方式。由于奇山所城和烟台山—朝阳街历史文化街区是将居民永久迁出,因此对居民动迁而言,安置地的环境和条件是其中最为重要的问题,安置地问题解决不好,居民的搬迁意愿也就无从谈起。为此,在安置地的选择和建设中,按照"最好的地段、最好的规划设计、最好的质量、最好的配套"的标准选择了两处地段建设安置房,居民根据评估的被搬迁房屋主体补偿金额和安置房的楼层投资优惠价格,计算安置房等价值调换面积,选择合适的安置房,并可另外按照楼层投资优惠单价购买不多于 15 平方米的住房面积,再超出 15 平方米的面积则可以市场优惠价格(略高于投资优惠单价)购买。居民购买安置房的单位面积价格,明显低于居民被征收房屋主体的评估单价。此外,对于进行产权置换的居民,同样给予搬迁费、临时安置费和奖励期限内的签约奖励,但具体标准则根据产权置换补偿的特殊情况和货币补偿有所区别(见表 6.2)。因此,进行产权置换的居民能够凭借获得的安置补偿,提升自己的居住面积,更为便利地获取公共服务。

表 6.2 产权置换中主要的补偿激励政策

	安置房地块一	安置房地块二
安置房区域	红旗中路以北、胜利南路以西	峰山水库以北、胜利南路隧道口以南
被搬迁房屋主体评估单价	14111 元/平方米	
安置房投资优惠价格	10375 元/平方米	7315 元/平方米
安置房市场优惠价格	10875 元/平方米	7815 元/平方米
搬迁费	每户 1200 元(每个房产证视为一户,不含共有权证),需要周转过渡的,被搬迁人可享受两次搬迁费	

---

① 《朝阳(一期)、所城历史文化街区住宅房屋协议搬迁补偿方案》,http://yantai.house.qq.com/a/20170918/029375.htm,2018 年 3 月 22 日访问。

(续表)

	安置房地块一	安置房地块二
临时安置费	按被搬迁房屋房产证建筑面积每月20元/平方米计发,发至回迁安置通知发布之日再后延四个月止。超过24个月的,临时安置费按每月40元/平方米计发	
奖励费	(1) 网格签约交房奖励费和搬迁奖励费(同货币补偿) (2) 超出等价调换面积15平方米以内的部分,在投资优惠价基础上再优惠300元/平方米 (3) 自回迁安置通知发布之日起,前四年的物业管理费按物价部门核定的收费标准给予50%的补助	

资料来源:《芝罘区召开朝阳(一期)、奇山所城历史文化街区住宅房屋协议搬迁补偿方案新闻发布会》,http://www.zhifu.gov.cn/system/2017/09/17/010440302.shtml,2018年3月22日访问。

6.3.4 网格化搬迁中的行政引导和政策管制

除了通过制定优惠的补偿政策以激励居民搬迁意愿之外,发挥行政权力的引导性和强制性也是推动征收和搬迁工作的重要方式。在奇山所城和烟台山—朝阳街历史文化街区改造过程中,强制性权力的使用主要包括两个方面:一是通过封闭式的区域施工引导居民外迁;二是强制性拆除区域内的违章建筑和规划拆除建筑,避免为推动拆迁进程而对少数未搬迁居民作出政策妥协,杜绝"先走吃亏,后走吃糖"现象。

1. 区域封闭与引导外迁

在对奇山所城历史文化街区的改造过程中,整个区域都用施工挡板封闭起来,从而使整个街区成为一个封闭的工程空间。政府通过这一方式,引导仍在奇山所城历史文化街区居住的住民向外搬迁。这种政策手段的目的在于,考虑到施工不可避免地会对奇山所城历史文化街区居民的日常用水、用电等基本公共服务和基本日常生活带来影响,同时奇山所城历史文化街区居民的居住面积和居住条件都比较落后,因此通过半强制性引导的手段鼓励和推动居民外迁,以便后期工作能顺利开展。

……鼓励大家能往外搬就往外搬,虽然是自愿原则,但还是带有一点强制色彩的,这个东西我们维修,又要停水停电,里面有人住着实在不方便,不给供水供电就投诉我们,这样下来没法干工作。

2. 行政力量推动的强制拆迁

奇山所城和烟台山—朝阳街都存在比较突出的违建问题。由于奇山所城和烟台山—朝阳街的居住条件较差,为满足日常生活需要,居民对住宅进行了大量改建和加盖。此外,不少居民的住宅在规划拆除区域内,但他们通过各种方式规避拆迁,或意图拖至后期换取政府的政策妥协,以获取更大利益。

> 现在还好,之前过年的时候,白天(指挥部)整天拿个大喇叭在喊(做工作)。很多老百姓房子一锁,人走了,你怎么办?还有的一听要拆迁,漫天要价,很复杂。

为此,政府采取了一项强制性政策工具,即针对街区内的违章建筑和规划拆除建筑,通过强制拆迁,解决街区内遗留的违建问题和"漫天要价"现象(见图6.8)。

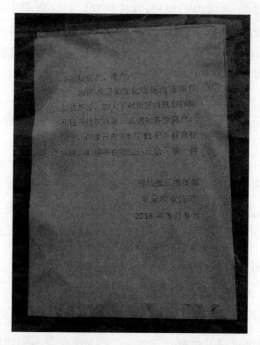

图 6.8　奇山所城历史文化街区墙上贴有强制拆除通知
资料来源:调研时拍摄。

6.3.5 网格化搬迁中的社会协调

除了经济激励与行政引导、强制拆迁之外,政府还通过社会动员,调动社会力量,以减小搬迁阻力。

其一,由于住宅出租、人员流动等因素,或者网格内的住户非房主本人,导致搬迁征收工作无法第一时间联系到网格内房主的,同当地居委会、派出所及房产中介机构等多方力量展开合作,同房主本人取得联系。

其二,由于征收搬迁区域中居住着大量老弱病残、生活贫困群体,在搬迁征收工作初期和搬迁过渡阶段,其日常生活将面临更大困难。在网格化搬迁过程中,对每一个网格内的特殊群体实行定向帮扶,全程陪同看房、选房、搬家;对生活困难的被搬迁户,解决其看病就医、子女上学、就业失业等难题。

其三,由于征收搬迁区域中房屋产权关系复杂,因此在网格化搬迁过程中,政府密切关注并及时回应由于产权纠纷导致的利益冲突,而不是对其"一征了之"。例如,对于区域内的租户,在按照规定在获取房主同意搬迁后进行征收的同时,由政府部门协调房产中介公司,帮助租户就近寻找房源。对于家庭纠纷导致的房屋产权认定、评估征收工作停滞的,在政府人员入户协调的基础上,联系专业法律人士排解纠纷,并提供专业法律服务。

6.4 历史文化街区整体改造与渐进更新的思考

历史文化街区更新一般有着整体性改造和渐进性改造两种倾向。在具体实践中,它在物质建筑空间、社会文化空间等维度上呈现出多层次的表现方式。烟台网格化搬迁的空间生产模式特征,对于历史文化街区改造中整体改造与渐进更新的路径选择提供了有益的经验,也同样引人深思。

6.4.1 网格化搬迁取得的改造成效

网格化搬迁方式,使得政府在奇山所城和烟台山—朝阳街历史文化街区改造过程中能够实现基于网格的精细化搬迁。一是体现在分解任务,以各网格不同的搬迁进度推进总体搬迁进度;二是体现在对不同建筑类型和差异化诉求的精准回应,从而有针对性地化解矛盾,协调纠纷。因此,尽管奇山所城和烟台山—朝阳街历史文化街区改造面临错综复杂的利益关系与搬迁挑战,但网格化搬迁方式的应用有效保障了拆迁工作的顺利推进。

芝罘区北部滨海开发建设指挥部公开数据显示,奖励期内,奇山所城和烟台山—朝阳街历史文化街区内共完成了 2247 户的签约工作,占到拆迁总户数的 84.8%。① 而奖励期结束后,许多之前处于观望期的居民也陆续同意搬迁,到 2018 年 3 月已经完成签约 2708 户,占总户数的 95.5%。② 两大街区改造的前期征收工作基本顺利完成,为后续统一的建筑修复、环境整治、配套公共设施建设奠定了基础。

与绝大多数居民对搬迁工作的支持和配合对应的是,这一过程中居民给出了较高评价。网格化的自愿搬迁政策,使得搬迁居民都是基于自己主动搬迁的意愿。这离不开政府所提供的较高的补偿标准,对迁入地居住条件、配套设施、生活质量的承诺,政府围绕网格所开展的针对性的政策宣传和协调工作带来的居民的满意。

政府尽管开展征收工作以鼓励和引导居民外迁,但同时对于坚持留在当地的居民,在尊重其意愿的基础上通过政策安排使居民居住与街区改造工作相协调。一方面,在《朝阳(一期)、奇山所城历史文化街区住宅房屋协议搬迁补偿方案》就明确规定,要求留在当地的居民根据街区规划的统一修缮标准自行修缮住宅,在保障居民知情的基础上,使这些居民的住宅在外观、功能等方面与改造后的街区相契合;另一方面,在拆迁工作结束后,通过街区内的公共基础设施建设,改善街区内的水电暖供给、环境改造、垃圾清理、污水处理等公共服务条件,从而改善这些居民的居住环境。由此,政府和这些居民相当于就居住权利、改造工程等问题形成了基于双方知情同意的契约。

6.4.2 历史文化街区后续改造面临的挑战

伴随着奇山所城历史文化街区和烟台山—朝阳街历史文化街区一期征收工作的基本完成,保护修缮工程的推进和街区业态布局、发展定位的策划已逐渐提上两街区更新的议事日程。在这一过程中,烟台市历史文化街区的更新面临更加复杂和严峻的现实挑战,在未来的发展方向上也面临慎重的

---

① 秦雪丽:《搬迁奖励期截止,烟台朝阳所城两街区俩月 2247 户签约》,http://news.163.com/17/1121/09/D3OMARJU00018AOP.html,2018 年 3 月 28 日访问。

② 韩云全:《朝阳所城本月启动基础设施改造 6 月底前做到应搬尽搬》,http://yt.leju.com/news/2018-03-06/09216376597495149292929.shtml,2018 年 4 月 7 日访问。

选择。

1. 基础设施建设中的协同治理难题

在通过网格化搬迁将绝大部分建筑收归政府所有之后,奇山所城和烟台山—朝阳街历史文化街区的改造进入了一个新的阶段,当务之急就是街区内基础设施的建设。历史文化街区既定的空间形态和既有历史建筑,决定了街区基本的空间布局和改造约束,不仅给基础设施建设带来了技术上的挑战,更带来了政府同企业、政府内部各部门、政府同公众之间在沟通和协同上的挑战。

奇山所城历史文化街区,由于其历史性和时代特征,街巷的空间规模有限,给基础设施建设带来了很大难度:

> ……大的街巷当时是可以走马车的,但最宽也就六米。但这六米宽度内要完成水、电、气、暖等全部设施管线的铺设,难度非常大……有的小街巷只有一米半,这次改造最基本的水、污水、电,这几项怎么也是跑不了的。

在有限的空间范围内,对街区的改造需要统一部署水、电、气、暖等基础设施,这既是一个技术上的难题,更是一个复杂的管理问题。一方面,从施工成本上说,奇山所城和烟台山—朝阳街历史文化街区的改造涉及水、电、气、暖等众多市政公用事业部门,政府面临的一个课题就是如何避免重复开挖导致的人力、物力、财力浪费,提高施工效率;另一方面,基础设施的施工,难免会因为施工过程中的停水、停电等问题影响周边居民的生活和工作。因此,在施工过程中,政府需要通过同企业和公众进行协调沟通,将施工对公众可能造成的影响降到最低限度。

> 街区里要改造的话,还涉及周边的很多小区,管线的改造不能影响到周边小区别人的生活……不能因为咱这个地方施工需要停水停电,导致周边商户、几千户居民都不能用水用电,那就麻烦了。

因此,基础设施的改造和提升,实际上是一个考验地方政府协同治理能力的管理问题。其中关键是政府与不同市政行业部门之间在前期沟通、方案设计、统一施工等环节中的沟通协商、相互协调、相互衔接:

> 我们这几天天天跟各家(市政公司)管线开会,排水、自来水、电力先

后都来了……叫这些公司过来，一条一条管线分析，叫他们看看能怎么样对接、怎么样衔接……我们将来的施工肯定要统一开挖，这不是像新建小区那样，一条一条随便挖就行了，奇山所城可能要统一开挖。开挖完了以后，各家进来布线，所有的管线都放到一起，接好以后，统一回填，施工的方法就会很麻烦。

2. 二期征收中的利益复杂化与协调难题

复杂的利益纠葛，是摆在每个古城更新管理者面前的课题。然而，利益纠葛的复杂性不仅在于静态上多元利益主体之间差异化的诉求所带来的挑战，还在于随着古城更新项目的推进，不同主体的利益诉求会发生动态的变化，面临的利益问题也会日趋复杂。

地价与建筑的升值，就是利益关系动态化、复杂化的一个典型注脚。烟台市历史文化街区的更新是分阶段分期推进的工程。随着房屋征收的顺利推进、周边环境的改善、公共服务水平的提升，居民、企业对奇山所城和烟台山—朝阳街历史文化街区的未来充满信心和高期望。这种信心和高期望在经济上就反映为周边地价和房价的上涨，实际上增加的是目前奇山所城和烟台山—朝阳街历史文化街区内居民的住宅价值。

> 烟台市这次为了这个征迁，拿出来了两个最好的地块用作安置房，（补偿）比例也是按照最高的来，评估价达到大概一万四千元一平方米。动迁而言，安置地是最重要的。要是单纯的房地产开发，等建好之后原地回迁，那无所谓。但这是要搬走的，所以百姓肯定会多要，其中还包括这里改造后升值的地价。

这种价值的提升意味着后期征收、改造过程中居民可能会有更高的利益诉求，意味着政府部门要进行更多的财政投入，意味着要开展更加复杂的协商与协调工作。因此，如何适应保护修复过程中不断变化的利益诉求和逐渐进入"深水区"的利益协调"攻坚战"，也是考验地方政府治理能力的重要方面。

6.4.3 网格化搬迁与深化改造的路径

烟台市历史文化街区更新中所采取的网格化搬迁模式，在建筑形态、空间布局中保留了传统的空间结构和文化特色,在物质建筑空间上体现出了"渐进"改造的色彩。同时,网格化搬迁也从根本上打破了街区传统的社会关系结构网络,在社会文化空间层面上体现出了"整体性"的变动和重塑特征。作为一项典型的空间生产活动,奇山所城和烟台山—朝阳街历史文化街区的更新实践,需要更加审慎地考虑作为一个社会性空间的街区营造,以及将大规模整体更新同渐进式改造相结合的街区空间生产方式。

1. 历史文化街区内社会空间的营造

作为一项空间生产活动,城市中历史文化街区的更新,包含三个空间层面上的改造。在第一个层面,即空间的物质属性层面,历史文化街区的更新是对街区内建筑、道路、基础设施等物质空间的保护和提升;在第二个层面,即空间的精神属性层面,历史文化街区的更新是出于保护这座城市的历史印记和居民历史情怀,从而保护这座城市中的精神空间;而在第三个层面,即空间的社会属性层面,历史文化空间的更新同时重塑着空间内的居民在日常生活中的空间体验和社会关系。

历史文化街区更新的成效,根本上取决于是否能够通过改造重塑一个"接地气"的历史文化空间,即一个具有时代活力的城市历史文化空间。"活力"和"地气",决定了一个古城空间能否吸引和聚拢人气,能否成功地发挥古城空间所蕴含的经济潜力。而历史文化街区的活力在很大程度上取决于其社会性空间的营造。

奇山所城和烟台山—朝阳街历史文化街区的更新,采取了先将原住民迁出,再通过业态布局和商业活动聚拢人气的做法,这是很多城市古城更新通常选择的策略。这种策略对于社会性空间的营造提出了更高的要求,后期通过商业业态由外而内聚拢的人气,能否真正扎根于街区之中,能否真正呈现出具有地方特色的生活、工作、风俗等空间体验;业态的布局能否增进游客的社会交往体验,而非简单的购买和消费场所,从而构建出一种深层的、可持续的经济活动;留在历史文化街区内的居民,其日常生活和工作能否与作为旅游空间的街区有机融合,这些都是奇山所城和烟台山—朝阳街历史文化街区更新中营造社会性空间所面临的课题。

2. 整体性大规模修缮与渐进式改造的结合

奇山所城和烟台山—朝阳街历史文化街区由于前期缺乏必要的保护修

缮,尽管大量的历史建筑在城市发展中得以保留,但是建筑破坏和街区环境落后等问题十分严重,这使得两街区的保护工作离不开区域范围内大规模的街区建筑的保护修缮,以及街区整体性的环境整治和生态景观营造。随着保护修复工作的开展,整体性的保护修缮和渐进式的局部更新之间的有机结合,将成为进一步推进两街区改造的有效方式。

其实,目前奇山所城和烟台山—朝阳街历史文化街区的改造过程,以及未来的行动路线图构想,在某种程度上已经体现了这种渐进式改造的考量。首先,在征收和搬迁工作中采取的网格化搬迁思路,已经利用网格的方式将一个空间上呈现整体性的历史文化街区,精细化地分割为若干单体建筑或独栋院落,根据不同网格单元内的实际情况推进改造工作,这种基于网格的精细化和差异化同样可以应用在后期的建筑修缮与业态布局之中。

其次,这种大规模修缮与渐进式改造的结合,同样有助于在保护修复工程中塑造一个风格统一且存在多样性活力的空间形态。大规模的整体修复,对于打造一个中国历史文化特色和近现代西方商埠文化相结合的历史文化街区,起到宏观上把握整体定位的重要作用;而渐进式的改造,意味着在具体的保护工作中,针对不同的文保建筑、历史建筑、提升改造建筑采取差异化的保护和改造方式,以规避不同建筑之间出现建筑风格的同质化、单调化的风险。

在奇山所城和烟台山—朝阳街历史文化街区的改造中,大规模修缮和渐进式改造的结合,意味着深入挖掘不同单体建筑背后的历史渊源及其演变故事,从而使每一栋建筑成为一个独特的、鲜活的历史见证,而不仅是停留在表面的"历史建筑";意味着根据不同建筑的空间结构、布局形态,有针对性地布置相契合的业态和商业活动,无论是商业经营,还是公益性的博物馆、展览馆,让建筑承载的业态和建筑的空间形态、建筑承载的历史价值相契合。

古城更新中的人和事

漫步街区谈古城、说保护、聊发展

在调研过程中,参与调研的课题组成员陈安庆、孙悦、王铮漫步在历史文化街区中,面对着历经沧桑的建筑和街巷,对于古城的历史、当下的保护和未来的发展,都深有感触。

谈古城:城市的灵魂,发展的情怀

假如有人问一座古城代表着什么,我想肯定有很多人会提到"形象""文化""血脉"等类似的词语。其实,在我看来,古城的神韵或者魅力所在,或许就在于它是一个城市的"灵魂"。城市发展步伐的"铿锵迈进"需要古城的"默默陪伴",古城作为城市古老文化的载体,承载了城市发展的历史轨迹,隐隐展现着老一辈人的生活景象。但是,纵观当今古城的发展,却并没有我们想象中的那么美好。因此,振兴古城时不我待。

作为课题组的一名调研员,我既把调研作为一种使命,又把它当作一种乐趣。一方面,古城振兴是一种重要使命,因为我认为城市的发展不能丢掉"灵魂",我们要有一种古城情怀,有情怀才能有担当;另一方面,研究古城振兴是一种乐趣,因为调研中我们可以倾听古城讲述的"故事",探寻古城的"前世今生",在调研中体验古城振兴的趣味与独特。烟台作为山东省重要的古城聚集地,保留了许多别具一格的历史文化古城,其中,所城里大街和朝阳大街较具代表性。

怀揣着对古城的敬意,我们来到了烟台所城里大街和朝阳大街。调研的第一站是所城里大街,走在所城里大街上处处可以嗅到古城的气息。当探访所城里图书馆时,瞬间感觉这座古城的文化积淀特别厚重。第二站是朝阳大街,朝阳大街带给我的印象是"洋味十足",因为这条大街上西洋建筑比较多,以前有很多洋人在这里生活,他们或经营洋行,或经营生活用品店。两条大街的风格恰好是"一中一洋",或许就是因为这样的完美布局,"镶嵌"在城市中心的烟台古城才越发耀眼。

(课题组成员　陈安庆)

说保护:有时"不作为"也是一种"作为"

当从烟台市中心一条宽阔的街道拐入一个仅供行人出入的小门,所城里这条百年街区的历史韵味与现实落败全部展现在眼前,让人感觉猝不及防:镶着"民国民居""清代民居"标志的古建筑,灰尘飞扬的土沙路,随意丢置的垃圾,纵横交错的管道电线,破败在拆的违章房屋和成堆的建筑垃圾,人庭冷落的店铺和贴着封条的大门……

沿途走来，难免有感这是一条没有得到合理修缮与保护的古街道；但回头想来，不免感慨敢于"留白"也许是历届城市政府留给后代的最大财富与宝藏。在古城保护中，烟台市政府的功劳或许恰恰在于一直没有对所城里进行商业化的开发改造，最大程度上保留下了其原有环境风貌，这在全国是少见的。不可否认此举有利有弊，其中可能还存在古城保护规划断裂的嫌疑，但是把这个问题放在不同历史阶段中去审视，还是要肯定此举的积极价值。古城保护要舍得"留白"，现在这个历史阶段干不了的事情留给下一代去完成，敢于"不作为"，既是对百年古城的保护，更是对当地居民的尊重。让古城"活"起来，有时，"不干"要比"干"好，"巧干"要比"蛮干"好。

（课题组成员　孙　悦）

聊发展：规划的智慧与人性的回归

古人常有"读万卷书，行万里路"，是以实践辅以文思书籍，当此砥砺前行。反观烟台一行，却有颇多寻味和考量之处。纸上的古城保护饱含人文思绪和关切情怀，然若只是沉迷纸上所述，便难以知晓现实映像之繁杂，保护之艰难。就所城里古城而言，从古建筑的产权处置到整体的文物修缮、景观的适应性改造、建筑背后文化故事的挖掘以及未来发展的定位，所考验的不仅仅是城市规划者的智慧，更是作为城市发展的根本——人文、人性、人本的呼唤和回归。

古城保护起于管网配套、道路修缮等一系列技术问题，却又远不止技术修缮这么简单易行。古城的保护和更新需要将其放在一个更大的视野中去体会和审视，不能就保护而论保护，在修缮技术之外的涉及现代元素的融入、城市景观的协调性和未来发展的业态定位问题同样不容忽视。缀文者情动而辞发，观文者披文以入情，在作为城市治理者——城市政府自身的角色之外，如何调动和协调民间智库的力量，从规划、改造、保护和定位等各个环节和角度思考古城未来的发展和定位问题，并结合古城自身的历史特色进行统筹和规划，挖掘每座古城背后的历史变迁和人文叙事，或许是包括我们在内的所有享受城市发展福祉并饱含人文情怀的现代人需要审慎思考的话题。

（课题组成员　王　铮）

第三篇

古城更新，让城市更美好

处于新时代,思考新议题,探寻新方略。山东一些城市通过古城更新实现了城市的再发展,本篇选取了台儿庄古城、周村古商城和青州古城,讲述三个古城在旅游开发中的空间生产故事。

台儿庄古城重建,是一个资源枯竭城市对古运河和抗战历史文化的把握,在少量历史遗迹的基础上重现了一座古城;周村古商城本是一处"因商而城"的古旱码头,在重现传统"老字号"与商业业态的同时,保持了当地居民的生活原貌;青州古城作为一座"千年古邑",在改造过程中保留了绝大部分的原住居民,实现了历史文化活力、市民居住活力和现代经济活力的再迸发。

这三座古城充分结合了本地特色,通过旅游导向的古城开发探索出了一条特色鲜明的古城更新之路。台儿庄古城和青州古城都已被评为国家5A级旅游景区,而周村古商城也已被评为国家4A级旅游景区,前来旅游的游客规模逐年增加,产生了良好的社会影响。

当然,有人对这种以旅游为导向的古城更新路径持不同的看法,从而引发了对古城更新中旅游开发与文化传承之间关系的新思考。

第 7 章

政府主导下的文化旅游复兴：台儿庄古城的空间生产

台儿庄古城的重建，不仅更新了古城的物质形态，也延续和创新了古城的历史文化，并重构了古城的社会关系结构，是一场典型的三元空间生产实践。在政府力量的主导下，这场空间生产实践以发展文化旅游为主要方式，以"江北水乡""运河古城""大战故地"等为话语，重构了古城的物质空间、精神空间和社会空间。面对这样一座重建的景区式古城，无论是文物保护专家和历史建筑学者，还是相似城市的政府官员，或是慕名前往的游客，都给出了他们或成或败、或是或非、或喜或叹的评价。面对既有争议，课题组自 2017 年 8 月起，对台儿庄古城进行了为期两个月的实地调研，以深入分析台儿庄古城进行空间生产的历史条件、具体过程与推动力量，并评判其空间生产的结果、实质和特殊性，从而更好地理解与把握台儿庄古城空间生产的过程、模式及实效。

7.1 台儿庄古城空间生产的历史背景与话语建构

台儿庄区隶属山东省枣庄市，位于山东省最南端，地处鲁苏交界，素有"山东南大门"之称。全区总面积 538.5 平方公里，辖 5 镇 1 街 1 个省级经济开发区，211 个行政村（居），总人口 31 万人。① 这座以"庄"为注脚的城市（曾叫"台庄"或"台家庄"），似乎名不见经传，但却因地理位置的优越、与京杭大运河相交的历史机遇以及台儿庄大战的历史影响而在中国历史进程中写下了跌宕起伏且浓墨重彩的故事。本次调查的主要范围集中在台儿庄古城，即现占地 2 平方公里，分为 11 个功能区、8 大景区和 29 个景点的台儿庄古城景

---

① 《台儿庄概况》，http://tez.gov.cn/col1/col1_1.html，2017 年 9 月 3 日访问。

区。台儿庄古城重建的本质是一场以文化旅游为主要功能定位的空间生产实践,在这一过程中,以政府为主导的诸多社会主体基于古城悠久绵长且意义深远的历史文化资源,不遗余力地进行了话语建构,共同塑造了台儿庄古城的价值性和特殊性。

7.1.1 台儿庄古城空间生产的历史背景

台儿庄是一片承载古老记忆的土地,数千年前先民曾在这里繁衍生息。战国时期这里曾是楚国的田庄,汉代发展为集镇。从魏晋到元末,这里因南北战乱或政权不稳而饱受危害。明朝为发展生产多次组织移民,大量山西居民移居于此。明洪武年间,朝廷置峄县,台儿庄为其辖区,直到民国时期,台儿庄一直为峄县管辖。

历史上台儿庄古城兴盛的契机,在于明万历三十二年(1604年)泇运河的开通。当时,作为南北交通要道的京杭大运河面临黄河泛滥日趋严重的问题,多位漕河大臣上书朝廷,建议开挖从韩庄经台儿庄到淮安的泇运河。[①] 京杭大运河南起余杭(今杭州),北至涿郡(今北京),途经今浙江、江苏、山东、河北四省及天津、北京两市,贯通海河、黄河、淮河、长江、钱塘江五大水系,全长约1797公里,是古代沟通南北地区经济文化交流的交通要道。泇运河的开通,将台儿庄纳入京杭大运河的交通体系之中,为台儿庄古城的兴盛带来了前所未有的历史机遇。

泇运河对台儿庄的重要性,不仅在于让台儿庄接入京杭大运河的交通体系中,更在于让台儿庄成为往来客商、货物汇集之地。泇运河从微山湖到台儿庄的河段地势西高东低,自西向东水流湍急,自东向西则水源下泄,不便于船只往来通行。为了解决这一难题,人们采用了建立闸坝节制水流的办法。于是北上的漕船和商船到达台儿庄后,必须结队等待船闸开闸。过闸的等待时间为台儿庄带来了人流与商贸的汇集,清朝繁盛时期更是每年有近万艘漕船和十万艘商船经过台儿庄。随着大量商贩、船民的聚集,加上搬运工、纤夫、水手、游民和驻军,实行属地管理的台儿庄人口大增,不仅兴起了很多商贸交易,也出现了为船只服务的行业,台儿庄逐渐发展成为运河重镇。

泇运河开通两年以后,即明万历三十四年(1606年),朝廷在台儿庄运河

---

① 陈伟:《复活古城台儿庄》,中华书局2012年版,第12页。

沿线置邮驿、设兵巡、增河官、立公署,台儿庄开始筑城。清朝初年为了加强治安管理,在明土城的基础上进行加固,台儿庄完成了由"镇"到"城"的过渡。后在康熙和咸丰年间,台儿庄又曾两次筑城。《峄县志》这样记载台儿庄曾经的盛况:"商贾迤逦,一河渔火,歌声十里,夜不罢市"。

然而,历史的车轮驶入近代以后,环境变迁,水利废弛。京杭大运河因黄河改道、泥沙淤积,加之铁路运输的冲击,逐渐开始衰落。台儿庄这座因运河而兴的古城也面临走向衰落的命运。直到1938年,"台儿庄"的名字再次进入历史的视野中。1938年春天,台儿庄成为中日徐州会战的主战场。卢沟桥事变之后,日本先后占领了南京和济南,占领徐州成为日本打通南北,攻下武汉,迫使国民政府投降的关键一步。当时的台儿庄城墙高筑,有城门6座,碉堡9座,碉楼70余座,房屋6000多栋,加上运河天险,成为徐州的重要屏障。因此,台儿庄成为中日军队争夺的焦点,在这里进行了一场持续近半个月极为惨烈的激战。最终,中国军队奋勇抗敌、威武不屈的战斗,使得台儿庄作为一座小城而蜚声中外,其代价是明清时期留下来的古城化为一片废墟。"三千人家十里街,连日烽火化尘埃。伤心几株红芍药,犹傍瓦砾惨淡开"[①],台儿庄成为"无墙不饮弹,无土不沃血"的"大战故地"。到古城重建之前,曾经繁盛一时的台儿庄仅仅留下53处战争遗迹(不到战时的1%)。

从战后直到重建前,台儿庄古城一直未经过实质性的城市改造。部分居民在战争结束后返回了残破的家园,经过简易的搭建后重新开始生活,也逐渐形成了古城的棚户区。大运河的衰落使得台儿庄彻底丧失了其在明清时期得以繁荣的动力,台儿庄大战的破坏更给台儿庄带来了毁灭性的灾难,原有的建筑、街道、商业和人气皆毁于一旦。战后的台儿庄古城区在城市建设的忽略中不可避免地衰败和恶化下去:重建前这片区域大部分建筑皆破损不堪,断壁残垣满目,屋瓦台阶皆残缺不全,被弃用的屋顶上长满野草,有的屋顶漏了天,院子里杂草丛生,一片荒凉;居民居住的房屋则空间狭窄逼仄,基本的生活设施都无法满足;厕所建在河岸,生活垃圾直接倒入河中,污染的河道臭不可闻、惨不忍睹。衰败恶劣的生活环境使得台儿庄古城区的居民热切地盼望政府的改造行动。

---

① 台儿庄大战后,清扫战场的第27师兵站少尉别志南在《清扫战场》一诗中这样描述战后的凄惨场景。

对于政府来说,居民自发的小规模搭建行为没有改变古城的大战遗址和肌理格局,为古城的重建提供了物质基础。同时,台儿庄因运河而繁荣的明清历史和因大战而获得的历史意义为其重建创造了历史条件。而居民改变其破败居住环境的热切盼望也时刻督促着政府对古城区采取实际行动。在旧城改造和商业开发的现代潮流中,在保护历史文化遗产和改善社会民生之间,台儿庄古城的空间生产面临多重的目标和复杂的利益诉求。

7.1.2 台儿庄古城空间生产的话语建构

台儿庄古城的重建不同于一般的古城空间生产活动。近代战争毁坏了大部分的历史建筑,一方面使台儿庄古城的重建不存在一般古城所面临的拆旧建新的问题,但另一方面也导致台儿庄古城从一开始就面临"古城"真实性和正当性的质疑。面对这个问题,古城的空间生产者在进行物质空间重建的同时,也不遗余力地对古城的历史文化价值进行话语建构,以"江北水乡""运河古城""大战故地"及"文化融合和两岸交流"等作为台儿庄古城突出的空间价值,将重建后的古城与台儿庄的地方性和历史性的真实相勾连,赋予了台儿庄古城以易于被人们识别、接受和认可的历史文化意义。

1. "江北水乡"的再造

在古城空间生产者们的建构下,台儿庄成为美丽的"江北水乡"。素有"山东南大门"之称的台儿庄有着独特的地理位置和自然环境,它坐落于山东枣庄市东南隅,位于北纬 32°以南,虽是北方古城,却有着南方水乡的韵致。暖温带大陆性季风气候和较为充沛的年降水量使得这里成为独具东方特色的水乡古城。自明清大运河繁荣以来,古城中汪渠相连,水巷纵横,居民皆筑台而居。古城内不仅有汪塘散布点缀,还有水街纵横蜿蜒,更有与运河相通的护城河一直在缓缓流淌,城内的月老河也不断地诉说着浪漫的故事。当年康熙皇帝南巡,路过台儿庄,曾称赞道:"江北峄县,风光与江南水乡别无二致。"①"江北水乡"的话语不仅在自然地理中寻到缘由,也在历史记载中得到印证。

2013 年,美国有线电视新闻网(CNN)在一篇推荐中国旅游景区的文章中将台儿庄列入"中国最美水乡",认为在这里能发现真正的古老中国。②"水

---

① 《峄县志》。
② 《台儿庄:乡村古镇里发现真正古老的中国》,http://sd.ifeng.com/travel/chengshituijian/detail_2013_06/28/941096_2.shtml,2017 年 9 月 13 日访问。

乡"特征成为台儿庄空间生产的重要话语,古城重建者在重建物质空间时,不仅保护和延续了古城的水乡特征,甚至打通了废弃许久的沟渠、汪塘,创造出更多的水乡形态和风貌(见图7.1),这不仅是对台儿庄自然地理特征的尊重,更是对其空间形态的建构,这种建构不仅体现在古城的物质空间里,也体现在古城宣传话语中。

图 7.1 古城建成后的水乡风貌
资料来源:调研时拍摄。

2."运河古城"的重现

贯穿中国南北、流淌在漫长古代历史中的京杭大运河是台儿庄挥之不去的历史印迹。运河为台儿庄留下了有形的和无形的历史遗产。这里保留有一处水工设施完备、风貌遗存完整的3公里古运河,1.5公里的明清时期古驳岸和13个明清时期的古码头。这在运河流经的城市中可以说是仅有的,极为珍贵,台儿庄因而被世界旅游组织称为"活着的古运河"。古河道、古驳岸、古码头、古水门、古船闸等这些看得见的水工设施成为运河留给台儿庄的有形历史财富。

而作为漕运枢纽,台儿庄曾是京杭大运河沿线的商贸重镇,据《峄县志》记载,"台(儿)庄跨漕渠,当南北孔道,商旅所萃,居民饶给,村镇之大,甲于一邑,号称天下第一庄"。南北漕船云集带来了大量流动人口和商贸交易,从而使台儿庄积淀了多元丰富的运河文化。从建筑风格、饮食习惯到宗教信仰,从商铺招幌到柳琴戏、鲁南大鼓等非物质文化遗产,这些运河文化是运河留给台儿庄珍贵的无形财富,为古城增添了丰厚的文化底蕴(见图7.2)。

图7.2 古城重建后的运河景观

资料来源:调研时拍摄。

3. "大战故地"的建构

在古城的空间生产者们看来,"大战故地"对于台儿庄来说是一场塞翁失马式的重生策略。战争给台儿庄带来了极大的破坏,却也赋予了古城以一种

第 7 章 政府主导下的文化旅游复兴:台儿庄古城的空间生产

类似于"英雄台儿庄""中华民族威武不屈之地"的精神意义。自 1938 年春天之后,"台儿庄"的名字便与这场不可遗忘的惨烈战争紧紧相连,"没有伤痕的人不是能够随便提得'台儿庄'三个字的"①,这场写入中国历史教科书的"台儿庄大捷"以中国军队三万将士捐躯、曾经繁盛的古城毁于战火为代价,换来了歼灭日军 11984 人、打击日军嚣张气焰、坚定中国军民抗战信心的悲壮胜利。那些毁于战火的老建筑和墙壁上留下的累累弹孔都在无声地表达着战争给古城带来的破坏与伤痛(见图 7.3)。台儿庄战役不仅留下了满地的废墟与荒芜的家园,也使得这座因运河而兴的古城蜚声中外,并永久地烙下了"大战故地""英雄之乡"的历史印记。

图 7.3 古城重建后展示的弹孔墙

资料来源:调研时拍摄。

---

① 余秋雨:《世纪性的文化乡愁——〈台北人〉出版二十年重新评价》,http://blog.sina.com.cn/s/blog_768d783b0102weud.html,2017 年 9 月 15 日访问。

因此,在"江北水乡"与"运河古城"之外,近代史又在这座古城上刻下了庄重而不能遗忘的一笔,也成为台儿庄与一般运河古城不一样的地方,不仅有着渊远的历史文化和多元交融的运河特色,更镌刻着中国人不屈不挠的民族精神,承担着爱国主义教育的历史责任(见图7.4)。

图 7.4　古城重建后展示的"台儿庄大战故事馆"和粮包防御工程旧址
资料来源:调研时拍摄。

4. 文化交融与两岸交流平台的打造

自然地理环境绘就了台儿庄"北人南相"的水乡风貌,京杭大运河流淌出台儿庄的商贸繁盛与文化交融。不管是"江北水乡"还是"运河古城",都孕育了台儿庄多元与交融的文化特质。因地处南北过渡带,运河落差大,各路商贾纷纷云集于此,定居经商,使得这里成为运河文化的典型代表,在自然条件和历史进程的双重作用下,台儿庄成为一座南北交融、中西合璧的古城。泇运河的开通为台儿庄带来了北方的秦晋文化、燕赵文化和南方的淮扬文化、吴越文化,在大战之前,台儿庄多种风格的建筑证明了其南北文化的交融。大战之前,台儿庄不仅有鲁南民居,还拥有北方大院(晋派)、徽派建筑、江南水乡建筑、闽南建筑和岭南建筑(包括受西方影响的骑楼式建筑和客家建筑）。① 此外，民国时期，受到西方建筑风格的影响，古城繁盛的丁字街出现了包括哥特式、洛可可式和中西结合式的欧式建筑，这说明古城在中西文化方面也出现了融合。在古城重建之前，仅仅是调研人员通过遗址考察和老人回忆等方式发现的古城建筑风格便达八种之多。

同时，南北人流的聚集也为古城带来了多元的宗教信仰。从形形色色的宗教建筑中可以寻觅到古城曾经"72座庙宇"②的盛况。大战之前，古城内的翠屏学馆、兰陵书院、文昌阁与魁星阁是儒家文化的典型代表，而准提寺、观音庙、观音堂、菩萨庙等佛教寺庙则记录了佛教文化在台儿庄的盛行。同时，古城内还有泰山庙、天齐庙、三官庙等道家庙宇，与佛教不分伯仲。而代表海神妈祖信仰的天后宫，则体现了水运和闽南文化的影响。此外，古城内还有体现伊斯兰教文化的清真寺以及体现基督教文化的天主教堂和基督教堂。清真寺在战后被保留了下来，天主教堂和基督教堂尽管毁于战火，但曾经的存在也彰显出基督教文化在这座古城中的印记。

除了建筑风格和宗教文化的交融，台儿庄因其近代史背景还存在着促进海峡两岸交流的优势。1938年春天，我军在台儿庄浴血奋战、击退日军的历史令人敬仰，李宗仁、孙连仲、张自忠、池峰城、王铭章等国民党将领和三万将士永远被台儿庄所铭记。此外，台儿庄乃至整个山东也是远在海峡另一端的中国人挥之不去的乡愁，台儿庄古城的空间生产肩负着加快海峡两岸交流的使命（见图7.5）。

图7.5 古城重建后专门建设海峡两岸艺术馆以促进两岸文化交流
资料来源：调研时拍摄。

---

① 陈伟：《复活古城台儿庄》，中华书局2012年版，第130页。
② 据说古城历史上有72座庙宇，现无法证实，但是古城内的宗教建筑确实较一般同等城市多。

7.1.3 现实机遇:枣庄资源枯竭型城市的转型探索

枣庄长期以来依托煤矿资源,形成了以煤炭、建材、电力为主的产业体系。而由于长期高强度开采,煤矿资源濒临枯竭,给枣庄的城市经济、社会就业、环境保护等带来了一系列发展挑战。① 枣庄市作为资源枯竭型城市的转型探索,为台儿庄古城的重建提供了现实机遇。2007年,国务院提出要"建立健全资源型城市可持续发展的长效机制"②。2009年,枣庄市被列入国务院确定的第二批"资源枯竭城市"。为了支持资源枯竭型城市的转型发展,国家发改委设立了资源枯竭型城市吸纳就业、资源综合利用、发展接续替代产业和多元化产业体系培育中央预算内投资专项,通过中央财政给予财力性转移支付资金支持。

数据显示,自2009年3月2日枣庄被确立为资源枯竭型城市以来,中央财政连续四年(2008—2011年)给予枣庄财力性转移支付补助10.74亿元。2012年,枣庄成功通过国家转型评估,五年内享受新一轮政策资金扶持。2012年和2013年分别获得转移支付资金4.93亿元和4.43亿元,用于进一步解决资源枯竭问题。截止到2013年7月,枣庄市已累计获得中央、省资源枯竭城市转移支付资金20.1亿元。③

因此,台儿庄古城的空间生产不仅具备了历史条件,进行了话语建构,而且获得了枣庄市资源枯竭型城市转型的政策支持。事实上,枣庄除了煤炭资源,还有温泉、湿地和传统旅游资源,但是均不成规模,整个文化产业因缺乏龙头项目而不成气候。在全面调查和分析比较的基础上,政府将目光聚集在了台儿庄,看重了台儿庄"运河古城"和"大战故地"的话语意义,认为台儿庄作为本地文化资源具备了鲜明的民族性和独特的地方性,从而有了发展文化产业的根与魂。④ 因此,台儿庄的探索之路不仅仅关乎古城的重生,也是枣庄寻求城市转型的策略,无论是通过发展文化产业进行产业升级,还是通过发展旅游业振兴枣庄经济,台儿庄的空间生产都得到政府的大力重视和全力支持。

---

① 王春杨、李青淼:《资源型城市经济转型路径研究——以山东省枣庄市为例》,载《城市发展研究》2012年第2期。
② 《国务院关于促进资源型城市可持续发展的若干意见》,http://www.gov.cn/zhengce/content/2008-03/28/content_4941.htm,2017年9月15日访问。
③ 《枣庄获4.43亿中央转移资金》,http://epaper.qlwb.com.cn/qlwb/content/20130725/ArticelZ02005FM.htm,2017年9月17日访问。
④ 陈伟:《复活古城台儿庄》,中华书局2012年版,第2页。

7.2　古城空间生产的推动力量与建设理念

尽管台儿庄具备了"江北水乡"的自然条件、"运河古城"的繁盛历史和文化交融、"大战故地"的民族意义以及资源枯竭型城市转型的政策机遇,但在重建之前不过是一个破旧不堪、河道污染、生活环境恶劣、一片荒凉的棚户区,生活在古城区的居民热切地盼望着政府的"拯救"。台儿庄古城的空间生产不仅承担着保护和传承历史文化的使命,也肩负着改善居民物质和社会生活的民生责任。

7.2.1　台儿庄古城重建的过程

1. 叫停房地产开发项目,深入古城调查(2006—2007)

2006年,为了改造古城内两平方公里的棚户区,台儿庄区与上海绿房子投资公司谈成了房地产开发项目。11月7日,枣庄市时任市长来台儿庄考察,认为在没有弄清楚古城的情况之前,要对历史负责,不能贸然开发,遂叫停了这一开发项目。这一叫停,使得古城在战争后仅剩的53处遗迹得以保留下来,并为以后的重建提供了可能。

古城在经历大战的破坏之后,所剩历史建筑不足原来的1/10,重建古城十分困难。在叫停古城的房地产开发项目后,时任市长与市区两级领导以及文化学者组成古城抢救保护团队,深入古城调查,以挖掘出古城重建的历史根据和一手素材。调查者对古城的调研主要分为以下四类:

一是对保留下来的古建筑、遗址、街巷肌理等进行现场勘察。大战后,台儿庄还剩下53处遗迹,古城的街巷格局得以保留下来,战后古城未进行过大规模的拆迁和更新。因此,调查者以抢救的心态勘察了古城的街巷格局以及部分建筑的名称、方位和特征。

二是寻找记录台儿庄及台儿庄大战的照片等影像资料。台儿庄古建筑大部分在战争中湮灭了,调查者通过寻找历史影像的方式获取这些建筑的蛛丝马迹。这些影像资料很多来源于大战期间中外摄影记者的照片,如美国战地摄影师罗伯特·卡帕(Robert Capa)和荷兰新闻记者尤里斯·伊文思(Joris Ivens)冒着生命危险来到台儿庄,为古城记录下了悲壮而真实的历史镜头;《文汇报》《大公报》《新华日报》《中央日报》和许多国外媒体也对台儿庄大战进行了跟踪报道,并刊发了战地记者们拍摄的珍贵照片。这些照片中有很多无意地显示了古城当时的建筑高度、形貌和方位,碎片化地展现了古城的街巷格局。古城抢救者们通过查阅 1938 年的海内外报刊,搜索海内外图书馆、档案馆,甚至通过外交渠道等方式,最终搜寻到 380 幅老照片,并根据这些照片提供的线索进一步研究古城的建筑和布局。

三是查阅地方文献和民间材料。古城调查者通过查阅地方县志的方式探究历史长河中的台儿庄。其中,《峄县志》是主要的参考资料,该县志从明万历十年(1582 年)开始修,直到清光绪三十年(1904 年),其中保存下来的三本零星地记载了台儿庄古城的筑城时间、官府机构、庙宇情况、漕运地位、商帮经营、战乱灾害、皇帝南巡等信息,这些对认识古城具有重要的参考作用。同时,1917 年,日本情报人员编写的《台儿庄事情》详细地记载了当时台儿庄的方方面面,也是理清古城情况的重要线索。台儿庄在繁盛时期有很多世家大户,其中一些家族的谱牒材料中记载的豪宅和商铺,不仅展现了台儿庄曾经繁盛的情况,也记录了古城的建筑和肌理。此外,关于台儿庄的民间传说也携带了一些需要辨析的历史信息,如乾隆皇帝下江南的传说、赞誉明清时期台儿庄繁盛的民间故事,这些信息虽然不一定真实,但也具有分析价值。

四是对当地知情老人的访谈。历史不仅仅记录在可见的物上,也写在人的生命里。因此,口耳相传的口述历史一直具有不可替代的魅力。古城调查者访谈了古城内保留有台儿庄记忆的 27 位 80 岁以上的老人。这些老人凭借着儿时的记忆,为调查者描述了古城的整体风貌、指认历史照片中老建筑的位置、确认建筑风格和尺度。尽管老人的记忆有一定的主观性和选择性,但是这些描述、指认和确认为古城的挖掘提供了重要的信息。

通过以上以及其他各种途径和方式,古城调查团队从 2006 年 12 月到 2007 年 12 月,经过一年的调研和资料搜集,最终将台儿庄老城区的更新思路确定为通过"台儿庄古城"文化旅游项目带动整个枣庄市的城市转型发展。① 这样,前期的调研工作不仅为古城重建提供了重要的历史依据,也使得重建工作上升到整个城市转型的战略高度,为古城重建争取了更多的支持。

---

① 张伟:《西方城市更新推动下的文化产业发展研究——兼论对中国相关实践的启示》,山东大学 2013 年博士论文,第 162 页。

2. 古城重建工作的全面展开(2007—2009)

2007年9月22日,台儿庄正式成立了古城重建办公室,负责重建前的筹备工作。10月17日,枣庄市召开全市旅游发展大会,正式提出重建台儿庄古城,打造"江北水乡·运河古城"的城市品牌。① 12月8日,政府启动了台儿庄古城历史街区的保护与发展规划编制工作,其中由同济大学国家历史文化名城研究中心和上海同济城市规划设计研究院联合编制的《台儿庄古城区修建性详细规划》及《台儿庄古城区沿街及重点景点建筑方案设计》②于2008年完成,在指导古城重建中发挥了十分重要的作用。

2008年3月,古城开始实施一期拆迁工程,拆迁面积22万平方米,涉及居民1700户。4月7日,古城重建设计团队成功绘制出《台儿庄胜迹复原图》,将其作为古城重建的重要依据。4月8日,枣庄市政府在台儿庄大战胜利70周年纪念日,正式宣布启动台儿庄古城的重建工作,古城的重建工作步入正轨。在重建的过程中,古城重建团队组织去丽江、凤凰等古城考察,学习古城重建的投资体制和开发模式。11月7日,古城成立了台儿庄运河投资股份有限公司,该投资公司由市内五家国有企业入股成立,全面负责古城重建的各项工作。每家企业用来入股的本金是10万吨原煤,50万吨原煤共折合成4亿元启动资金,在资金来源上解决了起步的难题。

2009年1月1日,台儿庄古城重建实验性项目工程——万家大院开工建设。8月11日,古城开始进行全面重建,共有来自全国各地的51家优秀施工单位、1000名国家级工匠和2万名工人参与了古城的建设。台儿庄古城的重建也得到了海峡两岸的共同关注,12月17日,台儿庄古城被国台办批准建立为大陆首家"海峡两岸交流基地",成为海峡两岸交流与合作的平台。

3. 政府主导和市场运作下的全面竣工(2010—2013)

2010年2月4日,"枣庄台儿庄古城保护开发建设管理委员会"正式成立,负责古城保护与开发的管理工作。古城管委会在制订古城开发管理的发展规划和政策、编制古城商业规划、组织项目招商等方面发挥着管理作用。同时,古城管委会也挂"枣庄海峡两岸交流基地办公室"的牌子,积极组织各

---

① 陈伟:《复活古城台儿庄》,中华书局2012年版,第327—334页。
② 顾晓伟、阮仪三、王建波、李文墨、杨国栋:《台儿庄古城区规划设计与实施经验探讨》,载《规划师》2011年增刊。

类海峡两岸交流活动,以充分发挥"海峡两岸交流基地"的作用。

与古城管委会同时成立的还有"枣庄市台儿庄古城旅游发展有限公司"(现更名为"山东省台儿庄古城旅游集团有限公司"),该公司为古城管委会下属的国有企业,专门从事古城经营管理、旅游接待、旅游资源开发及营销等业务。由此可见,台儿庄古城重建采取政府主导、市场运作的模式,从拆迁到建设再到运营,政府负责规划、管理和监督,市场负责融资和运作。

2010年3月22日,古城实施二期拆迁工程,拆迁面积25.4万平方米,涉及居民1413户。2010年5月1日,一期工程建设的"台城旧志"景区试运营,台儿庄正式开城,这标志着古城重建的宏伟计划初步实现,从2008年拆迁开始,古城用了三年的时间,实现了初步的"重生"。"台城旧志"景区试运营100天,迎来的游客总数达到50万人。2010年11月,古城被评为国家4A级旅游景区,这对古城的重建者来说,可谓是一种莫大的鼓励。

直到2011年4月1日,古城景区开始对外收取门票。同年12月,全国首个国家非物质文化遗产博览园落户台儿庄古城,古城被国家文物局列为全国首个国家文化遗产公园,古城在非物质文化遗产的保护上作出了创新和示范。2012年11月22日,台儿庄古城在开城两年多后被评为国家5A级旅游景区。这种发展速度,很大程度上归功于地方管理者在古城重建时对古城作为文化旅游景区的定位和高品质要求。2013年8月5日,古城重建项目全面竣工,古城重建的宏伟蓝图终于在政府主导和市场运作下变为现实。从2006年调研筹备,到2013年全面竣工,共用了八年的时间,这里面倾注了古城规划者和建设者的大量心血。

4. 古城后期的管理和运营提升(2014年至今)

2014年1月1日,由山东省第十二届人大常委会第五次会议通过的《山东省台儿庄古城保护管理条例》正式实施。该条例规定,枣庄市政府设立台儿庄古城专项保护经费,用于古城的保护。同时,对台儿庄古城核心区现有的街巷、水系、建筑的空间尺度和布局作出限制性规定,并将古城的非物质文化遗产和民间手工艺产业列为古城历史文化遗产的组成部分,要求枣庄市政府和台儿庄区政府对其加强保护。该条例还要求古城管委会对古城内的经营场所和经营活动进行合理布局、总量控制,防止过度商业化和娱乐化。要求经营者按照古城产业结构和布局规划,在指定地点和范围内从事经营活动,其店铺招牌、门面装修、店内设施、照明灯具和光色应当符合古城店铺装修管理要求,与古城风貌、氛围相协调。古城在管理上走上正轨,并逐渐成熟,试图发挥政府对古城商业和娱乐经营的监管作用。

旅游运营方面,在旅游发展公司的运作下,古城还经常举办各类或文艺或娱乐或竞技类的文化活动,如"到最有年味的古城过大年"贺年会活动、"美丽台儿庄"——中国台儿庄风光摄影展、台儿庄古城大庙会、中秋节双月印古城、"寻梦水乡"油画名家邀请展、两岸动漫文化节等等。同时,古城内的中国运河税史馆、票号文化展馆、运河奏疏展馆、青楼文化展馆、运河酒文化馆、运河招幌博物馆、海峡两岸艺术馆、大战遗物陈列馆、军事体验馆、漕帮镖局博物馆等展馆也相继对外开放。2016 年,台儿庄古城景区获评国家旅游局"旅游市场秩序最佳景区"和"全国旅游系统先进集体"。2016 年,台儿庄古城的全年客流量达到 500 万之多,古城作为一个旅游景区正彰显着越来越有生机和人气的活力。

随着文化旅游的发展,台儿庄不再仅仅满足于古城内部旅游,而致力于积极打造古城、湿地和运河文化体验的全域旅游格局,从而助推旅游转型升级,走出一条由观光游向休闲度假游转变、由古城游向全域游转变的发展之路。2016 年 2 月,台儿庄被列入国家首批全域旅游示范区创建单位;2017 年 8 月,全域旅游"台儿庄模式"成为全国全域旅游示范区创建发展典型。

7.2.2　台儿庄古城空间生产的推动力量

1. 政府主导:规划、管理和早期推介

在台儿庄古城的空间生产中,政府发挥着主导作用。以枣庄市时任市长为领导的古城重建工作团队不仅把古城从房地产开发的命运中"抢救"出来,也通过将近一年的扎实调研,积累了翔实的历史资料,并组织专业人员绘制出了古城胜迹复原图,为古城的重建创造了可能。同时,政府主持编制了古城保护和发展规划,将古城的重建上升到枣庄市城市转型的高度,提出了通过文化旅游推动城市转型的发展思路,为古城赢得了政策支持。

政府先后成立了古城重建办公室和古城保护开发建设管理委员会对古城的重建实施管理。在古城重建的筹备工作中,政府工作人员花费了大量的时间和精力挖掘古城重建的历史资料,不遗余力地对古城重建进行话语建构。在融资环节,政府选择国有企业组成投资公司,在招商环节坚持业态准入原则,选择高品质、符合古城文化风格的商户入驻。在古城的具体建设环节,政府坚持质量至上原则,从设计、材料和工艺等各方面监督古城的工程进展和建成质量。在古城运营管理环节,政府试图通过管理条例对古城内的经营场所和经营活动进行合理布局、总量控制,防止古城的过度商业化和娱乐化。

同时,政府在古城运营初期的营销上发挥了重要作用。在古城重建和建成后,政府组织工作人员不遗余力地对古城进行宣传推广。枣庄市政府在景区周边 300—500 公里划定了 60 多个城市作为重点客源地,进行对口宣传,并制定各种优惠政策以吸引游客。台儿庄区政府更是抽调 100 余名机关干部组成 29 个工作组,在区政府主要领导带领下奔赴客源地宣传推介。① 政府的这种借助官方行政力量强力营销的行为,在台儿庄古城运营初期发挥了巨大作用,为古城在短期内吸引了大量游客,扩大了古城的知名度。

2. 市场运作:投资、管理和经营

市场力量在台儿庄古城的重建和运作中发挥了重要作用。无论是最初通过五家煤矿企业投资而启动古城重建,还是后期吸引全国各地形形色色的商铺入驻台儿庄经营,古城的重建和文化旅游发展一直将企业等市场主体作为重要的参与力量。2010 年成立的古城旅游发展有限公司负责古城旅游发展和商业经营的具体管理,在"旅游+商业销售"的经营模式下,一方面负责管理景区中博物馆纪念馆的展览和讲解、景区的旅游接待、旅游资源开发和营销等环节,另一方面也管理景区内餐馆、客栈、旅店的经营活动和旅游商品的销售工作。

尤其值得一提的是,古城建成后的市场化运作为古城增添了创新活力。近年来,古城不仅在旅游业务上迎来越来越多的游客,而且通过举办多种兼具传统文化与时代新意的文化娱乐活动扩大影响力。例如,古城在农历新年期间的年味活动,不仅吸引了大量游客,而且对于正在消逝的年味不失为一种成功的挽救。此外,古城经常举办一些与除夕、元宵节、清明节、端午节、中秋节等传统节日相关的活动,或者是与绘画、摄影、书法、电影拍摄等有关的文艺活动,或是引进西方马戏节等更多元的演艺活动。这些活动充分体现了市场化运作的活力,在带动旅游增长的同时,也找到了更加动态有机的古城文化保护方式,促进了古城乃至整个枣庄市文化产业的发展。

3. 公共参与:专业力量、媒体和居民

台儿庄古城的重建和运营体现了专业力量的参与。在重建前的资料搜

---

① 张伟:《西方城市更新推动下的文化产业发展研究——兼论对中国相关实践的启示》,山东大学 2013 年博士论文,第 180 页。

集和重建过程中,古城充分依靠专业力量,以枣庄学院为核心,筹建了台儿庄古城文化研究会,开展关于古城的历史文化研究,并在历史文物专家和建筑学者的指导下规划大战文化和民俗文化的展览。在古城重建的前期论证中,枣庄市政府曾经请阮仪三[①]、谢辰生[②]、陈志华[③]和舒乙[④]等专家学者参与论证。阮仪三对台儿庄的重建持谨慎态度,强调古城的历史真实性;谢辰生赞成古城重建但强调必须保护好仅有的大战遗迹;陈志华也强调重建古城要注重抢救和整理台儿庄的历史文化;而舒乙一开始对台儿庄的重建提出了严厉批评,在多方了解古城重建的真实过程后成为古城重建的坚定支持者。无论赞成还是反对,这些专家意见对古城重建都具有重要的借鉴和参考价值。在古城建设的规划编制中,专业力量充分发挥了不可替代的作用。其中,由同济大学国家历史文化名城研究中心和上海同济城市规划设计研究院联合编制的《台儿庄古城区修建性详细规划》《台儿庄古城区沿街及重点景点建筑方案设计》及《台儿庄大运河历史街区保护与发展规划》成为古城重建的重要蓝图。专业力量的参与为古城的建设提供了重要指导,有助于将古城的历史文化转化为应用成果。

媒体对古城的重建和运营起到了重要的宣传作用。媒体平台使得台儿庄在重建之初就得到人们的关注,在重建后期和经营过程中,媒体的关注和报道也不断地增加台儿庄古城的知名度[⑤],尤其是美国有线电视新闻网(CNN)将古城列为"中国最美水乡"之一,提升了台儿庄古城的国际影响力。在假期和传统节日期间,古城推出一系列旅游活动,也得到了媒体的关注和支持,如2017年端午假期,中央电视台、央视新闻客户端、国家旅游局网、新华社、新华网、光明网、人民网、大公网、山东广播电视台、齐鲁网、大众网、《枣庄日报》、"枣庄发布"等数十家媒体报道了古城在端午节期间赛龙舟、品味端午民俗的盛况。[⑥]

---

① 阮仪三,同济大学国家历史文化名城研究中心主任、教授、博士生导师,古城镇保护领域专家,被誉为"古城卫士""古城保护神"。
② 谢辰生,中国文物学会名誉会长,曾参与起草中华人民共和国第一个文物保护法令《禁止珍贵文物图书出口暂行办法》,是中国文物保护的重要组织者和见证人,被誉为"中国文物保护神"。
③ 陈志华,清华大学建筑学院教授,梁思成和林徽因的学生,我国乡土建筑研究的倡导者。
④ 舒乙,著名作家老舍的儿子、中央文史馆馆员、中国现代文学馆原馆长。
⑤ 《全国重点网络媒体探访台儿庄古城在历经沧桑后浴火重生》,http://www.sd.chinanews.com.cn/2/2016/0104/8473.html,2017年9月13日访问。
⑥ 《台儿庄又火了,各大媒体都在报道》,http://www.sohu.com/a/144932314_611742,2017年9月13日访问。

在居民参与方面,古城重建采取的是异地安置原则,古城内不再有居民居住。但异地安置并不意味着居民和古城空间生产活动的割裂。调研发现,除了原有房屋的拆迁补偿之外,很多居民虽搬出了古城,但却在古城里找到了工作或"生意"。其中,一些具有劳动能力的老人在古城内找到了卫生、园艺、安保等工作,很多中年女性在沿运河的繁华街道旁卖起了台儿庄的特色小吃"煎饼卷大葱",一些本身有些资本的本地人在古城内租到了商铺,或开起了特色餐饮,或卖起了特色商品。同时,台儿庄古城创造的就业机会不仅仅服务于古城的原住民。调研发现,除了古城的原住民之外,还有来自古城附近农村的一些青年,也在古城的酒店、客栈等服务场所找到了工作。同时,古城旅游发展有限公司也为本地居民尤其是本地大学生提供了如导游、讲解员、行政、营销、技术等各类工作岗位。通过这种方式,台儿庄本地居民得以参与到古城的空间生产中。

在台儿庄古城重建的过程中,多元力量共同参与,不同组织和个人各在其中发挥了不同的作用(见表7.1)。

表7.1 古城重建过程中的参与力量

政府主导	(1) 枣庄市政府、台儿庄区政府 (2) 市长 (3) 古城抢救保护团队 (4) 古城保护开发建设管理委员会
市场运作	(1) 台儿庄运河投资有限公司 (2) 台儿庄古城旅游发展有限公司 (3) 加入古城的各大店铺商家
公共参与	(1) 古城知情老人 (2) 阮仪三、谢辰生、陈志华和舒乙等专家学者 (3) 同济大学国家历史文化名城研究中心和上海同济城市规划设计研究院 (4) 台儿庄古城文化研究会 (5) 新华网、人民网、山东广播电视台、齐鲁网、《枣庄日报》、"枣庄发布"等新闻媒体 (6) 古城居民

资料来源:根据调研资料自制。

7.2.3 台儿庄古城空间生产体现的理念

台儿庄古城的重建离不开政府主导、市场运作和公共参与,更离不开明确的理念与原则的指导。在重建之初,以市长为领导的重建团队就对古城重建的思路进行了深入探讨,并在古城重建的过程中严格贯彻和落实这些理念和原则。

1. 古今兼顾:对历史负责也对民生负责

在古城保护与发展中,人们往往会走两个极端:一端是忽视历史文化遗产的价值,甚至视之为负担,要么对其不管不问,要么在城市更新中青睐房地产开发而将有价值的古建筑和古街区无情拆除;另一端是对历史文化遗产采取冰冻的博物馆式保护理念,将具有历史的建筑和街区"冻结"起来,不允许古城居民进行更新,而不顾居民要求改变恶劣居住环境的迫切需求。事实上,无论是古城还是历史街区,都既担负着传承历史文化的使命,又承担着满足当代人生活需求的责任,在古城的空间生产中既不能因今废古,也不能厚古薄今。

台儿庄古城有着繁荣的历史,有着交融的运河文化,又于1938年毁于战火,重建者认为要对历史负责,建一个具有世界历史文化遗产意义的古城,而不是进行房地产和商业开发。同时,在重建之初,台儿庄古城区的生活环境极为恶劣,重建者秉持对民生负责的态度,以求发展文化旅游振兴台儿庄经济,以提高居民的生活水平,改善其生活环境。这样兼顾古今的重建理念是对历史和未来的共同尊重。

2. 战略思路:发展文化旅游,促进城市转型

台儿庄古城重建不仅仅是为了古城本身,更是为了促进枣庄市资源枯竭型城市的转型,这样既能够保护和传承台儿庄古城的历史文化,又能够通过旅游业振兴枣庄经济。台儿庄古城作为枣庄市促进文化产业发展的龙头项目,决定了其战略定位不仅仅是复兴一座古城,而是发展古城旅游带动的文化产业,从而促进枣庄市的城市转型。

因此,台儿庄古城在重建时不仅仅着眼于古城本身,而是从整个枣庄市转型的视角去考虑,不仅仅致力于物质空间的保护、更新和改善,更担负着产业转型和经济振兴的使命。台儿庄古城的重建既不同于纯粹的房地产开发,也不是纯粹的博物馆式保护。为了既保护台儿庄古城的历史文化遗产,又振兴古城的经济,古城重建的战略思路是通过文化产业和旅游业的复兴来带动整个城市经济的转型,赋予城市空间以可持续的发展活力。

3. 传承与建构:"留古、复古、承古、用古"

台儿庄古城的重建者一直在强调要建造出一座真正的古城,在仅有的历

史遗存和不多的历史材料中,如何复活一座有根有据、尊重历史的古城?古城建设者们将其遵循的原则总结为"留古、复古、承古、用古"。

这八字原则实际上包括两个方面:

一方面,尊重历史,并严格保护和传承。对于历史遗存,古城予以坚决保留,如大战之后留下的古驳岸、古码头、古船闸、清真寺、关帝庙配殿等都被原封不动地保留(见图 7.6)。对于历史资料上记载的建筑和场景,在原貌上复建,尽可能采用原来材料、原有工艺、原来风格,以保证重建之后的历史真实性。

图 7.6　整治后的运河古码头之闫家码头

资料来源:调研时拍摄。

另一方面,体现了古城建设者对历史的建构性创新。台儿庄古城在大战后保留下的建筑并不多,历史资料也并不充实,因此,古城的重建离不开对历史文化的重新建构。无论是承古还是用古,都是在尊重历史的基础上进行的主观性创作(见图 7.7)。如古城内重建的船型街、步云桥,都是根据古城运河文化和传统文化习俗设计,不仅符合古城的整体风格和氛围,而且增添了古城的美感与底蕴。同时,在古城内设计了很多文化展馆、文艺产品,都体现了对古城历史文化的转化应用。

图 7.7　创作性建设之一的船型街

资料来源:调研时拍摄。

7.3 古城更新:顺势而为,亦假亦真

在大战的废墟之上,一座精美的古城用不到三年的时间(指台城旧志景区)拔地而起,并宣称其历史文化的原真性,如果不是建造者一厢情愿,便是一场古城更新与保护的奇迹。到底该如何评价台儿庄古城的重建和运营?空间生产的分析视角也许会给出更为客观的答案。

7.3.1 台儿庄古城的三元空间分析

在空间生产视角下,古城是物质空间、精神空间和社会空间的辩证统一,只有三元空间协调发展,才能实现古城的可持续发展。台儿庄古城的重建,不仅复原和美化了其物质空间,也延续和挖掘了其历史文化,建构了新的精神空间。但是,因居民的全部迁出和旅游业的发展,古城原有的社会关系结构也发生了改变。

1. "空间的实践":对物质空间的复原与美化

"空间的实践"是指围绕着空间本身展开的生产和再生产活动,如建筑和基础设施的修建等。空间实践活动主要针对可见的物质空间。在物质空间的生产方面,台儿庄几乎是从无到有,在一片废墟之上建造了一座精美的古城,不仅改善了原有破败恶劣的物质环境,而且使明清时期繁盛的古城得以复活。古城的规划布局注重"江北水乡"的重现,街巷空间强调运河的水文化诠释,在建筑风貌控制上强调"杂而有序",体现台儿庄"鲁南传统民居统一风格中的多样变化"[①]。在建设过程中,无论是单体建筑还是街巷格局力求保持原有面貌,建造的材料、工艺和装饰等经过了严格的把关。根据对历史材料及影像资料的研究,古城内建造了八种风格的历史建筑,如在建筑风格上以飞檐翘角和镂空正脊体现江南水乡民居的灵动,以特色鲜明的马头墙体现淮安一带徽商文化的影响,以夸张起翘的屋脊和繁杂的细部装饰体现福建建筑的特色等。走入古城仿佛走进了建筑博览园,让人感受到风格各异的建筑之美。

---

① 顾晓伟、阮仪三、王建波、李文墨、杨国栋:《台儿庄古城区规划设计与实施经验探讨》,载《规划师》2011年增刊。

古城内商店、客栈、餐馆均是在古城统一规划的基础上由店主灵活设计，皆装扮得古色古香，各具特色。在基础设施方面，古城不仅极大改善了路面和地下排水，还将运河水引入商铺的门口，让流动的小水渠增添更多的水乡味道。同时，在停车场和交通方面，古城也力求满足游客的需求。在历史上的繁华时期，古城内有很多家族大院，里面栽种了很多珍贵植物，南方风格的小园林、小花园也颇为常见。因此，重建的古城栽种了银杏树、海棠树、观赏木瓜、苹果树、石榴树等树木和蜡梅、迎春、樱花、莲花等花草，绿树红花与古老建筑相得益彰，再现了历史上的繁盛与美丽，创造出了优美古老的物质空间（见图7.8）。

图 7.8　古城不同建筑风格下美丽的角落

资料来源：调研时拍摄。

但是，古城在物质空间上的重建也受到一些文物保护及历史建筑专家的质疑。在古城重建的前期论证中，阮仪三教授就认为"台儿庄古城已经在战火中夷为平地了，重建的只能是新城，是假古董，充其量是影视城，不能称作古城"①。作为"古城卫士""古城保护神"，阮仪三教授在保护古镇、古城的战斗中，看到了太多的打着保护旗号而实际上谋取利益的案例，因此对台儿庄古城的重建保持谨慎态度。客观地看，台儿庄古城的重建确实不只是出于保护文物、保护运河文化的单纯目的。事实上，重建后的古城是一个切切实实的旅游景区，其物质空间主要承担着旅游的功能，其建筑和街道追求的更多的是游客"美"的需求，而不再仅仅是文物"真"的根本。

2."空间的表征"：对精神空间的传承与重构

在空间生产理论中，"空间的表征"是指空间的精神性存在，是人们对空间的构想。台儿庄古城重建的不仅仅是建筑、街巷等物质空间，更多的是对台儿庄历史文化的传承与复兴。在重建前，古城调研团队用将近一年的时间扎实调研，挖掘出了记载于故纸堆里、留影于老照片里和存活于老人记忆中的台儿庄历史与文化。重建后的古城严格保留了53处战争遗迹，对复原的历史建筑坚持采用原址、原风貌、原材料、原工艺和原籍工匠，复建后的建筑均在墙壁一角用古典的装饰附上其旧时名称，同时展现其战时的样态（见图7.9）。一些新建成的建筑的门前都摆放着一组"前世今生"照片和档案，四张照片分别是战火前、战火后、重建前、重建后，充分体现了对历史的尊重（见图7.10）。

古城内建设了运河招幌博物馆、运河税吏馆、运河奏疏展馆、运河票号文化展馆等展示古城运河文化的博物馆，体现了对古城历史的传承和应用。此外，"古城的重建也为木雕、石雕、砖雕等传统木结构营造技艺提供了一块可以发挥的舞台，使这些在现代社会丧失生存价值、日益消逝的传统手工技艺传承下去"②。古城十分注重对柳琴戏、皮影戏、运河大鼓、枣庄砂陶等非物质文化遗产的保护与传承，或引入在古城落户，开设工作室和销售非遗产品的商铺，或通过日常的演奏活动引起人们的关注，或是举办周期性的非遗展览

---

① 徐锦庚：《台儿庄涅槃》，人民日报出版社2015年版。
② 顾晓伟、阮仪三、王建波、李文墨、杨国栋：《台儿庄古城区规划设计与实施经验探讨》，载《规划师》2011年增刊。

图 7.9 古城重建后原址保留的大战遗迹
资料来源:调研时拍摄。

第7章 政府主导下的文化旅游复兴:台儿庄古城的空间生产

图7.10 古城重建后建筑的历史细节
资料来源:调研时拍摄。

活动,以吸引更多的非物质文化遗产项目来到古城,从而带动古城文化旅游的发展。

但是,古城发展文化旅游业的方向还是决定了其不可避免的商业化。尽管建设者们一直强调要保证所有的商业经营都根源于古城的文化底蕴,但事实上古城内商业和旅游气息浓厚,如果仅仅从历史文化遗产保护的角度去评判作为旅游景区的古城,看到的难免会是夜里喧嚣的酒吧、略显同质化的商业街和过于精美奢华的复古建筑,尽管平常有柳琴戏和运河大鼓的演出,但是真正聆听和观看者寥寥无几。古城的文化传承似乎还更多地停留在举办"热闹的文艺活动"层面。古城内的种种文化展馆,基本上以供游客观看的静态方式运作,即便有讲解,依然是付费的项目。尽管古城号称要打造运河古城"百庙、百馆、百业、百艺"的繁华场景,但是其历史文化的真正传承和复兴依然任重道远。

3."表征的空间":古城社会空间的变迁

空间生产理论用"表征的空间"来对应"居民"和"使用者"日常生活于其中的空间,所强调的"社会空间"是对"物质空间"和"精神空间"的融合与超越。台儿庄古城的空间生产经历了深刻的社会空间的变迁,一方面,人们的生活环境得到了改善;另一方面,旅游业的发展改变了古城原有的社会结构和生活方式,绅士化进程难以避免。

重建前的台儿庄古城区人口稠密,通道狭窄,生活环境十分简陋。在古城重建过程中,通过实施棚户区改造,梳理了城市肌理,让五千多户居民告别了"吃水难、排污难、取暖难、如厕难"的生活,极大地改善了古城区居民的生活环境。这也是在调研中受访居民对古城建设表示赞赏的重要原因。

同时,古城文化旅游的发展也给台儿庄居民带来了双重影响。一方面,古城建设带动了台儿庄旅游业的发展,增加了就业岗位,提高了居民收入,许多外来游客的到来不仅给古城带来了强大的人气,甚至使得一些居民改变了生活方式,如一些年轻人原来是在外面打拼,因为古城旅游的契机而回家乡做起了餐饮生意。另一方面,如前所述,台儿庄古城是一个完完全全的旅游景区,古城重建将原住居民全部迁出,重建后地价大幅上涨,绅士化过程难以避免。古城内建筑基本不再承担居民的居住功能,作为旅游景区,古城内有很多商铺、客栈、高级酒店、高级会所、特色餐厅、音乐酒吧、咖啡馆、休闲茶馆等商业娱乐场所,唯独不再有居民日常活动的生活场所。对于古城来说,商业气息浓厚而生活气息难寻似乎成了不得不承认的遗憾。古城缺乏社会日常生活的亲切感,游客事实上难以见到历史上真实的古城。

7.3.2 台儿庄古城空间生产模式的实质

台儿庄古城空间生产最大的成功之处在于,"在切实保护点状历史文化遗产的基础上,通过文化产业项目的开发,实现了城市内部已经衰落的历史风貌区的成片恢复"①。评价台儿庄古城的空间生产,既不能局限于历史文化遗产保护的严格角度,也不能陷入其现阶段旅游开发的活力表象中,必须认清台儿庄模式的实质。

1. 文化旅游导向的古城更新

台儿庄古城的空间生产不仅仅是重建了一座古城,其实质是为了促进整个枣庄市的城市转型,在文化旅游的导向下探索的古城更新模式。从整个枣庄市城市转型的大局来看,营造台儿庄古城文化旅游是枣庄发展文化产业的龙头项目。因此,从城市转型、产业升级和经济振兴的角度来评价,台儿庄古城取得了极大的成功。台儿庄用了短短三年,在严格保护大战遗迹的基础上,建造出一座建筑风格多元、水乡风貌鲜明、运河文化丰富的精美古城,并在开城两年后即被评为国家 5A 级旅游景区,从旅游和商业开发的角度来看,这是极为成功的案例。

与重建前旧城的衰落相比,古城文化旅游运作,给台儿庄带来了经济的复苏和物质空间的改善。在经济振兴方面,自 2009 年以来,台儿庄的经济能够保持两位数以上的增长速度,很大程度上是依托以文化旅游业为代表的文化产业的迅速增长。以"台儿庄古城"为龙头的文化产业从 2009 年正式起步,带动台儿庄 GDP 从 2008 年的 88.36 亿元增长到 2012 年的 138.86 亿元,发挥了主导产业显著的带动作用。同时,台儿庄第三产业增加值也实现快速提高,以服务业为主的第三产业增加值从 2008 年的 21.87 亿元增长到 2012 年的 42.1 亿元。② 同时,古城文化旅游的兴起也带动了古城居民的就业,从旅游服务到餐饮环卫,古城项目实现了 7 万到 8 万人的直接就业,相关

---

① 张伟:《文化产业与城市更新——基于"台儿庄古城"项目的实证分析》,载《东岳论丛》2012 年第 4 期。

② 张伟:《西方城市更新推动下的文化产业发展研究——兼论对中国相关实践的启示》,山东大学 2013 年博士论文,第 164 页。

的旅游产品的销售收入也大幅提升了台儿庄居民的生活水平。

在物质空间环境的改善方面,古城区原来是城市棚户区,基础设施老化,大部分建筑破败不堪,墙皮脱落,屋顶长满野草,无人居住的院子则一片荒芜。河道污染严重,厕所建在河岸,生活垃圾直接倒入河中,惨不忍睹。古城区成为集脏乱差于一体的所在,古城重建项目及相关配套工程的实施,不仅改变了该片区脏乱差的局面,为保护古运河遗产创造了良好的生态环境,而且通过棚户区改造极大地改善了居民的居住条件,也带动了整个古城基础设施的完善和公共服务的提高。因此,台儿庄古城的空间生产实质上是一场文化旅游导向下的古城更新,在保护点状历史遗产的基础上实现了城市经济的振兴和城市空间环境的改善。

2. 利用少量的历史文化遗产复兴衰落的古城

从严格的历史文化遗产保护的角度看,台儿庄古城空间生产实际上是利用少量历史文化遗产本体(古河道、古驳岸、古码头等运河文化遗产和大战遗址)而实现周边衰落的历史风貌区的复兴。正如阮仪三教授指出的那样,"台儿庄古城的这种做法,在一些具有突出历史文化价值的地区或重大历史事件发生地,在现状风貌较差、经济面临突破或居民生活环境亟待改善的情况下实现城市更新,具有较好的借鉴意义"①。

台儿庄古城空间生产者紧紧地抓住和保护了战后仅剩的53处战争遗迹,同时不遗余力地历时三年去调研和论证,搜集老照片、历史资料和访谈80岁以上的台儿庄老人,挖掘台儿庄的历史文化,三次沿京杭大运河实地考察,其目的都在于保护好这少量的点状历史遗存,为古城的重建正名。

在保护历史遗产物质形态的基础上,古城空间生产者还挖掘和引进了柳琴戏、皮影戏、运河大鼓、枣庄砂陶等珍贵的非物质文化遗产,以有利于运河文化的传承。同时,古城还创造性地建设了原来没有的船型街,用于非物质文化遗产的表演,"没有故事的大运河是乏味的,遗产工作就是发掘那些'活着的'文化遗产"②。在台儿庄古城,这些历史文化遗产正充满生机地活着。

在某种程度上,台儿庄古城通过严格保护少量点状历史文化遗产,并通

---

① 顾晓伟、阮仪三、王建波、李文墨、杨国栋:《台儿庄古城区规划设计与实施经验探讨》,载《规划师》2011年增刊。
② 潘守永:《2010,"中国运河年"来了!》,http://minzu.people.com.cn/GB/165244/12166444.html,2017年9月12日访问。

过发展文化旅游的方式,突破了"保护性衰败"和"建设性破坏"的双重困境,在处理历史文化遗产保护和改善社会民生的双重目标上迈出了较为成功的一步。

3. 关于台儿庄古城原真性的争论

尽管台儿庄既实现了少量历史文化遗产的保护,也实现了古城经济的振兴和居民生活环境的改善,但是古城依然面临一个较大的争议,即台儿庄古城是否符合历史文化遗产保护原真性的要求?换言之,重建的台儿庄古城到底算不算一座真正的古城?

台儿庄古城空间生产的推动者努力建构的空间话语,都致力于回应这一尖锐的质疑。在台儿庄古城空间生产的过程中,反复多次强调在古城复原设计中严格地按照历史遗迹的位置、高度、风格去建造,采用"原有空间、原有尺度、原来材料、原有工艺、原籍工匠",严格落实"留古、复古、承古、用古"的原则,并以列为世界文化遗产的战后华沙古城来佐证重建后台儿庄古城的原真性。

但是,无论台儿庄古城空间生产者如何建构台儿庄古城的空间话语,一些文物保护专家依然认为,台儿庄历史建筑在战争中已经几乎整体消逝了,仅仅依靠少量的历史遗迹、一些模糊的历史照片和一些只言片语的文字描述去准确恢复历史中的古城,这是不可能的,也是对真实历史的不尊重。明清时期繁荣的台儿庄已经在近代史的战争中湮灭了,重建后的建筑不具有历史文化遗产保护意义上的原真性。

普通公众则多对台儿庄古城的空间生产持肯定态度。在调研过程中,受访游客多表示"建筑看上去很旧,感觉挺真的""不管真不真,看起来挺好看,值得游玩""古色古香,有古城的感觉",可见普通公众对古城的要求远远没有文物保护专家那么高,大多数人对台儿庄古城持认可态度。

与一切事物一样,历史本身也在流动的时空中不断地被创造和生产着,台儿庄古城的空间生产不适合用严格的历史文化遗产保护的角度来评价。即重建后的台儿庄古城不具备历史文化遗产保护意义上的原真性,但是,它却在严格保护少量历史遗产的基础上,探索出一条复兴衰落历史风貌区的新道路,通过发展文化旅游,避免了古城和历史街区经常面临的"保护性衰败"和"建设性破坏"的难题,也很好地发掘和传承了古城的历史文化。在空间生产的视角下,一切空间都是不断地进行着共享式创造的社会关系,可以说,在废墟之上重建的台儿庄古城,不再是过去历史中真实的古城,却创造和生产出了台儿庄新的历史。毫无疑问,古城的这种空间生产仍然在持续着,并不断地写入古城的历史。

7.3.3 台儿庄古城空间生产模式的特殊性

台儿庄古城的空间生产模式对于推动古城更新具有成功启示和借鉴意义。但同时也应承认,台儿庄古城的空间生产也有其特殊性。这种特殊性至少体现在以下三个方面:

1. 空间生产的原材料:自然条件与运河文化

地处鲁苏交界的台儿庄,连接南北,在自然条件上既有北方的朴实又浸染了南方的灵动,"江北水乡"的自然风貌为古城的空间生产打上了美丽的底色。南北交界的地理位置,也使得这里形成了人口交往流动与文化交融的传统,使台儿庄逐渐滋生了培育丰富多元文化的土壤。同时,京杭大运河为台儿庄增添了一般古城不具有的特色和文化底蕴。大运河遗产和运河文化是台儿庄进行空间生产的重要"原材料",运河不仅留下了看得见的古河道、古码头、古驳岸等证明古城的历史价值的物质遗产,而且蕴含了丰富多元的历史文化,给古城带来了充实的可以演绎的历史故事和非物质文化遗产。

2. 空间生产的催化剂:历史大事件与政治地位

众所周知,台儿庄因台儿庄大捷而闻名于近代史。大战在毁灭明清时期台儿庄古城之外,也给台儿庄古城的空间生产带来了额外的历史影响。其一,因为战争,台儿庄是在废墟上重建古城,因此天然地回避了众多古城所面临的"拆旧建新"的困境。不管台儿庄建成什么样,基本不存在拆真古城的罪过,更何况台儿庄的古城建设者极力强调其对历史的尊重和保护。其二,具有英雄色彩的台儿庄大捷赋予了台儿庄新的话语意义,包括民族精神、爱国情怀、教育意义等,因此,台儿庄古城的空间生产又紧紧抓住了"大战故地"这一可以建构的话语,在发展带有大战元素的旅游上大做文章。其三,联系中国海峡两岸的现状,台儿庄还抓住了古城重建的政治意义,即促进海峡两岸的文化交流,进而促进海峡两岸关系。这些,都是台儿庄古城空间生产的特殊性。

3. 空间生产的推动者:强人领导、行政力量和政策支持

台儿庄古城的快速发展与其背后的强人领导、强大的行政力量和政策支

持紧密相关。首先是枣庄市时任市长在台儿庄古城空间生产中发挥了强有力的领导作用。一是在2006年力排众议,以古城重建取代房地产开发,确立了台儿庄的发展方向。二是说服市内五家煤炭公司以50万吨原煤换成4亿启动资金,从而争取到了古城重建的第一笔资金,解决了古城重建的起步难题。三是在古城重建过程中,在把握战略方向、确立理念原则、调动资源等方面都发挥了重要作用。某种程度上,现在的台儿庄古城是其倾注了大量政治资源和心血精力的"作品",台儿庄古城也因此被当地人形象地称为"市长工程"。①

在主要领导的推动下,台儿庄古城项目自然获得了行政力量的强大支持。业内将台儿庄古城的空间生产称为"枣庄实践",即"政府启动市场,市场拉动消费,消费带动投资,投资助推转型"②。这种模式的实质就是借助官方行政力量的强大推动来形成营销优势,在短时间内让古城进入大众的视线,吸引大量游客,举办各类大型活动,彰显古城蓬勃的生机与活力。

此外,如前所述,台儿庄恰逢枣庄市资源枯竭型城市转型的政策机遇,其文化旅游导向下的古城更新成为枣庄市发展文化产业的龙头项目,因而实际上获得了国家、省、市、区四级政府的政策支持,享受了一系列的优惠政策扶持。在国家层面,枣庄市自2009年开始连续获得中央财政的转移支付资金,山东省政府也十分重视枣庄市的转型发展,出台了多项具体优惠政策全力支持台儿庄发展文化旅游。在枣庄市层面,台儿庄古城的建设被认为是枣庄市城市转型的抓手和龙头项目,由领导亲自负责。台儿庄区政府也在市领导的带领下,倾注了大量心血,投入了大量的人力、物力、财力,将各级优惠政策几乎都给予了台儿庄古城的建设,这些行政力量和政策的支持是台儿庄古城空间生产的重要推动力。

这些都是台儿庄古城模式的特殊性,正是因为这些特殊性,台儿庄古城的可持续发展也面临一个不可回避的问题,当这些行政力量和政策支持退去后,古城该如何发展,如何在市场化和旅游化的道路上坚持其尊重历史、保护历史遗产、传承历史文化的初衷,如何在商业同质化中保持其台儿庄特色,这些都是古城的可持续发展面临的问题,应该引起古城的空间生

---

① 高晓东:《台儿庄古城景区营销策略研究》,山东大学2012年硕士论文,第35页。
② 同上书,第38页。

产者们深思。

古城更新中的人和事

人与城的生命联结：讲解员沙莹与古城的故事

正如哈维所说，古城作为物质空间、精神空间与社会空间的辩证统一，其共享式创造一直在继续着，古城不是静止不变的，而是在人与城的联结中不断谱写新的历史。在人与城的生命联结中，我们可以从中窥探到古城是如何在共享式创造中孕育着人与城的共同成长，而正是这种共享式创造赋予了古城绵延不断的生机与魅力。下文是台儿庄古城讲解部沙莹所写，讲述了自己与古城的故事。

2011年的夏天，还未毕业的我，只身来到了台儿庄古城。当时的古城，到处都是施工师傅、脚手架，一切都还在建设中，那时的我还是懵懂年少，怀揣着对家乡的热爱，加入了台儿庄古城这个大家庭，成为一名展馆讲解员。我还记得刚进古城工作的时候，时不时会下雨，我工作的展馆远在古城南门的关帝庙，位置很偏僻，不过院子很大，路面经常积水，青苔泛滥，踩在上面像溜冰一样！古城的起步阶段很艰难，那时候很多基础设施还没有完成，而我也正好见证了古城成长的每一天。那时每个人身上无形的责任很多，我在展馆工作，既是讲解员，又是保洁员，还担任展品维护管理工作，身兼数职。关帝庙地理位置偏僻，游客不多，工作却一样繁多，使得那时刚开始工作的我一度很沮丧，因为这一切似乎并不是我理想中该有的模样。

这一切被一起工作的前辈们看在了眼里，当时的领班陈大飞塞给我一本黄皮纸的册子，冷不丁说了句"半个月的时间，全部背下来"。我以为这是领导安排的工作，每天日日夜夜划重点，记段落。看到有景区讲解员经过，就会两眼放光，前去请教："占用您两分钟时间，请问这个地方要怎么讲呢？""这句话放在这合不合适？""用这种方式去讲这里可以吗？"一个月的时间，每天像中了魔咒，下班以后，脚和嘴几乎同步，走到哪里，哪里的讲解词相应要跟上，晚上睡觉脑子中也是讲解词的碎碎念。就这样，我一只脚迈进了理想中的大门！有一天，大飞哥找我谈话，他说对我的严要求是为了让我走得更远。有了这个契机，我的人生也渐渐活成了我想要的模样。

2012年3月21日，我进入讲解部，在新的环境下，一切都要从零开始，但一切也都充满了期待和挑战。三天一大考，两天一小考，展板、展馆、理论、实践，从未经历过如此高强度、大场面的我，在整晚整晚得捋词、背词的高压下病倒了！我又开始怀疑，自己为什么要选择这里。但是，当我看着一波波客人点头微笑的时候，看着一位位讲解员水都没喝一口被导游半道请走的时候，看到当地老兵、老人饱含热泪讲述抗战故事的时候，我似乎明白了，这其实是一份责任，作为古城的一名新时代青年的责任。

2018年，我来到古城工作已经整整七年了。七年并不长，但是这七年是我人生中最好的时光，和古城一起携手走过，不断成长，我无怨无悔！这七年里我圆满完成了各省市重大接待任务，心里有满满的自豪！然而，铁打的营盘流水的兵。每一年，身边的同事像流水一样，换了一波又一波。我从当年的"小沙"变成了"老沙""沙姐"。看着这些新入职的同事，我也渐渐明白了当年大飞哥对我的期许。谁的人生不曾迷茫过，能够在一个你爱的不会辜负你的地方奉献自己的人生，每天面对着游客们期盼的眼神和听完讲解后的若有所思，面对着老人或老兵们回忆的泪水，感受着古城越来越好的点点滴滴，我觉得自己的人生已经足够丰富精彩。

图7.11 讲解员沙莹在工作中

资料来源：调研时拍摄。

如今看到理想中的古城，十年腾飞，庆幸自己当初的选择和坚守。从质疑到认可，从认可到赞许，每一位古城人都在努力着，奋斗着。这是每一位古城人都能感觉得到的自豪和骄傲！

第8章

古城空间与居民生活的交融：周村古商城的涅槃

周村区属山东省淄博市辖区，位于山东省中部，东邻张店区，南接淄川区，西与济南市章丘区、滨州市邹平县相连，北与桓台县接壤，是山东历史上闻名遐迩的商业重镇。清代中后期，周村"商业繁盛，百货云集"，经济规模"驾乎省垣之上"。

周村古商城景区位于周村区新建路西段，也叫"周村大街"，现为省级重点文物保护单位、国家4A级旅游景区，并作为山东省"文化历史与民俗"旅游区的开发重点，被列入"山东省旅游发展总体规划"，是国家级历史文化古街、鲁商文化发源地、著名影视拍摄基地（见图8.1）。这是一座承载着周村工商业兴起、发展与繁荣的古商城，同样也在山东近代化过程中发挥了重要的作用。

图 8.1 周村古街晨景
资料来源：由周村古商城管委会提供。

一个内陆的小城如何能在近代发展成为商业重镇？在淄博市这样一座

中华人民共和国成立以来就以工业著称的城市里,缘何会兴起这么一座展示近代商业化风貌的"古商城"? 基于空间生产的视域,周村古商城又是如何从早期的五金电器街涅槃重生为国家 4A 级旅游景区? 带着这样的疑惑,以及对这座隐藏于老工业城市里的"中国活着的古商业街市博物馆群"的憧憬,自 2017 年 7 月起,课题组分多次开展了对周村古商城景区的实地调研。

8.1 因商而城:周村城市空间演变

8.1.1 古商城的兴起与城市建设

周村历史悠久,文化底蕴深厚。新石器时代,周村已有人类居住。商、周时期,已有部落和村庄。春秋战国时,为齐国属地。西汉时,北部属於陵县,南部属般阳县。南北朝时,属广川郡武强县。宋元嘉五年(428 年)于南部置贝邱县,属清河郡。隋开皇十六年(596 年)属淄州,十八年(598 年)改武强县为长山县。1945 年 8 月,置周村市建制,隶属渤海行署,后划归鲁中南行政区淄博特区。1950 年 3 月,周村、长山合并为长山县;11 月,与张店合建张周市。1955 年 4 月至今,周村为淄博市辖区。周村城市的兴起、繁荣乃至衰落,都与商业发展走势息息相关。

1. 伴随近代资本主义萌芽、兴起的古商城

周村古商城兴盛于明、清时期,近代更是周村古商城的辉煌发展阶段。周村古商城的发展与资本主义的萌芽、兴起具有密切关系。乾隆、嘉庆两朝,周村周围矿产得以开发,工业发展颇具规模,在全国享有盛名;同时,周村官僚家族聚居,刺激了商品消费,并为地主经济提供了政治庇护;此外,济青大路改经周村往来,特别是汇龙桥、通济桥的修建,使交通更为便利,带动山区与平原地区货物交换量增加,使处于交界位置的周村凭地获利。1904 年,清政府允许开放周村、济南、潍县(今潍坊)为商埠城市后,周村的商业更加兴旺,一举发展为覆盖鲁中地区、辐射长江和黄河的商品贸易集散地,有"金周村""旱码头"的美誉。从那时发展起来的大街等众多古商业贸易街区成为周村历史上遗留下来的瑰宝。

商贸的发展推动了周村城市的繁荣。根据明嘉靖《青州府志》的记载,直到明朝中叶,周村还只有"居民三百家",叫作"周村店"。三百家住户的居民

点,人数不多,在人口稠密的山东内地来说,只能算是个中小聚落。可是这个只有"居民三百家"的周村店,到了清康熙初年,已经是名列全县(长山县)市集之首的"周村集"。乾隆年间,周村被"御赐"为"天下第一村"。至嘉庆年间,周村已成为"百货丛积,商旅四达"的"巨镇"。

2. 近代周村兴盛的空间要素

近代周村的兴盛繁荣,有多方面的空间要素优势。

一是自然因素方面,气候适宜,盛产桑麻。周村是暖温带大陆性季风型气候,年平均降雨量处于半湿润水平,自秦汉以来就是全国主要的丝绸产地。周村丝绸闻名遐迩,文化源远流长,有"丝绸之乡"的美誉。早在春秋战国时期,就有家庭手工丝织业。唐代,周村的绢、丝已较有名气。明代,周村更是"步步闻机声,家家织绸缎"。清末,缫丝、丝织已用机器生产,年产丝绸、麻葛等百万余匹,漂染业亦相当繁盛。1931年,产绸300万匹,销往全国大城市及南洋群岛等地。丝绸产品的兴盛,是周村古商城兴起的重要因素。

二是空间因素方面,区位优越,交通便利。周村位于平原与山区的接壤地带,清顺治年间,济南府至青州府的交通要道开通,周村就处于该交通要道的中部。到咸丰时期,周村共拥有8条交通要道,分别至淄川、王村、邹平、博山、张店和长山等地区,成为往南通往临沂地区,向北通往黄河两岸,往西直通济南,向东连接青岛、烟台的商品贸易集散区,货物吞吐量超过济南,成为山东之首。①

三是社会因素方面,商业兴盛,文化繁荣。周村商业文化浓厚,城市日常生活空间类型包括市、街、胡同等形式,居住形式大多为平房、大院,有一院数户和一院一户等类型(见图8.2)。沿街的房子多为前店后场,多数带有前厦,平时遮风挡雨,摆放所卖物件。门店都有门板,宽20厘米左右,高约2米,营业时将门板拆下,收工时将门板按上,前面是营业室,后院子多为加工厂。周村商业繁荣,各地商旅汇集于此,经商生活。经此多年,全国各地信仰文化于此扎根成长,形成了十分繁荣的宗教文化。周村原有大大小小的关帝庙不下几百处,现存最完整的要数周村区政府西侧的关帝庙与陕西会馆,与晋商有关;天后宫与福建会馆,与闽商有关。此外,周村还存有天主教堂与清真教堂。清末,周村成为当时山东最大的宗教中心,相应建立了学校、医院、神学

---

① 郭济生主编:《大街——活着的千年古商城》,淄博市周村贯科印刷厂2002年印刷,第20页。

院、修道院以及护士学校,对西方文明的传播也起到了重要作用。

图8.2　20世纪40年代的周村大街
资料来源:由周村古商城管委会提供。

四是政策因素方面,因时制宜,开埠通商。1904年,袁世凯启奏朝廷将济南、周村、潍县开辟为商埠。自此,周村发展更加迅速,货物充盈、商人聚集,被称为"金周村""旱码头"。当时,很多类似西方现代文明的优惠政策在周村当地实施,例如,设立专门的开放商业区域,建立警察局维持社会治安,同时规定处罚收缴的款项要向公众公开,设立"无税日"等。开埠后的十年里,海外商人进驻周村商业市场,洋人买办也纷纷前来经商,洋货逐渐多了起来,学校、通信、医院、电力等社会公共事业逐渐发展起来,煤油、火柴、棉布、纸烟等洋货也迅速在周村集市上普遍出现,促进了周村商业的发展。

8.1.2　轻工业城市远去的繁华

清末以来时局的动荡极大地冲击了周村的商业。民国初,帝国主义的经济侵略使周村商业日趋凋敝。"七七事变"后,商户大部分歇业。至解放时,周村少数幸存商号已名存实亡,1949年社会商品零售总额仅有248万元。中华人民共和国成立后,周村作为山东省重要的轻工业城市,围绕城市建设和经济复苏制定了一系列规划和政策。尽管这些规划和政策使周村经济逐渐恢复,但"金周村"的昔日繁华已不复存在。

1. 中华人民共和国成立以来城市商业的复苏

中华人民共和国成立后,人民政府在发展国营、集体商业的同时,优惠扶持私营商业户。1954年,国营商业进一步发展,供销合作商业成为城乡商品流通的重要力量,个体商户一度发展达到4000余人。1956年,我国完成对私营工商业的社会主义改造,国营商业和供销合作商业已在商业领域中占主导地位,社会商品零售总额比1949年增长3.11倍。中共十一届三中全会后,随着全党工作重点的转移,商品流通提到应有位置,建立起多种经济成分、多种经营方式、多渠道并存和少环节流通体系,国营、集体、个体同步发展,大大丰富了商品市场,活跃了城乡经济。1985年,周村开始了以"三街一场"(大街、丝市街、东门路商业街、观山商场)为代表的商贸经营区改建、扩建,吸引了省内外客商。即便如此,往日"金周村"的繁华已然不在。

2. 轻工业城市艰难的发展之路

中华人民共和国成立以来,周村除了借力国家经济发展政策之外,还通过制定轻工业城市的发展和建设规划,进行城市复兴的探索。1958年至1959年9月,在淄博市区域规划中,周村区第一次完成了全区城市规划,确定城市性质为山东省丝织工业基地,是一座轻工业城市。工业布局在城东北部,新建五金机械厂,与轻工业机械厂构成一个工业机械区。主要干道南北3条,东西2条。

1976年10月,淄博市在区域城镇发展规划工作中,第二次完成全区城市规划,要求充分利用和扩大周村轻工业基础,加快全市轻工业发展。扩大丝织工业,对棉纺工业继续进行配套,新建铝制品、塑料制品等项目。机电工业也要相应发展。五年内新增工业职工8000人。在铁路以南的马鞍山开辟新工业区。逐步拓宽道路,修筑两条过境道路,利用萌山水库等地水源,解决工业用水问题。

在淄博市规划设计室的协助下,历时两年,周村总体规划的编制工作于1980年年初完成。经过1981年规划评议会全面评议、修改、审定,周村总体规划于1982年上报至省政府,1984年12月省政府正式批准了周村总体规划。总体规划将周村定位于以纺织工业为主,适当发展机械、电子等项目的小型工业城市。

此后,受纺织行业衰落的大环境、国家政策变化等因素的影响,周村的纺织工业在激烈的国内外竞争中陷入劣势,经济发展一度落后于周边地区。

8.2 重现昔日繁华：周村古商城空间生产的历程

周村古商城位于淄博市周村区城西，是一座古建筑群，当地人称其为大街（见图8.3）。1904年，济南、周村和潍县被作为第四批商埠对外开放，经过百余年的历史变迁，如今只有周村古商城还保留着原来的历史风貌，供游人观赏。电视连续剧《大染坊》《旱码头》《乔家大院》等都取景于此。

图 8.3　大街牌坊
资料来源：由周村古商城管委会提供。

周村古商城作为山东省唯一保存完好的明清古建筑群，是鲁商文化繁荣发展的历史见证，被古建筑专家誉为"中国活着的古商业街市博物馆群"。随着城市发展中文化保护意识的提升，周村古商城在城市建设中免于破坏。近年来，周村区按照"保护第一、科学规划、合理开发"原则，对周村古商城集中实施了保护性开发，恢复开放了大染坊、瑞蚨祥、周村烧饼等"老字号"旧址，再现了古商城历史原貌和独特历史文脉，初步形成了鲁商发源地、影视拍摄基地和民俗文化旅游三大文化旅游品牌，先后被评为国家4A级旅游景区、国家文化产业示范基地以及省级文化风景旅游区、全省最具竞争力旅游景区，并荣获中国人居环境范例奖。特别是随着总投资5亿元的汇龙街片区建成投用，景区形成了"古街新园相融，东街西市抱湖"的独特架构，进一步丰富了景区内涵(见图 8.4)。

图 8.4　大街一角
资料来源:由周村古商城管委会提供。

8.2.1　空间生产的动机分析

周村古商城从年久破败到逐步引起公众关注,再到有规划有步骤地推进古城更新,其空间生产进程有多方面的推动动机。

1. 古城保护意识的觉醒

20 世纪 90 年代前后,为了改善交通和居住条件,周村区推进旧城改造工程,一些清代建筑、传统街巷和四合院被拆除,小街小巷的传统格局逐渐消失,周村大街原本也在拆除计划之列。1993 年,著名导演张艺谋到周村大街拍摄了电影《活着》,获得了戛纳电影节评委会大奖。周村大街数百年的文化积淀因电影《活着》的拍摄得以释放,[①]这对周村古商城的保护意识的觉醒起到了很大的强化作用。1998 年 1 月,周村区政协九届一次会议上,部分政协委员提交了《关于保护开发周村古商业街的建议》,随后多件相关提案被提出,引起了区委区政府的关注。随后,周村古商业街的保护与开发论证工作正式启动。

2. 建设"旅游大省"的政策背景

1999 年,山东省委省政府提出了建设"旅游大省"的目标,要求把旅游产业作为全省的支柱产业来抓。基于对上级政策要求的把握,结合周村区浓厚的商业文化底蕴,周村区委区政府认识到,古街利用的主要方向是发展旅游,

---

① 潘海涛主编:《淄博记忆》,山东友谊出版社 2007 年版,第 65 页。

要充分利用好周村区独有的资源禀赋。是年,《周村古街保护规划》编制完成,周村古商城开发正式启动。

3. 寻找区域经济发展新突破口的契机

21世纪初,有着"老工业城市"深厚底蕴的淄博市开始谋求新发展模式的转型。其中,周村区的支柱产业毛纺织业也在大环境中遇到了新的发展桎梏。区域经济发展中谋求新的突破口成为区委区政府的共识。加快周村古商城的保护开发,发挥其在旅游业发展中的龙头作用,成为振兴周村区全区经济的一项重点工作。2001年周村大街开发保护办公室成立,周村古商城实质性的保护开发正式启动。

8.2.2 空间生产的历程

1. 古城更新的探索保护时期

周村区对古商城的保护开发可以追溯到20世纪80年代中期。1985年,淄博市委市政府决定把发展第三产业和搞好城市管理作为全市经济发展的战略重点。周村区积极贯彻落实,为恢复"齐鲁重镇""天下第一村""旱码头"城乡居民经商的优良传统,建设了"三街一场"工程,促进了周村商业发展,提升了城市形象,古街风格得到初步彰显。

2. 古城重建的快速发展时期

自2001年以来,十多年间,周村古商城的保护、开发经历了从无到有、从小到大逐步成长的过程。截至2013年年底,累计投入资金13亿元,其中古商城核心景区投入8亿元,汇龙街片区投入5亿元,修复和建成景点19个。2013年,接待游客198万人次,门票收入1030万元,旅游综合收入4.5亿元。整个古城的更新建设过程共分为三期逐步推进。

一期工程的重点是核心景区的打造。2001年开发初期,周村古商城主街主要为"五金电器"商品街。为突出特色,恢复古城原貌,打造核心景区,共分为五步进行。一是迁出沿街部分居民。百年的古商业街,沿街的店铺很多变迁为居民住宅。大量居民的涌入,使历史街区失去了原有的繁华。为恢复古街原貌,通过对沿街居住用户异地安置、货币补偿等方式,共迁出居民住户360户,为古城的开发奠定了基础。二是调整经营业态。按照古商业街保护规划,对经营业态进行适当调整。由古商城开发保护办牵头,会同房管局、区工商局联合办公,迁出经营机电、五金、日用杂货的业户,联系原老字号回归,使英美烟草公司、瑞蚨祥、谦祥益等老字号重归原址恢复商业经营,逐步形成了以经营丝绸布匹、旅游纪念品、特色小吃、古玩艺术品为主的经营业态,形成了完善合理的历史文化商业体系。三是全面修缮古旧建筑物。收集老材料、聘请老工匠、运用老工艺,对古旧建筑物进行修缮。投资800万元,对红瓦屋面进行全面更换,对危房进行了原样翻建维修,以恢复历史真实性。四是建设文化景点。新建了大染坊、票号展馆、状元府、千佛寺、烧饼展馆、今日无税碑等十余处景点。五是科学测量环境容量。对古街环境容量进行测量,适当保留原住居民继续生活,按照前店后场的历史布局,恢复了部分四合院式的历史布局,防止了文化遗产保护中的"文化空壳"现象。

二期工程的主要任务是修建汇龙街片区商业街。汇龙街片区商业街修建正式启动于2009年2月,由星级电影院、知味斋大饭店、美食广场、特色商业街、园林景点等七大部分组成,占地面积88亩,建筑面积4.9万平方米,总投资2.7亿元。2012年10月,二期工程全面完工,景区得到扩大,南下河原住居民居住条件得到改善,城市功能得到进一步完善,形成了"古街新园相融,东街西市抱湖"的景观。

三期工程聚焦于商城北片区的开发。2013年,周村古商城管委会委托同济大学建筑设计研究院编制了《周村古商城三期工程概念性规划》。总体目标是依托古商城的资源优势,拓展和丰富城市空间与活动场所,突出城市文化资本价值与驱动力,提升城市生活空间品质与旅游品牌影响力,力图将周村古商城三期项目打造成集观光、住宿、餐饮、购物、休闲、娱乐为一体,服务于外地游客和当地消费人群的综合服务片区。

3. 古城文化内涵的提升时期

近年来,周村古商城在景区打造和商业发展的同时,注重对历史文化的挖掘和展示,坚持文化核心引领地位,突出丝绸文化、鲁商文化、建筑文化的研究运用,以四合院博物馆群项目为抓手,完成二十余处四合院的修复工程,新建历史文化展示馆、丝绸文化体验馆、刘万鸣艺术馆、状元文化博物馆、票证博物馆、老电影博物馆、锦灰堆展览馆、三转一响博物馆、邮政文史馆等十余处文代展馆和一批文化休闲院落(见图8.5),在提升古商城文化内涵的同时,使得街区肌理更加清晰,纵深空间建设取得显著效果。

此外,在当前周村古商城建设发展中更加注重规划设计。周村古商城管

第 8 章　古城空间与居民生活的交融：周村古商城的涅槃

图 8.5　周村古商城内的和静斋旗袍博物馆
资料来源：由周村古商城管委会提供。

委会委托同济大学建筑设计研究院完成了《周村古商城周边地区城市更新概念规划与重点地段城市设计》和周村古商城北大街规划建设方案，委托山东省古建院完成了周村古商城文物保护规划，委托省城建设计院完成了历史文化街区保护规划，推动周村古商城的文化保护与古城建设进入一个新的阶段。

8.3　周村古商城空间生产的推动力量与推动理念

8.3.1　空间生产的推动力量

周村古商城更新体现了现代城市寻找新的经济增长点的探索，也是推动空间生产的重要缩影，其更新改造过程以及发展的现状与趋势具有典型性与时代性。从无到有再到大发展是政府主导下多方合力共同作用的结果。

1. 政府：古商城空间生产的"主导力量"

如同其他古城的更新进程一样，政府在周村古商城的开发保护中担任了最重要的角色，是古商城空间生产的主导者。

一是规划主导。2000年,《周村古商业街保护规划》由淄博市规划设计院编制完成。2002年,大街开发保护办公室编制完成了《周村大街旅游规划》。2008年,周村区政府委托北京达沃斯巅峰旅游规划设计院编制了《周村古商城旅游总体规划》。2013年,周村古商城管委会委托同济大学建筑设计研究院编制了《周村古商城三期工程概念性规划》。由周村区委区政府主导的周村古商城规划贯穿于整个空间生产的全过程,规划设计愈加专业合理。

二是政策主导。周村古商城的旅游业是从零开始起步的,为了顺利推进古商城的保护与开发,政府出台了多项政策措施。2002年至今,周村区政府先后出台了《周村大街古商业城保护开发暂行管理办法》《周村古商城保护开发建设投融资优惠政策暂行规定》《周村人民政府关于加快周村古商城保护开发的实施意见》等一系列政策文件,规范业态调整,突出经营特色,明确投融资政策优惠。

三是管理主导。在对古商城开发保护管理中,政府起到了绝对的主导作用。其管理机构经历了如下变迁:2000年,为编制山东省旅游规划,罗哲文、郑孝燮、阮仪三等一批国内著名古建筑专家到周村考察,专家们认为古商城是"山东为数不多的可以对国际市场推介的旅游项目"。当年5月,周村区委区政府决定,区文化局改名为区文化旅游局,负责全区旅游资源的管理、保护和开发。同时,成立了大街古文化城开发建设领导小组,区长担任组长,负责对大街周围进行保护性开发建设。

2001年9月,周村区政府从区房管局、建设局、文化旅游局、城市管理局抽调五名骨干,组成了隶属区政府的正局级事业单位——周村大街开发保护办公室。古商城保护开发正式启动。2005年8月,周村大街开发保护办公室更名为周村古商城管委会办公室,人员不变。2006年4月,周村区委区政府决定,撤销周村区文化旅游局,设立新的周村文化局、旅游局。周村古商城管委会办公室改为旅游局领导的事业单位,其建制级别、人员编制、经费渠道均不变,两个单位合署办公。2006年5月,周村区旅游发展协调促进委员会成立,由区长任主任,确立了"政府主导、社会参与、市场运作"的工作思路。另外,周村区政府与北京巅峰国智旅游投资管理有限公司联合成立"周村古镇旅游开发管理有限公司",引进专业管理人员,按照市场化方式进行运作管理。

2010年10月,周村古商城管委会成立,为副县级全额拨款事业单位,隶属于区政府,编制16名,下设办公室、景区管理部、规划建设部和文化宣传部四个内设机构,统一负责古商城旅游的规划、建设、开发和管理,同时撤销周村古商城管委会办公室,人员、资产由古商城管委会接收。2012年6月成立周村古商城北片区项目开发建设指挥部,总指挥为区政协副主席。机构设立副总指挥三人,由周村古商城管委会副主任担任,第一副主任担任常务副总指挥,加快推进古商城北片区的项目开发。

2. 市场资本:古商城空间生产的"助推者"

周村区财政状况在淄博市各个区县中排名比较靠后。多年来,囿于财政资金压力,周村古商城的空间生产进程并不顺利。为了加快周村古商城的开发与保护,政府采取让利放权、减免税费、引入社会资本等方式利用市场机制吸引社会力量,发展旅游。在开发阶段政府陆续推出过多种优惠措施,如对文物、古董、字画装裱等经营业户给予政策优惠,优先考虑进入古商城景区;又如坚持"谁投资谁受益"的原则,对投资开发者免收土地出让金,对经营业户给予税收优惠等。2006年,为恢复状元府,区政府决定对投资者实行优惠政策,鼓励民营企业家独立承担项目,在状元胡同西侧规划土地3330平方米,政府帮助拆迁安置,投资者只负责拆迁和基建费用。宅第建成后产权归投资者所有,但必须按照管委会规划布展,不得改作他用,建成后由管委会统一管理,给予门票分成。社会资本的积极参与,极大地提升了古商城空间生产速度。

3. 社会力量:古商城空间生产的"活力之源"

古商城空间生产实践中,社会力量的积极参与为打造一座"活"的古商城提供了"活力之源"。

一是当地居民的自发保护行动从未停止。古商城开发保护之前,受社会旧城改造潮流的影响,古建筑遭到了严重的破坏。在此期间,周村民众自发地对古文化进行了保护,甚至同个别改造毁坏行为发生冲突,一些古建筑也得以保存下来。这种保护意识贯穿了整个开发保护始终,成为影响政府决策的重要力量。访谈中,周村古商城管委会副主任王生华多次提出,在开发保护中注重"留白"理念,现阶段干不了的事情,要留给后一代人去做,敢于"不作为",为后代开发留足空间,这既有利于古城的开发保护,也是对当地居民负责。

二是对居民因商而居的生活原貌的保留,契合古城空间生产实践要求,形成了独特的古城发展风格。开发保护过程中,周村当地居民因商而居的传统居住风格得以保留,临古街口的店面和后院的居住生活无缝衔接,生活气息浓郁,居民生活与古城开发保护高度融合,成为古商城的"活的灵魂"。

三是积极引智,引入专家学者,增强规划的科学性。对古商城开发保护以来,周村区委区政府先后请来著名建筑学家阮仪三、罗哲文以及联合国教科文组织专家等到古商城考察,为古街"号脉",专家们称古商城为"中国活着的古商业建筑博物馆群""活着的千年古商城""山东为数不多的可以对国际市场推介的旅游项目",为古商城的开发保护指明了方向。此后,周村区采取全国招标方式,聘请北京达沃斯巅峰旅游规划设计院、清华大学、同济大学等规划设计机构,编制完成《周村古商城保护开发规划》《周村古商城旅游总体规划》《周村古商城控制性规划》等一系列规划,提升了古商城规划的科学性。

8.3.2 空间生产的推动理念

十多年来,周村古商城从一条杂乱的五金电器商铺街,发展到现在初具规模并且卓有特色的旅游古城,凝聚了无数古城建设者的心血。周村古商城建设中鼓励多方参与,积极引智;通过政策引导原住居民留在并融入古商城之中,从内到外逐步增强古城对城市建设发展的辐射影响力。

1. 多方参与,引智激发活力

周村古商城更新建设的过程由行政力量主导,其作用的发挥经历了从培育市场向规范市场的逐步转变。在做好业态规划、文化挖掘、形象宣传的同时,政府注重积极引导社会资本参与,以激发空间生产新活力。开发之初,在政府资金缺乏的情况下,政府采用让利放权、减免税费等政策鼓励民间资本投入。除此之外,专业团队的参与也在其中发挥了十分重要的作用,为整个古商城的开发和保护提供了智力支持。

此外,引进北京巅峰国智旅游投资管理有限公司全面接管景区的经营管理工作,提升了古商城的经营和管理水平。管理团队介入后,积极破局知名度难题,采用举办活动等多种营销措施,扩大古商城的影响力。通过重现抬花轿、挑担、剃头、拉二胡、拉人力车等生活场景,烘托古城氛围;节假日,旗袍展、菊花展等各种展览不时推出,影响力进一步扩大。在进一步发展规划中,聘请同济大学建筑设计研究院主持了《周村古商城三期工程概念性规划》的设计(见图8.6)。不同领域的专业团队的加入,激发了古商城空间生产的活力。

图8.6　周村古商城概念规划设计
资料来源:由周村古商城管委会提供。

2. 融入城市,构造立体空间

与城市居民生活的零距离融合,是周村古商城开发中贯彻的一个重要理念。周村古商城是一条保存完好的古商业街,"前店后场"店铺模式十分明显。在古城更新与保护的过程中,建设者秉承古城融入城市的理念,保存了居住和商业功能。在这里,与其他刻意制造的古城"雷同的繁荣"相比,能体会到周村这座城市原汁原味的生活。古城的业态调整过程中,专门留下了部分原住居民。他们世世代代"生于斯,长于斯",是古城与城市融合的鲜明证据。徜徉于古街,漫步于青石板铺成的街道,遇到的不仅仅是古色古香的商铺,还有当地居民原汁原味的生活。古城的出现,并未破坏城市居民原有的生活节奏,古城被深深植入到了现代都市之中。

这种融合很大程度上是设计中的无意之举和有意之举共同作用的结合。

在开发初期,囿于资金的缺乏,政府无力将所有的业户和居民搬迁而出,保留生活的原生态也是无奈之举。同时,专门对古城中居民进行了适当筛选,引导经营业态,使得原生态居民生活在景区体现,又为旅游增加了很多的生机。在以后的设计规划中,这作为突出特色被加以巩固和发扬。

基于城市与古商城的关系,古商城为推动城市发展着力构建了四度立体空间:①

一度空间——核心空间。依托两条七百余米的古街,即"旱码头景区",是传统风貌建筑群的密集空间。

二度空间——延伸空间。向外围延伸的街区范围,突出原住居民生活、邻里关系等方面。

三度空间——渗透空间,即延伸空间再向外围延伸的街区范围,成为周村城市的有机体之一,渗透出城市的环境、文化与特色。

四度空间——轴线空间,位于城市重要的交通轴线和城市发展建设轴线的西部端点。

通过四度立体空间的打造,周村古商城从景区核心空间向周边原住居民的生活、交往空间延伸,再同城市街区空间有机渗透,进而成为周村交通轴线的西部端点。周村古商城的影响逐渐向外辐射,由点到面,层层拓展,在推动周村城市整体建设、协调发展中愈发重要。

8.4 周村古商城更新的特征

老房、老街、老人也是一个城市的立体历史文化看点,保护好地方特色,又要做好原住居民文化的传承,是城市更新面对的新课题。在周村古商城的保护与发展中,没有简单地将古商城内的居民强制迁出进而对建筑进行整修处理,而是有意或者无意(囿于开发初期资金紧张等原因)地保持了当地居民的生活原貌,将古商城更新融入到了市民日常生活之中。在整修古建筑群的同时,居民的原生态生活得以保留。古商城建成后,交错的民宅随处可见,透过半开的店板,可以看见屋内陈设的锅碗瓢盆。临街的门口,大街居民旁若无人地吃饭、聊天、做手工。周村古商城的更新过程既让当地人的生活方式

---

① 黎祖尧、俞新开:《周村古商城的成功路》,载《中国旅游报》2009年8月12日第11版。

成为景区独特的风景，又保证了古城更新过程与城市的融合，保证了古城重建中"既留得住街又留得住人"，实现了文物保护、文化传承与城市更新融合发展的理性结合，建设了一座有生活温度的"活"的古城(见图8.7)。

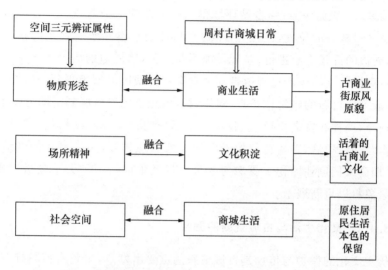

图 8.7　周村古商城更新与市民日常生活的融合图示
资料来源：根据调研绘制。

8.4.1　商业活动与古城更新的融合

"因商而兴、因商而城"是周村古商城的核心主旨。周村古商城在开发与保护中，尽量避免了千篇一律式的景点商业发展，而是专门对极具特色的老商铺进行了保留，对当年商业文化气息进行了复原，这也形成了周村古商城在古城重建浪潮中特有的风格，打造出了古商城的景区气质、文化精神和历史底蕴，构成了古商城最宝贵的精神财富和核心竞争力。例如，百年老字号瑞蚨祥总店、英美烟草公司总店、大德通票号等的保留，在做好商业传承的同时继续经营，重现了当年周村城繁华的商业气象。

此外，古商城内当地居民自发形成的具有当地特色的商业活动的丰富，也成为周村古商城有别于其他商业古城千篇一律的售卖的显著特点。例如，周村蚕蛹、烧饼、琉璃、煮锅等一系列地方特产，在周村大街聚集，成为周村古商城的重要特色。古商城整修后，周村大街原始风貌依然保存较好，青瓦红墙、灰砖土壁，布市银街、当铺药店、茶楼染坊、客栈古玩可依稀见证旧时之繁华,重建之初破败、杂乱的景象已经不复存在,古城物质形态的衰退得到根本性遏制。

古商城于五金电器街基础之上保护重建,经过多年恢复与发展,形成今日的国家4A级旅游景区,古城环境得到根本性的保护与改善。古商城位于周村城区最核心的位置,在其开发保护中,社会资本和政府资金的投入逐渐加大,周边的拆迁不断进行,基础设施不断完善,给周边的居民带来了很多便利。古商城的空间生产过程也带动了整个周村城区的城市更新,它的开发与保护,成为周村新的经济增长点,对周村区域经济的发展起到了助力作用。

现今,徜徉在古老街道上,各种风格迥异的古建筑鳞次栉比、错落有致,长街古巷商幡招展,独居特色的老字号商家牌匾林立,历经百年依然活力十足,早期商人们创业之初步履匆匆的身影尽现眼前,当年"天下之货聚焉"的繁荣景象得以重新展示。

8.4.2 文化生活与古城更新的融合

历史文化的保护与传承是古城更新的重要出发点,也是古城精神空间发展的实质。单纯进行物质翻新,忽视历史文化的传承是对古城的破坏,这也是周村古商城开发保护中着重避免的情形。

周村古商城自开发伊始就注重正确处理好文化遗产的保护与开发的关系,把抢救保护文化遗产作为文化建设和发展旅游业战略性、基础性的工作来抓,同时在抢救、保护的基础上进行开发利用,让古老、珍贵的文化资源为旅游的振兴发展做贡献。在具体工作中,必须按"首先要抢救,第二要保护,第三要开发"的三个层次来进行。① 随着开发的进行,周村的文化产业得到了空前发展。走进古商城,明清时代的布市、丝市、鱼市、油市、鞋市、银市等仍保留着老布局,商贾云集、"天下之货聚焉"的历史遗风历历在目,以大街为中心的古商城已经成为周村旅游与商业的核心。古商城的开发与保护成为周村城市的文化符号,城市的文化底蕴和文化内涵也借此不断得以丰富。

更难能可贵的是,古商城空间实践中突出了"刻意留白"的更新理念,对无从下手、力有所不逮的文化布局,采取了不动、保存现状的更新方式,突出表现了对文化传承的尊重,也是一种最有智慧的选择。

---

① 黎祖尧、俞新开:《周村古商城的成功路》,载《中国旅游报》2009年8月12日第11版。

8.4.3　社会生活与古城更新的融合

理想的古城是兼顾历史与未来，实现物质空间、精神空间与社会空间辩证统一的一种城市共享资源。与古商城原住居民日常生活的自然融合是周村古商城开发与保护中对社会空间延续所提出的要求。在古商城的开发中，既注重了对新引入商家的筛选和引导，着重引入与古商城特色相融合的商家，如古玩、字画、布匹等，又注重对原住居民生活本色的保留，未单纯生硬地进行"搬进迁出"，而是着重对原有邻里关系进行保护，构建了一座深度融入城市生活的古城。漫步于周村古商城的石板街上，儿童晨起奔跑嬉戏，老人夕阳漫步，随处可见，夜色降临下，邻家砧板声、灶台上炒菜声，在大街随处可听，展现出一派盎然的生机。这完全避免了古城建设与城市生活的割裂，实现了更新实践中对原有社会关系的保留，保证了一座"活生生"的古城的持续发展。

古城更新中的人和事

一个人的追求与一座城的坚守

古城更新于不同的时代背景下有不同的更新理念，于千人眼中，也有千个古城发展模式。在空间生产的推进过程之中，行政力量无疑是最重要的推动力量。在本课题研究中课题组与古城更新的多方参与者进行了座谈交流，周村古商城保护开发指挥部副总指挥王生华就是其中十分典型的一位。作为周村古商城空间生产公共政策的具体执行人，他是保护地方特色、做好原住居民文化传承的古城建设理念的秉承者。下文是他的实践经历及古城保护的理念。

王生华，现任周村文化新闻出版局副局长、周村古商城保护开发指挥部副总指挥。1991年7月毕业于山东大学历史系，投身周村工作至今。王生华从事过多个基层工作岗位，始终坚持在公共政策执行的第一线。

2014年以来，他潜身投入周村古商城的文物保护及文化挖掘研究，坚持以文物保护为生命线，遵循历史文化遗产的保护规律，系统挖掘整理周村古商城文化体系,以古建筑为肌体,以丝绸文化为血脉,以鲁商文化为灵魂,形成了鲜明的古城文化特征体系(见图8.8)。

在古城保护工作中,王生华注重建章立制,形成了一整套科学、合理、有效的文物保护运行机制。他奉行保护为主、文化为魂、注重生态、统筹民生的发展理念,实现了文物保护、文化传承与城市更新融合发展的理性结合。

图8.8 更新后的周村古商城
资料来源:由周村古商城管委会提供。

第 9 章

千年古城,八载新邑:青州古城空间振兴之路

《尚书·禹贡》中记载:"海岱惟青州"。山东省青州市作为古九州之一,拥有深厚的历史文化底蕴。青州古城在历史上几经兴废更迭,承载了青州千年厚重的历史积淀和文化传承,却难以避免地在近现代社会变革的浪潮中逐渐衰落下来。

2010年起,青州正式开启了古城空间的修复与重塑,并取得显著成效,于2017年晋级国家5A级旅游景区。青州古城是在保留了大量原住居民的基础上进行的更新,居民的日常居住和工作生活与现代化的旅游业态在古城之内相互融合。这是青州古城突出的特色,也使青州古城在山东省轰轰烈烈的古城更新浪潮中引人关注。

基于此,本课题组在2017年12月至2018年3月对青州古城进行了深入的调研,对青州古城管理委员会相关领导、施工企业负责人等在青州古城保护修复工作中发挥重要作用的专业人士进行座谈,并对青州古城居民、商户等直接利益相关者进行调研,以梳理青州"千年古城"的振兴之路,探寻青州古城空间生产的成功经验。

9.1 青州古城当代的空间形塑与空间意象

更新后的青州古城扫去蒙尘,重现了一座彰显历史底蕴并充满时代活力的古城,并成为青州古城旅游区的核心旅游资源。[①] 青州古城保留了明清以来的历史建筑和街巷布局特色,呈现出"千年古城""文化古城""包容古城"的

[①] 作为国家5A级旅游景区的青州古城旅游区,以青州古城为核心,整合了青州古城、青州博物馆、云驼风景区三大旅游板块。

空间意象。

9.1.1 青州古城的空间形态

目前的青州古城,是在历史上东阳城的北关古街区、南阳城的偶园历史文化街区和南门街区、东关圩子城的昭德古街区的基础上修建的。重建的青州古城,总面积约计 10 平方公里,核心区 5 平方公里,目前开放的古城空间约 2 平方公里,包含 120 多条古旧街巷和 7 处国保、省保单位。① 在青州古城内坐落着大量被保护下来的府衙、民居、园林、牌坊等历史建筑,同时延续着历史上六座古城留存下来的街巷、道路等基本空间形态(见图 9.1)。

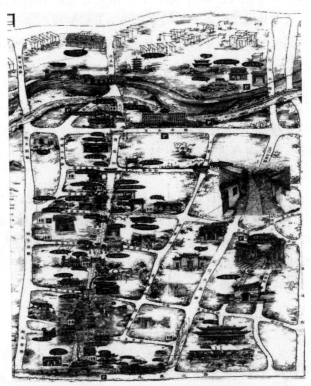

图 9.1 青州古城手绘游览图

资料来源:古都印象团队:《青州古城手绘游览图》,山东古都文化传播有限公司 2018 年版。

---

① 《古城简介》,http://www.qingzhougucheng.com/qingzhougucheng.html,2017 年 12 月 24 日访问。

青州古城历经兴衰更迭而保留下来的历史建筑和空间布局,奠定了青州古城今天基本的空间格局;青州古城建筑所承载的名人轶事与文化习俗,成为现今青州古城空间意象的基石。

9.1.2 青州古城的空间意象

青州古城的重建保留了明清时期的传统建筑和空间布局,重现了一座"千年古城"。历史上诸多青史留名的文人墨客、名宦重臣都曾与青州结下不解之缘,重建后的青州古城以此为基础塑造了一座"文化古城"。汉族、回族、满族等民族在青州古城历史演变中逐渐实现了融合与文化交融,今天的青州古城也呈现为一座多民族文化交融的"包容古城"。

1. 千年古城:明清特色的建筑风格与空间布局

青州古城内街巷纵横,店铺林立,每一座古建、每一条古街无不承载着千年古城的历史沧桑。青州古城的正门阜财门是古南阳城的南大门,进入阜财门后便是青州古城的主要道路之一的南门大街,沿街坐落着古色古香的民居屋舍和多处历史文化建筑(见图 9.2)。

图 9.2 阜财门和南门大街重现昔日青州古城的繁华
资料来源:调研时拍摄。

南门大街连通着阜财门与偶园街,偶园是古城内重要的历史文化建筑,如今也是山东省级文物保护单位,据说它曾是明衡王府的东花园,后成为康熙年间文华殿大学士兼刑部尚书冯溥的私家花园,园中湖水假山、亭台水榭、回廊小桥呈现独特的韵致。

偶园街以北为北门大街,历史上北接南阳城北大门,也是古南阳城重要的南北纵向街道之一。北门大街以北为北关街,大致是古东阳城东部一带,

"有北关街、青龙街、镇武庙大街以及横贯北关街的三贡街四条主要道路,以北关街和三贡街为十字大街轴线"①,青州古城北部有偶园、宋城、文昌塔等历史文化建筑。

东门大街不仅是古城内的主要街道,也是古南阳城最主要的东西大街,在南阳城兴盛的时候,东门大街汇集了当时主要的商业资源。而如今修复后的东门大街,依旧呈现着热闹的特色商业(见图9.3)。

图 9.3 东门大街融合了古朴与商业的气质

资料来源:调研时拍摄。

东门大街以东便进入昭德古街区,昭德古街曾入选"十大中国历史文化名街",两旁屋舍古朴的木门砖瓦和脚下的青砖石板道路,承载着历史的厚重和沧桑。而作为自古以来回民的聚居地,昭德古街也承载着具有典型民族特色的建筑艺术和民风民俗。

青州古城在历史上先后经历过多次城市建设。目前的青州古城主要建立在南阳城和东关圩子城的基础之上。南阳城和东关圩子城主要是在明清时期繁荣起来的,至今保存相对完好,因此重建后的这座"千年古城"凸显了鲜明的明清特色。

2. 文化古城:文人墨客与名宦重臣的足迹

青州古城历史上涌现了众多名士,先后走出了800名进士、12名状元。青州府贡院见证了青州一代代学子寒窗苦读脱颖而出,也记载着青州昔日在文化治学方面的显赫辉煌,现在青州府贡院已成为青州古城重要的历史建筑

---

① 孙国翠:《青州古城历史文化保护研究》,山东大学2012年硕士论文,第11页。

和旅游景点,在贡院内建有科举博物馆,向人们重现往昔科考的景象(见图9.4)。

图 9.4　青州府贡院与内部的科举博物馆
资料来源:调研时拍摄。

许多历史名人也与青州有着不解之缘。康熙年间文华殿大学士、刑部尚书冯溥就居住在现在青州古城内的偶园。偶园内的"存诚堂",历史上曾先后为冯子履、冯琦父子及冯溥的居所,由于三人先后高中进士,也因此留下了"一屋三进士"的佳话。偶园内的"佳山堂"则是冯溥晚年用以待客和写作的场所,冯溥所著《佳山堂集》即以此命名(见图9.5)。

图 9.5　偶园内的"存诚堂"(左)和"佳山堂"(右)
资料来源:调研时拍摄。

此外,还有众多文人墨客与名宦重臣都在青州留下了自己的足迹。北宋名臣范仲淹、富弼、欧阳修先后知任青州,惠及青州百姓;李清照客居青州18

年,留下大量的千古名篇。① 这些文人墨客与名宦重臣在青州曾经居住的古宅、留下的墨宝、为后人津津乐道的名人轶事,都奠定了这座文化古城的空间意象。

3. 包容古城:民族融合与文化交融的场所

青州古城在历史上长期作为政治文化中心,使其具有包容大气的气质。不同民族人民在青州古城共同生活,不仅在历史进程中多民族的生活方式和社会交往逐渐融合,同时多民族文化也在青州古城空间之中实现共存和交融。

(1) 宗教文化的和谐共处

在青州古城中,不同的宗教文化在古城内和谐共处,风格各异的不同宗教建筑成为一道独特而靓丽的文化景观。始建于元大德六年(1302年)的真教寺,是元代三大真教寺之一,集中承载了当地穆斯林文化,也是全国重点文物保护单位,在建筑风格上将中国宫殿式建筑与阿拉伯建筑特色有机结合起来。清真寺始建于明代嘉靖年间,采取东西轴线三进式院落布局,体现出鲜明的民族特色,也是山东省级文物保护单位。基督教堂是青州古城著名的清代建筑,外部呈现中国传统庙宇和宫殿式的建筑风格,而内部结构则采用西方哥特式教堂建筑风格,中西合璧,风格互融。天主教堂初建于光绪元年(1875年),是如今青州市天主教爱国会和天主教益都主教区所在,建筑风格为典型的哥特式(见图9.6)。

(2) 民俗文化的共存交融

汉族、满族、回族等民族文化、风俗人情在一城之中共存,呈现出风格迥异、异彩纷呈的古城文化。昭德古街一直是回民的聚居地,典型的回族建筑林立,同时沿街开设了各种清真美食店铺,体现出浓郁的民族文化色彩(见图9.7)。另外,尽管旗城随着民国时期社会政治的剧烈变迁而走向衰落,但青州的满族居民并未在当时"驱除鞑虏"的口号下遭到极端的对待。而是在旗城空间边界打破后,部分留在当地的满族居民逐渐在工作和生活中同古城中的汉族、回族等居民实现了融合。

---

① 《青州古城:千年过往 繁华依旧》,http://cppcc.people.com.cn/n/2015/1120/c34948-27834980.html,2017年12月24日访问。

第9章 千年古城,八载新邑:青州古城空间振兴之路 231

图9.6 青州古城内不同宗教文化和建筑艺术的共存
资料来源:调研时拍摄。

图9.7 古城内具有民族特色的建筑
资料来源:调研时拍摄。

9.2 历史上青州古城的沿革与失落

青州古城从古九州之一发展为今天的国家 5A 级旅游景区,其间也并非一帆风顺。青州在历史上经历过多次建设沿革,在近代逐渐衰落下来,近年来通过艰辛的复兴历程,才打造成现今以旅游为主的青州古城。

9.2.1 青州古城的空间演变

青州市隶属于山东省潍坊市,地处山东半岛中部,东临昌乐县,西靠淄博市的淄川、临淄两区,南接临朐,北与东营市的广饶接壤,东北与寿光市毗连。历史上的青州古城,经历过以广县城、广固城、东阳城、南阳城、东关圩子城、满族旗城为代表的多次城市建设。这其中,既有对衰落或破坏的修复重建,也有随人口增加和经济活动聚集后的扩张再建,但历次城市建设的空间位置基本上是不变的。也因此青州古城经过历史变迁,能够保留下来众多历史建筑、传统空间布局,积淀深厚的文化内涵。

西汉初建立"广县城",故址大概位于今青州五里镇下圈村周围,西濒南阳河,东临瀑水涧,南至胶王公路。南北约 400 米,东西约 500 米。[①] 西晋永嘉五年(311 年),青州刺史曹嶷在广县城西北四里依山傍水另筑一座城池,"以有大涧甚广,因以为故,故名广固城"[②]。同时,将青州刺史部、齐郡、临淄县三级政府都迁进城里,青州也由此成为山东省政治中心。自 398 年到 410 年,广固在 12 年的时间内都是南燕的国都,见证了在十六国时代一个短暂王朝的风雨兴衰。

南燕灭国之后,时任青州刺史的羊穆之在南阳河北岸东阳陵另筑"东阳城"。北魏时期,由于青州无大的兵革,人口繁衍增多,东阳城难以容纳,于是在北魏熙平二年(517 年)重修东阳城时,便在阳水之南修南郭,因其在阳水之南,故称"南阳城"。[③] 后来随着人口的不断聚集,南阳城东门外逐渐形成了一处规模颇大的商业居住区,居民出于安全考虑,便修建了圩子墙,现在常称

[①] 青州市志编纂委员会编:《青州市志》,南开大学出版社 1989 年版,第 845 页。
[②] 李森、董贵胜、李玉红:《南燕史考论》,载《潍坊教育学院学报》2002 年第 2 期。
[③] 隋同文编著:《青州上下五千年》(青州文史资料·第十八辑),青州市政府史志办公室、青州市政协文史委员会、青州历史名人研究会 2005 年版,第 249 页。

为"东关圩子城",直到清末无法满足城内外人口聚集增长的需要,圩子墙才逐渐被居民自行破坏。

明清是对青州古城产生重要影响的一段时期。南阳城在明代得到了大规模的建设,从城建、经济还有文化上,都发展到了一个新的高度。洪武三年(1370年),南阳城改建,"增崇数尺,垒石甓甓",加大高度,砖石筑城。重修后,城墙高12米,护城河宽12米,城西、城北依托南阳河,更为雄壮。与此同时,随着商业经济的发展和繁荣,南阳城的"城"和"市"逐渐融合,封闭式里坊制演化为开放式街巷制。坊墙不再存在,临街建有官衙庙堂和官宦的深宅大院,间杂许多门铺商店、手工作坊和娱乐场所,平民百姓则散住于小巷胡同。① 街巷制奠定了今天青州古城空间形态的基础,棋盘街、昭德街、卫街、偶园街、北门街、北关街等街巷保存较为完好,这些街道首尾相连,绵延5公里,被称为"十里古街"。②

但也正是在明代,青州的省级政治中心地位正式被济南取代。洪武九年(1376年),裁撤行中书省,改设承宣布政使司,在地方设13个布政使司以分领天下州府县,其中山东布政使司治所迁至济南府,青州长达1065年省级政治文化中心的历史由此终结。可以说,青州市在明代进入了失落的拐点,但青州古城的城市建设却迎来了一个发展的高峰。

清雍正八年(1730年),为加强山东一带的军事防务,在青州修建了旗城。据魏源《武事余记》所载,全国驻防旗兵共97处计20余万人,一半驻在东北、新疆和京畿,一半分驻内地各省20处③,在山东即为德州、青州两地④。青州旗城的修建一改传统上"多于原汉民居住旧城内圈出一片界址,以安置旗人"⑤的做法,出于安置旗人"永久驻防"的考虑,在东阳城旧址以北,另造一座在地理上呈现封闭特征的新城,供旗人在此居住生活(见图9.8),以避免互相干扰。⑥ 辛亥革命后,旗兵团和八旗组织解体,旗城开始衰落,但满族居民

---

① 隋同文编著:《青州上下五千年》(青州文史资料·第十八辑),青州市政府史志办公室、青州市政协文史委员会、青州历史名人研究会2005年版,第250页。
② 同上书,第251页。
③ 侯儒:《青州旗城历史文化保护与旅游开发》,载《佳木斯大学社会科学学报》2013年第1期。
④ 刘小萌、王禹浪:《山东青州北城满族村的考察报告——关于青州八旗驻防城的今昔》,载《黑龙江民族丛刊》2001年第4期。
⑤ 同上。
⑥ 李凤琪、唐玉民、李葵编著:《青州旗城》,山东文艺出版社1999年版,第6—7页。

却在青州古城中逐渐实现了生活和文化上的融入和融合。

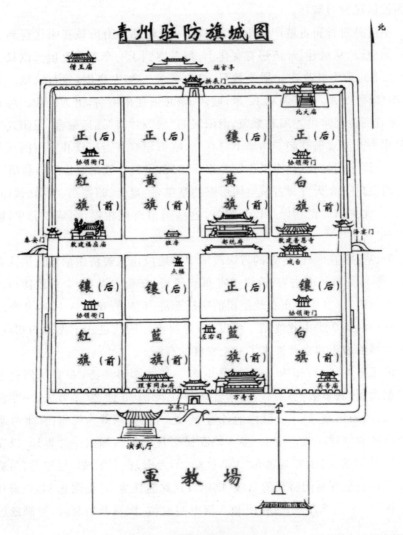

图 9.8 青州旗城格局示意图
资料来源:李凤琪、唐玉民、李葵编著:《青州旗城》,山东文艺出版社 1999 年版,"前言"第 11 页。

青州作为古九州之一,有着 12 年国都、1065 年省级政治文化中心、1608 年郡府治、2220 年县治的历史。从秦汉起,青州古城经历了广县城、广固城、东阳城、南阳城、东关圩子城、满族旗城等规模和影响较大的城市建设,尤其在明清时期城市建设得到了明显的发展。历次城市建设在空间位置基本上是不变的,在历史长河中逐渐演变成为今天的青州古城,大量的历史建筑保留下来,成为今天青州古城珍贵的文物古迹。

9.2.2 逝去的辉煌与当下发展的渴求

和多数古城一样,青州古城在近现代社会发展转型进程中逐渐衰落。一是自明清以来政治中心变迁之后,青州古城获得的发展资源逐渐减少,在面对近代社会巨变的时代浪潮时缺乏发展后劲。二是 20 世纪 90 年代市场化浪潮下青州传统优势工业的衰落,导致当地政府财政困难,青州古城居住环境条件难以改善,古城居民生活质量无法得到保障,青州古城的发展转型成为摆在城市管理者面前的迫切任务。

1. 政治中心的变迁

青州在历史上作为省级政治文化中心的地位一直持续到元明时期。元代地方政治体制改革,山东地区由中书省直辖,为便于管理,设立肃政廉访司和宣慰司作为监察区域,其中宣慰司驻益都(即青州),肃政廉访司驻济南,由此济南和青州在政治地位上开始平起平坐。到了明代,山东布政使司下辖济南府、东昌府、兖州府、青州府、登州府、莱州府共 6 府 15 州 89 县,其治所设在济南府,青州作为山东省政治中心的地位正式被济南取代。

1913 年,民国政府公布《划一地方现行各县地方行政官厅组织令》,各省一律实行省道县三级制。山东设岱北道(后改为济南道)、岱南道(后改为济宁道)、济西道(后改为东临道)、胶东道共 4 道 107 县。青州时为益都县,隶属胶东道。自此,青州作为县级地方行政层级的地位一直未变。

政治中心的迁移,带来的是经济资源重新集聚、政治资源再配置、政策资源倾斜等一系列连锁反应。山东省自明代以来的政治中心迁移,对于青州产生了长远的影响。尤其是经历废除帝制和中华人民共和国成立等中国政治格局的巨大变迁时,作为历史上长期的省级政治中心,青州古城由于发展后劲不足,无法充分把握政治格局巨变所带来的时代机遇实现新的发展,而只能在百余年历史演进中,见证南阳城、东关圩子城、满族旗城因自然、经济、政治等诸多原因逐渐衰落。

2. 落后的古城面貌

在 20 世纪八九十年代的社会经济体制的深刻变革中,青州传统优势工业逐渐衰落,给当地政府带来了严峻的财政困难。由于财政资金匮乏,青州古城难以进行修复和完善,导致古城居民居住和工作生活条件落后,青州古城不复历史上的繁华,反而成为亟待改善的老旧城区。

20 世纪 80 年代是青州工业发展的黄金时期。1986 年,青州社会总产值超过 11 亿元,比 1980 年翻了一番,在全省名列前茅,其中工业产值比重超过 50%,财政收入突破 2 亿元,在全国名列第二,仅次于江苏的无锡县。[①] 依赖于传统优势工业推动的经济发展,也成为青州 1986 年成功撤县建市的基础。然而,90 年代中期,社会经济向市场经济体制深刻变革,青州传统工业逐渐衰落,给当地带来了巨大的经济影响:[②]

> ……随着计划经济向市场经济的转轨,尤其是在近十年的时间内,青州火柴厂、铝箔纸厂、山东齿轮厂等优势企业相继破产,现有企业经济效益又不够理想,这使得我们的工业优势越来越小。我们不仅被挤出了全国百强,而且在全省 30 强中的位次也令人尴尬,就是在潍坊市也面临着标兵越来越多、追兵越来越紧的严峻形势。

传统优势工业的衰落给当地政府带来了巨大的财政压力,"2005 年全市财政总收入只有 9.7 亿元,地方财政收入 5.1 亿元,是典型的'吃饭财政'"[③]。地方财政无力负担青州古城的修复,导致青州古城内部基础设施落后,居民供水、供电、供暖需求无法得到充分保障;古城内部存在大量的老建筑作为住宅,长期以来设施陈旧、建筑老化问题突出;居民大量进行加盖,在影响整体美观的同时更加剧了安全风险;古城区生活垃圾处理和环境整治工作落后,古城街道"脏乱差"现象突出,这为青州古城的重塑提出了迫切的现实要求。

3. 古城保护建设的探索与准备

老旧的空间面貌和落后的公共服务,使青州古城一时成为青州社会经济发展的"洼地"。对于城市管理者而言,推动青州古城的再发展,实现青州城市经济的振兴,成为迫切的任务,也为此展开了诸多探索和准备工作,为 2010 年启动的青州古城更新项目积累了经验,奠定了前期基础。

[①] 王立胜主编:《青州通史》(第一卷),中国文史出版社 2008 年版,第 343 页。
[②] 《青州工业存在的主要问题》,http://tieba.baidu.com/p/93263802,2018 年 4 月 16 日访问。
[③] 刘学军:《青州市生态文明城市建设的做法和经验》,载郑敬高主编:《社会管理:公共部门的立场与实践》,中国海洋大学出版社 2011 年版,第 231 页。

(1) 20 世纪 80 年代的保护尝试

20 世纪 80 年代,青州提出城市总体规划,要"保留'古'字,突出'青'字",即"在城市实现现代化的过程中,要保护好历史遗留下来的人文景观、道路格局、特色风貌"[①]。在这一时期,主要针对青州古城内的范公亭路和十里古街进行了探索性的保护和修复。在范公亭路一带,重新修复了传统的石板古道,并按照青州古城历史建筑的风格,重新建设了一批仿古建筑。根据中国城市规划设计院的专家建议,对十里古街的修复主要限于空间物理形态的外部改造,通过修建绿带、广场、路牌、路灯、建筑小品等打通多处古迹间的相互联系,从而使十里古街成为市民休憩、交往、购物的场所空间。[②]

这一时期,人们对于文化传承、古建修复和城市更新方面的理念认识尚不深入,在保护技术上也尚未成熟,因此并没有系统的整体性的规划与定位,而是针对孤立、个别的历史文物古迹进行保护,保护的方式也比较简单,并未进行系统的空间整合与开发。然而,这一时期所进行的保护尝试,为青州保留了重要的历史文物古迹,更为重要的是,这些行动使得青州在改革开放喧嚣热闹的商业开发和经济提速浪潮中,开始树立古建保护开发、探索具有青州特色的经济发展道路的发展理念。

(2) 21 世纪初对青州古城文化的挖掘和梳理

2000 年以来,青州古城修复的工程暂时沉寂,但围绕青州古城保护修复所做的努力和准备并没有停止。这一时期,古城修复保护不在于具体工程和项目的实施,而是将重点转向对青州古城千余年深厚历史文化的挖掘和整理阶段,关于青州和青州古城历史文化的系统性梳理成果大量出版。

一是对青州历史沿革和文化传承的系统性梳理。例如,青州市政协文史委员会编的《青州回族》一书于 2003 年正式出版,该书系统介绍了青州古城发展过程中回族的历史演进和民族融合历程,和 1999 年李凤琪、唐玉民、李葵编著的《青州旗城》一书共同成为介绍青州古城多元民族文化的佳作。2005 年,隋同文编著的《青州上下五千年》成为系统介绍青州历史文化的优秀读物。2008 年,王立胜主编的《青州通史》四卷本正式出版,清晰勾勒了青州古城发展的历史进程,全面梳理了古往今来的历史名士,详细介绍了青州

[①] 郑贺山:《青州市十里古街重现旧貌》,载《城市规划通讯》1996 年第 20 期。
[②] 同上。

特色的地理、政治、文化风俗。

二是介绍青州当地文化特色的专题书籍。2001年出版的《中国青州石雕》摄影集介绍了青州传统建筑技艺;系统展示佛教文化的《山东青州龙兴寺出土佛教造像展》(2001年)、《青州北朝佛教造像》(2002年)和《青州龙兴寺佛教造像窖藏》(2004年)先后出版。青州民间文史研究团体"青州历史名人研究会"则致力于对青州文化中历史名人、历史典籍的整理,整理标注了历史古籍《海岱会集》(2006年)、《刘羽诗文集》(2006年)。此外,孟庆刚主编的《青州民俗》(上、下册)于2009年出版,通过日常生活、村社家庭、劳动生产、岁时节日、人生礼仪、商贸匠作、民间工艺、民间游艺、信仰崇祀、方言土语、回族民俗和满族民俗[①]等12个篇章介绍了青州的文化艺术、生活风俗和习俗。

在这一阶段,虽然青州古城保护修复的工程并无明显推进,但实际上青州古城的保护修复进入了一个新的阶段。大量关于青州历史文化书籍的出版,使地方管理者对于青州沉淀的历史文化有了一个比较全面和系统的了解,对日后古城保护修复建设把握青州古城的文脉,避免建设开发工作的偏离起到了重要的作用。可以说,这一时期对于青州和青州古城历史文化的系统梳理,为青州古城建设做了比较扎实的资料和观念上的准备,助力青州古城空间再生产在"厚积"基础上的"薄发"。

9.3 "八载新邑"的更新历程

2010年8月26日,青州市古城保护修复建设领导小组第一次会议召开,明确了青州古城更新的目标任务,建立了青州古城更新的管理体制机制,青州古城更新由此正式启动。青州古城的更新大致经历了两个阶段:自2010年8月领导小组成立到2014年9月青州古城正式开城迎客[②],可以说是青州古城的保护与空间修复阶段,承接这座千年古城以明清风格为基础的"历史地气";自青州古城开城迎客后,青州古城进入了空间重塑与内涵提升的阶段,使这座"八载新邑"融合现代业态、文化传承、居住生活的"时代气息"。

[①] 孟庆刚主编:《青州民俗》(上、下册),中国文史出版社2009年版。
[②] 刘蓓:《潍坊青州古城开城,百家媒体百家旅行社游古城》,http://weifang.iqilu.com/wfyaowen/2014/0927/2156767.shtml,2018年3月24日访问。

9.3.1 保留原住居民的古城空间修复(2010—2014)

这一时期的重点旨在恢复明清时期的古城空间形态,主要包括三项工作:一是奠定政府主导下古城保护修复的体制基础;二是进行详细的规划,作为古城保护修复工作的指导;三是分片区、分阶段推进古城保护修复的具体工程项目。

1. "体制为基":以指挥部为核心的管理体制的建立

2010年8月26日,青州市古城保护修复建设领导小组第一次会议召开,标志着古城保护修复建设工作正式启动。先后成立的"青州市古城保护修复建设指挥部"和"青州市古城保护与建设投资管理中心",成为古城保护修复工作中的核心机构(见图9.9)。

青州市古城保护修复建设指挥部由市委市政府主要领导直接担任领导小组组长兼任指挥部总指挥,下设综合组、征收安置组、文化调研组、规划建设组、后勤保障组等工作小组。同时成立青州海晏投资置业有限公司(国有公司),隶属于青州市古城保护修复建设指挥部,负责古城保护修复建设项目的建设、筹措项目建设资金以及管理和使用古城保护修复建设资金。青州市古城保护与建设投资管理中心为市政府直属正科级全额拨款事业单位,"全面参与古城保护修复建设项目的论证、设计规划与建设;多渠道筹措项目建设资金;负责古城保护与建设资金的管理使用"[①]。

古城保护修复建设工作在实践中往往涉及多领域的环节和问题,比如环节程序上涉及诸如土地和房屋产权、基础设施建设、财政等多部门工作;而在具体实施中又面临古城文化、建筑技艺等专业性极强的具体问题。因此,在指挥部人员构成上,由青州市政府各部门内的精英力量抽调形成,从而从人员上保障在不同领域均能够进行专业的管理和领导;也在一定程度上以指挥部的管理体制推进了部门合作,简化了工作流程,提升了决策效率。同时以层层选拔的方式从各部门抽调精英,也保障了指挥部人员的业务能力。

在这一阶段,以领导小组和指挥部为核心的管理体制初步确立。从体制上看,青州古城的空间保护与空间修复,实际上是采取了领导小组和指挥部

---

① 青州市机构编制委员会办公室2010年发布的《关于成立市古城保护与建设投资管理中心的通知》。

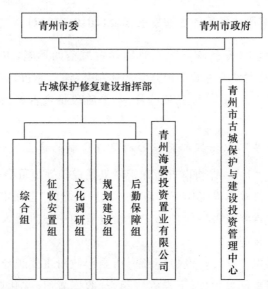

图 9.9 早期古城保护修复建设指挥部组织架构图
资料来源:根据访谈资料自制而成。

统筹领导下多政府部门协同的管理模式。从职能上看,这一时期古城管理体制主要服务于古城历史文化的挖掘、古城保护修复规划制定和征收安置等前期基础工作。

2."规划先行":古城保护修复建设规划的编制

围绕青州古城保护修复建设,管理部门同社会专业机构展开合作,编制多部总体或专项规划,为古城保护修复建设工作提供指导。以《青州市历史文化名城保护规划》和《青州市古城保护与修复建设概念性总体规划》为基础的全面专业的规划编制和扎实严谨的规划落实,是青州古城成功复兴的关键。

在古城保护修复工作中,青州市政府委托同济大学历史文化名城保护中心先后编制《青州市历史文化名城保护规划》和《青州市古城保护与修复建设概念性总体规划》。《青州市历史文化名城保护规划》于 2010 年 11 月通过专家评审,被认为对"青州市历史文化遗产的保护进行了深入研究,注重历史文化遗产的保护,也充分考虑人民群众生活条件的改善,在保护有形的历史文化遗产的同时,也重视对非物质文化遗产的保护"①。

2011年《青州市古城保护与修复建设概念性总体规划》面向社会公示,并于2012年批准实施。《青州市古城保护与修复建设概念性总体规划》在充分发掘古城本身特色、相关空间营造和塑造青州"东方古州—海岱都会"形象的基础上,将青州古城的空间再生产定位于打造一座具有传统府城特征的、作为古青州历史文化的载体、鲁中地区的文化民俗旅游枢纽的"千年古城"(见图9.10)。②

图 9.10 青州古城保护修复建设的定位
资料来源:《青州市古城保护与修复建设概念性总体规划公示》,http://www.qingzhou.gov.cn/QZ/qzxw/gggs/n12942.html,2018年1月12日访问。

根据规划,青州市在主城区划定了总面积为12平方公里的古城保护风貌控制区,其中包括核心区5.8平方公里、过渡协调区6.2平方公里(见图9.11)。同时明确规定,在古城保护风貌控制区内,任何人不准对传统格局、

---

① 《〈青州市历史文化名城保护规划〉通过评审》,http://www.qingzhou.gov.cn/QZ/qzxw/jrqz/n9235.html,2018年1月12日访问。

② 《青州市古城保护与修复建设概念性总体规划公示》,http://www.qingzhou.gov.cn/QZ/qzxw/gggs/n12942.html,2018年1月12日访问。

历史风貌和空间尺度进行破坏,对传统民居和标志性建筑物进行全面保护,对列入各级文物保护单位的历史文化遗存进行重点保护。①

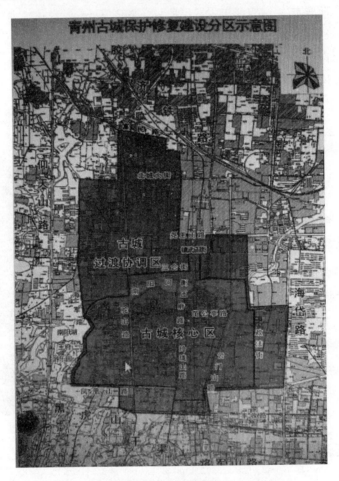

图 9.11 青州古城保护修复建设分区示意图
资料来源:《青州:留住"古"特色 打响文化牌》,http://wfrb.wfnews.com.cn/content/20150419/Articel04002TB.htm,2018 年 1 月 12 日访问。

在《青州市古城保护与修复建设概念性总体规划》的基础上,青州古城在空间布局上以历史上对青州古城空间形态的著述为依托,在现有青州古城空

---

① 《青州:留住"古"特色 打响文化牌》,http://wfrb.wfnews.com.cn/content/20150419/Articel04002TB.htm,2018 年 1 月 12 日访问。

间形态的基础上进行恢复,其空间再生产旨在复原明清时期青州古城的空间形态。对历史上广县城、广固城、东阳城的遗址进行保护。对南阳城、东关圩子城、满族旗城留存至今的建筑和历史古迹中保存相对完好的,在现有基础上进行修复;对于受到破坏较为严重,不具备修复条件的,根据历史上相关记载的原有空间形态和传统工艺、原始材料进行复建;对于无法修复和复建的,用文字或图像资料对此进行记录。

此外,青州市建立了由古建、园林、规划、策划等专家组成的近百人专家人才库,并聘请二十多位专家担任古城保护修复顾问,同多家专业机构展开合作,制订《青州市古城南门地段修建性详细规划》《青州市偶园文物保护规划》等具体规划,对阜财门、魁星楼和城墙进行规划设计施工图纸,制订古街沿街立面改造、历史建筑保护修缮规划及有关南门片区共建项目的设计及施工图纸等设计方案。

3. "以人为本":保留绝大多数原住居民的政策思路

做好古城内原住居民的房屋征收和安置工作,是推进古城更新的先决条件,也是古城更新的重点和难点所在。古城更新中,对待原住居民通常采取两种模式:一是整体性迁出,通过给予居民征收补偿、安置补偿,进行异地安置,实现对居民的整体搬迁,从而由政府对古城区域内屋舍建筑进行统一安排;二是保留原住居民,在维系原住居民日常的居住、工作和生活方式基础上对古城进行更新。青州古城更新采取的是保留绝大多数古城原住居民的做法,这也是青州古城相比于许多古城而言的独特之处。

然而,保留绝大多数原住居民,也给青州古城保护修复建设工作带来了较大难度。一方面体现在征收安置工作中,尽管搬迁群体是少数,但也正因如此,他们的情感抵触和利益损失感知才更为强烈;另一方面体现在居民房屋的保护修复中,即如何实现保护修复标准与居民生活需求、资金成本与居民负担之间的协调。因此,尽管房屋征收的规模和涉及范围相对较小,但工作难度丝毫没有降低。指挥部前期大量的核心工作都集中于政策宣传、座谈沟通与调解矛盾;而在保护修复阶段,则通过审慎的政策制定,实现房屋保护修复中政府财政支持和居民负担比例的平衡,成为政策的重点。

事实上,保留原住居民的政策优势也显而易见。青州古城的保护修复建设,保留了2.3万原住居民的生活,这些世代扎根于此、土生土长的古城人,保留下了古城最为纯粹的日常生活气息,成为青州古城更新的财富。

4."层次推进":古城保护修复建设工程的分片区推进

2013年,在确立指挥部统筹下多部门协同合作的管理体制的基础上,以专业性的科研团队和研究机构编制的总体和专项规划为指导,围绕古城保护修复具体工程的推进,古城保护修复建设指挥部对部门和职能进行了完善,增加扩充了新的部门和职能,调整了原有部门的职能(见图9.12)。一是调整了指挥部内设机构,设立办公室、文化调研布展组、拆迁扫尾组、民事协调组、安全稳定组、资金协调组、业态规范组等工作小组,从职能定位上,将管理体制和管理制度的焦点从侧重于前期筹备工作,转向维护项目工程建设秩序。二是设立项目管理办公室,围绕若干重点开发建设项目,成立南门片区项目管理办公室、偶园历史文化街区项目管理办公室、偶园项目管理办公室,以工程建设为中心,建立专项项目管理体制,从而提升管理效率。①

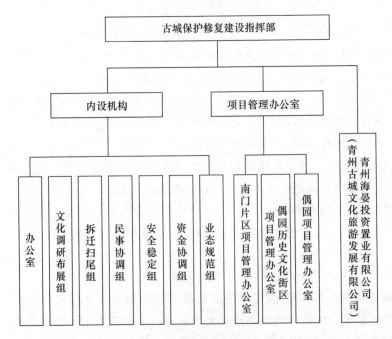

图 9.12 古城保护修复建设指挥部的职能调整
资料来源:青州古城保护修复建设指挥部内部资料《追梦(2010—2016)》,第4页。

---

① 青州古城保护修复建设指挥部内部资料《追梦(2010—2016)》,第4页。

指挥部的机构调整也进一步推动了古城建设工程的进展。指挥部循序渐进,分片区地推进古城景区保护、修复与开发工作。首先是古城景区内魁星楼项目于2012年主体竣工,成为古城第一个竣工的复建项目;2012—2013年北门大街、东门大街完成改造;2013年9月,古城主要街道的市政公共设施建设结束。至于青州古城的核心景区之一——偶园的保护修复和开发建设,则分阶段逐渐推进。2011年委托专业考古单位进行偶园勘探工作;2012年制订偶园景区文物保护的专项规划,推进偶园街南段和偶园街北段的建设工作。

9.3.2 鼓励居民融入的古城空间优化(2014年至今)

这一阶段,青州古城空间生产的侧重点和形态发生了转变,在修复的物理空间和恢复的文化空间的基础上,围绕"文化青州"进行空间重塑,以文化产业推进古城空间生产,提升古城空间的内涵。

1. 指挥部向管委会升级的管理体制优化

2013年,在新调整的古城保护修复建设指挥部内设立业态规范组和文化调研布展组。业态规范组主要负责建成和恢复的古城街巷内的招商引资和业态管理工作。文化调研布展组则对原来"文化调研组"的职能进行了扩展,不仅负责青州古城历史文化资料的挖掘和整理,而且承担起青州古城文化宣传的职能,从体制上将古城文化内涵的提升和古城空间的现代化作为重点管理内容。

随着青州古城保护修复建设不断推进,旅游业发展面临新形势,借鉴丽江古城、平遥古城、台儿庄古城、周村古商城、福州三坊七巷等古城管理体制和运行机制的成功经验,青州市在2016年12月成立了古城管理委员会,为市政府派出副县级行政机构,内设办公室(与财务科"一套人马,两块牌子")、综合管理科、运营科三个科室,均为正科级规格。[①] 同时设立青州古城历史文化研究中心;将古城保护与建设投资管理中心、偶园管理处调整为青州古城管理委员会直属,形成了"一委、三科室、两中心、一公司(古城文化旅游发展

---

① 《古城管委会简介》,http://www.qingzhougucheng.com/gongsijianjie.Html,2017年12月24日访问。

有限公司)"的管理运行体制①(见图9.13)。

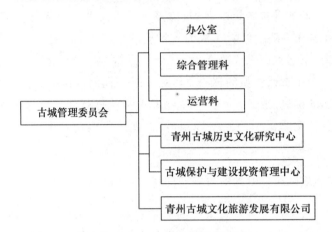

图 9.13　古城管理委员会组织架构
资料来源:根据访谈资料自制而成。

在古城空间重塑与内涵提升阶段,青州古城管理体制进一步明晰和优化,在部门之间、行政资源之间进行高效整合,将古城保护建设与文化挖掘、投资管理、旅游业态管理等重要职能进行整合;从管理体制上,将古城的重点从对物理空间的修复和还原,转向传统物理空间同现代化公共服务、传统民俗文化同现代产业文化之间的融合,从而使青州古城不仅恢复成一个千年历史塑造的古城空间,更成为一个存在于现代社会、同现代社会关系与产业业态相融合的古城空间。

2. 强调交往体验的产业布局优化

古城指挥部负责古城空间的招商引资与业态布局和管理工作。自2013年5月到2015年6月,古城指挥部通过招商引资,对古城区域所有街巷的主要业态进行了规范安排。② 以清真特色为主的东门大街、以书画古玩为主的北门大街、以餐饮为主要业态的高家亭巷、以地方特色和旅游纪念品为主要业态的偶园街、以高端文化产品为主要业态的南门大街共同形成了街巷内统一规范、古城区多样互补的业态空间布局。随后,青州古城空间的文化产业

---

① 《青州市全力构建古城管理新体制助推"青州古城游"跨越式发展》,http://www.wfbb.gov.cn/qingzhou/qzdongtai/show-12592.html,2018年1月15日访问。
② 青州古城保护修复建设指挥部内部资料《追梦(2010—2016)》,第11页。

布局战略从广度的延展转向深度的提升,不断增加游客参与体验类、大型旅游购物超市类、互动餐饮类、现场加工作坊类以及民俗客栈、酒吧等消费场所。

从青州古城旅游业态的发展可以看出,随着市场力量的参与程度不断加深,青州古城由点到线、由线到面全方位开展招商引资,实现古城业态的全面布局,进而不断完善古城空间内的业态互补,逐渐提升业态质量;再到转变"销售—购买"的商业行为,强调游客在购物消费中的参与感和互动体验。青州古城以文化产业推动的空间重塑和空间内涵提升,使消费场所逐渐从量变到质变,从场所的功能互补转向营造场所内的空间社会关系,逐渐变成互动、交流、体验的"社会空间"而非服务于简单消费的物理空间。

3. 再现以民俗民风为载体的古城社会性空间

在古城的物理空间中,将承载着历史技艺的空间建筑与现代化的公共服务相融合;在古城的文化空间中,将传统文化挖掘与现代旅游产业融合;在古城的社会空间中,将青州古城的民俗文化、原住居民的生活工作、游客在古城的旅游交往体验相融合。古城内街巷两旁布有传统民俗艺术的展演场所,吸引游客驻足欣赏(见图9.14)。

图 9.14　青州古城内的民俗文化艺术展演
资料来源:调研时拍摄。

此外,青州古城自开城迎客以来,还注重以传统节日为契机举办丰富的民俗活动。自2015年以来，青州古城每逢新春佳节均举办"青州古城过大年"系列活动，依托青州古城悠久的府衙文化、脍炙人口的历史逸事、丰富多彩的多民族文化，开展包括府衙文化表演、民间艺术表演、历史情景剧表演①等多种形式的文化活动（见图9.15）。

图 9.15 2018 年"青州古城过大年"活动中的文化表演

资料来源：《平安、干净、祥和、火爆——青州古城过大年活动圆满收官》，http://www.qingzhougucheng.com/html/xinwenzhongxin/guchengxinwen/820.Html，2018 年 3 月 10 日访问。

9.4 政策主导与居民共享的古城更新机制

无论是理论上的探讨还是国内外诸多城市更新的实践都已经表明，古城更新是一个蕴含着复杂权力冲突与权利博弈的空间生产过程。青州古城更新，通过政府政策主导的方式，优化空间权力在政府、市场主体之间的配置，在青州古城千余年积淀下来的历史文化与民俗风情基础上，修复再现一个以明清时期古城风貌为主的古城空间；同时，通过现代文化产业业态与居民居住和生活方式的融合，实现了原住居民对古城空间的共享，重塑一座现代化、接地气的活力古城。

---

① 《2018 年"青州古城过大年"活动内容精彩纷呈》，http://www.qingzhougucheng.com/html/xinwenzhongxin/guchengxinwen/806.Html，2018 年 3 月 10 日访问。

9.4.1 青州古城更新中的权力冲突与权利博弈

青州古城振兴中的空间权力冲突主要体现在,政府行政力量主导之下,既要吸引市场力量投资合作,又要约束和防范市场力量的逐利动机和潜在商业化开发行为,避免其对于古城保护修复可能带来的风险。而青州古城振兴中的空间权利博弈主要体现在,政府对古城振兴的诉求,同古城居民维系既有生活方式、既有情感纽带诉求之间的利益博弈(见图9.16)。

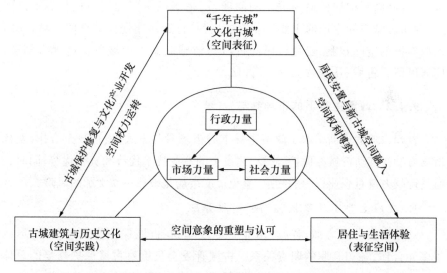

图 9.16　青州古城空间生产中的权力冲突与权利博弈
资料来源:作者自制。

如何协调行政力量和市场力量的关系,决定着青州古城更新中的权力流向。一方面,作为一个县级市,由于历史和现实的原因,城市振兴的首要问题就是可用于古城保护修复的财政资源匮乏,为此必须依赖同市场资本的合作。但另一方面,为了使保护修复后的古城保留当地历史传统文化的"原汁原味",又不能放任地推行全面商业化式的保护修复开发,以避免开发商过于追求商业利润从而对古城带来不可逆的破坏。因此,青州古城更新的主要机制之一,就是通过政策主导下的空间权力配置,构建合理、高效的"政府主导—企业参与"的政企关系,在财政资金有限的情况下动员市场力量参与古城保护修复,重现一座具有青州传统文化色彩的古城。

在古城空间生产中,行政权力、市场力量和社会力量的目标导向各不相同。行政权力试图通过古城空间形塑,从中获取发展政绩与财政收益;而市场力量则主要考虑在商业建设与开发中的利润;对于社会力量而言,则更强调在空间形塑中保留对古城空间的归属感和原有的空间想象。青州古城的保护修复,是在统筹规划下对古城区空间布局、历史建筑的系统性重塑,这一空间生产过程不可避免地会影响到2.3万的古城居民。其中,由房屋整修、拆迁所引发的经济利益诉求,和古城修复之后原有生活方式、传统精神的维系,是古城修复中居民最为关心的问题,也是居民主要的空间权利诉求。因此,青州古城空间生产的主要机制之二,就是打造一座居民共享的古城,保障古城居民的空间权利,避免居民同古城的情感联系被古城更新进程所割裂,使居民留在古城、认同古城、融入古城。

9.4.2 政策主导下的市场参与

青州古城的更新采取了政策主导下的市场参与方式,通过政企合作,发挥市场力量在推动古城的保护、修复、建设中的专业技术优势和资金优势;同时又通过行政力量对企业行为的约束,避免过度市场化破坏古城文脉的风险。

1. *政府主导下的事权、产权、财权分配*

一是职责分配方面,各方"术业有专攻"。在古城保护修复过程中,形成了多元合作、各司其职的职责关系。古城管委会负责对古城保护修复的总体方向进行宏观把握,对工程进度进行控制和管理,同时以政府财政投入作为古城保护修复的资金来源,保障持续性的资金投入;由工程专家和设计院参与设计规划,针对青州历史传统、建筑风格、现实条件进行专业、合理的修复规划;由企业负责具体施工,利用丰富的建筑工程施工经验,保证终端施工环节的质量。

二是产权关系方面,除青州古城内大量的传统民居、传统商铺等房屋建筑归个人所有外,偶园等重要传统建筑的产权归政府所有。在开发过程中,企业只负责古城的改造修复,"只开发、不拿地"。政府拥有产权,意味着政府始终在古城片区开发导向上具有话语权,从而很大程度上避免过度商业化开发的风险。

三是资金方面,主要是政府信誉担保下,企业前期进行资金垫付。由于财政资金有限,古城保护修复的资金难以第一时间到位,这意味着企业需要先期投入大量的资金成本用于古城保护和修复工作。

2. 古城重建中企业对地方特色的尊重

企业对古城保护工程的具体施工,塑造了修复后的古城空间表征。在这一过程中,首先是严格遵循规划进行设计施工,突出青州特色。历史上的青州,"三雕"艺术(砖雕、石雕、木雕)颇具特色,其建筑也有机融入了三雕技艺,成为青州古城建筑一个突出的地方特色。到了近现代,随着青州古城的逐渐衰落,三雕技艺也逐渐失传。在古城保护修复中,首先由调研组深入挖掘青州古建中传统三雕技艺的地方特色,在项目施工过程中,由全国著名的砖雕、石雕、木雕单位,完全采用具有青州本地特色的建筑材料、建筑风格、建筑纹饰进行生产制作,从而使恢复后的古城空间呈现接地气的地域建筑特色。

此外,政府以细致的文化考据作为企业施工的基础。牌坊文化是青州古城一项独具特色的文化,政府在古城保护修复过程中,对每一座牌坊背后的渊源都进行了细致的文献查阅,确保每一座牌坊都有坚实的历史证据予以支撑,从而确保古城内每一座牌坊都是一个"真文物"(见图 9.17)。

同时,施工中遵循"修旧如旧"的原则。建筑材料统一使用古材料,在偶园等古城片区的修复中,统一采用明清砖进行建设。由于明清砖留存有限,获取难度大,因此在古城修复时,企业从古城周边居民和青州周边城市的居民处进行调查,和拥有明清砖的居民进行协商,以购买的方式获取明清砖,作为古城修复的建筑材料,从而最大程度上保留了古城的"原汁原味"。

3. 古城修复工程中的政府监管

在青州古城空间修复过程中,政府对于企业实施的古城空间修复工程进行多维度监管,以避免企业内在的逐利性对于古城保护目标的偏离。一方面是宏观的制度性约束,即将宏观总体的古城保护修复规划,落实为具有操作性的施工规范和施工流程,从而在制度规范上对企业施工行为进行约束;另一方面是具体的技术性监管,即对工程建筑质量进行实时监管,对于体现明清古城建筑风格的建筑材料、建筑纹饰符号等细节进行重点监管,对于材料和施工工艺存在偷工减料情形的,当即责令返工整改并给予处罚。

此外,当地政府还通过组织实地参观调研等方式,让施工企业接触先进的施工技艺和管理经验,从而激发企业提升施工质量的内在驱动力。

图 9.17 青州古城的牌坊文化

资料来源:调研时拍摄。

9.4.3 营造居民共享的古城空间

青州古城的空间生产实现了居民的空间融入,从而重塑了一座具有人气、富有活力、"接当代地气"的古城,成为古城更新中的亮点。在实现居民空间融入,保障居民的空间权利的过程中,地方管理者针对不同群体和需求,采取不同措施以保障差异化的利益诉求,协调利益纠纷。一是保证绝大多数原住居民都留在古城中,并且通过居住和工作条件改善,保障了原住居民享有和获取古城空间资源的权利;二是对于小部分需要搬迁安置的原住居民,通过房屋征收和安置补偿,保障了原住居民对于既有空间资源的收益和处置权利;三是面向对青州古城怀有深厚历史感情的居民,无论是古城原住居民还是古城外的青州市民,通过多种途径鼓励和吸纳居民参与古城保护实践,以维系重塑后的古城和居民的情感联系,保障了居民出于意愿塑造古城空间的权利。

1. 获取和享有资源:让原住居民留在并融入古城

青州古城的保护修复工作,从一开始就定位于打造一座同居民日常生活相融合的古城,而非像其他很多城市进行的古城保护开发工作一样,将古城内的原住居民全部迁出,再以商业开发和业态布局聚拢人气。青州古城的保护修复建设,保留了2.3万原住居民的生活。对于这些原住居民,在充分尊重其房屋产权和生活方式的基础上,基于专业规划和政策激励,根据不同居民住宅的现状进行修复,从而实现原住居民保留与古城空间修复的统一。青州古城同时保留有谢绝游客的居住区,使古城居民的生活空间和景区旅游空间共存。

此外,政府针对青州古城基础设施落后、房屋陈旧、居住环境差、街道狭窄等问题,大力兴建公共设施,修缮建筑,开展环境营造工程,包括对居民住宅和历史建筑进行立面改造,完成水、电、暖、气等基本公共服务设施的铺设,推进道路建设和停车场建设等项目,从而改善古城居民的居住环境。

同时,还通过政策引导吸引和鼓励古城居民在古城中经商,以从根本上将当地居民的工作和生活同古城紧密相连。古城中居民的房屋产权多归属个人,因此居民通常采取自行经营或对外出租,以获得稳定的经济来源;对于部分不具备经商能力和经商条件的居民,则鼓励其根据自身条件,经营古城内的便民旅游服务车,从而在古城文化产业的发展中,让古城成为当地居民的收入来源,让居民从古城更新中获利。青州古城文化产业的完善和发展,以及带来的商机,也逐渐吸引外出的年轻人回流。

2. 既有资源的收益与处置:外迁居民的房屋征收与安置补偿

尽管在青州古城的空间生产过程中保留了绝大多数的原住居民,但仍有部分古城居民需要搬迁安置。而青州古城深厚的历史积淀,不仅带来了丰富的历史文化财富,同时也形成了当前古城内复杂的产权关系,并影响着古城居民尤其是老一辈居民的感情。这都使得房屋征收和居民安置成为青州古城保护修复建设工作面临的突出难题。

（1）明晰古城房屋的产权关系

首先，青州古城的住宅、商铺等产权多数归个人所有，而由于历史因素影响，这一部分产权关系十分复杂。有的是"杳无音信"，即部分房屋由于户主迁往外地，或是几经出租转手，很难联系上户主商议搬迁安置，给古城保护修复建设工作带来很大的客观困难。在调研中有官员介绍说，有的房子是"藏龙卧虎"：

> 很多居民拿出了明清时期的地契，还有民国时期孙中山的海军司令的房子、日伪时期某湖北宪兵司令的房子……

这些复杂的产权关系给房屋征收工作带来极大的难度。对此，在古城保护修复工作中，一方面尽可能通过各种方式辗转联系户主，另一方面则通过协商座谈等尽可能化解争议。

此外，青州古城内还存在部分属于"公管房"性质的房屋，以及部分国有资产，这些背后涉及的复杂的管理体制和权责关系，都增加了古城保护修复前期工作的难度。针对这一现象，古城保护修复建设工作中，通过产权关系的调整和理顺，以减少"多头管理"。2011年，青州市政府批准将古城范围内的公管房由国有资产管理局负责划转到青州海晏投资置业有限公司；2012年，青州市国有资产管理局、青州海晏投资置业有限公司和青州市财政局就古城范围内部分国有资产转让事宜签订资产转让协议书，从制度上减少多头管理现象和由此带来的行政低效。

（2）房屋征收与安置补偿

古城当地居民，尤其是老一辈居民对古城的感情，使其对于异地搬迁安置从情感上感到抗拒。2017年，青州古城建城1500年，很多居民都表示祖辈世代都生活在这一片古城空间中，离开古城就好像失去了根。这种情感上的抵制使得工作难以开展。

为此，青州古城拆迁安置工作中，通过政策激励、安置保障和协商座谈，逐渐换取居民的理解配合。一是对签订房屋征收补偿安置协议的居民在征收补偿的基础上给予物质激励，2011年5月12日面向社会征求意见的《青州

古城保护修复建设一期工程房屋征收补偿安置方案(征求意见稿)》规定:①

对被征收人实行两次奖励。第一次,被征收人在房屋征收公告规定的签约期限内签订房屋征收补偿安置协议的,每户每提前一天奖励600元(最高奖励12000元);第二次,对在房屋征收公告规定的搬迁期限内全部完成搬迁并结清安置房差价款的,每户每提前一天奖励400元(最高奖励8000元)。

只征收地面附着物未征收合法房屋,在征收公告规定的搬迁期限内,被征收人签订地面附着物征收补偿协议并完成搬迁的,按地面附着物补偿费的5%给与奖励(最高不超过20000元)。

二是针对居民的诉求表达和抵制,通过媒体宣传、入户沟通、座谈会等多种形式积极和居民进行沟通。通过媒体宣传详细说明征收补偿与安置政策,以及宣传古城修复的政策目的,唤起居民的理解与支持;通过高频次、高密度的入户沟通与座谈会,打消公众疑虑,寻求公众支持;正面回应公众质疑,化解各类矛盾和利益纠纷,据官方数据,在古城保护修复一期工程中,处理各类信访案件61起,协调解决各类纠纷700余起。

3. 基于意愿塑造古城空间:以居民参与维系情感纽带

在古城保护修复过程中,维系居民同古城的情感归属,保障公众的空间权利,不仅在于围绕房屋征收搬迁的物质利益补偿以化解利益冲突,还在于鼓励社会力量参与到"千年古城"的空间形塑之中。

(1) 动员社会力量搜集整理历史文化资料

在围绕古城保护修复所开展的历史文化调研过程中,政府积极动员社会力量提供和挖掘青州古城的历史文化资源,通过走访、座谈、公告征集等多种途径,动员公众参与到古城保护修复活动中来,提供各类历史文物、文字资料、图像影片等历史文化素材,从而让公众成为古城保护修复工作的参与者,而非受古城保护修复政策影响的被动承受者,由此极大调动了公众参与的积极性。②

---

① 《青州市人民政府关于青州古城保护修复建设一期工程房屋征收补偿安置方案征求意见的说明》,http://qzbs.net/NewsList.asp? ID=1235,2018年3月25日访问。
② 青州古城保护修复建设指挥部内部资料《追梦(2010—2016)》,第32页。

围绕古城历史文化研究的队伍多达上百人;青州市石茂华后人捐献多个具有相当价值的历史文物;江苏邳州冯氏后人专程前来青州古城捐赠了冯溥的《冶源图》;圣水庙捐赠了冯氏后人冯琦的重要碑刻……

(2) 通过楹联征集等活动吸引居民参与古城文化塑造

青州古城的保护修复工作还通过各种形式的文化活动吸引公众参与古城空间文化的塑造。比如自 2013 年开始面向社会征集古城建筑的廊柱楹联,吸引了公众踊跃投稿,脱颖而出的作品被用作修复后的建筑楹联。仅以偶园为例,其大门楹联"叠石为山,引泉为瀑,巧夺天工追泰岳;倚峰成阁,积水成池,别开妙境胜苏杭"、存诚堂楹联"毓秀钟灵,一屋书香三进士;存诚治学,三贤福泽一华堂"、佳山堂楹联"文藉佳山生锦梦;堂凭雅韵葆韶光"均为公众供稿后评选出的优秀作品(见图 9.18)。①

一系列吸引公众参与古城空间文化塑造的举措,不仅激发了公众的情感共鸣,也彰显了地方政府对于挖掘和保护青州当地历史的决心。在公众积极参与之下,古城保护修复工作共征集到了各种历史文化资料 400 万字,各类影像资料 2000 多件;丰富多彩且独具内涵的楹联也成为一道靓丽的风景。这些文化载体不仅承载着公众对于青州古城的空间意象,也是青州古城"空间表征"塑造的主要依据,使得重塑后的古城无论从空间形态、空间意象还是心理纽带上,都避免了同居民之间的割裂。

9.5 青州古城更新的经验

9.5.1 历史特色、政策意愿与民意诉求的良性互动

在政策主导之下,保留原住居民,打造居民共享的古城空间,是青州古城更新的主要特征,这背后实际上是青州古城更新中历史、政策和民意的有机结合。

古城更新首先要以历史为依据,历史积淀奠定了古城更新的基础方位。在历史演变中保留下来的传统街巷肌理、建筑布局,以及历史典故、名人轶

---

① 《2016 年青州偶园楹联征集大赛获奖作》,http://www.hdylw.com.cn/show-50-31365-1.html,2018 年 3 月 10 日访问。

图 9.18　偶园内部分建筑的楹联
资料来源：调研时拍摄。

事、民风民俗等文化元素，是一座古城的骨骼，也是古城的风骨所在。实际上尽管青州古城的历史可以追溯至秦汉时期，但其中很多悠久的古城元素都已经在历史演变中逐渐衰落，保留到现在的主要是明清时期的文化元素，严格来说算不上特别悠久。但青州古城的更新实践，对现有的历史建筑和文化资源进行了充分的保护和挖掘，再造了一座保有历史古建和传统街巷，契合地方文化与历史叙事的"真"古城。

政策是古城更新的主要动力，古城更新必须依赖于科学的政策制定和强有力的政策执行。其一，古城更新是对城市历史的致意，是对城市精神的重塑。古城的空间布局、文化气质、建筑风格是否能够传承城市的历史文化，是否能够获得居民的认可与游客的认同，必须依赖于政策的宏观设计。其二，古城更新是城市在城镇化转型发展中的重要环节。古城更新既是推动城市发展的重要力量，也是依托城市社会发展背景的具体空间生产活动，古城空间能否融入整个城市的产业布局、空间规划、经济社会发展格局中，政策导向起着至关重要的作用。其三,古城更新是行政力量和市场力量的博弈和平衡。古城更新在维系历史积淀和商业开发之间寻求平衡,吸引市场力量参与激发古城商业活力,同时避免过度商业化开发对古城历史底蕴造成不可逆的破坏,政策在其中作为一种平衡力量显得尤为重要。

民意决定了古城更新的现实面向。在古城空间生产过程中,民意不仅体限在居民对政府决策过程的参与,也包括居民对古城的空间想象、精神寄托,以及依赖于古城空间的日常生活和社会交往关系的维系。无论是商业活动、民俗文化活动还是保留在古城中的居民生活,这些接地气的生活和交往关系,构成了古城的血肉,也是古城的生命力所在。民意同样是推动青州古城更新的重要力量。青州古城的更新保留了绝大多数原住居民,使居民的居住空间和古城的旅游空间有机结合,留下最为纯粹质朴的古城生活气息;古城居民的工作、生活也同古城的商业旅游活动相融,并且在文化挖掘、古城修复中积极引入公众参与。青州古城更新,不仅保障了地方居民享有获取古城发展资源的权利,也保障了公众以自身建构的空间意象,改变、塑造古城空间的权利。

9.5.2 更新政策中系统性、整体性与动态性的有机统一

古城更新从来不是一个完全独立的空间生产过程。古城更新既是服务于城市经济社会发展转型的具体空间生产,也是同其他城市空间在产业布局、公共服务供给、居民生活、环境承载等多方面相互协调、有机融合的空间生产活动。因此,古城的更新必须与城市发展有机结合,避免成为一个独立、割裂的"城中城"。青州古城更新,就是随着古城经济发展潜力和社会发展潜力的激发,顺应青州市经济社会发展的战略布局,不断优化古城定位,不断完善古城更新政策设计。

2010年,青州古城更新刚刚起步,古城尚未成为一个完整的旅游项目,"古城文化"更多是作为一个概念性的旅游宣传品牌。[①] 政策的重点在于推动古城的保护和修复工作,将青州古城更新作为一个传承青州历史文化积淀、推动未来青州旅游经济发展的工程项目。

---

① 《青州市 2010 年旅游宣传营销方案》,http://xxgk.qingzhou.gov.cn/SLYJ/201105/t20110517_301668.htm,2018 年 3 月 24 日访问。

随着古城保护修复建设工作的推进,古城的文化资源逐渐被挖掘和开发出来,青州古城逐渐成为青州市文化旅游的重要品牌之一。当时的政策定位,是通过古城更新打造古城文化旅游区,和云驼佛寿文化旅游区、黄楼花卉生态旅游区、东南部生态高端休闲旅游区、西南山地森林旅游区、西部影视文化旅游区等旅游区项目结合,共同形成青州文化旅游的品牌。① 2012 年的《青州市旅游政策工作》中明确提出,旅游政策工作"以云驼风景区为龙头,以青州古城、云门山生态旅游度假区、九龙峪、仰天山、黄花溪、井塘古村等景区为重点"②。

随着古城更新的推进,古城在吸引游客、创造旅游经济增长方面的潜力持续被激发,开始成为青州市旅游资源的核心和龙头。与此同时,青州市旅游业态的发展布局也从"文化旅游"向"全域旅游"升级。根据国家旅游局《全域旅游示范区创建工作导则》,所谓全域旅游,是"指将一定区域作为完整旅游目的地,以旅游业为优势产业,进行统一规划布局、公共服务优化、综合统筹管理、整体营销推广,促进旅游业从单一景点景区建设管理向综合目的地服务转变,从门票经济向产业经济转变,从粗放低效方式向精细高效方式转变,从封闭的旅游自循环向开放的'旅游+'转变,从企业单打独享向社会共建共享转变,从围墙内民团式治安管理向全面依法治理转变,从部门行为向党政统筹推进转变,努力实现旅游业现代化、集约化、品质化、国际化,最大限度满足大众旅游时代人民群众消费需求的发展新模式"③。

在这一背景下,青州市政府对青州古城在青州旅游业发展中的定位也进一步调整,大力推进青州古城内部旅游设施的提升和业态布局的完善,并将青州古城作为青州旅游资源的核心,整合云驼风景区、青州博物馆等旅游资源,打造"青州古城旅游区"的"大古城"景区概念,并且推动青州古城旅游区申报成功国家 5A 级旅游景区,实现了青州旅游的巨大发展。

可以说,青州古城更新,是随着城市旅游业和城市经济发展的态势变化,不断顺应城市发展要求,不断调整和优化青州古城在青州城市发展中的定位

---

① 《青州打造"古城"旅游新形象》,http://tour.dzwww.com/lvnews/201303/t20130320_8133453.htm,2018 年 3 月 24 日访问。

② 《2012 年青州市旅游工作要点》,http://xxgk.qingzhou.gov.cn/SLYJ/201206/t20120627_305344.htm,2018 年 3 月 24 日访问。

③ 《国家旅游局关于印发〈全域旅游示范区创建工作导则〉的通知》,http://news.sina.com.cn/o/2017-06-12/doc-ifyfzaaq6146425.shtml,2018 年 3 月 17 日访问。

和政策目标。但在这一过程中,在城市发展的战略布局下定位古城更新的核心立场没有变,以古城更新带动城市经济社会转型发展的核心目标没有变。这种"变"与"不变"的政策发展,成为青州古城更新推进的关键。

古城更新中的人和事

"半生缘,古城情"——我与古城偶园复建

在青州古城保护修复过程中,对于偶园的保护修复是其中的重点工程之一。偶园作为青州古城内的核心景区,既承载了衡王府的历史沧桑,也重现着"一屋三进士"的书香和骄傲,成为目前游青州的标志景点之一。在偶园重现昔日荣光的背后,项目施工企业的汗水功不可没。调研中,偶园项目施工方山东金桥古典园林建设有限公司董事长张金昌著文阐述了自己和古城、和偶园的不解之缘。作为土生土长的青州人,在古城更新中他既对家乡怀有深厚的感情,也秉持着企业家应心怀时代责任的理念。

青州市委市政府立足"古青州"资源的挖掘及整合,提出建设青州古城的战略性决策,成为青州改革开放发展进程上浓墨重彩的一笔。青州古城这一标志性旅游项目的新篇章从此开启且历久弥新,我与青州古城偶园的半世情缘随之落地生根、开花结果。对偶园人文历史遗迹的复建传承,是一份历史保留的存档,也是一份责任。

少年时期,在那个物质、精神生活相对匮乏的时代,我每一次来城里,都必去偶园街南段的偶园。当时偶园还被叫作"人民公园",居住在周边的住户习惯性地叫它"冯家花园"。当时需要花费几毛钱的门票才可以进去,有时为了省下几毛钱,我和几个小朋友也会调皮地偷偷溜进去,只为能爬爬假山钻钻山洞,有时则模仿电影中的战斗场景来一场山地攻防战,其乐无穷,且乐此不疲。当时进偶园游览玩耍的基本上都是本地人,很少有外地人进园玩,即便有,也多是到青州走亲访友茶余饭后增加的娱乐活动。总体而言,进园游览的人比较少,节假日游览的人较平时稍多些。

20世纪90年代,整个社会焕发出更多的干劲和生机,下海做生意成为人们茶余饭后谈论最多的话题,当时的偶园也在这个大潮中由国营支出变为自

负盈亏。在那个激动人心的年代里我为人父,并有了属于自己的第一家公司。当时因为在城里上班,因而有更多的便利带孩子进城,陪孩子到偶园看猴子、看河马、看三条腿的猪是最大的乐趣。那时人们到偶园玩,兴趣点不再是逛园子、爬假山、看牡丹桂花、看奇石,而是看动物、照相、坐小火车等。另外,偶园还利用园艺等方面的人才及原有花棚自养自售花花草草,受到了喜欢养花人士的追捧,逛偶园看花、赏花、论花,也成为一时风景。在当时大的社会环境下,偶园着实热闹了好一阵子。

随着改革开放的逐步深入,市场经济逐步盘活,全社会物质、精神生活逐渐丰富起来,电影院、游戏厅、录像厅、游乐园等如雨后春笋般出现,成为人们追捧的娱乐及游玩新宠。在这股浪潮中,偶园逐渐变得门可罗雀。而伴随着中国旅游市场的发展,偶园因其丰富的人文历史及古典园林景观,逐渐被外地游客知晓,进而成为青州旅游的名片之一。

随着青州市委市政府作出有关古城建设的决议,古城建设被稳步推进。或许是注定的缘分,我有幸参与到古城建设中,并在1460个日子里见证了偶园的"涅槃重生"。整个偶园复建工程在规划设计施工过程中坚持明清建筑风格为主体,并突出青州特色、青州风格、青州做法,坚持精益求精、修旧如旧的原则,加强对基础文献资料的整理收集,加强对文物古树木的保护,并在尊重历史记载和历史风貌的基础上有所创新,新旧结合,相得益彰。

2014年春天,偶园复建工程正式开工建设。2017年9月20日,经过近四年的保护性修缮,偶园终于敞开大门广纳四方宾客。开放当日,进园游客游览量近四万人次。截至2018年7月,偶园已接待国内外游客近数十万人次,这足以体现出偶园的魅力和深厚的人文历史积淀。历经百年的历史变迁及风雨洗礼,偶园这一古城的明珠当盛世不衰。

第四篇
蓄势待发的古城更新

在历史车轮的碾压之下,很多曾经显赫一时的城市渐渐销声匿迹,但这些城市仍怀有重现辉煌的雄心,试图复兴成为它们共同的追求。本篇选取了即墨、惠民、临清三座因不同特色均曾负有盛名的城市,目前这三座城市都正行进在古城复兴的道路之上。

有着"千年商都"之名的即墨,在更新中拆除了古城片区的建筑,建立起大片的仿古商业街区,以地方政府主导的文化导向的更新,借助于历史文化资源底牌来实现商业目的。

曾经的惠民是"清朝山东十府之一"武定府所在地,今天的惠民是一个"泯然众人"的省级财政贫困县。基于真实的历史遗存,惠民县政府作出了复兴尝试,但受限于政府财力和社会资本,整体性的复兴行动尚未展开。

临清素有"千年古县、运河名城"之美誉。大运河申遗成功为临清带来了新的发展机遇,从政府到公众都跃跃欲试。但受诸多因素限制,政府表现得谨慎而克制,只进行了点状的保护,急迫的心情与缓慢的行动形成鲜明对比。

无论是裹足不前的惠民、审慎行动的临清还是大刀阔斧的即墨,它们的古城更新都刚刚起步,蓄势待发。站在古城更新的起点,我们不由思索:古城在快速的城市化进程中到底何去何从?保护的迫切性与审慎行动之间的张力如何平衡?

第 10 章

城市文化产业再造:即墨古城复兴的探索之路

即墨古城位于山东省青岛市即墨区①,具有 1400 年的发展历史。2013 年至 2016 年,在当时即墨市政府主导的古城更新中,原址重建再现了部分古城风貌,建成了目前位于即墨市中心区的即墨古城特色商业街区,并于 2016 年对公众开放。即墨市正在将即墨古城特色商业街打造为城市名片与核心文化产业,在取得了较为显著的成就的同时也面临一系列管理运营方面的挑战。在山东省乃至全国范围内,很多地方的古城更新采用了与即墨古城相同的模式,即以政府行政力量为驱动、以城市文化产业再造为核心理念的更新模式。即墨古城更新案例研究的意义在于其具有代表性。

2017 年 6 月至 9 月,山东大学政治学与公共管理学院古城更新调研组对即墨古城进行了为期 4 个月的调研。调研采用了多种数据搜集方式,包括档案资料搜集、参与式观察以及访谈。此次调研的主要目的是了解即墨古城的更新与空间生产过程,具体目标包括:(1) 梳理即墨古城的历史发展及其空间演变,从而了解即墨古城的衰落过程;(2) 调查即墨古城更新的核心议程及其产生的过程;(3) 对更新之后的古城空间进行分析,聚焦于城市文化产业再造之下的空间生产逻辑与空间形态生产;(4) 对即墨古城更新政策与空间生产进行总结与评论,并对即墨古城特色商业街区的管理与运营提出建设性意见。

---

① 1989 年,即墨撤县设市;2017 年,即墨撤市设区。本调研中"即墨市"和"即墨区"通用。

10.1 即墨古城的兴衰:历史视角下的城市空间演变

10.1.1 地域尺度的空间变迁:即墨县域与即墨古城

"即墨"因古城坐落在墨水河之滨(今平度市古岘镇大朱毛村处)而得名。即墨之名最早出现于《战国策》《国语》《史记》等历史典籍中。即墨县制初定于秦。公元556年,经过短暂的县制废除之后,即墨县制于公元559年(隋朝)恢复,确定了古代即墨县的版图,并延续至1949年。这一版图大致等同于如今青岛市的地域范围,即包括今之即墨区、崂山区、城阳区和青岛市市内四区的广袤地域。

19世纪末的殖民历史是即墨发展与空间变迁的重要转折点。1898年,德国与清政府签订了《胶澳租界条约》,将即墨县的部分地域化为"胶澳租界"——胶州湾海面、潮平周边100华里、陆海总面积1128.25余平方公里——即今天的青岛市区域。从此,青岛与即墨在行政隶属上分离,并见证了"差异性"/"隔离式"的空间发展过程。1900年,德国殖民者制订了青岛历史上第一个城市发展规划,青岛由此开始进入快速城市化的进程,并于1906年左右初现欧式城市建筑风貌与港口城市经济模式。对比之下,即墨在这一时期依旧保持着中国传统的乡村风貌(见图10.1)。青岛与即墨的空间差异由此奠定,并在一定程度上影响今日二者的经济、政治地位。

图10.1 即墨风貌(摄于1901—1910年)
资料来源:黄济显主编:《即墨古城照片档案》,中国文史出版社2007年版,第39页。

1949年之后,即墨县的行政区划经历了一系列频繁的调整。即墨全境先后隶属于胶州(1950年)、莱阳(1956年)、青岛(1957年)、烟台(1961年)。1961年,由于将所辖的城阳、棘洪滩、马戈庄、河套、阴岛五个公社划归青岛市崂山县,即墨县的地域范围大幅度缩小,形成今域。1978年即墨县划归青岛市,随后于1989年撤县设市,由青岛代管。如今,即墨区的行政地域包括18个镇、4个街道办事处、1个经济开发区、1个省级旅游度假区,常住人口108万,总面积1780平方公里。

自秦朝即墨县建制以来,人口聚集,修筑房屋,高垒城墙,逐渐形成即墨城池。至西汉时期,即墨城成为胶东国的"国都",也因此成为胶东半岛政治、经济、文化中心。据载,至元朝,即墨城池"建三门、四阁,城墙高9.1米,厚6.6米,周长两公里"。即墨城的城门、门楼、城墙部分毁于20世纪40年代的战火,部分于1955年左右被拆除。2010年即墨划定的旧城改造区域包含古代即墨城的遗址,即墨城被彻底推倒重建,代之以现代仿古建筑,重现了即墨古城的历史风貌,成为即墨古城特色商业街区。如今,我们所见到的即墨古城就是这样一个仿古建筑群、现代城市中的"文化飞地"、城市的文化产业及仿古商业街区。

10.1.2 古城衰落:经济转型与城市化过程中的内城衰落

即墨自古以来商贸繁荣,因此得名"千年商都"。即墨考古中就发现了种类繁多的"刀币",具有2000多年的历史。古即墨城中有一条繁荣的商贸大街,旧名西阁里大街(现中山街中段),据载其"两边店铺林立,街上人流如织"[①]。至19世纪末20世纪初,即墨城内商业店铺种类繁多,包括绸缎杂货、饭馆、黄酒楼、银楼、药铺、镶牙馆、水食馆等(见图10.2)。

20世纪50年代,计划经济体制的推行打破了即墨作为商贸中心发展的步伐,即墨开始了快速的工业化进程。在计划经济体制下,即墨与许多其他中国城市一样,全力发展劳动密集型工业,包括针织服装业、机械制造业、棉纺业、水泥制造业、钢铁工业等。在这一时期,城市空间生产优先服务于工业发展,城市的再生产功能、城市美学与城市历史文化传承则成为边缘化的城市议题。在内城,为了满足快速增长的工人的居住要求,采用了"见缝插针"

---

① 黄济显主编:《即墨古城照片档案》,中国文史出版社2007年版,第15页。

图 10.2　即墨城西门和西阁里大街（摄于 1900 年）
资料来源：黄济显主编：《即墨古城照片档案》，中国文史出版社 2007 年版，第 16 页。

式的发展方针，低质量的房屋大量出现，导致人口密度过大，房屋建设毫无美感可言。由于对城市文化传承与城市历史保护的忽视，即墨古城中的部分古建筑也在这一时期被用作工人宿舍。这种粗放式的城市规划为即墨内城的衰落埋下了伏笔。

80 年代开始的市场化改革引发了即墨古城及其周围片区的衰落。自 80 年代末开始，即墨进行了国有企业改革，引入市场竞争机制，打破企业的"铁饭碗""铁工资""铁椅子"。1995 年至 2002 年，即墨的 19 家国有企业相继依法破产；2003 年，即墨市属企业累计改制 134 户，其中破产 39 户，股份制改造

70户、拍卖、兼并、关闭清算6户,协议解除劳动合同15户,改为私营企业4户。① 改制后的企业剥离了城市建设与房屋修葺的职能,直接导致内城大量工人宿舍失修与衰败。同时,内城的工厂破产,而私营企业与服务业尚未发展完善,内城丧失了经济支柱与经济活力。最后,大量下岗失业工人滞留在内城,他们既被内城便捷的生活所吸引,也被有限的经济能力束缚在逐渐荒芜失修的老建筑中。即墨古城及其邻里在这一时期逐渐演变为下岗工人的内城棚户区。

图10.3 即墨古城十字大街街景(摄于2007年)
资料来源:黄济显主编:《即墨古城照片档案》,中国文史出版社2007年版,第127页。

城市化进程加速了即墨内城衰落的进程。随着户籍管制的松绑与城市扩张,周边失地农民涌入即墨,寻求在城市中的立足之地。这些城乡流动人口大多从事着低收入的行业,或者从事"灰色地带"的非正规经济。他们租住在房屋失修、房租低廉的内城,使得即墨内城成为流动人口的聚集地(见图10.3)。2005年以后,即墨古城及其周边的内城已经彻底变为了所谓"低端

---

① 宋新生:《即墨经济(1978—2015)》,青岛出版社2017年版。

人口"的居住区域。在访谈中,即墨官员表达了这一观点:

> 古城周边变成了老弱病残的聚集地,甚至拾荒者和其他非法行业从业者也在这里住……到最后(古城片区)这里基本只剩下了租客。

在城市规划者与管理者眼中,"只剩下了租客"的城市居住区不言而喻地代表着地区的衰败。的确,当城市社区变为租住者的聚集地时,地区衰落变得极难逆转——缺乏修缮而破败,归属感丧失,治安问题严峻。2005年以后,一时繁华的即墨商贸小城在工业化的浪潮中丧失了自身的特色,逐渐走向衰败,被城市管理者视为亟须解决的城市问题。

10.2 古城空间生产的议程设定

10.2.1 核心议程:推倒重建的"仿古"与"商业街区"的功能定位

2010年以后,随着即墨古城周边内城的衰落越发严重,古城片区的更新问题在政府工作会议上被频繁提及。2012年,即墨市政府组织了古城更新的调研论证,这标志着古城片区更新正式进入地方政府议程。调研论证过程包括三个部分:拍摄古城历史建筑照片、搜集整理民间口述史,从而保存古城的历史档案资料;聘请专家学者对古城更新方案的可行性进行论证;调研街区中居民、商户、社会组织(教堂、学校等)的拆迁意愿。

2013年,即墨市十七届人大二次会议表决通过了"一号议案",决定即墨古城更新项目于2013年2月正式启动,改造范围包括鳌蓝路以南、墨水河以北、大同街以东、东关街以西的围合区域,涉及经济开发区和通济街道14个村(居)、4959户、1.6万余名居民。该项目也是即墨历史上规模最大的拆迁改造工程。在这次会议上,即墨古城片区更新的核心议程最终形成:拆除古城片区的建筑,重建用地面积为42公顷的仿古街区;重建后的即墨古城功能定位为商业街区,以期与即墨国际商贸城、汽车公园形成功能整合,打造即墨中心城区的历史文化、休闲购物为一体的特色旅游景区。2013年至2016年,围绕着这一核心议程,即墨古城片区的更新正式实施。

10.2.2 "熨平"争论:政府的主导角色与古城更新的议程生产

与其他公共政策领域一样,古城更新是一个充满了嘈杂声音的政策场域:多元化的声音表达着多元化的利益诉求,在城市更新的过程中相互博弈。的确,城市发展与空间重塑过程从来都是利益博弈的角斗场,而所涉及的主体范围也十分广泛:目标城市空间内所依托的一切主体。这包括作为政策制定者的政府,寻求土地交换价值的资本,创造着日常生活空间的社区居民,具有地方依赖性的地方团体与组织(小商户、企业、学校、医院、教会),以及在名义上作为第三方进入的专家。在空间生产的过程中,这些主体既有作为团体的共同利益,也有更为纷杂的个人诉求。

即墨古城的空间再生产同样面临这样的多元主体的权力关系与权利纷争。但是,即墨区政府依旧成功地力排众议,形成了即墨古城更新项目的核心议程。在这一议程产生的背后,是多元主体的利益博弈与对多元声音的"熨平"。也正是这一过程体现了政府在古城更新中的"主导"角色。

1. 政府:规划理性的纷争与政治精英的决断力量

作为空间生产的政策主体,即墨区各级政府对于古城更新项目的必要性持有一致性的、肯定的态度:古城建设被认为是改善内城环境、提升城区形象的关键之举。对此,即墨区的一位政府官员在访谈中作了进一步的阐述:

> (即墨)古城更新的契机是内城的棚户区改造,当时对于保不保留古城,领导班子进行了讨论,一致决定要保留古城。即墨是有历史的地方,我们要想着怎么把这段历史展现出来……这(即墨古城)是即墨区重要的名片,是即墨区进一步发展的重大契机……这个决定也得到了下边(政府)的支持,尤其对于古城片区来讲,是改善城区环境的重大决定,也可以解决"低端人口"的问题……通过古城更新项目来吸引商业,盖一些好的小区来改善居住层次。

城市空间生产过程往往被公共政策制定者寄予了越来越多的期望:物质环境更新、社会问题化解、城市软实力塑造。即墨古城更新项目也毫不例外地承载了地方政府这样的期待,被视为城市发展的"重大契机"。对于即墨这样一个在计划经济中丧失传统特色、地方小商贸业亟待复兴的县级城市而言,古城更新项目被地方官员看作重塑城市形象的政策平台、带动地方经济复苏的引擎以及当下"时髦"的城市规划案例。此外,在即墨城市管理者看来,相比于内城建筑环境的改善,古城项目更为重大的意义在于城市的文化复兴——塑造城市特色与打造城市名片。

虽然在内城棚户区的"拆与不拆"、古城的"建与不建"上,即墨区各级政府保持着意见的高度一致,但在具体的规划与实践过程中却又存在着诸多的争论。首先,争论围绕着古城物质空间生产的基本形式,即推倒重建还是修复性建设,这主要关乎要不要保留历史古迹、历史建筑的问题。对于那些支持保留古城原貌、提倡修复性重建的官员而言,保护即墨古城的原始建筑不仅仅是保护依托于建筑之中的城市历史、城市稀有资源,也是基于文化特色而打造城市未来核心竞争力的有效战略。虽然这些官员提倡"即墨古城是即墨的过去、现在和将来",但其他本地官员则从管理理性的角度来看待问题,支持推倒重建。的确,相比于修复性建设,推倒重建更易规划管理,能够更加快捷地更新内城的基础设施,也因其可预见的短期收益和可预估的风险而对资金更具吸引力。

其次,争论涉及空间生产的规模问题,即古城更新是基于原址之上,还是扩大古城的规模。支持扩大规模的一方对古城商业街的前景报以更高的期望:通过扩建给未来更多商户的入住和更多游客的来访留出足够的容纳空间。认为应该原址重建的一方则更多地考虑资金平衡等现实问题,同时,他们还持有这样一种有趣的观点:基于原址之上的古城复原重建具有历史文化意义。的确,地理定位是城市集体记忆的重要维度,在城市迅速发展的背景下更是如此。当城市集体记忆与怀旧主义情结无法寄托于快速更替的城市物质空间与日益碎片化的邻里社会空间时,人们的情感抛锚定位愈发依赖于地理位置。原址重建的古城往往会唤起访客的历史记忆,从心里感叹"历史上的古城的确就在这里"、"我正踏足于历史故事中的那块土地"。对于即墨古城而言,即便历史建筑被夷为平地,原址重建也依旧可以唤起人们的这种集体记忆与文化认同。只要人们认同,便是古城文化。

地方政治精英在地方发展中的关键性作用在已有的研究中已经得到了充分的讨论与广泛的认同,这种作用包括制订城市宏观发展规划,整合政治资源与资本,尤其体现为整合不同意见而形成发展合力方面。[1] 在即墨古城更新项目中,时任市长刘赞松起到了这种政治精英的作用。他拍板决定了古城项目的启动,并且力排众议,确定了即墨古城的核心议程,使得拆迁安置工

---

[1] Harvey Molotch, The City as Growth Machine: Towards a Political Economy of Place, *American Journal of Sociology*, Vol. 82, No. 2, 1976, pp. 309-332.

作与古城重建工程迅速开展。对于市长的这种做法,即墨本地官员大多持肯定的态度,认为这是领导力的表现以及推动城市快速发展的关键。对此,即墨本地官员评论道:

> 像(即墨古城更新)这种大项目就得有比较强势的领导来拍板,事情才能顺利开展下去。……你知道,这里边牵扯的人和意见太多了。

当然,政治精英对地方发展一致性意见的塑造也不是凭空而来,而是需要依凭一定的外力与技巧。在即墨,这种外力表现为全国性的政治舆论与酝酿已久的地方发展意愿。一方面,即墨古城片区衰落已久,地方官员与居民对其改造的意愿一直较为强烈,这给予了古城更新项目自下而上的支持。另一方面,即墨古城更新也符合中央的政治舆论与政策。在访谈中,即墨本地官员对此进行了如下表述:

> 在当时的背景下,即墨古城的发展契机较好,天时地利人和,习总书记明确提出了发展与保护传统文化,给了即墨古城发展的"东风"。

2. 专家:专业权威与行政力量的微妙平衡

在即墨古城更新项目中,专家是唯一进入政府决策过程的社会群体。在城市空间生产的过程中,专家与政府决策者之间存在着复杂而微妙的动态关系——专业权威与行政力量之间的博弈与平衡过程最终决定了空间形态的生产。

即墨古城项目聘请了众多专业设计单位进行土地利用与建筑修建设计,包括南京大学建筑规划设计院、上海万生景观设计有限公司、清华大学华清安地建筑设计事务所(现已更名为"北京华清安地建筑设计有限公司")、中国文化遗产研究院、中国文物古迹保护协会等。单霁翔、冯骥才、葛剑雄等国内知名的专家学者也受聘对即墨古城更新项目提供了专业意见。其中,华清安地建筑设计事务所在古城修建详细规划与建筑设计方面起到了最主要的作用。该设计事务所是一所在古建筑维修保护、文物保护规划、古文化等方面具有甲级资质的单位。该设计事务所在全国范围内的古建筑、古城修复建设项目中颇有建树,其主导规划的代表性项目包括:福州三坊七巷、云南丽江古城等。据即墨区官员所说,即墨区古城更新项目也是由该设计事务所规划的,但是请其出面也颇费周折:

（即墨）古城的设计绝对是一流的，因为我们请了清华设计院（即华清安地建筑设计事务所）出马。当时请动他们也是很不容易的。最开始人家（设计院）是不想给我们做的，因为他们一般都在大城市，都接大项目……后来我们打听到他们（设计院）刚刚给济南做了老商埠的设计，于是我们抓紧时间和济南那边联系沟通，真是动用了一些人脉，这样那边（设计院）才答应过来。

在这段表述中，得意之情溢于言表——请动华清安地建筑设计事务所出马为即墨古城进行设计，被地方官员视为古城品质的保证以及地方官员行动力的体现。的确，专业权威在现代决策与治理中扮演着越发重要的角色。一方面，专家参与是科学决策的关键；另一方面，专业权威也为政府决策提供了合理化的来源。

华清安地建筑设计事务所进入地方政府决策过程，在很大程度上决定了即墨古城的空间形态，这集中体现为古城建筑风貌的设计——南方的建筑设计，晚清的建筑风格。华清安地建筑设计事务所之所以能够对即墨古城的空间生产过程发挥重要作用，不仅仅是因为地方政府决策对其专业权威的依赖，也是因为前期二者所构建的不对称关系——对即墨区政府而言，事务所是其通过社会资本而换取的珍贵的专家资源。

对专家资源的依赖成为即墨古城管理者所引以为傲的政策导向。继聘请华清安地建筑设计事务所以后，即墨古城管理委员会又多次组织召开学术研讨会与专家论坛，共同商讨即墨古城复兴的相关问题。例如，2017 年 8 月 6 日至 8 月 7 日，在即墨古城学宫举行"城市复兴与街区发展"研讨会，邀请了国内知名城市规划与建筑设计领域专家，讨论即墨古城项目建设过程中的经验与结果。专业权威虽然在空间生产的过程中得以发声，但是这种参与仅仅局限于"下游"的政策过程——在政府已然决定了空间生产的核心议程（要不要更新）、根本秩序（推倒重建还是修复重建）与基本形态（复古商业街区）以后，专家学者才被邀请进入从而决定空间的具体形态（建筑风格设计）。

3. 居民：模糊的权利界定与工具性的"参与"

在即墨古城更新所涉及的所有利益团体中，居民这一群体的构成最为复杂，利益诉求最为多样。根据在古城片区棚户区改造中权利立场的不同，我们可以将居民进一步划分为普通房主、拥有违章建筑的房主、租户三类。拥有违章建筑的房主一方面与普通房主有着共同的利益诉求——对所拥有的房屋进行合理的补偿；另一方面，前者对于违章建筑的权利和补偿有着不同的看法。有些违章建筑的房主自愿放弃对于违章建筑的补偿权利，"违章建筑本来就不合法，这么多年我们从违章建筑里拿的房租已经够本了"；但另外一些违章建筑的房主却直指政策的不连贯性，并要求政府对其所拥有的违章建筑进行补偿。例如，一位老年女性在访谈中指出："以前（90年代）下岗之后政府鼓励我们自建门头房开小生意自力更生，现在要搞城市发展又否定了（以前的政策）……政府得说话算话，现在拆需要给我们合理的补偿才能以理服人"。在许多发达资本主义国家，租户在征地拆迁中也会得到政府的补偿。近些年来，我国的学者也开始主张保护租户的居住权利与受补偿权利。以上所有的争论都通过这样一条公共政策的"铁则"得以"熨平"——房产证作为补偿权利的唯一凭证。这一条"铁则"似乎从我国古城更新伊始便存在，成为全国通行之规则，因此也鲜有考究政策源头与合理性的声音。根据这样一条规则，拥有违章建筑的房主与租户自然而然地不再被视为受补偿的对象。

在各个城市中，居民都被视为旧城改造的政策对象——他们是被拆迁的对象，是需要政府投入大量时间与精力去应对与劝说的对象，甚至被视为推进旧城改造的阻力。的确，在旧城改造中，居民与政府代表着利益纷争的两方，即个人利益与城市发展利益。在我国目前的情境下，两者纷争的焦点往往不在于"拆不拆"的问题，而在于"补偿多少"的问题——情感地理所讨论的"土地依赖性"与"家园眷恋"似乎并不适用于我国，只要补偿款足够高，居民们往往很支持拆迁甚至期待拆迁。即墨古城的改造也面临同样的情况。大多数受访的居民都提出，他们期待拆迁，但是他们所期待的是"补偿合理"的拆迁。在居民的语气中，"合理"的补偿价格往往要高出政府给予的补偿很多。一位男性受访者指出："虽然房子破了些，但是我们的位置好"；而另一位老年男性认为："拆迁给我们的生活带来的不便，政府应该考虑到并多做些补偿"；同时另一位中年女性提议："这一片一拆迁，得带来多少利益啊，政府分点给老百姓也没什么不应该的"。政府用来平息补偿价格争论的方式简单有效——推崇市场原则。近些年来，即墨区的旧城改造已经不再采用政府定价原则了，而是依据被拆迁房屋的市场价格来进行补偿。即墨古城片区的拆迁也采用了市场价格机制。有趣的是，虽然依据市场原则而产生的补偿价格也低于居民的补偿预期，但是大多数人还是欣然接受了这一补偿价格，认为这是依据市场原则而产生的合理的价格。的确,无形的市场会给人们一种公正、客观的感觉,加之人们对于宏观市场的无力感,市场原则就更加容易被人们接受了。在这里,我们不仅看到了城市政策中的新自由主义取向,也看到了新自由主义成为一种深入人心的政策理性。

在统合居民意见方面,无论是房产证的"铁则"还是市场价格机制,都不如第三种方式来得更加有效——居民参与过程。在已有研究当中,参与作为"熨平"争论的重要政策工具已经被广泛讨论。[①] 即墨古城片区的拆迁过程采用了我国城市旧城改造所通用的"85%签约率"原则——当同意拆迁的居民超过总数的85%时,政府的拆迁补偿条例被视为有效并正式予以实施。一方面,这一原则仅仅要求居民表达"同意"与"不同意",因此过滤掉了很多嘈杂的声音,如对安置房屋面积、户型的不同意见,以及对更新以后的城市空间使用方式的愿景;另一方面,"85%签约率"原则建立了基于大多数人的民主原则以及公共政策的合理合法性。

由于以上措施,即墨古城片区的棚户区改造项目取得了大多数居民的签约支持,项目得以快速开展,4959户居民实现了拆迁安置。安置区分布在即墨古城商业街区四周,分为莲花居、文富居、文昌居三个项目区,共有56栋高层建筑。除了一部分选择了货币补偿的居民之外,大部分居民选择了就地安置。

4. 开发商:政府的企业与企业家化的政府

即墨古城商业街区项目是即墨区近年来最大的棚户区改造项目,其被国务院列为全国1000万户棚户区改造项目,获得了中央预算内投资5000万元、中央财政城镇保障性安居工程资金3448万元及国开行棚户区改造资金扶持贷款28.5亿元。棚户区改造的资金由中央与地方政府共同承担,古城建设的投融资则由即墨区城投公司与其旗下的鼎泰德开发有限公司共同负责。毫无疑问,这样的投融资组合确保了地方政府对于即墨古城更新项目的掌控性,使政府对于古城更新的议程设定、规划实施、投资力度、进程监督都有决定性的话语权与管理权。此外,由于古城更新项目的正外部性、收益慢与高风险等特征,政府在投融资中占据主导角色显然是必要的。正如某位地方官员在访谈中指出的:

---

① Chantal Mouffe, *On the Political*, London:Routledge,2005.

(古城更新)项目是公益性的,而且前期投资的成本高、周期长,这件事儿需要政府来发挥绝对的主导作用。

随着地方政府越来越深入地卷进土地投资、古城更新与城市发展的"生意"中,资金平衡、盈利运营、吸引资本、塑造竞争力等政策理性越发明显,这塑造了更具有企业家精神的地方政府。在即墨古城更新项目中,这种地方政府的企业家精神体现在几个不同的层面——追求古城项目的资金平衡;通过适当建造与出租/出售一定数量的临界商铺、仿古建筑风格的高档商业住宅与高档酒店,实现古城商业街未来的运营盈利;综合规划古城商业街的长远发展及其作为城市发展的引擎作用。

10.3 文化产业再造:即墨古城更新中的空间重塑

10.3.1 文化产业与内城更新

进入 21 世纪,文化主导的内城更新在全球范围内盛行起来,其主要特征即围绕着城市文化产业的再造来实现内城空间形态与空间功能的重塑。文化主导的城市更新以城市文化作为空间再生产的核心主题与要素,在实践中可以采用不同的形式。例如,文化主导的内城更新可以通过塑造图书馆与博物馆等城市传统文化产业来实现区域复兴,这一类的典型代表为英国小镇赫普沃斯因韦克菲尔德·赫普沃斯博物馆的修建而实现的经济转型与旅游业复兴;以伦敦市中心"开膛手杰克"冒险街区为代表的一类城市街区文化复兴,则是通过城市民间故事、通俗小说与影视作品等文化要素赋予内城空间以文化内涵;欧美国家中的"China Town"(中国城)受到当地居民的喜爱,这代表着一种主打异域文化、饮食体验等文化特质的街区更新;以诺丁山为代表的伦敦市复古集市的风靡则代表了围绕着本土的、复古文化复兴的区域更新案例。

从表面上看,与地产主导的更新方式相比,文化主导的内城更新似乎展现给我们不同的空间再生产逻辑。但是,如果我们深入其本质则会看到,在"文化符号"的背后,依旧是资本、土地、投资、增值紧紧缠绕,构成了空间再生产的根本动力。在 21 世纪,文化成为现代城市的一种稀有资源而被资本"发现",进而成为资本实现增值的新的生产要素。围绕着城市文化与文化主导的内城更新,地方增长联盟似乎结合得更加紧密了:一方面,地方政府为了提升城市的吸引力而挖掘城市文化的潜力,迫切地需要资本将城市文化的内涵在空间生产中再现出来;另一方面,文化地产的增值离不开政府的作用,这包括城市文化品牌的宣传、政策支持、可预期的发展前景等。的确,文化主导的内城更新体现了围绕文化、旅游、饮食、时尚等城市符号经济而展开的政府—资本合作与空间再生产过程。

即墨古城更新项目同样是地方政府主导的文化导向的内城更新。在这里,古建筑、历史文化、历史故事、历史名人、民风民俗、饮食体验共同构成了等待被挖掘的文化符号,并在空间生产的过程中得以再现。当然,城市文化产业的塑造与发展必然需要特定的空间形态,从而实现文化对空间形态的重塑与空间功能对文化的支撑。那么,在即墨古城片区的文化更新中,生产了怎样的物质空间与空间功能?这种空间的再生产又引发了怎样的社会关系与权利关系的变迁?

10.3.2 打造"现代化"的即墨古城:文化主导的空间生产

更新之后的即墨古城商业街区无疑是一个"现代化"的古城:现代的商业类别、现代的生活方式、现代的管理运营模式。在这样一个"现代化"古城诞生的背后,是资本空间再生产的根本逻辑:创造性毁灭。在即墨古城片区的更新过程中,原有的空间被推倒重建,而新的物质空间与空间功能则围绕即墨古城历史故事、民风民俗、建筑文化等方面而被再现。新的物质空间也孕育了全新的社会空间与社会关系,这集中体现为游客—本地居民、生活需求—投资需求、艺术文化—生活文化等之间的张力。物质空间(空间功能)和社会空间(社会关系)共同构成了如今即墨古城商业街区的空间特质。

1. 物质空间再造与空间功能重塑

为了实现古城商业街区的核心功能,增强其对顾客/游客的吸引力,即墨古城的物质空间设计与再造主要围绕两个任务开展:通过历史、仿古建筑的建造与街区设计来再现历史风貌,以及通过具有美感的建筑风格与建筑质量来提升古城街区的品位。

根据即墨古城照片档案的记载,更新后的即墨古城商业街区规模为东西608米,南北492米,占地43公顷,基本重现了原有古城的规模。古城更新项目主要打造"一城、两街、十景、十三坊"的古城景观。改造之后,贯穿古城东西的西门里和东门里大街以及南门里大街(原即墨区中山街)组成了丁字形的古城核心商业街区,街上设有牌坊,沿街林立古色古香的仿古建筑,作为商业网点房(见图 10.4)。此外,改造后的五福巷已经成为高档仿古建筑别墅区,共 243 套住房,向游人开放,成为一条复古休闲旅游胡同(见图 10.5)。

图 10.4　即墨古城西门里街街景
资料来源:调研时拍摄。

除了仿古建筑街区的建设与古城风貌的再现,呈现高品质的建筑设计与建筑风格也是即墨古城更新中的重要政策。正如在即墨古城官方宣传片中所记录的,古城建筑在施工过程中请来了一流的工匠,这确保了即墨古城中的仿古建筑在砖瓦、石刻、木雕工艺等方面的质量与艺术性。对此,即墨区政府一位官员在访谈中解释道:

图 10.5　五福巷别墅区街景
资料来源：调研时拍摄。

> 当时我们追求的就是高大上的设计……我们要建设百年古城、一流古城,我们要把即墨古城打造成精品工程。……这不仅仅意味着建筑本身的质量要高,我们的一砖一瓦都用的是最好的设计,而且我们请了最好的工匠来施工。

除了施工质量之外,"高品质的古城"还具有更加重要的一个方面,即对现代功能的体现:

> 对古城来讲,很重要的一点是,要在保留原有古城肌理的基础上,结合现代人的生活需求,发展现代功能。古城更新的核心思想应该是传承灵魂,物质形式并不是关键,最重要的是地域文化、基因与精神的传承。比如说,台儿庄古城的复建是完全按照古风古貌进行的,但是房屋矮小狭窄,阴森恐怖,其实效果并不理想。

的确,具备现代功能的仿古建筑群可以更好地承载商业、旅游、居住等功能,从而更好地推动古城商业街的发展。上述访谈中也暗含了另外一个观点:对于古城更新来说,物质空间是次要的,而所要传达的文化内涵才是核心所在。这种观点形成了一种政策导向,合理地铺垫了即墨古城的推倒重建。此外,访谈中所强调的古城更新过程中的"地域文化与精神传承",其实给予了公共政策制定者极大的发挥余地。塑造具有何种文化内涵的古城在很大程度上取决于地方管理者的决断。而在市场化与全球化的背景下,我国古城文化内涵的普遍特征表现为传统文化与商业性文化、地方文化与国际文化的交融。

符合游客/顾客的建筑审美,对于聚集人气、推动古城商业街的旅游业发展十分重要。但是,对于什么才是符合游客/顾客审美的仿古建筑,即墨区与枣庄市有着截然不同的理解。枣庄市采用了推倒后的复原重现,一丝不苟地复原了历史建筑的风格,寄希望于历史的"原汁原味"对游客的吸引力;而即墨区则是在推倒后对建筑进行了重新的设计,用现代理性重新审视古建筑风格,寄希望于用现代建筑美学迎合游客/顾客的期望。枣庄市与即墨区的意见分歧体现了我国古城更新实践中关于物质空间重塑的主要张力所在——继承性与发展性、传统性与现代性的矛盾。

2. 社会空间重建与权利/权力关系变迁

城市空间与社会关系之间的辩证关系在列斐伏尔及其后续者那里已经得到了充分的讨论。社会活动生产了多样性的空间形态,而新的城市空间中又孕育着新的社会关系与权力/权利关系。在内城更新中,社会空间与关系的重塑集中体现在两个方面,即空间社会功能的变迁与空间使用者之间的纷争。

更新之后的即墨古城商业街区已经实现了空间功能的转型——从城市居住区域向城市文化旅游商业街的转变。如今,即墨古城商业街区中的居民已经彻底搬离这一片区域,它成为以吸引游客/顾客为目标的城市文化产业聚集地。即墨古城商业街区现有 500 多家商户、118 个入驻品牌,其中包含多种类型的文化商业/产业,如书店这样的城市传统文化产业类型(不是书店);文创类(字曰、文创家、青岛开今陶瓷);非物质文化遗产类(即墨刻瓷、曲阳石雕、葫芦工艺、官庄竹编、大欧鸟笼、黄氏烙画、葛村榼子);文化餐饮类(高家糖球、青岛英记楼、即墨和丰德)。在即墨古城中的所有文化商业/产业中,有一些可以称为"神龛文化"——贴近艺术而远离生活,价格较高(如非物质文化遗产类)(见图 10.6);而另一些则可以称为"烟火文化"——贴近生活日常性消费,价格适中(如餐饮类)(见图 10.7)。

图 10.6　即墨古城内店铺"字曰"
资料来源：调研时拍摄。

更新后的即墨古城商业街区主要有三类空间使用者：文化商业/产业经营者、游客/顾客以及古城周边的居民。在即墨古城目前的发展规划与管理措施中，前两类空间使用者被给予了充分的重视。即墨区政府将古城的招商引资视为其首要任务，为了引进高品质的文化产业，政府给出了一定的扶持性政策（如限期免租金、媒体宣传等）。此外，推动旅游业的发展，通过提升游客服务质量来吸引游客来即墨古城也是备受地方政府重视的工作。在推动古城旅游业发展方面，即墨地方政府制订了颇具野心的规划。对此，即墨区政府一位官员在访谈中指出：

> 目前古城的主要消费群体还是即墨及其周边的游客，我们的中短期发展规划是，三至五年内将消费群体扩展到整个青岛及胶州半岛，长远规划是希望能将辐射范围拓展到国内乃至东南亚地区。

除了文化商业的经营者与古城的游客/顾客，古城周边的居民也是主要的空间使用者。在非旅游旺季，或者不在古城文化节庆期间时（如即墨古城啤酒节、即墨古城民谣节），古城的主要使用者与活力的来源为附近居民。尤

第 10 章 城市文化产业再造:即墨古城复兴的探索之路 283

图 10.7 即墨古城内店铺"高家糖球"
资料来源:调研时拍摄。

其在傍晚 6 点左右,即墨古城的西门里大街上随处可见饭后散步的居民(见图 10.8)。作为古城空间的主要使用者之一,居民对于古城空间的形态与功能有着自身的需求与期盼。在所有受访的居民中,一位中年男性居民的观点较为典型,他指出:

> 这儿(古城)路还算平坦,还没有车,比较安全,我们住在附近的人经常过来遛弯……其实对我们来说,更需要一个大公园一样的地方。古城里边要是能有一小块绿地让小孩子玩一下,或者有更多的椅子让人坐一坐,对老百姓来说就更好了。

公共绿地、安全感、日常休闲场所等这样的空间诉求在多大程度上进入了公共政策制定者的视野,我们不得而知。但是,目前即墨古城的空间形态中的确鲜有对这些诉求的体现。与其他两类空间使用者相比,居民的空间诉求的确在很大程度上被边缘化了,并没有在古城发展战略中得到很好的体现。在制订颇具野心的旅游业发展规划的同时,认真对待居民日常生活方面的空间诉求,也许会为即墨古城的未来发展与管理提供全新的政策视野。

图 10.8　非节庆期间的即墨古城街道
资料来源:调研时拍摄。

10.4　作为"文化展柜"的古城空间:即墨古城中的大欧鸟笼

张院的簸箕、毛子埠的升,大欧的笼子进北京。

——即墨民间俗语

在入住即墨古城的商户中,既有"台湾文创+"(咖啡、陶瓷、首创小物体验馆)、"字曰"(活字印刷体验主题生活馆)这样的现代文化产业品牌,也有许多属于非物质文化遗产的文化产业。目前,即墨古城中有十多家非物质文化遗产店铺,其中包括即墨大欧鸟笼。

在即墨地方政府关于即墨古城发展的设想中,即墨古城既是城市商业街与城市发展的引擎,也是展示地方文化、地方特色的"橱窗"。因此,在招商引资的时候,除了重点引进国内、国际知名品牌(包括餐饮、文创等),引入代表地方特色的文化品牌也是工作重心之一。的确,在全球化、同质化与文化传统流失的危机下,地方特色的文化品牌越发成为地方的文化资本。像大欧鸟笼这样全国知名的、源自地方的非物质文化遗产,成为即墨古城招商引资的重点对象。2016年即墨古城正式向公众开放之际,大欧鸟笼便入驻古城商业街。在即墨古城最繁华的西门里大街上,比邻大欧鸟笼店铺的是黄氏烙画、葛村榼子等其他代表即墨本地的非物质文化遗产店铺。政府给予这些入驻古城的非物质文化遗产店铺以扶持性政策:免房租一年和免费装修商铺。

与大欧鸟笼广泛的知名度相比,古城的大欧鸟笼店铺内显得十分冷清,即使是在古城节庆期间,大欧鸟笼店铺也人气不足。相比大欧鸟笼,黄氏烙画、葛村榼子等其他非物质文化遗产店铺内的顾客数量较为可观。这一方面是因为大欧鸟笼的价格较其他非物质文化遗产店铺的产品要高出许多,而且按照鸟笼店铺经营者的说法,鸟笼是"专业玩家"才会购买的文玩,因此潜在顾客群体十分狭窄。另一方面,在古城节庆期间,如黄氏烙画这样的非物质文化遗产店铺可以进行现场制作来吸引游客/顾客,而大欧鸟笼因为自身工艺的复杂性,无法采取现场制作展示式的营销方式。当向大欧鸟笼店铺营业者问询"营业状况怎么样"时,他指出:

> 进来买的人确实不多,但其实我们的主要销售渠道在网上,我们网上的订单来自全国各地。……入驻古城我们也很重视,说明了我们(大欧鸟笼)的重要性,这样也确实让更多的外地游客认识到了我们这个东西。

对于大欧鸟笼,与销售相比,即墨古城店铺更重要的功能是作为展示自我的"橱窗"。在当下互联网电商迅速发展的时代,实体商场已经逐渐变成商品展示的橱窗与顾客体验的场所,真正的销售越来越多地通过互联网来实现了。如今,大欧鸟笼这样的非物质文化遗产商品也加入了这样的潮流。即墨古城店铺更多地扮演了橱窗与体验店的角色,向来自各地的游客展现即墨本土文化,也通过驻扎即墨古城而彰显着自己的文化地位和文化影响力。

10.5 即墨古城空间生产的成功经验与困境

10.5.1 成功的运营管理：打造一个有丰富文化节庆活动的古城

即墨古城自 2016 年正式开放以来，开展了一系文化节庆活动：古城音乐节(民谣节、原创歌手赛、柳腔公演)、啤酒节、文庙祭祀等。其中，古城民谣节已经成为即墨古城最为成功的文化节庆品牌，通过邀请具有影响力的歌手来聚集人气(2016 年民谣节主唱是老狼，2017 年民谣节主唱是罗大佑)。民谣节对歌手的甄选也颇有技巧性：他们是 70 后、80 后所喜爱的歌手，因此巧妙地回应了社会消费主力群体的文化需求与怀旧情结，这也是即墨古城民谣节取得成功的关键因素之一。包括民谣节在内的一系列节庆活动吸引了大量游客前来古城，消费群体的集聚也增加了古城房地产的热度(商铺销售/租赁与古城内的仿古别墅区房产销售)。在访谈中，一位即墨本地官员指出："2016 年 10 月的民谣节期间卖房收入 10 个亿。"

在全球化的大背景下，本土文化与异域文化的界线变得愈发模糊，在商业化的进展中愈发紧密纠缠，共同塑造着商业文化的吸引力。除了商业性的怀旧情结外，即墨古城的文化节庆活动也通过主打"国际化"来增强古城对游客的吸引力。最能体现本土文化与异域文化相交融的文化节庆活动包括：2017 年 10 月在即墨古城举办的中国青岛国际(即墨)合唱大会室外合唱音乐会，来自波兰、泰国、中国连云港等地的合唱团以及即墨本地的秧歌队的表演生动地体现了国际的与本土的文化交融；古城所举办的万圣节活动(2017 年 11 月)与古城文庙学童开笔仪式(2017 年 10 月)都将"儿童的文化体验"作为商业契机，但立足于不同的文化卖点——西式文化体验与中国传统文化传承。

即墨古城管理委员会主抓的两项工作为古城的宣传与古城的运营管理。管委会在对古城进行文化营销的同时对古城的宣传力度也较大。2016 年，在古城正式开放之际，电视、报纸、广播等即墨本地与青岛市公共媒体对其进行了较为密集的报道；在火车站、汽车站等人流密集的公共空间，也可以看到即墨古城的宣传海报。

10.5.2 "一座有生活温度的古城"：内城空间再生产的争论与困惑

在城市公共政策制定者与投资者眼中，每一座城市都需要一座"迪士尼乐园"：它是现代城市中的一座"文化飞地"，给予人们脱离日常生活的、节庆式的、梦幻般的文化体验，从而成为吸引游客的胜地、资本增值的空间、城市发展的引擎。这种城市中的"迪士尼乐园"可以表现为多种多样的空间形态，而20世纪90年代末以后逐渐在我国各个城市兴起的古城更新无疑是其中的一种形式。但是，这种城市中的文化梦幻空间却往往面临如下问题：强行赋予的空间文化符号、文化的过度商业化、物质空间形态的简单复制与同化。文化主导的空间生产过程无疑再次印证了新自由主义化的城市发展与资本内嵌的城市空间重塑逻辑。

不仅是针对古城空间的更新，而且是对所有的城市空间再生产过程，我们都应该进行这样的质问：被生产出来的空间是服务于城市日常生活，还是商业化的、资本交换价值所主导的？通过回答这一问题，我们可以更加深入地剖析古城的空间再生产过程。在即墨古城，我们看到了商业化的文化空间，这是一片体验经济主导的、以游客为中心的、文化庆典式的内城空间。这里有阳春白雪式的文化体验店、高档的星级酒店、老字号的高雅饭店、以投资升值为主要目的而被富人购买的复古别墅，一切都真切地传达着这片空间并不以城市大众的日常生活需求为目的。

即墨古城有着理想而温暖的官方宣传语：打造"一座有生活温度的古城"。什么才是"有生活温度"？是文化节庆期间聚集的人气，还是日益增长的游客数量？也许我们可以从另外一个角度来理解古城的"生活温度"：契合居民日常生活的古城空间。与节庆期间门庭若市的古城相比，非节庆期间的冷清大概是即墨古城管理者棘手的问题之一。如果能够将古城空间重塑为附近居民购物、餐饮、休闲的日常生活空间，也许是即墨古城新的发展思路与发展方向。我们所期待的古城更新不仅仅是商业与地产价值的再造，而是要再现城市的日常生活轨迹，从而赋予古城空间持续性的社会意义。

古城更新中的人和事

大欧鸟笼的前世今生

城市文化产业再造是即墨古城进行古城更新的主要策略。通过引入大量非物质文化遗产，即墨古城在创造经济收益、带动经济发展的同时，也成为一个展示地方文化特色的"文化展柜"。大欧鸟笼就是即墨古城这个"文化展柜"中展示出的代表性地方文化。下文介绍了随着即墨古城的兴起、发展与更新,大欧鸟笼发展演变的基本情况。

　　大欧鸟笼因其产地大欧戈村(简称"大欧村")而得名,其位于即墨区西北25公里处。据清朝同治版《即墨县志》记载,大欧鸟笼制作始于明朝,闻名于清朝,盛于当代,流传至今已有500多年的历史。据村史流传,明朝末年,一位从京城而来的老鸟笼手工艺人将京城的制笼技术带到村中,从而逐渐流传开来,后来户户相习、代代相传。清朝,大欧鸟笼传入京城,风行于公子王孙之间,成为攀比斗艳之谈资。近些年来,大欧鸟笼在国内广受欢迎。大欧村全村458户,有320多户人家做鸟笼,制笼匠人千余人。大欧村每年可加工制作鸟笼50万只,为村里带来上千万元的年收入。大欧鸟笼的销售市场包括北京、上海、天津、广州、福州、西安、西宁、南昌、哈尔滨、沈阳、长春等大中城市,而且还进入了中国香港、日本、韩国、美国、加拿大市场。

　　除了民间口碑与在经济上获得的巨大成功之外,大欧鸟笼的文化价值在近年来也得到了政府的认可。2009年,大欧鸟笼制作技艺被列入山东第二批省级非物质文化遗产名录,并于2015年6月被列入山东省第一批乡村记忆工程文化遗产名单。

　　作为大欧鸟笼技艺代表性传承人(大欧鸟笼第19代传人),吴金昌近些年来多次在民间技能比赛、非物质文化遗产展示赛上获得奖项,并频繁地在地方与国家公共媒体上曝光。吴金昌自身已经成为大欧鸟笼的代表性符号。但即墨古城大欧鸟笼店铺的主要经营者并不是鸟笼代表性传承人,而是来自同村的其他鸟笼匠人。随着大欧鸟笼加入互联网电商大潮,即墨古城的店铺更多地扮演了文化的"展柜"和"橱窗",游客/顾客在其中体验独具特色的地方民间文化,大欧鸟笼则主要通过互联网来进行销售。目前,大欧村有20户左右的鸟笼匠人进行网上销售,每天最多可以接30个左右的订单。

第 11 章

追寻武定府远去的辉煌:惠民古城更新的期待与探索

惠民县位于山东省北部,南枕黄河,北望京津,东临渤海,西俯平野千畴,是历史上著名的清朝山东十府之一——武定府所在地。武定府历史上颇为繁华,素有"鲁有首邑""燕赵门户,京津锁匙"之称,被誉为"齐北燕南都会地,悠悠古迹满名城"。①

"武圣孙子故里,绿色生态惠民。"时至今日,"省级历史文化名城"惠民县已然成为渤海边一个"泯然于众"的小县城。除了争议声中越叫越响的孙子故里名片,这个小城在竭力探索新发展方式时,却在经济发展大潮中逐渐走向没落。这样一座拥有繁华历史印记的城市缘何会在近代以后走向衰落?历史视野下,城市又进行了哪些或顺势或逆时的空间生产活动?在这座历史悠久的城市之中,又有哪些已经错过的或者即将可以借助的复兴机遇?

怀着对历史上地位显赫的"武定府"的敬意,带着对这座城市衰落现状的困惑和对其辉煌复兴的期望,2017年7月,课题组对惠民县进行了实地调研。调研中,课题组与多名熟悉惠民县城市空间生产状况的政府管理者(包括财政、文化、城建等部门官员)进行了访谈,深度实地考察了古城公园(惠民古城墙旧址)、武定府衙旧址、魏氏庄园、魏集古村落等不同时期城市空间生产的历史痕迹。

11.1 惠民城市发展的兴与衰

惠民境域内,五千年前就有氏族部落聚居。夏属兖州域,商为蒲姑国地,

---

① 冯涛:《新型城镇化背景下历史文化名城保护规划初探——以惠民县为例》,载《建筑知识》2017年第9期。

周为齐国境,春秋战国为齐地。秦置厌次县,属齐郡,后为济北郡。秦始皇以东南有天子气,乃东巡以厌之,次舍于此,故名厌次。明洪武元年(1368年),废厌次县,域地入棣州。明永乐元年(1403年),改棣州为乐安州,为朱棣所喜爱的次子朱高煦的封地。明宣德元年(1426年),宣德皇帝平定朱高煦叛乱于此,改乐安州为武定州,属济南府。清初仍为武定州地,清雍正二年(1724年),武定州为山东布政使司直隶州。雍正十二年(1734年),武定州升为武定府,为清代山东十府之一。

11.1.1 北宋筑城后城市的繁荣发展

北宋筑城对于惠民的城市发展极为重要。之所以筑城于此,盖因武定府"北拱京畿,东南卫齐鲁,西南控赵、魏、徐、兖诸地","左环渤海,右控平原,北接沧瀛,南连济青,海疆要区,寄东国之屏藩;冲衢孔道,壮北门之锁钥。古之用武之地"①,地理位置十分优越。历史上,武定府所在位置为进京津必经之路。北宋年间,武定府靠近辽境,周围一片平原,战略位置极为重要。这成为北宋作出筑城决定的关键。

北宋崇宁元年(1102年),工部尚书牛保奉朝廷之命,督修惠民城。以工部尚书之尊,建设一个小小的州城也可以看出惠民历史上的地理位置之重要。惠民城墙南北长1900米,东西宽1100米,周长6000米,高10米,顶部宽度5.1米,底宽10米,有南北东西四城门,并各设有瓮城及城门楼。城外护城河绕城一周,河宽27米,水深10.8米。宋代城墙为土墙,明代维修时开始用青砖包砌。自宋代始历代地方政府曾先后十四次对城墙进行加固维修,仅清代乾隆九年(1744年)即耗银八万一千两进行维修。经过维修,至清代城墙高度已达13米,顶宽13米,底宽26米。今天在城墙遗址上建立的古城公园内有一座石刻,记载了城墙的建设史,也是一部城市发展的历史:②

  武定府古城创建于宋真宗大中祥符八年春(1015年)。古城墙始建于宋崇宁元年(1102年),工部尚书牛保亲督筑城,九年克绩。城墙周十二里,崇始建有三仞三尺,顶阔丈余,基倍之,崇后达七仞有五尺,凳制砖表。东西南北重城并门有八,城楼高耸,雕梁画栋;瓮城火炮、剪簾、滚木

---

① 摘录自武定府衙景区图片介绍。
② 以下文字来源于惠民县古城公园石刻(2009年6月1日)。

等防御武器齐全,腰脚楼十一,炮楼十六,敌台一〇九,垛口千余,兵马道八;护城大堤植柳万株,护城河宽数丈,飞桥有四,池深至泉。千年古城历经宋、(金)元、明、清多个王朝,数知州、佥事、知府十四次重修加固,铁壁银楼,城坚隍阔,雄踞津门之南,鲁北之首。

惠民城城址的选定和历时九年的修筑,奠定了城市历代繁华的基础。此外,该地水源充足,平原地形适宜耕种,盛产粮食,也是城市得以繁衍发展的重要原因。优越的地理位置和适宜的自然条件,使得武定府在农耕时代走上历史的舞台,成为"渤海边繁华大都市"(见图11.1、11.2)。

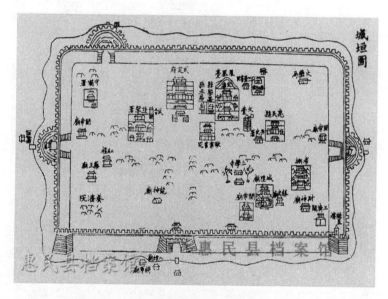

图 11.1　清光绪惠民县城区图
资料来源:调研时由惠民县档案馆提供。

11.1.2　工业文明时代城市的衰落

重要的地理地位推动了武定府城的修建,武定府城的建成巩固了其军事要塞的地位,也推动了武定府城的最终繁荣。然而,时至今日,惠民县已经成为山东省财政困难县,县城已经不似武定府时期的繁华。"历史发展轨迹告

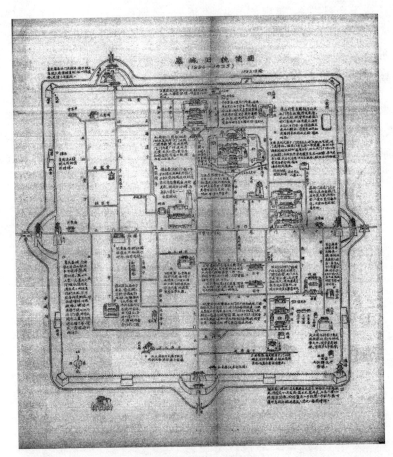

图 11.2 惠民旧貌图

资料来源:惠民县政协文史组编:《惠民文史资料(第三集)》(内部刊物)。

诉我们,产业升级、城市演进和交通系统是相伴而生、相伴而行的。"[1]从农业到工业再到服务业的发展,城市相继沿着河流、公路、铁路和高铁等交通展开。从历史上的进京必经之地、兵家要塞,到 2016 年第一条高速公路穿过境内、尚未建成铁路、暂时没有高铁规划入版图,城市兴衰的密码在惠民县的发展中得到很好的诠释。

---

[1] 张国华:《从延安到雄安——城市为什么胜利或者失败?》,http://www.njghj.gov.cn/NGWeb/Page/Detail.aspx? InfoGuid=fa00dd1f-b707-4b52-a236-2d6d1159d0d8,2017 年 7 月 10 日访问。

近年来,惠民县老县城并未发生很大的变化,政府机关隐藏于大片的平房之中,一派老城市景象。听当地官员介绍,惠民县曾制订过兴建新城,保护老城的规划。规划在老县城东先将政府机关搬迁到新城,带动人气建设新城;老城人口逐步迁出,保存历史,发展旅游。计划动工伊始,学校和医院已经启动迁出,居民小区也在逐步建设,此时国家"禁建设楼堂馆所"的禁令横空出世。由于缺少了政府机关的迁入,新城建设进展十分缓慢。为了踏准城市化进程的节奏,惠民县在"政策的夹缝"中寻求新旧城的发展出路。在课题组调研期间,新城中正在洽谈福利院、学校等带动人气的公益性项目,政务服务中心、温泉酒店已经建成使用;老城内正借助"棚户区改造"项目资金对老房子进行改造拆迁。当地官员介绍,一些老房子,尚未想好如何使用,政府就先买下了"囤积起来",等待古城开发更好的时机到来,审慎的城市更新理念已经凝聚成为政府共识。

城市因区位优势而兴盛,也因区位优势的丧失而衰落,是惠民县城市发展的真实写照。从清代山东十府之一、渤海大都会繁华的武定府到今日省级财政困难县的惠民县,城市的由盛转衰在这片土地上"展露无遗"。漫步在县城的街道上,处处可见铺在人行道上的青石板,以文化展览的形式展示城市街道名称的种种由来。"文庙街""鼓楼街""十字街""老廒街""西门大街""东门大街"等蕴含历史味道的街区名称,展示着历史的印记。如今,具有文化韵味的古街大都成为回忆,"文庙""鼓楼"等历史遗迹,历经岁月沧桑,在文化传承和经济发展的两难困境中逐渐让位于轰轰烈烈的城市化进程。

11.2 惠民故城和武定府衙的修复重建

和国内的诸多古城一样,惠民县拥有悠久的历史和丰厚的文化底蕴。同时,也像我国大多数的城市发展一样,历经"文革"的惠民县城,其历史文化遗迹遭受了"时代性"的破坏。而后,市场经济的大潮随着改革开放汹涌而至,"以经济建设为中心"成为城市化语境中的发展主轴。而今,城市在寻求新的经济增长点时,目光不约而同地落在对城市历史的挖掘上,古城振兴的机遇就此而来。

11.2.1 惠民古城墙的建设与衰败

惠民故城,又称"惠民古城墙故城",是惠民古城的一部分。遗址位于惠民县县城,现尚存残垣两段,即县城东北角、西北角各一段。东北角残垣南北长 425 米,东西长 179 米,顶部宽度不一,高度 12.05 米。西北角残垣南北长 490 米,东西长 190 米,顶部宽度不一,高度为 12.5 米。惠民故城 2004 年被公布为滨州市级文物保护单位,2010 年在原古城墙的基础上增添护城河等内容,2013 年 10 月 10 日被山东省人民政府公布为第四批省级文物保护单位。

1. 惠民古城墙的建设

北宋筑城,既开启了惠民大规模城市建设的历史,也是古城墙的历史发端。北宋时期,惠民是山东北部与辽国临近的边疆重镇,战略位置险要,是兵家必争之地,但其地处平原,一马平川,为防御辽国铁骑的冲击,需修建高大雄伟的城墙,挖掘深而险阔的护城河,制造一个骑兵难以逾越的屏障。因此,筑城一事由时任工部尚书的牛保亲自负责。惠民城墙工程量巨大,牛保在此停留了九年,才完成朝廷交付的这项使命。

据史书记载,宋城墙有东、西、南、北四个城门(见图 11.3)。东城门名为"青阳",西城门名为"明远",南城门名为"金景",北城门名为"靖安"。城门上建有门楼,东为"春风",南为"明远",西为"景山",北为"紫薇"。城墙外,护城河绕城一周,水深有三丈,宽五丈,有飞桥。城外修筑有护城堤,"延袤三十余里"。筑城期间,就近取土约 35 万立方米,以致县城内留下了许多大大小小的池塘,相传有 72 个。当地人称这些布局有致的池塘为"海子"。众多的"海子"与护城河共同组成一个水循环系统,调气候、防内涝,在保障居民生产、生活用水中发挥了巨大作用。

北宋筑城之后,故城经历朝历代十四次维修,其中以明代最为复杂。宋城墙主要是裸露的土墙,以三合土夯筑,不耐风雨的侵刷。明代维修时开始用青砖包砌,覆盖城墙顶面。历经多次修葺,城墙越来越高,越来越宽,愈发坚固漂亮,军事功能更加齐备。至明代弘治年间,城墙上的腰角楼已有 11 座,炮楼 16 座,垛口千余个,护城河岸边种植杨柳万余。

2. 惠民古城墙的毁坏

冷兵器时代,城墙是重要的防御性建筑,是都城的明显标志。惠民古城

第 11 章　追寻武定府远去的辉煌:惠民古城更新的期待与探索

惠民城东城门　摄于1945年　　　　惠民城南门瓮城内景　摄于1945年

图 11.3　惠民老县城城门

资料来源:调研时由惠民县档案馆提供。

墙在历史上曾起到重要的军事防护作用,它是惠民县古城历史变迁的见证。

但随着和平时代的到来,惠民古城墙军事上的防御功能逐渐弱化。此后经历持续不断的破坏,终于变成了现在的两段残垣。普遍的说法是惠民古城墙毁于"文革",现在古城公园内的石刻也是如此记载的:[①]

……清末民国多年失修,虽千疮百孔,雄风尚在,古韵犹存。十年"文革",苍老的古城未免于患,全民参与毁城填海,古城城墙海子大部夷为平地。仅存的古城东、西北角断壁残垣,见证着千年历史沧桑。

但惠民县博物馆齐向阳馆长表示,他曾经做过一个小范围的调查,发现城墙不是一次性毁掉的,而是从中华人民共和国成立后一直到 80 年代初陆续毁掉的:

20 世纪 50 年代,最先扒了南城门,因为县城向南发展较快;1971 年扒了南城墙,用一位老人的话来说,"似乎一夜之间南城墙就不见了";80 年代初毁了东、西城墙,最后只剩下县城东北角、西北角两段残垣断壁以

---

①　以下文字来源于惠民县古城公园石刻(2009 年 6 月 1 日)。

及东南角很小的部分。其间,县政府组织动员社会力量进行过大规模挖掘,给各乡镇、各单位分派挖掘任务。当地的老百姓为盖房屋需要,也一直不间断地、零零碎碎地挖,甚至出现过扒城墙砸伤人畜的事故。可见城墙的毁坏,与"文革"有关,但主要还是当地政府出于县城建设的需要使然。他们把千年古城墙看成封闭、破烂、落后的象征,是经济发展的障碍。于是以政府行为为主,群众私挖乱掘为辅,一个宝贵的历史文化遗产终于毁了!

东南角那一小部分正是城墙拐角处,上面曾建有一阁,人称"魁星阁",当然阁也毁了。后来立了一个铁塔,据说是国家一个地理测量的标志,正因此,得以保留。东北角和西南角那两段残破的城墙,因为离城区较远,县城主要是向南、向东发展,所以,县里也懒得扒它们。

可以说,古城墙的衰败,既是由于时代发展导致防御功能不匹配现实需要,也是源于大规模城市建设中忽视对历史文物的保护。看着古城墙历史兴衰的记载,想象曾经雄伟的城墙,望向现在的断壁残垣,令人唏嘘不已。

11.2.2 政府主导的重建

1. 从城墙旧址到古城公园

2000年以后,为让古老的惠民故城焕发新貌,惠民县人民政府投入巨资进行环境治理,疏浚了护城河,引入了黄河水,修建了古城墙遗址公园、东护城河公园、南护城河公园,建了14座桥梁,极大地改善了惠民县城的环境风貌。现如今,惠民县城已成为集古城遗迹、市民休闲、生态旅游、历史文化名城于一体的滨河公园式城市(见图11.4)。

图11.4 古城墙全景

资料来源:由惠民县财政局隋全洲拍摄提供。

漫步于古城公园,随处可见前来散步的周边居民。当地人说,20世纪90年代初,古城墙周围垃圾堆积如山。与今之文化气息浓厚的公园相比较,空间再造的公共价值性得以充分体现。

2. 武定府衙的重建

武定府衙始建于宋大中祥符八年(1015年),时为棣州,历经宋、金、元、明、清五代,均为州府治所。现存武定府衙,为惠民县政府在原武定府旧址上集合武定府与汉王府设计复原而来。项目名称为"渤海革命老区机关旧址暨武定府衙项目",完全由惠民县政府投资建设,并成立项目建设指挥部协调发改、财政、审计、建设、规划等多部门参与建设。项目总投资7200万元,占地74亩,建筑面积1万平方米,是以恢复原武定府衙、明汉王府、渤海革命老区机关为主的仿明清建筑群。

武定府衙的修复共分三期工程。一期主要是渤海革命老区机关旧址工程,包括土地庙、东官厅、林棠馆驿三院的土建工程、陈展工程、附属工程等。二期包括大门及仪门、大堂、二堂、三堂、四堂、西官厅、东花厅、西花厅等土建工程、陈展工程、园林绿化工程、附属工程等。三期是武定府衙其他工程,包括学政试院、财神庙、监狱、沿街商品房、后花园等土建工程、陈展工程、附属工程。

建成的武定府衙位于惠民县城北部,主体建筑大都坐落在县城南北向的中轴线上,东西两侧各有一路对称的辅助建筑,构成典型的署衙建筑格局。府衙南北长220米,东西宽204米,总占地面积44880平方米,由武定府文化、汉王府文化、惠民乡贤文化三大板块构成,集中展示了在惠民县历史上发生的重大事件与重要历史人物。

11.2.3 古城公园和武定府衙更新的分析

就古城振兴而言,如何挖掘历史,顺势而为,塑造什么样的古城更新价值,同时借势古城振兴发展经济,成为执政者必须思考的问题。惠民古城公园和武定府衙的重建,作为政府主导推行的两项更新项目,在保护和发展之间的关系处理、对古城空间的塑造、对城市文化价值的利用等方面都呈现出具体的特色。

1. 保护与发展的关系:平衡还是侧重

在城市化过程中,"除旧布新"往往是最简单粗暴的做法,而这也是城市化进程初期政府的普遍选择。在惠民县城市化进程的初级阶段,简单的除旧布新行动也曾比比皆是。不断更新发展的城市是活的载体,而建设一个只供人们参观的博物馆最终打造出的必然是"死城"。城市是一个生命体,除旧布新式的改革只会破坏城市原有的美和价值,最后使古城沦为没有特色的"千城一面"式城市中的一员。① 就城市而言,既不能因为保护文化踟蹰不前,也不能因为发展城市而千篇一律。对古城历史资源保护的关注,也随着公众文化保护意识的觉醒而愈加引起政府的重视。"在人们的历史文化遗产保护意识日益增强的背景下,地方政府也不能对古城蕴含的宝贵资源视而不见,对公众的保护呼声充耳不闻。"②

基于此,在新的发展理念下,惠民县在对古城墙遗址的保护上动了一番脑筋。古城公园的建成,既在保护古城墙遗址上迈出了重要一步,又拓宽了城市的公共空间,增加了市民活动的场所,实现保护与发展并举。而武定府衙的重建,则更多侧重于对原有建筑风格、署衙建筑格局的复原,以重现昔日武定府衙的风采,集中展示地方历史文化。

2. 古城空间的塑造:开放还是封闭

对古城空间的塑造,是古城更新中公共价值关怀的体现。与"文革"前后乱拆乱建的建设性破坏相比,惠民县在古城公园的建设中注重彰显公共性的空间塑造,清淤了护城河,美化了环境,增加了周边居民的活动场所,将古城墙遗址建设成一个承载着文化遗迹的开放的公共空间。与之相对应的是武定府衙在原址的重建策略和依靠门票收入的运营方式。"古遗迹原址重建+门票经济型运营"的空间生产模式塑造了一个相对封闭的古城空间,更多的是对建筑形态的再现,却缺少了一种同历史人文的真正链接。

3. 城市文化价值的利用:断裂还是链接

无论是单纯的传统保护还是积极的现代更新都很难弥合中国古城从传统结构性向现代空间性转化过程中的断裂③,而这正是当前古城面临的危机的根源之所在,脆弱的古城又如何能够直接对抗资本的冲击?现代城市建设过程中,对古城文化价值的保护和发扬则能起到弥补裂痕、应对冲击的作用。

---

① 李南菲、石巍:《以"有机更新"为导向的古城保护与更新》,载《小城镇建设》2010 年第 9 期。
② 苗红培、陈颖:《公共性视野下的古城保护》,载《城市发展研究》2015 年第 4 期。
③ 张腾辉、周奇:《中国古城保护和更新中的历史根脉》,载《探索与争鸣》2013 年第 5 期。

惠民县作为文化古城,历史文化资源自然是十分丰富。当地的文化部门与民间文化爱好人士,对古城文化的挖掘也从未停止,仅政府方面就曾组织人员编纂过《惠民地名志》《惠民县志》等历史材料。此外,调研中课题组还收集到了魏集镇文化站一位文化爱好者自己编纂的介绍惠民文化和魏集镇历史的精美"小册子"。当地文化挖掘的群众基础深厚可见一斑。同时,近年来,政府对城市文化符号的搜寻也逐步成形,"孙子故里"名号也在渐渐叫响。

但深厚的文化积淀和政府、公众对文化挖掘的热忱,在古城更新中并未完全呈现出来。在具体更新项目中,地方文化的展现方式仍旧停留在较浅的层面上。譬如,惠民县以"孙子故里"为概念建成的孙子兵法城,属于商业资本将古城文化转化为符号式主题公园的简单再造,遵循的是城市产品化的基本路径,其文化价值的挖掘尚待深入。此外,哪怕是重建成效明显的古城公园,在优化了城市环境的同时,历史遗留下来的有限的古城墙依然未得到充分保护,其上杂草丛生,坍塌痕迹也触目惊心。好在目前当地文化部门已经申请到了专项维护资金,古城墙的保护工作已经正式启动。惠民县对历史文化价值的再深入挖掘,历史遗留痕迹与城市空间结构扩张的和谐相处,还值得持续期待。

11.3 资本对历史痕迹的塑造:魏集古村落的更新

在调研过程中,课题组发现了一个与武定府重建思路截然不同的案例,那就是魏集古村落。魏集古村落的更新,是在资本主导之下,依托于周边的全国重点文物保护单位——魏氏庄园,在有着1300多年历史的永安古镇原址上新建的仿古旅游项目。魏集古村落位于惠民县城东南30公里的魏集镇。镇驻地有我国保存完整的防御性城堡式民居——魏氏庄园,是全国重点文物保护单位、国家3A级旅游景区。庄园东北方向,就是在1300年前永安古镇的原址上建设的国家4A级旅游景区魏集古村落。

11.3.1 士绅繁华的痕迹:魏氏庄园

魏氏庄园是集商人、官僚、地主于一体的魏氏家族宅第,历经"文革"得以完好保存,与其被收归集体,当成集体粮库的"幸运"经历有密切关系。魏氏庄园经政府主导下的不断保护与开发后,成了人们旅游观光、了解古建筑和清末社会民俗的人文景点,也成为"黄河古镇"魏集的一张特色名片。

魏氏庄园是清代布政司理问魏肇庆的私人宅第,建于清光绪十六年至十九年(1890—1893)。魏氏庄园的修建不仅与清末动荡不安的局势有关,同时因为魏家地处黄河北岸,徒骇河在其西边不远处穿过,久为河患困扰,故躲避水患应为魏肇庆兴建庄园的又一个重要因素。魏氏庄园历经战争洗礼和政治运动冲击,迄今已有百余年历史,1996年被列为第四批全国重点文物保护单位(见图11.5)。

图 11.5 魏氏庄园城墙

资料来源:调研时拍摄。

魏氏庄园占地40余亩,平面布局呈"工"字形,由住宅、花园、池塘、祠堂、广场五个部分组成。庄园的住宅将具有中国古代军事防御功能的城垣建筑和北京四合院式民居融为一体,构成了一组具有独特艺术风格的城堡式建筑群。自1986年至今,国家和地方政府部门多次拨专款,对庄园进行抢救性维修,恢复了城垣原貌和主体建筑,治理了周边环境,为实施总体规划开发利用创造了良好基础。近年来,随着旅游业的兴起,魏氏庄园以其特有的建筑风格和深厚的文化底蕴成为山东省重点旅游景点。

11.3.2 资本创造的文化与历史符号：魏集古村落的建造

2015 年，惠民县编制完成了永安古镇旅游规划。2016 年，启动了魏氏庄园周边及永安古镇修复项目，在规划考察中无意发现了荒废已久的定安古井遗址和石碑，扩大搜寻范围时发现了永安古井遗址。恰逢全国第二届古村镇大会在滨州召开，惠民县委县政府确定恢复重建魏集古村落。

魏集古村落位于魏氏庄园偏东方向，是基于 1300 年前永安古镇的原址修复的结果。项目由山东国炜置业有限公司投资兴建，总投资 5 亿元，主要分为三期。一期项目占地 200 亩，投资 2 亿元，建设美食小吃街、民俗工艺馆、景观水系、儿童游乐园等。美食小吃街汇集齐鲁、海岱、江浙和中原等全国各地 300 多种传统风味小吃。民俗工艺馆严格按照古法压榨、碾磨、酿造、淘沥等工艺加工农副产品，让游客参与其中。景观水系建设为环形，是该项目的血脉之源。游客泛舟水面，聆听桨声咿呀，观看亭台楼阁，忘却都市的喧嚣，尽享江南水乡的闲情雅致。

二期项目着力打造鲁北非物质文化遗产保护和传承基地及省级文化产业示范园区。二期项目的建设，是在饮食和观光的基础上延伸产业链条，延长游客游览时间，建设大型室内情景剧、室内瀑布、水幕电影、儿童游乐园等新型旅游景点。同时，继续完善和优化旅游路线，提升景区服务水平，丰富项目文化内涵，从而实现游客参与、动静结合，提高旅游的文化附加值，推动景区由"游览观光型"到"深度体验型"再到"寄宿居住型"的提升。

三期项目开发建设鲁北地区最大的农业采摘园、农耕文化体验地、绿植花卉培养基地，打造 20 多个小型农村合作社，衍生旅游交通、餐饮、乡村农家乐等多种旅游产业。

在运营模式上，魏集古村落完全采用商业化运作模式，以商业资本投资为主，政府采用土地入股参与其中，由公司负责运营管理。政府在其中仅仅起了引导者和合作者的作用。调研中，当地官员表示，古村落的投资方之前在惠民县开展住宅房地产开发项目。在完成一定资本累积之后，投资方有意寻求新的投资方向。惠民县政府得知后，积极与投资方洽谈，予以政策引导，最终促成了项目的成功落地。如今，魏集古村落已经初具规模。俯瞰古村落，清一色的明清式建筑在此矗立，村落内河道交织，古街错落有致，古屋旧祠，亭台楼榭，十七拱桥、三大庙宇尽收眼底，再现了千年古村风貌。山东省领导曾亲临项目现场考察,盛赞"南有乌镇,北有古村落"。古村落自2016年10月1日开园以来,广受旅游行业及媒体行业关注,成功接待了第二届全国古村镇大会的1000余名来宾,当年国庆节期间共接待游客50余万人次,成为滨州市最为火爆的景点。

魏集古村落的火爆给予我们城市更新与保护的启示良多。显而易见的是,依托于魏氏庄园和永安古镇的历史沉淀,一个"资本"创造出或者说是恢复出的"文化与历史",在现代正展示出十足的活力,成为带动这座古老城市发展的新动力。

11.4 惠民古城振兴的评价

11.4.1 惠民县域古城更新的空间生产解释

文化古城包含着一个民族的价值观、审美观和情感记忆,是灿烂的历史文明留下的宝贵遗产,而这正是现代性语境下,古城进行空间生产所必须依赖的"魂魄"。在对惠民县的调研中,课题组发现城市空间生产的多种情形均不同程度地存在。有政府主导下武定府衙的原址重建,有公益价值趋向明显的古城公园公共空间的生产,有魏氏庄园历史古建筑的开发,也有资本主导下"繁华已现"的魏集古村落的迸发。惠民城市空间生产模式表明:城市的更新越来越强调经济运作中多元化主体的操作,政府积极引导私人与社会机构的投资参与其中,从而制订更加全面的政策方案。

1. 政府对古城空间生产过程的主导

惠民古城的城市空间生产中政府起到了主导作用。武定府衙的重建与古城公园的修建,完全由财政出资并由城建部门组织建设。对此,惠民县成立了由县人大主任担任总指挥的惠民县历史文化名城指挥部,负责统一指挥、组织协调、督促落实历史文化名城开发建设的各项任务,在县委、县政府领导下开展工作并对县委、县政府负责。政府主导的空间生产模式下,具有力量集中、进展迅速等优势。

2. 资本在古城空间生产中的积极布局

由资本主导的魏集古村落的建设,则是政府政策引导下依托资本积极布局重新焕发古城活力的典型性代表。魏集古村落的空间生产模式,可以从三个维度来理解：

一是依托古遗址建设的历史文化导向。魏集古村落依托1300年前的永安古镇遗址建筑，仿古打造了包括民居、桥梁、庙宇、祠堂、戏台、碑廊等建筑形式，建筑风格上和建筑理念上与相邻的魏氏庄园遥相呼应，突出历史文化导向。

二是市场运作模式下的产业发展导向。魏集古村落是纯粹的商业化运作模式，在设计和运营中坚持市场营利导向，总体布局结合袁家村饮食文化和乌镇水文化的特点，建筑完全采用明清鲁北建筑风格，并借鉴其先进管理经营理念，因地制宜，融入惠民当地深厚文化底蕴，打造集民俗、民宿、民食、大型演艺为一体的鲁北乡村民俗文化产业园。与传统古村落追求生产生活空间、追求村落与自然环境的和谐不同的是，魏集古村落的重建采取纯商业化运作模式。

三是旅游开发模式下的营销导向。旅游开发被认为是在当前保护古村落中兼具经济效应、社会效应与文化效应的有效方式。魏集古村落的商业价值直接体现在旅游价值上，主要收入来源于商铺租赁收入，目标在于促进当地经济的发展，明确体现了其中的旅游营销模式导向。

11.4.2 惠民古城更新中的困境

如同中国所有的历史古城的发展一样，惠民古城也兼有保护和更新的双重诉求，在空间生产实践中也需要破解经济发展与文化传承的困境。

一是历史遗留区被城市空间结构的扩张所吞噬。城市需要更新，不更新就会衰落。一段时期内城市更新在惠民县曾在很大程度上变成了简单的"破旧立新"——大面积地拆掉旧建筑，然后在平地上盖新的楼房。比较典型的是曾将鼓楼拆除建设成电影院。除此之外，文庙、瓮城、古城墙等均遭到破坏性建设，城市原来的社会结构、文化遗存、城市风貌以及地方风情在城市更新过程中让位于城市空间结构的扩张，古城几千年的历史文脉被全部割断。

二是经济发展与古城遗产传承的关系处理困难。随着经济的发展，城市居民对城市公共服务水平的要求逐步提升。而古城的历史风貌的保护则经常与古城内落后的公共设施相伴相随。老城长期破旧，城内基础设施和建筑、居民生活环境改善缓慢，居民意见较多。为了提升城市的公共服务水平，大规模的城市化建设几乎每天都在城市中上演。从惠民县的调研情况来看，规模化的棚户区改造工程,正在这个城市中推进,推倒的旧建筑和新建小区的工地随处可见。如何让古城在文化遗产传承中促进经济发展,进而使得有限的历史文化遗产惠及民生,提升古城居民的生活水平,则是古城更新不得不去面对的困境。

三是缺乏对新经济增长点的发掘。古城的开发与保护需要大量的资金。在惠民这样一个交通并不便利的县城,社会资本的引进十分有限,需要惠民县自身的财力投入作前期开发与保护的引导。城市要扩张、要成长,经济要发展,踏准时代前行的节奏,找到新的经济增长点十分重要。作为一个省级财政困难县,惠民县在争取上级政策投入的同时,如何利用好古城振兴时机,发掘新的经济增长点,提升自身财力状况的"造血"能力也成为这座历史悠久的城市发展的当务之急。

11.4.3 惠民古城振兴的思考

如何挖掘历史并将历史丰富的沉淀转换为发展的资源,这是当今许多历史古城所面临的难题。惠民古城寻找新的振兴出路也同样面临这样的艰难选择。通过调研,我们得出以下思考:

一是保护旧城与建设新城同步推动。基于调研了解,惠民县保护旧城,另辟新城的发展模式正在进行。在保护旧城的同时,在外城另辟新城,进行大规模的现代化建设,同时试图利用政府机构的迁出,吸引旧城人口外流,缓解旧城内公共服务供给的压力。这种保护旧城与建设新城同步推进的模式,恰恰与惠民旧县城面积不大的特点相适应。下一步重点要做到的是,一方面要在新城配套设施建设和吸引人流上下功夫,在新城烘托出足够的人气来;另一方面在保护旧城中,要注意对文化遗产的保护,保护旧城的主要格局和主要文物古迹,防止边保护边破坏,留住并修复城市的文化,既保护了旧城的历史风貌,又为新城建设提供了便利。

二是发展经济与文化传承同时关注。城市更新不能摒弃历史,要基于历史而发展,从旧环境中滋生新的东西。保护古城,发展旅游,进而改善当地居民生活水平,更重要的意义在于推动中国优秀文化遗产的流传。保护古城不能单纯地为了保护而保护,促进经济发展也是当地古城保护的主要目的之一。注重文化的传承,要遵从阮仪三提出的古城修复的四原则——保留历史风貌的"原真性"、保护周围环境的"整体性"、保证历史痕迹的"可读性"和保持长久保护的"永续性"。① 要注重在旧的文化中滋生新的文化,从旧的历史中寻找城市新的发展点,这也是惠民在古城保护中所要重点关注的方面。同时,要重视旧城中原住居民的关键作用,留住了足够的原住居民,也就留住了古城的文化和灵魂。

三是政府引导与公众、专家共同参与。公众参与是现代城市管理的新方向,是社会民主的象征。城市的文化遗产应为全社会共享,让当地群众受益于古城的保护与开发,从而激发出保护古城的热情。因此,作为一种公共资源的管理,文化遗产保护需要公共参与理念的融入。在古城墙的文化遗产保护中,惠民县政府委托同济大学的专家编制了《惠民历史文化专题研究报告》。专家参与对古城墙保护起到了积极的作用,是一种很好的尝试。

吴军在《文明之光》一书中指出:"放到历史的长河中去看,一个国王或者帝国的武功远不如它的文治来得重要。再强大的王国都会灭亡,而它们建立的文明却能薪尽火传。"②城市是文明的启蒙,只要有城市,就会有更新。城市的有机更新则是裹挟历史文化内涵的更新,古城亦是。面对浩繁的历史文化,惊叹于文明薪火相传的韧性的同时,更要保持对文明的敬畏感,由此在古城更新中,如何协调城市发展与城市文化保护的关系,如何破解文化传承与城市发展的难题,则是我们不得不去面对的问题。

古城更新中的人和事

调研者说:古城兴衰的历史线索

如何挖掘历史,将历史丰富的沉淀转换为发展的资源,这是当今许多历史古城所面临的难题。课题组在惠民调研过程中,与当地文化人士进行了深入的交流,他们有着各自不同的认知角度。对此,我们课题组也有自己的思考。

在我们调研的古城中,惠民作为清朝的山东十府之一,早就引起我们的关注,早早被锁定为我们的调研对象。从济南出发,向北过黄河大桥,经济阳

---

① 阮仪三:《中国历史古城保护与利用之我见》,载《艺术评论》2007 年第 11 期。
② 吴军:《文明之光(第一册)》,人民邮电出版社 2014 年版,第 62 页。

的国道，路两边的乡镇迭次出现，感觉还是一副初发展的乡村形象。中间经过东吕高速，路甚好，但空旷难见车辆，如果说高速路和车流量是侧面反映一个地方经济发展程度的指标，那对于我们要去的地方的经济状况，就有些担忧了。

到了惠民县城后首先看到的是绿色葱茏的护城河，然后遇到的是路中间转盘路中的阁楼，类似于济南解放阁的形状，这里就是重修的宋城·魁星阁。魁星踢斗，寄托了多少读书人的梦想，过去是古城的标配，如今孤单地立在交通要道的中心，在这里彰显着这个城市曾经的古老。更直接显示这里是千年古城历史的是古城墙遗址公园。在和惠民的专家探讨此处何以能够成为古代名城时，大家认为，地理位置和交通应该是一个重要的原因，公园门口的"雄踞津门之南，鲁北之首"就是对此的回答。在如今的滨州东部、东营地区还是退海之地的时候，山东东部的半岛地区、山东南部要北上天津、北京，显然要以山东西部为重要的交通网络。古城还保留的两段城墙，已经是草木葱茏、城砖皆无，只有些土堆仍然桀骜地凸显在草木之中。土城的建设有明显的历史痕迹可寻，宋大中祥符八年（1015年）户部尚书牛保于此筑城，平地起高城，所以小小的城内曾经有72个"海子"，就是建城取土所致。如今城墙外面护城河水贯通、墙内大片湖泊，都是国内古城所不多见的。尽管在建遗址公园时对水域进行了疏浚，但也反映了古时建城的特点。平地建城的另一个解释就是北宋时期惠民之地已是边境，是北宋和辽国之间的边疆重镇，所以建城的规模和坚固程度，堪称州城之楷模。

让当地人为古城自豪的时期是武定府时期。自宋至金元时期，这里都是作为棣州的州治，其名为厌次。明永乐时期为避讳而改称乐安，从朱棣将其作为封地给其喜爱的次子朱高煦来看，乐安在当时应是一流的都市。可正是这个桀骜不驯的朱高煦，也妄图学其父使王朝以叔代侄，德行不厚却所图甚大，叛乱最终被平定，其侄子宣德皇帝还把其封地从乐安改为武定，以示其武力平定之意，高调宣扬皇帝之威。因为朱高煦是投降，所以这个城池并没有遭受毁灭性破坏。但遵循明制，城市已经由土城改为砖砌，不时维修，"或增修其未备，或缮治其将颓"。其深沟壁垒的格局，今天仍旧清晰可见。正是在这个意义上，惠民县建设局的曹局长对重修的古城墙充满了自豪，这里正可以显示出惠民的历史和骄傲。而在博物馆齐馆长那里，仍旧可寻到的青砖和礓石，成为在遗憾之余的历史见证。在重修的武定府衙里也有汉王府，虽然是仿明清建筑,但是感觉里面的故事有些牵强。可以说,在空间生产的过程中,这仅仅是一种建筑形态的塑造,却缺少了一种历史人文的真正链接。

  重修的武定府衙位于惠民县传统中轴线的北段,门前不远处就是县城的老街十字街。武定虽然是治所所在,但一直是州的建制。清朝前期,经过雍正革新、增设州府,直接影响了武定府的城市地位。在雍正二年(1724年),武定由散州上升为直隶州;雍正十二年(1734年),武定州变为武定府,直至民初。思量武定地位提升的原因,自然和当时城市经济有关。清朝武定府区域所在的大清河流域,土壤肥沃适于耕织,是清代植棉发展最为迅速的地区。从地理位置上看,重修的武定府衙门口的对联的上联就表明了其重要性:"临东海、亘清河权衡南北"。在大清河被黄河夺道之前,它一直是贯通山东东西的重要航道。大清河沿岸港口主要有泺口港、北镇港、清河港、利津港四大港,后二者都在武定府境内。梳理当时的交通要道,可以看到大清河岸边的齐东县、蒲台县、清河港,其货物北上京津都要经过武定。而武定府没落,也和其交通优越位置的丧失有关。1855年黄河在铜瓦厢决口,在山东夺大清河入海,不仅改变了大清河的命运,也改变了大清河沿岸城市的命运。占了大清河河道的黄河,并不是贯通东西的有利航道,其泥沙的淤积迅速把大清河河道变成了一个地上河,随着河道冲刷和泥沙淤积,齐东县县城被淹没,而蒲台县也随着河道变迁丧失其重要地位。河道港口的丧失,也使得北上必经的武定府的交通地位不再突出,其区域中心的地位也逐渐丧失了。这也许就是当我们思考武定府作为一个古城振兴时,总有种当地政府力不从心的感觉。即使是财政投入重修的武定府衙,现在作为一个国家4A级旅游景区,以传统的旅游模式运行成为一个景点,感觉仍难起到振兴的带动作用。如今产业无优势、交通无优势的贫困县惠民县,对于远去的辉煌,唯有向往而已。

(课题组成员 王佃利)

第12章

"运河边双子城"的复兴故事:临清中洲运河古城与聊城东昌古城

　　大运河是我国古代南北交通的大动脉,是漕运的主体水道,历史上对王朝调剂物资、制衡社会发挥了重要作用。大运河包括隋唐大运河、京杭大运河、浙东大运河三部分,2014年被列入世界遗产名录。临清和聊城都是京杭大运河上的重要节点城市,如同其他曾有辉煌历史而今光彩不再的地方一样,二者均面临城市复兴重任,并已经踏上或正准备踏上古城重建之路。临清中洲运河古城占有世界文化遗产的独特优势,刚刚启动城市复兴步伐,做了诸多准备性的工作,但实质性的空间生产活动尚未全面展开。聊城则是全国历史文化名城,东昌古城在质疑声占压倒性多数的背景下展开重建,大刀阔斧的行动彻底改变了原来的城市空间。那么,临清和聊城是否实现了古城复兴?或者说,临清和聊城如何才能实现古城复兴?

　　带着这样的疑问,课题组持续关注临清中洲运河古城和聊城东昌古城,通过文献研究掌握了两处古城的基本情况。课题组在前期资料搜集和分析的基础上于2017年8月15—16日对临清和聊城两地进行了实地调研,包括访谈和实地考察。整个研究以临清中洲运河古城为主,将聊城东昌古城作为对比研究对象。调研围绕着古城空间演变的历史进程、古城复兴相关主体实际的行动结果、对古城未来的预期等方面展开。课题组希望达到以下目的:掌握古城复兴已经采取的措施和行动;深入分析古城复兴面临的困惑、困境;提出古城复兴的建议。

12.1　历史视野中的临清中洲运河古城

　　临清,鲁西北地区一座普通但却有着辉煌历史的县城。穿城而过的大运河时刻提醒着人们这座城市曾有的显赫地位,但城市的现貌以及历史文化遗产保护的窘境也表明这座城市与快速工业化和城市化步伐的脱节。正视历史,我们需要梳理临清作为京杭大运河重要节点城市的发展演变脉络及独有的历史文化资源;立足当下,我们需要看到在历史赋予的得天独厚优势褪去之后临清的现状。这样一个连续体呈现了临清发展的正反对比,也是临清中洲运河古城复兴的现实基础和条件。

12.1.1　临清盛誉:"富庶甲齐郡""繁华压两京"之地

"临清"之名始于后赵,取临近清河之意。① 现今的临清市是山东省历史文化名城,位于鲁西北冀鲁交界处,是山东西进、晋冀东出的重要门户,享有"千年古县、运河名城"的美誉。明清时期,临清借助于运河漕运的优势而迅速崛起,并发展成为江北五大商埠之一,历经五百年之久的繁荣昌盛。② 京杭大运河是南北交通大动脉,"半天下之财赋,悉由此路而进"是对其巨大作用的写照。借由京杭大运河,南北商品流通,沿岸也形成了诸多商业重镇,临清是其中之一,"南有苏杭,北有临张"是对当时临清繁荣盛况的描述。临清运河钞关是当时八大钞关之一,借此优势,临清南北货物齐全,商贾云集,成为"富庶甲齐郡""繁华压两京"之地。明朝万历六年(1578年),山东一省课税折银不足临清钞关1/10;万历二十五年(1597年),临清钞关税收居八大钞关之首。而今,临清市被联合国地名专家组认定为中国地名文化遗产——千年古县,又因大运河项目成功入选世界文化遗产名录而声名鹊起,且临清运河钞关是唯一现存的钞关旧址。

12.1.2　临清的历史:与大运河共兴衰

临清的历史是一部与大运河共兴衰的历史,因河而生,因河而兴,也因河而败。西汉初始建清渊县,十六国后赵建平元年(330年)改清渊置临清县,后又历经多次废置,元属中书省濮州,明属山东省布政使司东昌府,清乾隆四十一年(1776年)升为直隶州,1912年降为县。此后,临清经历频繁的建制调

---

①《临清历史沿革》,http://www.linqing.gov.cn/2009/0513/zMMDAwMDAwMDAzMg.html,2017年9月10日访问。

②《临清市非物质文化遗产的基本情况》,http://www.linqing.gov.cn/2009/0629/xNMDAwMDAwMDIxNQ.html,2017年9月15日访问。

整,直至1983年撤县复市。

《临清县志》的一段记载将临清与大运河之间的关系梳理得非常清晰:①

> 临清自东晋迄五代……无商业可言。至元、明建都燕京,全国经济全赖运河,临清地处汶、卫流域,每届漕运之时,帆樯如林,百货山积,经数百年之取精用宏,商业遂蓬兴而不可遏。当其盛时,北至塔湾,南至头闸,绵亘数十里,市肆栉比,有肩摩毂击之势。

隋炀帝时开通永济渠,但隋唐时期朝廷财力主要依靠江南,大型水利工程也多位于黄河以南地区,因此,当时的临清县虽然是永济渠中枢,但却远离政治中心,商业也不发达。隋唐至宋,大运河以洛阳为中心。元朝政治中心北移之后,原来的大运河河道迂回曲折,加上水陆并用,造成诸多不便,于是元世祖下令开凿了济州河、会通河②、通惠河,京杭大运河出现。但元朝时,临清并未出现盛况。元朝时期,临清属于濮州,尽管会通河已通航,但因运力不济,难负重载,临清经济发展缓慢。至明清,沿河的天津、德州、沧州、临清等城市才发展起来。

明朝初期,临清是东昌府属县,是漕运五大水次仓码头之一③,但是没有"城"。到了景泰元年(1450年)才在会通河北岸修建砖城以护仓,呈方形,面积约1.25平方公里,粮仓占约1/4。15世纪中叶以后,随着经济活动日益频繁和人口的增加,临清由县改为州,并于嘉靖二十一年(1542年)沿着砖城东南、西北角扩建土城,面积扩大五倍,砖城成为土城一部分。砖城成为政治中心,土城则商业繁荣。④ 临清中洲运河古城由汶河(会通河)、卫河环抱而成;卫河自土城南水门入而北行;汶河自东水门入至鳌头矶一分为二,北支西北行与南来之卫河汇于临清闸,再北上成北运河,南支则过鳌头矶掉头往南,在板闸处与卫河交汇。这样,三条水道将土城切割成东西南北中五个部分(见图12.1)。

临清的兴衰与大运河有着密切的关系。元开凿会通河为临清经济发展

---

① 吴永强:《千年兴衰话运河(上)》,http://www.iqilu.com/html/dianshibao/news/2011/0825/539282.shtml,2017年9月15日访问。
② 会通河指聊城至临清河段。
③ 其余四个为:京通仓、天津仓、德州仓、淮安仓。
④ 资料来源:清乾隆十四年(1749年)《临清州志》卷11《市廛志》、乾隆五十年(1785年)《临清直隶州志》卷2《建置》。

第 12 章 "运河边双子城"的复兴故事:临清中洲运河古城与聊城东昌古城

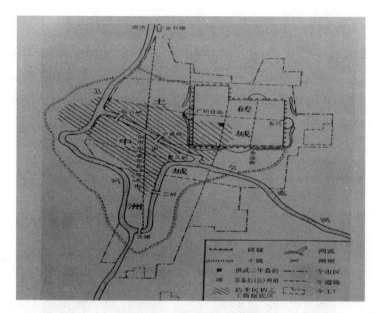

图 12.1 明清临清城区图
资料来源:陈桥驿主编:《中国运河开发史》,中华书局 2008 年版。

奠定了基础;明永乐十三年(1415 年)疏浚会通河,临清发展步入快车道;清中期以后,运河淤塞,临清经济迅速衰败。历史上,临清在明朝时是北方最大的纺织品贸易中心,清乾隆年间又成为山东乃至华北最大的粮食贸易中心。临清繁荣程度超过了平级的州城,成为北方最大的商业都会。明宣德年间,户部于临清设榷税分司,即"钞部",户部榷税分司署就是钞关。临清钞关的设立为明清两朝政府立下汗马功劳,吉林大学教授王汝梅就称临清钞关遗址是"天然的明代历史博物馆"。临清的全盛时期出现在明嘉靖至清乾隆初,明万历时,临清钞关更居八大钞关之首。但从清中期以后,因为政治腐败,水利失修,会通河经常淤浅,临清经济也跟着衰败了。

12.1.3 临清的现在:难掩的衰败

现在的临清隶属于聊城市,中华人民共和国成立之后的区划调整中有一个较大的变革发生于 1965 年,卫运河以西的五个区划归到河北省邢台专区,建立了临西县。同时,馆陶县的两个区被划入临清县,形成现在的临清市的范围。作为本书研究对象的临清中洲运河古城位于现在行政区划的临清市范围内。临清市现存文物古迹 195 处,拥有运河钞关、鳌头矶、清真寺、舍利宝塔等 2 组 11 处国家级重点文物和 10 项省级以上非物质文化遗产,会通河临清段、临清运河钞关被列入世界文化遗产名录。① 临清是个"家底"丰厚的历史文化名城,并在近年来采取了初步的保护措施,但也难掩古城衰败的现状。课题组实地调研中拍摄到了触目惊心的运河画面(见图 12.2)以及冷清的世界文化遗产点(见图 12.3、12.4)。

图 12.2　运河现状②

资料来源:调研时拍摄。

---

①《中国运河名城——临清》,http://www.linqing.gov.cn/2009/0511/wMMDAwMDAwMDAwMQ.html,2017 年 9 月 20 日访问。

② 课题组经过中洲运河时,沿河堤岸上,一位老太太正在敲打散落在地上的水泥钢筋混合物。经观察发现,这些应该是前期保护河段的设施,不知何故被拆除。为避免引起老人家误会,课题组没有拍摄这一画面。

第12章 "运河边双子城"的复兴故事:临清中洲运河古城与聊城东昌古城 313

图 12.3 运河钞关和前关街①

资料来源:调研时拍摄。

图 12.4 鳌头矶②

资料来源:调研时拍摄。

---

① 2017年8月15、16日,课题组两次前往运河钞关展览馆,馆中均只有课题组成员。
② 在实地考察鳌头矶时,课题组遇到了两位年轻人,他们也在仔细观看"鳌头矶"的介绍,便上去询问他们是否专程过来参观这一遗址。交谈中获知,两位年轻人是临清本地人,早就知道"鳌头矶",但一直没有实地看过,觉得有必要了解"鳌头矶"历史,所以成行。

12.2 临清中洲运河古城的复兴尝试

大运河项目列入世界文化遗产名录之后,临清作为大运河沿线最为重要的城市之一迎来了发展的机遇。在此前后,临清市各届政府也采取了必要的保护措施,力图复兴古城。尽管这些努力尚不足以复兴古城,但却是必要的努力和尝试。

12.2.1 中洲运河古城复兴的蓝图初绘

临清市政府是中洲运河古城复兴的关键主体之一,承担着复兴规划设计、推动、监督等责任。临清市政府对中洲运河古城复兴有一个基本的思路,这一点可以从对临清文物部门官员的访谈中获悉:

> 历届政府坚持能保护的要全保护,这一点文物部门已经与旅游部门达成一致。现在临清也有相关的旅游规划,但现在的旅游规划都要服从古城保护的要求;要保护原真性,这一点我们文物部门已经与规划部门达成一致。2000 年以后,临清就没有大拆大建了,老旧房不允许拆掉重建,以修缮为主要手段。

临清市政府邀请天津大学、同济大学、清华大学等高校的相关专家对临清市历史文化名城保护进行专项调研,完成了《临清市城市总体规划(2013 年—2030 年)》的编制,以采购方式获取了《临清市历史文化名城保护规划》《临清市中洲运河历史文化街区保护规划》[①]。按照《临清市城市总体规划(2013 年—2030 年)》,临清市将构建"一带、二轴、三心、四区"的城市总体空间布局结构,其中"四区"指的是老城区、新城区、经济开发区、创意研发综合区,老城区要"保护历史街区和文物古迹,延续运河名城历史文脉"。

12.2.2 中洲运河古城复兴的实际行动

中洲运河古城复兴更多的是停留在"点"上,尚未形成"以点带面"效应;

[①] 中标单位为"城印国际城市规划与设计(北京)有限公司",中标金额为 150 万元人民币。

复兴进展尚停留在方案论证阶段,尚未有条不紊地展开。尽管如此,临清市政府还是采取了一些实质性的行动,其中最大手笔的行动体现在对钞关前关街的拆迁上。临清运河钞关是目前我国唯一现存的钞关旧址,并已列入联合国世界文化遗产名录中(见图12.5)。临清钞关若全貌复原(见图12.6),前关街、盐店胡同等区域都需要进行拆迁。目前,临清市政府采取的措施是以政府贷款获取的2亿元来征收400多户居民的住宅,先解决了产权问题。访谈中,临清市政府政策研究部门官员谈道,由于资金匮乏,保护不能一步到位,但要先解决关键问题,且政府要发挥主导作用:

> 该片区居民比较贫穷,且老人较多。若政府拿不出方案,一旦这些老人离开之后,房子很快就会破败,而且产权问题更加难以解决。
>
> 当前政府以民生为重点,适当吸纳社会资本进入成为一种选择。但是,若单靠发展旅游业,对开发商吸引力不足。而县级市房地产市场容量有限,在吸引社会资本方面并不具有优势,临清市在2015年曾有相关做法。

图 12.5 钞关旧址

资料来源:调研时拍摄。

实地考察中,我们发现与中洲运河古城复兴密切相关的部门非常有行动力。临清市博物馆、规划局、旅游局等部门的相关负责人与课题组成员一同对中洲运河古城进行了实地考察,他们不仅对整个中洲运河古城项目了然于

图 12.6 临清钞关平面复原模型
资料来源：调研时拍摄。

心,而且在考察中来到运河某河段恰巧发现有渗污水问题时,立马行动起来解决问题(见图 12.7)。

图 12.7 实地考察中发现的问题
资料来源：调研时拍摄。

12.2.3 中洲运河古城复兴中的专家和公众参与

如前所述,临清市在中洲运河古城项目中,曾邀请过天津大学、同济大学、清华大学的相关专家来指导工作,其历史文化名城保护规划与中洲运河历史文化街区保护规划也是通过政府采购的方式交由专业的设计规划公司来完成的。另外,北京大学城市与环境学院同临清市人民政府曾合作出版《临清中洲运河古城区旅游策划》。可以说,临清市对古城复兴中专业人士的作用有清醒的认识,对引进智力资源也作了初步的尝试。

另外,临清的公众参与热情也很高,一种参与形式是以网络途径表达对中洲运河古城复兴的深切关怀,一种则是实际的参与行为。就网络途径中的表达来说,打开百度"临清吧"可以发现,市民对临清曾有的辉煌过去充满自信,也感慨临清当下的衰败,特别期望临清市政府能有所行动来恢复临清旧时盛况。此外,在临清还有一个非常有名的人物"临清公馆街老头"——刘英顺,他编纂了《临清胡同文化》一书,开通了"临清公馆街老头"新浪微博,组织临清胡同游并负责讲解。这是一种实际的参与,将市民或者外地游客与临清的历史、文化、精神、气质密切联系起来,达成一种共鸣。在访谈中,临清市政府政策研究部门官员也谈到胡同片区居民经常表达一些意见,作为在该片区实际生活的人群,他们有迫切的改造愿望,有人认为自己的房子都是20世纪70或者80年代建的红砖房,好多已成危房,也不是原来的胡同,自己想重建或者翻新,但是现在规划部门不允许。此类居民意见的表达也是一种形式的公众参与。

鉴于古城重建已经形成热潮,无论是真有历史文化遗产,还是仅仅是"仿造",企业都是这一过程中的重要参与者,是政府的重要合作伙伴。在临清,课题组通过访谈获知一个非常有意思的现象,即临清中洲运河古城复兴中,基本没有看到企业的影子。据介绍,2015年曾有一个南方企业做过一个300至400亩的改造规划,市里组织各个部门派代表参加论证,后来不了了之。之后,企业基本是缺位的。这一现象引起了课题组的兴趣,并尝试探究其背后的因素。另外,临清中洲运河古城复兴尚未进入规范化、有条不紊展开的阶段,修修补补的模式不能真正实现古城复兴,而访谈中临清市博物馆、规划局、旅游局等部门人员对中洲运河古城复兴的焦虑情绪是显而易见的。在全国上下"古城热"的背景下,临清何以患得患失、踟躅不前?临清缘何衰败如此?

12.3 临清中洲运河古城复兴的困境

临清,素有"小天津"之称,繁盛时是北方屈指可数的商业重镇。而今,临清只是鲁西北一座默默无闻的县城,若不是大运河项目申遗成功,临清几乎已经淡出人们的视线。在老城区,课题组看到的是破败的街区、总体年龄偏大的人群、污染严重的运河河段以及曾规划但目前基本处于停工状态的一些运河旅游项目,整体会让人产生一下子穿越回20世纪70、80年代的错觉,一些院子的墙上仍然刷着富有时代意味的标语。同时,课题组也观察到中洲运河古城仍然保持着旧有的城市肌理、原有街巷格局,钞关、鳌头矶、清真寺等国家级重点文物保护单位以及院落式古民居、大宁寺、县治遗址等相互映衬,可以说,在古城重建热度不减的当下,临清市手握"一把好牌"。但为何手握"一把好牌"却至今没有让人惊艳的表现?这座城市面临的发展困境又在哪里?

12.3.1 中央政府考核力度加大下的地方政府审慎行动

我国地方政府对待古城等历史文化遗产的态度呈现出明显的阶段性特征。第一阶段是"弃之如敝屣",因为地方政府认为这些所谓的资源与经济发展不相关,甚至会阻碍地方经济的发展,结果是有能力拆除的都拆除了;第二阶段是"竭泽而渔",地方政府突然发现历史文化遗产是个"宝贝",但凡有点历史文化资源可挖掘的都要在这方面做点文章,结果是全国掀起了古城重建热潮,相关的报道铺天盖地,地方政府干得如火如荼,但也出现了诸多拆真古董建假古董的怪异现象;第三阶段是历史文化遗产日益还原其本身的面目,遗产保护与经济发展良性互动以实现遗产保护与经济发展的双赢。第三阶段的到来得益于平遥等保护较好案例的示范效应,也与遗产保护理念的日益明晰相关,但最直接、最有力的原因则是中央政府的明确态度和现实行动。平遥是遗产保护、适应性再利用的成功典范,尽管各地所拥有的资源级别不同,但其示范效应是显而易见的。同时,保护理念方面,原真性理念、有机更新理念等都与原来的圈起来冰冻式保护或者大拆大建不相符,在一定程度上遏制了这些行为的发生。

中央政府的明确态度和实际行动使地方政府的行动变得审慎起来,临清市也不例外。在当前我国以经济领域改革引领政治领域改革、社会领域改革过程中,文化因素日益受到关注,历届政府均谈到软实力提升的重要性,而文化遗产正是软实力的重要资源和基础。① 面对近年来各地在利益驱使下的"拆旧仿古"疯狂行动,住房和城乡建设部与国家文物局联合发文予以警告,警告的对象包括山东省聊城市、河北省邯郸市、湖北省随州市、安徽省寿县、河南省浚县、湖南省岳阳市、广西壮族自治区柳州市、云南省大理市等。② 不仅如此,2016年3月,国务院还下发了《关于进一步加强文物工作的指导意见》,提出"地方人民政府要切实履行文物保护主体责任,把文物工作列入重要议事日程,作为地方领导班子和领导干部综合考核评价的重要参考"。在这之前及之后,均有地方政府官员因为在文物保护方面履责不力被处分的例子,该意见明确提出:"建立文物保护责任终身追究制,对负有责任的领导干部,不论是否已调离、提拔或者退休,都必须严肃追责。"正是在这样的威慑力之下,临清市政府才会审慎行动,在采取实质性行动之前思量再三。

12.3.2 开发与保护关系未理顺造成的行动迟缓

人类历史文化遗产保护的过程也是一个不断探索为何保护、为谁保护、如何保护等问题答案的过程,而对这些问题的不同回答则反映了不同的保护理念。人们对历史文化遗产保护经历了《雅典宪章》确立的个体文物建筑保护、《威尼斯宪章》确立的历史地段保护、《内罗毕建议》确立的历史地段周边环境保护以及《华盛顿宪章》确立的历史环境整体保护、传统文化发扬等阶段,人们对"保护"的认识不断深化。同时,保护的理念日益明确,即原真性和完整性,前者指原始的、原创的、非复制的、非仿造的等,后者指遗产处于无缺憾的、未受到人类干扰的原初状态。原真性、整体性确立了基本的保护原则,城镇的历史文化街区、历史风貌区等的复兴,不仅仅要追求单体建筑、单体文物的保护,还要保护街道格局、空间形式、地段与周围环境的关系以及地段的历史功能和作用等。总之,要将文物、历史文化街区、历史风

---

① 郭开朗:《文化遗产保护与软实力提升》,载《中国党政干部论坛》2011年第11期,第17—19页。
② 《住房城乡建设部 国家文物局关于对聊城等国家历史文化名城保护不力城市予以通报批评的通知》,http://www.mohurd.gov.cn/wjfb/201301/t20130121_212623.html,2017年9月20日访问。

貌区等融入周围环境中,实现历史和现实的对接和对话。

调研组经访谈发现,临清市政府对保护的原真性、整体性是认同的。访谈过程中,有官员表明临清不会走"仿古"的路子:"我们已经否定了大拆大建的模式,要做原真性的古城。"

临清作为大运河上的一个重要节点城市,有四个点段成为世界文化遗产,其中两段河道为小运河(邱屯水利枢纽至头闸段)和元朝会通河段(鳌头矶至临清闸),两个遗产点为临清运河钞关和鳌头矶。同时,临清中洲运河古城区也被划入世界文化遗产缓冲区保护范围。世界文化遗产殊荣一方面给临清带来声名,为临清争取了部分维护和修缮资金,缓解了临清多年来存在的资金困境,另一方面也限制了临清市能够采取行动的范围。正因为如此,临清人感慨自己是"抱着金饭碗讨饭吃",特别是在与台儿庄两相对比之下,一方面不能走台儿庄路子,另一方面又不得不承认台儿庄古城确实带来了诸多收益。反观临清中洲运河古城,守着诸多"传家宝",却无法使其在现实的舞台上大放异彩。

12.3.3 复兴模式不明掣肘复兴步伐

古城复兴相关利益主体包括政府、市场力量、社会力量,各种复兴模式只是这几种力量之间不同的排列组合形成的,特别是前两种力量之间的不同组合,如无企业参与的平遥古城模式、绍兴仓桥直街模式,有国有企业参与的成都宽窄巷子模式、丽江古城模式、福州三坊七巷模式等,以及外资企业参与的上海新天地模式等。影响模式选择的关键性因素之一便是遗产等级,等级越高对政府的依赖性越强,政府越需要发挥主导作用;同时对企业的离心力越大,越需要警惕企业的逐利性。大体上,遗产含金量从高到低可以分为:世界文化遗产—国家级重点文物保护单位—历史文化名城—省级文化保护单位—地方历史文化风貌区等。临清的遗产类别显然是属于最高级别的,临清市政府对遗产保护中的政府职责和定位有清晰认识,但政府如何更好地发挥作用,对这个关键性的问题临清尚未有定论。

临清历史文化遗产存在着一些现实问题。比如,遗产没有连成片,普遍规模较小且破坏严重;鳌头矶规模最小;钞关被破坏得比较严重,只保留了几处遗址;舍利塔在市区之外,独立于荒野之中;临清胡同游备受推崇,民间组织也比较得力,但整体建筑风貌损毁严重。这意味着政府要对古城复兴付出更多的精力、财力,但临清市政府恰受到财力条件的限制。前关街一处拆迁,政府就贷款 2 亿元,后续尚需投入大量资金。成为世界历史文化遗产以后,临清市也只能申请到用于文物保护、修缮本身所用到的部分费用,而大量遗产周边环境修缮所需要的资金尚没有着落。因此,临清市政府在古城复兴中只能一点一点地做,每年只能投入有限的财力做好一小部分的修缮、开发工作,不具备启动大规模工程的能力和条件。

在历史文化遗产保护理念的转变、中央政府自上而下考核力度的加强、高级别历史文化遗产对政府的高度依赖、地方政府既受到自身财力限制又未探索到"靠谱"复兴模式的窘境共同作用下,临清中洲运河古城复兴进展缓慢。坐拥世界文化遗产却无力复兴古城,民间呼声极高而政府行动迟缓,遗产"点"没有起到带动古城"面"的作用,政府力不从心与民间高涨的热情形成强烈对比。

那么,临清中洲运河古城的出路在哪里? 借鉴平遥古城等成功复兴案例的经验非常重要,但汲取一些复兴失败案例的教训更为关键,特别是一些地域临近、共同拥有大运河文化背景古城的教训,可以使临清在复兴古城道路上保持高度警惕、少走弯路。于是,同是运河沿线历史文化名城、近年来饱受争议的聊城东昌古城重建案例进入我们的视野。

12.4 聊城东昌古城重建:古城复兴的前车之鉴

聊城,位于山东省西部,素有"江北水城、运河古都"的美称,为国家级历史文化名城,拥有丰厚的历史文化遗产。聊城对于古城重建热情很高,并在 2009 年启动了大刀阔斧的重建工程,结果将一座遗产丰厚的古城打造成了"死城",并遭到从实务部门到学界一边倒的批评。住建部和国家文物局提出"黄牌"警告,学界将其重建作为反面教材的典型。遗产的一个重要特点是不可再生、无可替代[1],聊城东昌古城重建更多起到的是警示作用。

---

[1] 向志学、向东:《谈谈资源和历史文化资源》,载《武汉大学学报(人文科学版)》2006 年第 3 期,第 334 页。

12.4.1 聊城东昌古城：运河明珠

东昌古城坐落在聊城市区内东昌湖中间，被世界上面积最大的护城河东昌湖所环绕，是北宋时期的城垣。其历史可以追溯至华夏部落时期，考古学家曾在此发现黑色陶瓷，确定原始社会晚期已有人群定居。"聊城"称谓最早出现在春秋时期，后历经朝代变迁，至元朝时在此设置东昌路，明朝改"东昌路"为"东昌府"，沿用至清，"东昌府"取代了"聊城"，与"济南府""邓州府""益都府"齐名，聊城为其州府治所。① 东昌古城呈正方形，城墙始建于宋熙宁三年（1070年），最早是土城，后在明洪武五年（1372年）改为砖城，城设四门，外设瓮城。明清两代，东昌府因为京杭大运河而兴盛，是运河沿线九大商埠之一，兴盛400余年，被誉为"漕挽之咽喉，天都之肘腋，江北一都会"（见图12.8）。

经济繁荣带来了文化昌盛。据考证，明朝东昌府考中举人百余人，进士二十九名，明清两代有两名状元。作为重要商埠，东昌府吸引了南来北往的商客，主要有江南人和秦晋人，并留下了山陕会馆、苏州会馆、江西会馆等商人会馆，山陕会馆保留至今。此外，清皇帝东巡、南巡必经东昌府，其中康熙四次，乾隆九次，盛况空前。乾隆曾多次下榻光岳楼（见图12.9）。此外，东昌府内在清后期还有全国四大私人藏书之一的海源阁。② 获批国家历史文化名城之初，东昌府区保持着四条泾渭分明的古老街道，因为处于东昌湖中间，通过拱桥与湖对岸相连。整体上东昌古城特色格局未变，仍然保留着传统风貌街，老人也能够清晰地分辨出道署衙门、文庙以及驿所所在。

12.4.2 聊城东昌古城重建：从"明珠"到"死城"

2009年4月，聊城市召开古城保护与改造动员大会，标志着古城改造全面开始。当时的领导人提出在修修补补模式和改造开发之间选择后者，是因为后者是"保护性开发"。改造之前，古城方圆一公里内住着两万余人，较为热闹。按照规划，东昌古城要打造"江北水城·运河古都"城市品牌，聊城市成立了古城保护与改造指挥部、聊城市润源古城保护与改造置业有限责任公司，第一项实际行动是拆迁，共涉及被拆迁户4118户、企事业单位26家，面积64.8万平

---

① 陈庆藩修、叶锡麟、靳维熙纂：《聊城县志》卷二《地理志·沿革》，1910年。
② 《历史沿革》，http://www.dongchangfu.gov.cn/node/118.shtml，2017年10月1日访问。

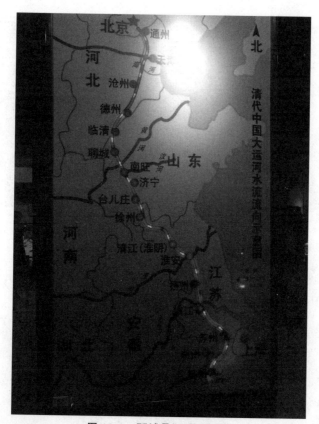

图 12.8 聊城是"运河明珠"

资料来源:调研时拍摄于聊城中国运河文化博物馆。

方公里。① 如此大规模的拆迁显然与国家历史文化名城要求不符。

事实上,东昌古城在改造前,也多次邀请专家论证,最后由阮仪三教授领衔制定了《聊城市古城区保护与整治规划》,但并未实施。经过三年左右的大拆大建,除个别的如光岳楼、海源阁等之外,内城的其他建筑被拆除殆尽,取而代之的是新修的仿古建筑,东昌成了一座新修的"古城"。围绕古城西、南、北方向新建了三座城门楼、三座角楼。光岳楼等货真价实的"全国重点文物保护单位"则处于仿古建筑的包围之中。站在光岳楼上望下去,密密匝匝的仿古建筑群生硬地矗立在四周,让人感受到的是压抑而非生机与活力(见图 12.10)。

---

① 张荔、苑莘:《"凤凰"振翅欲高飞——聊城古城保护与改造工作纪实》,http://news.lcxw.cn/liaocheng/yaowen/20161118/725732.html,2017 年 9 月 21 日访问。

图 12.9　乾隆行宫（光岳楼）
资料来源：调研时拍摄。

2013年，聊城被国家住建部、文物局公开点名批评和警告之后，又组织了多次专家论证会，但按照阮仪三的观点，"死马一匹，还能怎么医？"①

图 12.10　从光岳楼北望的仿古建筑群
资料来源：调研时拍摄。

---

① 李颖：《山东聊城历史文化街区拆除殆尽 古城旧貌换新颜》，http://www.chinanews.com/cul/2013/03-01/4608285.shtml，2017年10月2日访问。

12.4.3 聊城东昌古城重建带来的反思

历史文化名城的要求和古城保护规划是地方政府行动的底线。聊城是国家历史文化名城,古城所做的改造要符合历史文化名城的要求。根据《文物保护法》第 14 条,历史文化名城应当编制专门的历史文化名城保护规划并纳入城市总体规划。2008 年实施的《历史文化名城名镇名村保护条例》也规定,历史文化名城被批准公布之日起一年内编制完成保护规划,该规划应当包括保护原则、内容、范围、措施、开发强度和建设控制要求以及传统格局和历史风貌保护要求等。早在 1958 年,聊城市曾提出要"保护旧城、发展新城、新旧分开"的思路。在古城重建之前,《聊城市古城区保护与整治规划》严格按照《历史文化名城名镇名村保护条例》的要求编制,但可惜的是并未付诸实施,原因在于聊城市政府表示尽管该方案专业,"但不符合我们城市发展的要求,保得太多,新建得太少"[①]。该规划指出了核心区域中哪些是可以修整的,是修整民居、保持原来建筑及街道格局,而非拆除重建。但是,聊城却对原来建筑进行拆除,重新建起仿古建筑,阮仪三教授评价为只采用了该规划的壳,古城"就剩了一条假裤子"。当地居民则评价"赝品再完美也是对真品的嘲弄和讽刺"[②]。阮仪三教授扼腕叹息:"聊城古代街巷基本格局虽然还在,但是里面的建筑基本都变掉了。"2012 年,时任住建部副部长仇保兴直接点名批评了聊城市拆真名城、建假古董的行为。

古城修缮、维护的根本在于在实现历史与现实的对话中激发古城活力,传承文化和精神,打造更能吸引人和凝聚人的地方。全国古城重建热潮背后的基本逻辑在于借助古城重建实现经济发展,而之前平遥古城、丽江古城等地的运作也确实给了其他区域经验借鉴。聊城地区经济相对落后,地方政府试图借助古城这块宝贵资源实现经济发展也在情理之中。事实上,只要方式得当,经济发展和古城保护之间不是一定存在矛盾的,古城保护得好,具有人气,才有可能促进经济发展。而拆除真古董、新建仿古建筑,实为不理智的选择。聊城当地一位 70 后女士觉得"拆迁之前的古城好,热闹、自然还有生活

---

① 李颖:《山东聊城历史文化街区拆除殆尽 古城旧貌换新颜》,http://www.chinanews.com/cul/2013/03-01/4608285.shtml,2017 年 10 月 2 日访问。

② 李玫:《山东聊城 4 年前大规模拆迁后几乎成死城》,http://finance.sina.cn/china/dfjj/20130227/014514655007.shtml,2017 年 10 月 5 日访问。

味",拆迁后绝大多数居民都被迁至古城西南方的望湖安置小区,留下大约50多户居民,这些人的民居也被要求穿上青砖灰瓦的"新装",整片区域看上去肃穆而冷清,整齐划一的建筑风格、密密匝匝的布局,都让人产生压抑的情绪。沿着沿街商铺前行至光岳楼,可看到两边店铺营业的很少,几个开门营业的也鲜有客人。可以说,聊城的做法是对古城价值的一种误解,也是对古城资源的一种错误挖掘,既没能实现古城复兴,也没能带动当地经济发展,反而使这些不可再生资源消失了。

在古城重建中,各主体拥有的"资源"不同,能够对古城重建决策产生的影响力大小也不同。政府天然是古城重建中的重要角色,特别是在国家历史文化名城这种级别的历史遗产保护中。市场力量不容忽视,也没有必要谈企业力量而色变,国内诸多经营成功的古城案例中都有企业的影子。社会力量,包括专家的、公众的、媒体的等,也不容小觑。政府、市场、社会力量的和谐共生,可以修正单一力量主导决策可能带来的决策偏离及不可逆转的消极后果。

聊城东昌古城重建过程中政府始终处于较为强势的地位,专家力量介入了,但并未遵从专家意见;古城居民也被征求意见了,有趣的是调查结果显示97.3%的居民表示赞成保护改造工程,原因在于古城水电暖设施和卫生条件非常差,尤其是在下雨天,已经不适合居住了,这似乎暗合了政府试图拆除所有街区的意图。媒体的报道是一边倒的,到现在打开聊城当地的"聊城在线""东昌府区人民政府网"等网站新闻以及翻阅当地主流媒体的评论报道,仍然是赞扬声一片。而在2013年被点名批评之后,后续的报道多来自于聊城区域之外的媒体。

市场力量则表现为聊城市润源古城保护与改造置业有限责任公司的参与。经查阅资料,该公司的发起人为聊城市旅游发展集团股份有限公司,可查阅到该公司发布的多个有关古城保护工程施工的招标公告。

东昌古城改造中,除了强势政府表现抢眼之外,专家力量、公众力量之间如何平衡也需要予以关注。值得关注的是,课题组在现场调研过程中采访了一位当地媒体人,他是在古城长大的,直到现在他的父亲提起古城重建都是扼腕痛惜。如果调查数据是准确的,即绝大多数古城居民支持保护和改造,那么也需要搞清楚居民支持的保护和改造是否就是政府所主张的全部拆除。专家建议的局部修缮和居民渴望改善生活条件之间的平衡非常关键,事实上,当地居民迁出之后,古城也就失去了精气神儿。

12.5 临清中洲运河古城复兴之路的思考

临清中洲运河古城的复兴,可以从经营较好的案例中学习经验,也可以从失败案例中汲取教训,充分地运用后发优势。临清一直没有大刀阔斧的改造运动,大批宝贵资源免于被破坏。但这些资源不仅是不可再生的,而且还是有有效期的。总结正反两方面经验,结合临清资源条件,临清需要在做好古城保护定位的基础上设计合适的保护模式,争取更多的资源支持,寻找富有创意的合作伙伴,实现中洲运河古城的复兴。

12.5.1 保护定位:"活"的中洲古城

古城保护首先需要面对的是定位问题,即作为保护行动结果的古城应该是什么样子。对这个问题的不同回答会使人们做出不同的行为。对于聊城东昌古城的保护和改造,决策者认为主要服务于经济发展,只需要借助古城的"壳"即可,因而其行动就是大拆大建,只保留了街巷格局,其他的全部拆除。与那些老建筑同时逝去的是古城原有居民的生活、传统的邻里关系以及掩映在老建筑、街巷背后的精神气质。结果是,重建后的东昌古城被称为"死城",缺乏生机与活力,既回不了过去,也无法融入现在。反观平遥古城,情况则大不相同。平遥与临清同属国家历史文化名城,也都是世界文化遗产,平遥古城的复兴是国内起步较早且成功的典型,平遥古城就是一个"活生生"的古城,明清一条街上开客栈的、开小店的大部分都是这条街上的原住居民,这里既保留了明清以来的建筑及其格局,又通过功能置换生动地服务于现代人的生活和娱乐。站在明清一条街上,很容易让人产生穿越的感觉。

临清中洲运河古城也要打造一个"活"的、富有运河文化底蕴和生活气息的古城。如果只是建造仿古建筑,那只是"复"而非"兴";如果全部迁出原住居民,将会割裂集体记忆,加剧记忆碎片化危机。"生态博物馆"(Eco-Museum)是城市历史地段保护与更新的一种新思路,最早提出者雨果·戴瓦兰(Hugues de Varine)指出,"生态博物馆"是要保护、传承和持久地丰富遗产地的独特性和创造性的文化遗产,教育遗产地居民懂得如何适应社会、经济和技术变化,保护和平衡地利用自己的文化资源、文物资源和自然环境资源等,以居民自己的节拍,按照社区的过去和现在的文化,在允许和可持续的范围内发展。① 原真性保护、社区居民参与以及社区文化认同是其基本理念,以空间元素、集体记忆、社区居民来突出城市空间中的"社区生活""城市活力""活的文化"②。"生态博物馆"这种古城更新的理念、思路、方法运用到中洲运河古城,即是以运河古城保留下来的钞关、鳌头矶、清真寺等遗产点以及纸马巷、竹竿巷、箍桶巷等传统街区,甚或钞关前关街未来复原的部分为载体,以临清人对梨花大鼓、临清琴曲、临清时调、纺织服饰制作技艺、以临清汤为代表的饮食制作技艺以及临清繁盛之时所具有的四民齐聚、五方杂处文化遗存的集体记忆为线索,以仍居住在老宅、街巷中的老临清人为表达者,呈现一个"活"的临清中洲运河古城。

12.5.2 模式选择:分层保护、形神兼顾

古城是否需要保护已经不成为一个问题,问题是如何才能更好地保护。"原真性"正在获得越来越多的认同,但人们对"原真性"的理解并不完全一致。苏州古城是近年经营较为成功的古城,两院院士周干峙评价苏州古城保护时说:③

> 原汁原味的古城呈现出惊人的升值潜力。苏州古城保护的成功,为这个城市保留了应有的文化品位,而文化品位反过来让这个城市升值。经济发展到一定的地步,人们一定会反过来追求文化,这就是经济规律。在迅速发展的二三十年间,多少城市的人文风貌湮灭在这个规律里,而苏州用自己的城市哲学超脱了。

苏州古城在保护认知上也存在着差异,比如坚持原真性原则加以保护还是保护与更新利用相结合? 苏州人最后达成了共识,在全面保护的前提之下构建了"分层次、分年代、分系列"的保护体系,做到了重点保护、全面保留,普遍改善、局部改造,实现了整体把握传统风貌、历史街区和单体遗迹的完美统一。

---

① 张晋平、莫志东:《发展生态博物馆 保护文化遗产多样性遗产》,http://blog.sina.com.cn/s/blog_48c58125010009js.html,2017 年 10 月 5 日访问。
② 汪芳:《用"活态博物馆"解读历史街区——以无锡古运河历史文化街区为例》,载《建筑学报》2007 年第 12 期,第 82—85 页。
③ 汪长根、陈卫京等:《苏州古城保护经验谈》,http://www.urbanchina.org/n/2013/1108/c371183-23475524.html,2017 年 10 月 5 日访问。

临清中洲运河古城也可以构建自己的分层保护体系,根据遗产价值对保护对象进行分类,不同层次的遗产可以采用不同的保护方式。临清中洲运河古城要全面保护就要保有该区域的整体风貌。临清是一个典型的因运河而生、因运河而兴、因运河而败的城市,是一个被动发展的城市,"水"是这个城市的魂。在新时期对古城进行保护仍应以"水"做文章,无论是在实体上还是在文化观念层面上。分别保护方面,可以区分出原真性保护、利用性保护、改造性保护、易地保护四个层次。① 比如,对于鳌头矶、钞关等等级极高的遗产类别,"原真性"是必须坚持的原则,这一类别的遗产保护应当由文物部门等政府力量起主导作用,避免市场力量介入。对于箍桶巷等传统街巷,更好的保护是利用,而非冻结,冻结反而会加速建筑的衰败。在传统街巷改造中,保留适当比例的原住居民是延续传统生活样态、传统文化的需要,是活态保护的关键。在这一类别资源的保护中,可以考虑适当引入市场力量。富有文化创意的公司近年来在各地遗产保护中表现抢眼。引入具有创意的公司,可以帮助临清中洲运河古城更好地保有和复原其运河古城神韵。此外,非物质文化遗产也是保护的重要对象,非物质文化遗产可以增加街区活力,增强文化认同。对此,可以引入市场力量,进行易地保护,保有和延续文化。

12.5.3 政策要点:规划引领、法制保障与实践创新

古城保护是一个系统性的工程,涉及复杂的社会经济文化等综合性问题。借鉴各地经验、汲取各方教训,临清中洲运河古城复兴需要抓住规划引领、法制保障、实践创新这三个关键点,以达到提纲挈领、纲举目张的效果。

(1)规划是龙头。古城保护需要科学的规划,规划过程需要借助专家的力量。苏州根据经济社会发展和古城保护实际先后编制了1986年、1996年、2007年三版城市规划,每版都将古城纳入城市总体规划中,比如1986年版确立了"保护古城,发展新区"思路,1996年版确立了"古城居中,苏州工业园区、高新区同步发展"思路,2007年版确立了姑苏区、吴中区等"五区组团发展"空间格局。编制完成后,加以宣传,发挥其领航作用。规划编制工作的科学性、严肃性要求专家参与其中,实际上,国内知名学者周干峙、阮仪三、吴良镛等都在各地古城保护中起到了重要的作用,阮仪三更是因为在平遥、周庄、

---

① 陶瑾:《关于古城保护的 N 个角度》,http://www.360doc.com/content/14/0508/19/5701732_375883038.shtml,2017 年 10 月 6 日访问。

丽江等众多古城保护中的杰出表现而享有"古城卫士""古城保护神"的美誉。临清也已经借助专家力量通过了《临清市历史文化名城保护规划》《临清市中洲运河历史文化街区保护规划》，并且将古城保护作为整个城市规划的一部分。临清编制规划之后，促进规划落实是关键步骤。目前临清受到各地建设性破坏带来的困扰，没有采取行动，造成以"保护"的名义而"旁观"，从某种意义上说也是一种"破坏"。规划可以起到促进作用，与整个城市的规划协同，打造新城"政治中心"和老城"文化中心"，避免"建设性破坏"。

（2）法制是保障。聊城东昌古城规划在古城实践中被抛弃的事实也提醒人们仅仅有规划还是不够的，还需要落实到地方法律法规层面。苏州曾在古城保护中出台了《苏州市城市规划条例》《苏州市区河道保护条例》《苏州市古建筑保护条例》《苏州市古树名木保护管理条例》《苏州市古村落保护办法》等一系列地方法规，强化其权威性、约束力。① 临清市中洲运河古城保护起步较晚，大运河申遗成功是个理想的推进古城复兴的机会。临清市要借助这一机会，做好大运河文化文章，也需要增强古城保护的法制性、权威性。鉴于这些资源的不可复制性、不可再生性及稀缺性，在古城复兴中如何小心谨慎都不为过，但这种小心谨慎是在法律规范之下、在保持前行姿态下的小心谨慎，既非大拆大建导致"建设性破坏"，也非停滞不前造成的自然毁坏。

（3）实践创新是助推剂。古城复兴也是富有文化创意性的活动，尽管各地情况不同，但可以相互借鉴经验。每一个相对成功复兴的古城、街区都有一些值得借鉴的东西。比如，经营得红红火火的台儿庄古城，尽管到现在争议声和批判声都没有停止，但其超高的人气和对资源转型城市的带动作用不容小觑。一个强有力的人物主导着整个过程，并将改造和保护上升到枣庄市的层面，既有助于保障保护过程所需要的资源，又能够防止保护半途而废。鉴于临清发展受到城市实力限制的事实，可以考虑将保护和建设上升到聊城市的层面来进行。临清中洲运河古城产业模式要"循古而向新"，遵从中洲运河古城历史，又以创意的形式来呈现，借鉴苏州的"苏式生活体验馆"，临清也可以打造"运河人家生活体验馆"，由老临清人生动演绎运河人家生活。这就要求古城"保护发展两相宜"，需要人和物相结合，古城风貌和现代生活功能结合，实现"活态保护"。胡同等区域的功能改善了，老居民既能留在居住多

---

① 汪长根、陈卫京等：《苏州古城保护经验谈》，http://www.urbanchina.org/n/2013/1108/c371183-23475524.html，2017年10月5日访问。

年难以割舍的家园,也能享受到便利的生活。否则,没有了老临清人,古城也就失去了鲜活劲儿。

古城更新中的人和事

"临清公馆街老头"刘英顺

临清作为运河上重要的节点城市而在历史上享有盛誉,至今临清人仍引以为豪,不断地通过各种途径表达心声,希望政府能够采取行动重振临清。临清人对临清的辉煌历史记忆犹新,也对临清充满了感情。其中,网名"临清公馆街老头"的刘英顺就是个典型,因其组织胡同游而闻名。下文介绍了刘英顺在传承运河古城文化中所做的努力。

刘英顺老人作为一名"老胡同人",居住在临清公馆街,这也是其网名"临清公馆街老头"的由来。刘英顺老人通过阅读书籍、采访老临清人等详细记录了临清老胡同的情况,并在百度"临清吧"发帖进行相关的讨论。老人开通了"临清公馆街老头"新浪微博,编纂了《临清胡同文化》一书,且从2008年开始每年组织胡同游。十余年的时间,刘英顺老人开发了不同的胡同游线路,义务组织了五十多次胡同游,行程达到两百多公里,参与人员达两万余人。

刘英顺老人自备讲解内容和讲解设备,基于对运河文化、胡同文化最深沉的认同和热爱而组织胡同游,站在运河边,向本地居民、外来游客等讲解蕴含在胡同背后的文化,讲解临清曾有的辉煌,竹竿巷、箍桶巷等街巷的故事一一生动地呈现出来,形成了一种"游中学、学中游"的氛围。现在刘英顺老人已经成为一名"网红",不少慕名而来的学者、游客都会主动联系老人,以更多地了解临清运河文化。

胡同游已经成为临清的一张旅游名片,刘英顺老人则成为临清胡同文化、运河文化的代言人。作为一名老胡同人、老临清人,刘英顺老人十年如一日的对胡同游的坚持显示了临清人的临清情结,也是运河文化传承的重要方式。在临清中洲运河古城复兴的过程中,这些普通临清人的行动推进了复兴进程,也促使政府积极行动起来。

(课题组成员　苗红培)

余 论

古城空间生产的双重路径与城市振兴

通过对山东省十个已经完成或正在进行的古城更新典型案例进行研究发现,政府主导贯穿议程设置、社会动员、空间改造等诸多核心环节,成为古城更新的主要模式。政府之所以对古城更新如此投入,除了古城更新由于自身复杂性对行政力量产生的依赖,在当前复杂的城市转型变革与激烈的城市竞争之下,古城更新成为地方政府实现城市振兴的一种策略选择。历史—文化要素与政治—经济要素的复杂交织,也导致了古城更新中多元化、复杂化的价值追求与利益诉求。但无论是对历史文化的情怀还是经济社会发展的期许,都指向一个更加美好的城市生活,提升城市可持续发展能力以应对复杂变革和激烈竞争带来的冲击。为此,地方管理者需要在多元化的价值导向与复杂交织的利益诉求之间,打造一种包容、平衡的古城空间生产模式。

一、政府主导下的古城更新:从理念转型到政策实践

自改革开放以来,伴随着快速的经济发展与社会变迁,山东省的城市发展理念也在实践中历经转型。在改革开放的头三十年中,山东省各个城市在义无反顾地拆旧建新,在旧城废墟之上建起摩天大楼,展现着现代科技、全球资本与国际化的符号力量。然而,在近十年中,城市发展理念逐渐发生着变化,这集中体现为对于传统性与本地特色的回归。近年来所出现的山东省古城更新热潮印证着这一发展理念的转变。城市历史文化与本地特色的价值得到认可,地方文化重返城市议程。

古城更新项目已然成为推动山东省城市发展与复兴的重要引擎。在其中,地方政府发挥着无可替代的主导性作用。以美国为代表,由于市场与公共部门之间的分工,出现了资源分散及跨部门合作的必要性,这便要求地方

政府具备一系列建立和维系发展联盟的能力,包括游说、妥协、激励以及构建关系网络。但是,中国的地方政府拥有主要的政治资源与经济资源,是城市发展与空间重塑过程的有力主导者。正如我们的研究所表明的,在古城更新与城市空间重塑过程中,山东省地方政府的主导性表现为政治精英的引领作用、政府的社会动员能力以及公共部门对空间权力/权利的分配。

从议程设定到政策落实,政治精英对于城市发展的影响力无处不在,他们决定了有限资源的优先分配次序,也为城市描绘了长远的空间规划愿景。台儿庄古城的更新推动了枣庄市旅游业的发展与城市经济结构的转型。这座古城的兴建与运营离不开时任市长为城市所带来的规划视野与行动能力,因此台儿庄古城也被市民称为"市长工程"。青岛的历史源于即墨,但即墨的历史文化掩埋在逐渐衰落的老城区中。即墨市那位撬动城市议程的市长,为即墨旧城改造带来新的思路,使得如今的即墨古城在空间重塑的过程中涅槃重生。

古城更新项目的开展离不开政府强大的社会动员能力。山东省各个城市的古城更新项目无不印证着地方政府对于市场资源的积极调动、对政府内部力量的整合能力以及对于社会公众的有效引导。在许多城市中,古城更新的资金依赖于政府建立的融资平台,其中便包括以青州市为代表的政府与社会资本合作(PPP)古城开发模式。此外,与旧城改造项目并无不同,在古城更新中,地方政府展现出了有力的对内动员与掌控力。古城开发指挥部模式被各个城市广为采用,以临时性的项目性质建立了国土、规划、房管等各个部门的分工合作。在青岛市中山路街区改造中,除了这种横向的部门间合作,也建立了纵向的考评奖惩机制,从而有效地调动了市、区、街道办等各个层级相关部门与人员参与古城更新的积极性。最后,城市政府对社会公众的动员能力集中表现为塑造城市文化更新的话语权、打造古城更新的政策合理性,并基于公共利益的权威性来化解拆迁中的社会矛盾与冲突。

在定义古城空间的形态与意义上,地方政府也发挥着主导性的作用。正是由于面临着城市经济转型的挑战,期待着城市旅游业的复兴,许多城市的古城更新项目更多地关注空间更新为游客所带来的文化体验。与此相对的是对于历史保护、建筑空间原真性以及本地居民需求的忽视。此外,在山东省,古城更新与历史文化街区的更新也愈发成为专业权威发声的领域。在台儿庄古城、济南明府城、即墨古城等项目中,阮仪三、谢辰生、陈志华等专家以及同济大学设计院都参与了空间形态的设计。

对于古城更新而言,城市政府的这种主导性角色无疑是一把"双刃剑"。一方面,政治精英的魄力与地方政府的行动力推动着古城更新政策快速出台并落实,避免了西方城市中常常出现的冗长博弈与低效;另一方面,自上而下的空间重塑议程使得多元参与难以实现。在山东,地方政府主导下的古城更新项目也面临诸多争议。即墨古城与台儿庄古城通过推倒重建而为访客呈现了整洁美观的仿古街景,同时复兴了城市的旅游经济,但是政府在其中的历史保护责任缺位广受争议;惠民古城正是由于政府的迟疑态度,其保护性更新工作迟迟难以开展;在青岛市中山路街区的更新实践中,由于领导的更替,新的思路频繁呈现,导致政策难以持续。在这里,我们的研究也为这些问题提供了理论分析的视角。

二、古城空间生产的双重路径

考察城市古城更新的实践可以发现,古城更新诸多举措的背后,实际上是两种空间生产路径的交织。首先,古城表现为历史文化的空间,古城更新首要的是重构城市的历史叙事,呈现体现城市场所精神的文化表征。与此同时,古城空间同时内嵌于一座城市的空间格局之中,古城更新并非孤立的建筑复原或封闭式保护,而是地方政府在城市转型期,推动城市产业升级、塑造城市形象,推动城市振兴的一项城市政策,其政策目的和政策过程都涉及资本和权力的逻辑。历史—文化路径与政治—经济路径共同交织于古城更新的过程之中,塑造了古城空间生产的复杂逻辑。

(一)古城更新的历史—文化路径

历史文化是古城的根本,也定义了古城更新的轨道。古城更新具有典型的文化导向的空间生产特征。首先,这种文化导向的空间生产是"历史的",超越了对历史简单的"再现"和"复原",实质上是对历史的再建构。其次,古城更新还是在美学主导下开展的空间生产,建筑的保护改造、历史空间的营造和文化的嵌入,反映着管理者和市民主流的城市美学。最后,这种文化导向的空间生产最终要打造城市中"活"的文化空间,不是高冷清寂的历史展览所,也不是曲意迎合的商业狂欢场,而是一座接近市民、接近日常生活的接地气的古城空间。

1. 古城更新是"建构"历史的过程

历史是古城的灵魂和风骨，建筑是凝固的历史。古城更新不是"创造"历史，偏离历史轨道人为地创造一个古城，这样最终只呈现一个缺少了灵魂的仿古建筑群和一个在仿古建筑中经营的商业场所，难以发挥预期的经济和社会效益。但古城更新同样不是简单地"还原"历史。当今城市所能看到的古城空间，实际上是那些在历史长河中未曾湮灭，年代相对较近，从而得以保留至今呈现在我们眼前的历史建筑、历史记载和文化遗产。古城是一座城市兴衰史的显微镜，古城更新实际上是透过当代人的行动，放大了那些被保留下来的历史印记。

可以说，古城更新是在"建构"城市的历史。即保留古城的历史文化建筑、空间肌理和文化传统，并通过改造赋予古城承载现代化的居住、生活、商业活动的功能。基于古城的物质基础、历史记载和民风习俗，呈现城市居民对于这座城市历史文化共识性的空间想象，塑造作为共同体的城市场所精神。古城更新作为一项振兴城市的空间生产活动，就是通过对古城空间在物质层面上的重塑、在精神层面上的定义、在社会关系层面上的重构，去建构一种契合于市民对于城市历史和场所精神想象的话语。

2. 古城更新是一项城市美学主导下的空间生产

古城更新作为一项公共政策，结合了城市建设的历史技艺和现代技术，是美学主导的空间生产活动，也是体现城市美学的规划和建设艺术。伴随着城市的绅士化，中产阶层逐渐掌握城市公共政策制定的话语权，城市的功能逐渐超越了承载人口的生存居住和财富集聚，城市的历史底蕴、文化功能、社交体验受到更高的关注。换言之，城市历史文化空间的改造，反映了城市中产阶层城市美学理念主导下的空间生产特征。

在不同国家和地区，中产阶层在经济基础、社会身份、阶层结构等方面具有较高的同质性，尽管一定程度上体现了不同国家历史文化和意识形态的差异性，但基本的群体构成、群体文化内核都具有高度的相似性。这种相似性同样体现在古城更新的过程中。城市中产阶层主导下的城市更新，在古城肌理上表现出了高度的同质化色彩。

文化消费作为中产阶层的重要消费需求，使得古城空间的业态布局也存在明显的同质化色彩，围绕商业化运营开展的旅游业和服务业，是古城历史文化资源的主要载体。旅游文化产品的同质化是目前古城更新中的一个普遍现象,"在这座古城中能买到的东西,在别的古城同样能够见到"。时空压缩带来的产品空间流动加快,以及商业化过程中地方性特色文化产品的缺失,是旅游文化产品同质化的主因。此外,依托文化象征,承接社会交往活动的商业消费场所,也成为古城普遍的业态标签。

3. 古城更新的灵魂是打造"活的古城"

打造一座"活的古城",这是古城空间生产成功的关键。古城作为一种独特的城市文化空间,所承载的不仅仅是历史的文化,也是贴近当下、贴近市民的文化。围绕文化资源和旅游业进行发展,是目前古城更新的主要举措。然而,在古城的调研中,不乏听到或看到这样的场景:节假日营业时间内人声鼎沸,古城之内人头攒动;然而,平时即便是在白天,依旧人流较少。这从某种程度上反映了目前古城更新所营造出的空间,正逐渐远离本地居民的日常生活。

从空间生产的角度理解古城,古城更应该首先成为一座接近市民日常生活的公共空间。古城作为一种公共空间资源,它的使用价值实质上是由游客、古城原住居民和市民等群体共同享有的。目前古城更新,更侧重挖掘其对于游客特别是外地游客的使用价值。尤其是逢年过节,古城普遍会开展特殊的节庆活动,为古城营销宣传的推广助力。这种"城市嘉年华"实际上用超越城市日常生活轨道的方式来实现古城的打造和营销,相应地忽略了在日常生活中同本地市民的接近。市民日常的居住、生活、购物、交往等活动并不必然与古城空间相关。

(二)古城更新的政治—经济路径

在古城更新中,地方政府以历史文化资源为基础,在行政权力的主导下,吸引市场资本、社会资本等力量,将历史文化资源打造为城市发展的政治经济资源。古城更新的过程,既是行政动员与资本塑造下的城市营销与竞争策略,也交织着权力、资本和民意之间的互动博弈。

1. 古城更新背后的城市营销与城市竞争

(1)城市发展转型与日趋激烈的城市竞争

目前,一场后工业化浪潮所带来的产业结构转型正在对全世界范围内的国家和经济发达的城市带来日益显著的影响。处于后工业化转型浪潮的中国城市,也走向了一条新型城镇化的发展转型道路。提高居民生活品质,提升城市发展的质量,满足人们对美好生活的需要,成为新时代下的城市治理任务。城市公共服务质量的提升、现代化的服务业支撑、城市环境和历史文化资源的保护成为这一时代的主要议题,城市管理者面临更加复杂的发展任务。

现代化的信息技术带来了全球性的"时空压缩",人口、资本、资源等流动变得日益频繁和快速,城市也面临更加严峻的竞争形势。城市竞争的方式发生了重要的转变,不仅涉及产业布局和招商引资规模,还包括人才、技术乃至城市形象等方面的竞争。此外,城市竞争的程度也日趋激烈,处于激烈竞争中的城市纷纷试图打造属于城市自身的独特竞争优势,摆在城市管理者眼前的是"逆水行舟,不进则退"的严峻形势。

改革开放以来,古城保护与旧城开发尚未如当前这般引人重视,很多城市通过工业发展,依靠资源优势、生活成本优势吸引了大量的人口,实现了城市的快速发展与振兴,快速提升了自身在全国乃至国际上的竞争力,走出了一条成功的城市发展道路。然而,在当前城市发展转型的关键期,面临城市竞争的新形式、新压力,城市生活成本逐渐提升,逐渐失去对劳动力的吸引力,导致大量劳动力外流。对于这些人而言,缺少生活吸引力和情感凝聚力的城市,只是谋生的一个"落脚点",而不是居住的"家园"。

在新时期,城市的竞争力越来越依赖于城市自身在经济、社会等方面的可持续发展能力。一是依托现代化的产业结构升级,打造具有可持续发展潜力的经济发展模式;二是改善基础设施条件,提高公共服务水平,提升市民生活质量,凝聚城市的向心力和城市精神,打造一座吸引人才、适宜居住的美丽城市。

正因为如此,古城更新成为推动城市可持续发展、实现城市振兴的一条重要途径。具体而言,通过挖掘城市的历史文化,建构属于城市自身的历史,维系市民的情感,增强城市共同体的凝聚力,打造城市自身的正面形象。同时,古城更新也有助于改善生活在落后老城区的居民的生活品质,以服务业带动产业结构升级,以此应对转型压力,打造城市竞争力。可以说,古城更新从一开始就是一项事关城市振兴的政治经济活动。

(2)作为城市营销与竞争策略的古城更新

古城是一种空间资源,古城更新的核心在于,如何利用古城资源吸引并留住资本,并依托古城开发过程实现资本的循环,从而实现古城空间资源价值的升值,利用古城空间最大限度地创造城市财富,打造城市竞争力。

由此可以看出,古城更新一方面是将古城作为吸引资本,实现财富增值的土地资源;另一方面则是将古城作为打造城市自身独特形象的历史文化资源。面临日趋激烈的城市竞争,古城空间所蕴含的城市独有的发展脉络、历史价值、文化底蕴,是城市自身独特形象的话语来源。同时,诉诸历史的关于城市意象的话语建构,背后通常有着古迹、典籍、事迹的支撑,更容易凝聚市民作为共同体的场所记忆与价值共识,唤起游客和外来人士的情感共鸣,从而将古城打造成城市形象的"名片",对城市的历史形象进行话语构建和宣传,以此进行城市营销,吸引资本投资和商业活动,在开发过程中实现资本的循环和财富增值。

此外,面临严峻的竞争形势,古城更新同时也被作为城市产业结构升级的助力。古城更新不仅是对古城有限的空间尺度进行更新,还涉及同城市内相邻空间之间在产业结构、功能形态、人口流动等方面的协调。实践中,古城所承载的旅游业和服务业,不仅在现实中已成为城市经济的主要增长点,而且有助于城市产业结构从污染型、耗能型工业向绿色、现代化、可持续的第三产业转型,从而通过优化产业结构,增强城市经济发展的后劲,打造城市在激烈竞争中的核心竞争力。

2. 古城空间生产中权力、资本、民意的博弈和协调

古城的空间生产,是古城长期历史和现实发展过程中的"空间实践"、行政权力和资本建构的"空间表征"以及公众日常生活体验的"表征空间"三方面的重塑。在这个过程中,权力、资本和民意的力量相互交织,行政权力试图通过古城空间形塑,从中获取发展政绩与财政收益;市场力量则主要考虑在商业建设与开发中的利润;对于社会力量而言,则更强调在空间形塑中保留对古城空间的归属感和原有的空间想象。不同主体在古城更新中的利益诉求的差异,使得古城空间生产的过程充满了偏离的风险。过度商业化导致古城偏离历史文化底蕴,忽视民意导致重塑后的古城空间偏离市民对古城的意象构建,这些都使得古城空间生产成为一个权力、资本、民意相互博弈的政治过程。成功的古城更新,即能够通过多元力量的相互协调,避免空间形塑的偏离。

行政权力主导的空间权力配置能够避免古城空间生产中的共识断裂,这主要归因于行政权力可以对市场力量进行约束,避免过度商业化的风险。在古城空间生产过程中,行政权力通常是塑造古城空间表征的主导力量。通过

行政权力制订古城更新规划,并在吸引资本的同时,对资本重塑古城空间的建设过程进行全方位的监管。以行政权力为主导对市场力量的运行进行有效监管,在保护、修复、建设过程中对建设工艺、工程质量、工程进度进行严格监管,既保证了古城更新后,空间内的传统建筑、公共设施具备承接现代化生活方式和现代旅游服务产业的能力,也避免了过度商业化破坏古城核心的"空间实践"要素,从而在古城更新中保证在既有历史文化资源的基础上"建构"古城及其历史。

空间权利的平衡能够避免空间概念建构中的利益冲突,主要是实现和维护空间生产过程中古城居民和城市市民的城市权利。对于古城内的原住居民而言,生活条件的改善和财产权的保障,是其最基本的利益诉求。由此,空间权利意味着在搬迁安置工作中,通过科学、透明、公平的拆迁补偿政策,尊重公民合法的财产权利。对于城市市民而言,其更关注情感纽带的维系和公共空间的利用,因此在古城更新中畅通市民公众的参与渠道,无论对于保障地方居民享有获取古城发展资源的权利,还是对于保证公众以自身建构的空间意象,改变、塑造古城空间的权利,都至关重要。

在现实中,中国的古城更新表现为一个历史—文化和政治—经济双重因素复杂交织的空间生产过程。单从历史文化古迹的保护复建或者带动经济发展的角度,都不足以全面地评判古城更新的成功与否。总的来说,评价一项古城更新实践在未来所取得的成效,关键还在于古城更新能否让这座城市在经历发展转型的过程中变得更美好,使城市的发展更具可持续性。具体而言,古城更新需要地方管理者在历史—文化、政治—经济双重因素所带来的差异化的发展需求和价值诉求之间,实现一种多元、包容的古城空间生产方式。

三、以古城更新促进城市的可持续发展

古城更新是在深刻的城市转型期和激烈的城市竞争中,增强城市可持续发展的能力。无论是维系城市文脉,打造城市名片,还是升级经济增长方式,创造财富价值,都是古城更新对于城市竞争力提升的价值所在。古城更新是为居民提供更美好生活的空间。古城更新实践中,地方管理者常常站在一个十字路口,面临多元价值理念、多种政策路径的选择。但无论如何,保持古城的公共性,实现古城空间生产中的价值包容和政策平衡,都是古城更新实践不应忽略的根本。

（一）让公众性回归古城空间

古城是一个承载城市历史精神的文化空间，也是吸引游客旅游的消费场所，历史文化和商业业态一直以来都是古城更新的两大要素。需要关注的是，古城根本上是一个供居民工作、生活、交往的城市公共空间，居民生活是古城更新的第三大要素。古城中的道路不仅是供游客游玩的路线，而且是作为城市交通网络的一部分，承载居民步行、骑行、公交乃至私家车出行的交通功能。古城中的业态，不是针对外地游客"量身定做"，亦非过于"曲高和寡"，其文化展览、休闲娱乐、社交餐饮等业态应契合于居民的日常消费习惯、消费需求。一个具有公众性的古城，不是一个需要居民特意前来观瞻的场所，不应在历史文化和商业消费的氛围下远离居民的日常生活；古城的空间边界，从来不是本地居民与外地游客相区分的身份之墙。

古城是融合了物质空间、精神空间、社会空间三重属性的城市空间。首先，一座具有公众性的古城是一个城市中贴近居民生活的、开放性的公共空间。其次，一座具有公众性的古城是一处凝聚居民对城市历史、城市意象的共识，彰显城市底蕴、气质，凸显城市精神的场所空间，这些意象、气质、精神不是虚无缥缈的，而是在居民日常语言行为、文化习俗等生活实践中凝聚的。最后，一座具有公众性的古城是一个容纳不同群体社会交往的空间，不同群体的利益诉求都能在正在改造和改造后的空间中得到考量和体现。

建设一座具有公众性的古城，需要彰显公众性的古城更新参与制度和参与程序。在拆迁过程中，应审慎考察古城原住居民差异化的利益诉求，精准识别可能存在的差异化的房屋产权关系、利益补偿诉求、古城情感态度。在政策方案设计时充分考虑居民利益，如进行高标准的安置社区及配套设施建设，在制订补偿方案时将古城未来的土地升值预期纳入考量之中等，关键是保证拆迁政策制定中的公开、透明以及执行中的标准一致。在文化挖掘中深入群众，充分动员社会力量，挖掘居民对于古城未来的空间想象，吸纳公众对古城更新的意见建议，从而维系居民对古城的情感纽带。只要人们认可，古城便是古城。

（二）包容性更新：多元价值的平衡与协调

1. 保护与发展之间的包容和平衡

古城更新，同时面临保护和发展的任务，在实践中地方管理者常常为此陷入纠结。首先需要明确的是,古城更新是为了保护什么,又是为了发展什么。古城更新保护的是城市形成、发展的足迹,这是一个城市的文化之根。城市的文化脉络留存于当下的文物古建之中,也流传在历史文学典籍之中。对既有的文物古建进行保护,是保护城市文脉真实的物质载体。对于损毁严重的古建,在历史资料记载的基础上进行仿古建设,是彰显城市历史文化的变通之道,关键在于重建后所传达的历史文化能否获得人们的认可。古城更新保护的古建是一种载体,古城更新从根本上说是保护和重现市民对于城市历史共识性的场所记忆和空间想象。

古城更新追求当代城市发展。当代城市发展首先是人的发展。古城更新的发展任务,首先是改善古城居民的生活条件。对于保留原住居民的古城更新,应完善古城内部的公共基础设施和公共环境,修复落后的住宅建筑,改善古城居住环境;对于整体迁出的古城更新,应通过安置社区及其周边配套教育、医疗、交通设施建设,改善、提升居住水平和生活质量。其次,古城要满足居民生活和个人发展的需要,承载居民日常生活中对古城的空间诉求,还要维系居民对古城的情感纽带,提升和完善古城在环境绿化、休闲消费、交通出行等方面的空间功能。只有满足古城居民和城市市民生活发展的需求,古城才谈得上促进城市的发展。这个发展不仅仅是吸引投资、吸引游客的财富创造,还包括古城名片塑造的城市形象,更是古城改造和运营管理过程中人们塑造的关于地方政府治理能力的印象。古城的营销和管理,是一笔经济账,是一笔文化账,更是一笔治理账。

2. 公共性和商业性之间的包容和平衡

古城作为公共空间资源,其使用价值是多元的,地方政府、企业、不同公众群体对古城的利益诉求也是多元的,这些诉求横跨"公共性—商业性"的价值连续统。作为城市营销重要的城市空间资源,地方政府既需要打造一个具有历史文化象征的城市品牌,也需要创造一个能够快速产出附加财富的城市经济增长点。对于企业而言,在地产开发、后期营销过程中获得投资回报是最为核心的利益;而古城投资作为一项特殊的经济活动,维系历史、传承文化的历史荣誉感有时也会成为激励企业行动的因素。公众的诉求则更为复杂,对外地游客而言,在古城感受到深厚的地方文化特色和舒适的消费体验最为重要;对于居住在古城中的居民而言,古城更新最重要的是改善自己的生活品质,尽可能使自己的生活和工作融入古城;市民则更多希望古城支持其休闲、出行、交往等日常生活的方式。可以说,不仅不同主体对于古城公共性和商业性的诉求各异,就连每个主体都对古城持有或倾向公共性或倾向商业性的差异诉求。

　　在古城的公共性和商业性之间寻求包容和平衡,核心在于处理好古城文化空间资源、消费空间资源、生活空间资源之间的关系。一是注重文化资源独特性和差异性所创造的价值,挖掘地方独特性的历史资源和艺术资源,从一开始打造具有差异性和比较优势的古城空间。二是围绕文化消费布局完备的古城业态,古城的旅游业态和文化消费空间,既可以成为展示地方特色文化的橱窗,也可以成为承载人们社交需求的平台。三是重视古城公共空间的营造,完善古城公共交通体系,提升古城生态环境,在古城内部和古城周边打造宜人的空间景观,从而让古城在承载商业消费功能之余,成为市民出行的通道和休闲的场所。

　　3. 规划美学与生活需求之间的包容和平衡

　　古城更新既是一种布局和实施城市规划的政策行动,也是一项彰显和提升城市美学艺术的空间生产活动。柯布西耶式的大尺度公共空间设计曾主导了西方古城更新的规划实践理念,强调一种建立在技术理性和几何美学基础上的空间营造,城市内部由政府和科研中心区、商业中心区、公寓住宅区、工厂区、福利住宅区、重工业区等若干界明确的功能区构成,在空间位置上相互隔离,在空间功能上相互补充。这种理念带来了充满几何美感的、大尺度的公共空间设计与城市空间美化,但由于它忽视城市历史文化元素、忽视市民日常生活体验,在20世纪60年代以来越来越受到质疑和挑战。雅各布斯强调城市空间内居民间的交往和日常活动,提出了打造城市生活多样性的规划理念;萨迪(Michel de Certeau)、赫勒(Agnes Heller)、吉登斯(Anthony Gidden)等众多学者的研究揭示了日常生活之于个人和社会的重要意义,使得"日常生活"从哲学、社会学、建筑学等领域逐渐渗透到古城更新的美学理念中。①

　　在中国,生活需求更应成为古城更新的重要考量因素。一方面,不同地方的历史民居具备多样化的设计风格与建筑工艺,彰显了不同自然气候、地势区位下的人们将自身生活需求与当地社会风俗、文化艺术、自然环境有机

---

① 张杰、吕杰:《从大尺度城市设计到"日常生活空间"》,载《城市规划》2003年第9期。

融合的建筑艺术。另一方面,当今城市中的古城区集聚着城市中的老居民、坐地户,且是城市中重要的居住空间,古城更新不仅要通过保留提升或搬迁安置的方式改善古城居民的居住环境和生活品质,还要维系居民和城市历史、城市文脉之间的情感纽带。

4. 政府主导下多方治理主体的权利(力)平衡

无论是平衡保护和发展之间的关系,还是平衡公共性和商业性之间的关系,都要求在古城空间生产的多方力量之间寻求平衡。古城更新作为一种空间生产活动,行政力量、资本力量、社会力量(专家意见、舆论压力、社情民意等)共同推进了古城的空间生产。其中,政府主导下行政力量的推动是古城更新的重要机制,实现权利(力)平衡的关键还是在于政府。

(1) 合理定位政府和企业在古城更新中的角色关系

地方政府是避免古城更新过度商业化的关键力量,是调动、协调多方力量共建共享的核心主体,同时主导古城更新的宏观定位和古城形象的总体规划,决定古城更新的大方向;而市场力量在具体的建设运营项目中发挥主要作用,在古城更新中的资金投入、专业化的工程施工以及古城运营中的财富创造环节,发挥市场机制的高效率和资本循环积累的优势。

地方政府在具体改造项目中对企业施工进程进行监管,一旦发现古城改造中的偏离行为,就要及时进行纠正。但同时,企业的投资回报取决于古城后期运营中的客流量和经济效益,这反映出社会对古城认可的重要性,而这种认可建立在合理的古城规划和形象定位的基础之上。

(2) 吸纳专家学者、媒体舆论、地方公众等社会力量参与古城改造

在古城规划之初,应借助于不同领域专家学者的智慧,就古城的历史—文化价值定位和政治—经济价值定位对古城更新的方向和目标进行综合考量,从规划层面对古城空间生产的不同空间层次和多元价值理念进行统筹协调。

在挖掘古城历史文化,塑造古城形象时,应积极吸纳媒体舆论、地方公众的意见建议进入政策议程。媒体和公众提供了对于一座古城最为真实的生活体验和空间想象;同时,在古城重建的竞争浪潮之中,公众会"用脚投票"对古城更新的成效作出最为重要的评判。一座远离公众生活、脱离公众情感共识的古城是难有生命力的。

在征收安置过程中,应充分尊重居民差异化的利益诉求。征收补偿和异

地安置条件决定了搬迁工作的成败,也决定了古城更新前期推进工作顺利与否。无论是经济补偿还是异地安置,需充分排查改造范围内的产权关系和使用现状,使制定的搬迁政策对不同类型的产权关系、使用情形都具有针对性,避免模糊的政策界定导致政策执行难以统一。在搬迁政策落实中,充分动员社区工作者、社区意见领袖等社会力量对于政策宣传、利益沟通、纠纷协调等方面的作用,构建政社合作的政策执行网络。

在古城运营过程中,需要维系地方公众同"新古城"的情感纽带。古城更新一般有整体性搬迁和保留原住居民两种策略。整体性搬迁虽然对于居民的古城情怀带来重要影响,但并不必然意味着居民同古城情感纽带的断裂。情感纽带的维系在于新古城能否同居民日常工作生活相融合。应鼓励居民在古城中经营,通过经济来源维护居民和古城的情感联系;在文化挖掘过程中重视社会公众的力量,使公众参与到古城空间形象的塑造过程中;提升古城的公共空间属性,使重塑后的古城成为居民生活休闲、娱乐社交的空间场所,嵌入到居民日常生活体验中……这些都是实践中维系公众同古城情感纽带的策略选择。

参考文献

一、中文著作

1. 包亚明主编:《后现代性与地理学的政治》,上海教育出版社2001年版。
2. 〔美〕鲍德威:《中国的城市变迁:1890—1949年山东济南的政治与发展》,张汉、金桥、孙淑霞译,北京大学出版社2010年版。
3. 〔英〕彼得·霍尔:《明日之城:一部关于20世纪城市规划与设计的思想史》,童明译,同济大学出版社2009年版。
4. 曹海军:《城市政治理论》,北京大学出版社2017年版。
5. 陈光明:《城市发展与古城保护——以苏州古城保护为例》,湖南人民出版社2010年版。
6. 陈万增编著:《青州史话》,明天出版社1987年版。
7. 陈伟:《复活古城台儿庄》,中华书局2012年版。
8. 陈映芳:《城市中国的逻辑》,生活·读书·新知三联书店2012年版。
9. 〔英〕大卫·路德林、尼古拉斯·福克:《营造21世纪的家园——可持续的城市邻里社区》,王健、单燕华译,中国建筑工业出版社2004年版。
10. 〔美〕戴维·哈维:《叛逆的城市:从城市权利到城市革命》,叶齐茂、倪晓晖译,商务印书馆2014年版。
11. 〔美〕戴维·哈维:《正义、自然和差异地理学》,胡大平译,上海人民出版社2015年版。
12. 董鉴泓主编:《中国城市建设史》,中国建筑工业出版社1989年版。
13. 〔法〕菲利普·巴内翰、让-卡斯泰、让-夏尔·德保勒:《城市街区的解体——从奥斯曼到勒·柯布西耶》,魏羽力、许昊译,中国建筑工业出版社2012年版。
14. 〔意〕弗朗切斯科·班德林、〔荷〕吴瑞梵:《城市时代的遗产管理:历史性城镇景观及其方法》,裴洁婷译,同济大学出版社2017年版。
15. 郭湘闽:《走向多元平衡——制度视角下我国旧城更新传统规划机制的变革》,中国建筑工业出版社2006年版。
16. 胡毅、张京祥:《中国城市住区更新的解读与重构——走向空间正义的空间生产》,中国建筑工业出版社 2015 年版。

17. 即墨县县志编纂委员会编:《即墨县志》,新华出版社 1991 年版。
18. 李和平、肖竞:《城市历史文化资源保护与利用》,科学出版社 2014 年版。
19. 李明:《中山路:一条街道和一座城市的历史》,中国海洋大学出版社 2009 年版。
20. 李彦伯:《古城新生》,同济大学出版社 2015 年版。
21. 林与舟编著:《梁思成的山河岁月》,东方出版社 2005 年版。
22. 刘善章、周荃主编:《中德关系史文丛》,青岛出版社 1991 年版。
23. 〔美〕曼纽尔·卡斯特:《网络社会的崛起》,夏铸九、王志弘等译,社会科学文献出版社 2003 年版。
24. 孟庆刚主编:《青州民俗》(上、下册),中国文史出版社 2009 年版。
25. 牛国栋:《济水之南》,山东画报出版社 2013 年版。
26. 〔挪威〕诺伯舒兹:《场所精神:迈向建筑现象学》,施植明译,华中科技大学出版社 2010 年版。
27. 〔英〕乔纳森·S.戴维斯、〔美〕戴维·L.英布罗肖主编:《城市政治学理论前沿(第二版)》,何艳玲译,格致出版社、上海人民出版社 2013 年版。
28. 青岛市档案馆编:《胶澳租借地经济与社会发展:1897—1914 年档案史料选编》,中国文史出版社 2004 年版。
29. 青州市志编纂委员会编:《青州市志》,南开大学出版社 1989 年版。
30. 荣斌、荣新:《泉城掌故》,济南出版社 2012 年版。
31. 阮仪三:《古城笔记(增订本)》,同济大学出版社 2013 年版。
32. 阮仪三:《护城纪实》,中国建筑工业出版社 2003 年版。
33. 山东省惠民县地方史志编纂委员会编:《惠民县志》,齐鲁书社 1997 年版。
34. 山东省淄博市周村区志编纂委员会编:《周村区志》,中国社会出版社 1992 年版。
35. 单霁翔:《留住城市文化的"根"与"魂":中国文化遗产保护的探索与实践》,科学出版社 2010 年版。
36. 〔英〕史蒂文·蒂耶斯德尔、〔英〕蒂姆·希思、〔土〕塔内尔·厄奇:《城市历史街区的复兴》,张玫英、董卫译,中国建筑工业出版社 2006 年版。
37. 苏秉公主编:《城市的复活:全球范围内旧城区的更新与再生》,文汇出版社 2011 年版。
38. 孙江:《"空间生产"——从马克思到当代》,人民出版社 2008 年版。
39. 〔美〕索亚:《后大都市——城市和区域的批判性研究》,李钧等译,上海教育出版社 2006 年版。
40. 田明宝总主编:《烟台区域文化通览》,人民出版社 2016 年版。
41. 王佃利:《城市治理中的利益主体行为机制》,中国人民大学出版社 2009 年版。

42. 王佃利、张莉萍、高原主编:《现代市政学(第四版)》,中国人民大学出版社2015年版。
43. 王景惠、阮仪三、王林编著:《历史文化名城保护理论与规划》,同济大学出版社1999年版。
44. (清)王俊修、李森纂,山东省地方史志办公室整理:《临清州志》,齐鲁书社2016年版。
45. 王立胜主编:《青州通史》(第一卷),中国文史出版社2008年版。
46. 王守中:《德国侵略山东史》,人民出版社1988年版。
47. 王新文等:《积极保护——基于问题导向的济南老城保护与更新》,中国建筑工业出版社2014年版。
48. 魏建、唐志勇、李伟:《齐鲁文化通史8·近现代卷》,中华书局2016年版。
49. 魏世仪、鲁海:《百年海韵·青岛中山路》,解放军文艺出版社2002年版。
50. 徐锦庚:《台儿庄涅槃》,人民日报出版社2015年版。
51. 薛凤旋:《中国城市及其文明的演变》,世界图书出版公司2015年版。
52. 阳建强编著:《西欧城市更新》,东南大学出版社2012年版。
53. 杨东平:《民谣中的城市》,上海人民出版社2007年版。
54. 姚尚建:《城市政治:正义的供给与权利的捍卫》,北京大学出版社2015年版。
55. 雍坚:《济南城记》,山东画报出版社2017年版。
56. 〔美〕约翰·R.洛根、哈维·L.莫洛奇:《都市财富:空间的政治经济学》,陈那波等译,格致出版社、上海人民出版社2015年版。
57. 岳永逸:《朝山》,北京大学出版社2017年版。
58. 张松:《历史城市保护学导论:文化遗产和历史环境保护的一种整体性方法》,同济大学出版社2008年版。
59. 张松:《为谁保护城市》,生活·读书·新知三联书店2010年版。
60. 张一兵主编:《社会批判理论纪事》(第1辑),中央编译出版社2006年版。
61. 张玉法:《中国现代化的区域研究:山东省,1860—1916》(下册),"中央研究院"近代史研究所1982年版。
62. 〔美〕珍妮特·V.登哈特、罗伯特·B.登哈特:《新公共服务:服务,而不是掌舵》,丁煌译,中国人民大学出版社2010年版。
63. 支军:《胶东文化撮要》,山东人民出版社2015年版。
64. 支军:《开埠后烟台城市空间演变研究》,齐鲁书社2011年版。
65. 周岚:《历史文化名城的积极保护和整体创造》,科学出版社2011年版。
66. 周立升、蔡德贵主编:《齐鲁文化通论》,山东人民出版社2015年版。
67. 周振鹤:《中国历史政治地理十六讲》,中华书局2013年版。
68. 资中筠:《启蒙与中国社会转型》,社会科学文献出版社2011年版。

二、中文论文

1. 曹海军、黄徐强:《城市政体论:理论阐释、评价与启示》,载《学习与探索》2014年第5期。
2. 曹现强、张福磊:《空间正义:形成、内涵及意义》,载《城市发展研究》2011年第4期。
3. 曹现强、张福磊:《我国城市空间正义缺失的逻辑及其矫治》,载《城市发展研究》2012年第3期。
4. 陈忠:《空间生产、发展理论与当代社会理论的基础创新》,载《学习与探索》2010年第1期。
5. 〔美〕大卫·哈维:《列菲弗尔与〈空间的生产〉》,黄晓武译,载《国外理论动态》2006第1期。
6. 何艳玲:《城市的政治逻辑:国外城市权力结构研究述评》,载《中山大学学报(社会科学版)》2008年第5期。
7. 姜杰、邬松、张鑫:《论"城市公共性"与城市管理》,载《中国行政管理》2012年第12期。
8. 林亦府、孙敏、陈水生:《统合治理:地方政府文化旅游项目的运作逻辑》,载《中国行政管理》2018年第7期。
9. 陆扬:《社会空间的生产——析列斐伏尔〈空间的生产〉》,载《甘肃社会科学》2008年第5期。
10. 吕振、索龙嘎:《近代周村衰落原因初探》,载《学理论》2009年第25期。
11. 苗红培:《城市历史文化遗产保护与发展管理体制选择——基于对现有模式的分析》,载《城市发展研究》2014年第3期。
12. 任平:《空间正义——当代中国可持续城市化的基本走向》,载《城市发展研究》2006年第5期。
13. 阮仪三:《历史文化名城保护呼唤"理性回归"》,载《城市观察》2011年第3期。
14. 阮仪三:《历史文化名城保护实践的新探索》,载《中国名城》2011年第7期。
15. 苏勤、林炳耀:《基于文化地理学对历史文化名城保护的理论思考》,载《城市发展汇刊》2003年第4期。
16. 孙全胜:《城市空间生产:性质、逻辑和意义》,载《城市发展研究》2014年第5期。
17. 汪坚强、朱渊、王勇:《大城市空间形态发展模式探析——以近现代济南城市形态演变为例》,载《城市发展研究》2013年第7期。
18. 王佃利、冯贵霞:《治理视野下的古城重建策略探析——以J市古城为例》,载《公共管理与政策评论》2013年第3期。
19. 王佃利、于棋:《空间生产与新型城镇化差异空间的塑造》,载《福建论坛(人文社会科学版)》2017年第9期。

20. 王贵杰、李晋文、崔诗才：《城市现代化进程中的古城保护和更新——聊城古城保护和更新的调查与思索》，载《华中建筑》2007年第4期。
21. 王庆歌：《空间正义视角下的历史街区更新研究》，山东大学2017年硕士论文。
22. 王玉龙：《城市转型发展中空间善治的内涵与实现路径探析》，载《东岳论丛》2018年第7期。
23. 王志刚：《空间正义：从宏观结构到日常生活——兼论社会主义空间正义的主体性建构》，载《探索》2013年第5期。
24. 吴文彦、谢宏昌：《都市政治研究的典范转移现象之探讨》，载《公共事务评论》2002年第1期。
25. 夏建中：《新城市社会学的主要理论》，载《社会学研究》1998年第4期。
26. 肖竞、曹珂：《矛盾共轭：历史街区内生平衡的保护思路与方法》，载《城市发展研究》2017年第3期。
27. 杨剑龙：《中国历史文化名城保护的危机与困境》，载《上海师范大学学报（哲学社会科学版）》2012年第2期。
28. 姚尚建：《作为公共政策的城市规划——政治嵌入与利益整合》，载《行政论坛》2015年第5期。
29. 余青、吴必虎：《生态博物馆：一种民族文化持续旅游发展模式》，载《人文地理》2001年第6期。
30. 张兵：《探索历史文化名城保护的中国道路——兼论"真实性"原则》，载《城市规划》2011年增刊。
31. 张杰、吕杰：《从大尺度城市设计到"日常生活空间"》，载《城市规划》2003年第9期。
32. 张京祥、胡毅：《基于社会空间正义的转型期中国城市更新批判》，载《规划师》2012年第12期。
33. 张俊鹏：《烟台历史文化街区保护开发中的微循环有机更新模式研究》，山东大学2016年硕士论文。
34. 张松、赵明：《历史保护过程中的"绅士化"现象及其对策探讨》，载《中国名城》2010年第9期。
35. 张腾辉、周汨：《中国古城保护和更新中的历史根脉》，载《探索与争鸣》2013年第5期。
36. 张伟：《文化产业与城市更新——基于"台儿庄古城"项目的实证分析》，载《东岳论丛》2012年第4期。
37. 张晓、姜劲松、牛元莎、宋敏：《文化规划视角下的历史文化名镇保护规划研究》，载《城市发展研究》2017年第2期。
38. 张应祥、蔡禾：《新马克思主义城市理论述评》，载《学术研究》2006年第3期。
39. 张远索：《防止历史文化名城"建设性破坏"现象》，载《北京规划建设》2011年第4期。

40. 郑芸:《城市政治学十年回望:进入路径和研究范式》,载《苏州大学学报(哲学社会科学版)》2010年第4期。
41. 庄立峰、江德兴:《城市治理的空间正义维度探究》,载《东南大学学报(哲学社会科学版)》2015年第4期。

三、英文文献

1. Andy C. Pratt, Urban Regeneration: From the Arts "Feel Good" Factor to the Cultural Economy: A Case Study of Hoxton, London, *Urban Studies*, Vol. 46, No. 5-6, 2009.
2. Anthony D. King, Colonialism, Urbanism and the Capitalist World Economy, *International Journal of Urban and Regional Research*, Vol. 13, No. 1, 1989.
3. Barney Warf and Santa Arias (eds.), *The Spatial Turn : Interdisciplinary Perspectives*, Routledge, 2009.
4. C. G. Pickvance, Theories of the State and Theories of Urban Crisis, *Current Perspectives in Social Theory*, Vol. 1, 1980.
5. Chantal Mouffe, *On the Political*, Routledge, 2005.
6. Clarence N. Stone, *Regime Politics: Governing Atlanta 1946-1988*, University Press of Kansas, 1989.
7. Clarence N. Stone, Urban Regimes and the Capacity to Govern: A Political Economy Approach, *Journal of Urban Affairs*, Vol. 15, No. 1, 1993.
8. David Harvey, *A Brief History of Neoliberalism*, Oxford University Press, 2007.
9. D. Massey, On Space and City, in D. Massey, J. Allen, and S. Pile (eds.), *City Worlds*, Routledge, 1999.
10. Edward L. Glaeser and Joshua D. Gottlieb, Urban Resurgence and the Consumer City, *Urban Studies*, Vol. 43, No. 8, 2006.
11. Enzo Mingione, Urban Sociology Beyond the Theoretical Debate of the Seventies, *International Sociology*, Vol. 1, No. 2, 1986.
12. Harvey Molotch, The City as Growth Machine: Towards a Political Economy of Place, *American Journal of Sociology*, Vol. 82, No. 2, 1976.
13. Henri Lefebvre, *The Production of Space*, Blackwell, 1991.
14. Ji Youn Kim, Cultural Entrepreneurs and Urban Regeneration in Itaewon, Seoul, *Cities*, Vol. 56, 2016.
15. Malcolm Miles, Interruptions: Testing the Rhetoric of Culturally Led Urban Development, *Urban Studies*, Vol. 42, No. 5-6, 2005.

16. Mark Gottdiener, *The New Urban Sociology*, McGraw-Hill, 1994.
17. M. Gottdiener, A Marx of Our Time: Henri Lefebvre and the Production of Space, *Sociological Theory*, Vol. 11, No. 1, 1993.
18. Mustafa Dike, Justice and the Spatial Imagination, *Environment and Planning A : Economy and Space*, Vol. 33, No. 10, 2001.
19. Pierluigi Sacco, Guido Ferilli, and Giorgio Tavano Blessi, Understanding Culture-Led Local Development: A Critique of Alternative Theoretical Explanations, *Urban Studies*, Vol. 51, No. 13, 2014.
20. Rachel Weber, Extracting Value from the City: Neoliberalism and Urban Redevelopment, *Antipode*, Vol. 34, No. 3, 2002.
21. Richard Florida, *Cities and the Creative Class*, Routledge, 2004.
22. Richard Florida, *The Rise of the Creative Class (Revisited)*, Basic Books, 2014.
23. Richard Hartshome, The Concept of Geography as a Science of Space, from Kant and Humboldt to Hettner, *Annals of the Association of American Geographers*, Vol. 48, No. 2, 1958.
24. Rob Imrie, Loretta Lees, and Mike Raco (eds.), *Regenerating London: Governance, Sustainability and Community in a Global City*, Routledge, 2009.
25. Sharon Zukin, *The Cultures of Cities*, Blackwell, 1996.
26. Stephen L. Elkin, Twentieth Century Urban Regimes, *Journal of Urban Affairs*, Vol. 7, No. 2, 1985.
27. Terry Nichols Clark (ed.), *The City as An Entertainment Machine*, Emerald Group Publishing Limited, 2003.
28. Terry Nichols Clark, Richard Lloyd, Kenneth K. Wong, and Pushpam Jain, Amenities Drive Urban Growth, *Journal of Urban Affairs*, Vol. 24, No. 5, 2002.

从"乡愁"到"城冀"的寻觅(代后记)

这本书寄托了许多城市人的"乡愁"。

"让城市融入大自然,让居民望得见山、看得见水、记得住乡愁。"当这样充满诗情画意的语言出现在 2013 年的中央城镇化工作会议上时,人们眼前一亮,开始思考这个"高大上"政策背后的意蕴。此时的中国面对的一个基本国情是,2011 年,中国城市化率首次突破 50%,由乡村中国转变为城市中国。

乡愁作为一种文化记忆,在工业化、城市化时代具有特别的意义。纷纷涌入城市的人们,表面上思念的是一种乡村情景,实质上是寻觅一种文化认同和归属感。在城市化的中国,当乡愁不再时,人们开始寻觅城市的辉煌,这种辉煌,或在当下,或在历史。这种寻觅,是在为城市寻找,也是在为自己寻找。如亚里士多德所言,"人们来到城市,是为了生活;人们居住在城市,是为了生活得更好"。

怎样才能更好地生活?上海世博会的主题"城市,让生活更美好"(Better City, Better Life)就是对于这一问题的回应。人们来到城市、身处城市,不仅为了打拼出富足的生活,还要找到在城市中的"文化身份",发现自我,记起"我从哪里来",知道"我要到哪里去"。为此,城市就要有许多种可能,不断涵养人们走向未来的勇气和信心。

为了回应"乡愁",我们创造了"城冀"一词。乡愁在于一个"愁"字,是人们对回不去的乡村或故乡的眷恋愁绪。而城市作为人们想象中田园牧歌的对立面,是新奇的、繁华的、热闹的甚至是危险的、冷漠的、罪恶的。但无论如何,城市对于人们尤其是年轻人总有着巨大的吸引力,那种感觉就像人们年少身处故乡时对远方的无限向往;而城市对于曾经生活在那里的人们尤其是老年人来说,也总是容易带来怀旧的、追忆的、思念的甚至是眷恋的、不舍的、保守的情感,那种感觉就像在诉说昨日的辉煌,期冀辉煌再现。因此,与"乡愁"相对,"城冀"就是对城市的这种无限可能性所怀有的期冀和向往,体现了城市世界中潜在的、巨大的、丰富的无限种可能。事实上,在如今现代化、城市化的高流动性社会,具有历史文化传统和社会归属感的城市,将是人们安放乡愁的最后家园。

"城冀"的方向在何处?如何确定诸多可能的根本所在?为本书作序的两位学者不约而同地给我们明确了追寻的方向。本书作为以公共管理视角切入古城更新的研究,特意跨界邀请了"一洋一中"两位学者作序。山东大学政治学与公共管理学院院长贝淡宁教授是著名的政治哲学家,他在《城市的精神》一书中以冷静的政治理性分析了城市的独特性。他认为每个城市都有自身独特的精神,这是一种城市的自豪感,是根植于城市生活方式和价值观的归属感。山东省旅游规划设计研究院院长牛国栋先生是著名的文史专家,他在《济水之南》一书中以温情的笔调描述了对济南古城的感悟,唤起了许多人对城市历史的渴望。他认为城市发展除了追求外表的光鲜华丽,关键在于城市的"内心"要更加真诚、友善,更加美丽、温暖。两位学者对于城市的观察视角和分析思路,和我们团队的公共管理的学术背景有较大的差异,但是都提醒我们在城市的发展中,城市不仅要为生活于其中的人提供匹配、有效、良好的公共服务,而且要回应城市中人的文化认同和文化归属,不断创造出城市发展的新价值来安放城里人的"乡愁"。

"城冀"作为我们团队的创造,是我们寻求现实问题破解和知识增值的成果。

一是以现实问题为出发点,关注近年来山东较为典型的古城更新项目。历史上,山东拥有悠久的历史和深厚的文化底蕴,许多城市都曾经绽放过,有过自己的辉煌时刻;现实中,2017年山东省的城市化率已经达到了60.58%,这不仅意味着开启了"城市山东"的新阶段,也意味着城市之间竞争新阶段的开端。古城处于历史与现实的汇聚点,如何塑造城市新的竞争力,就成为发展的必答题。山东许多城市都选择了古城更新的策略,即通过挖掘历史资源、再现城市历史、重塑城市文化,以期带动城市振兴。战略方向的正确并不意味着行动一帆风顺,如何对接历史、如何发展旅游、如何重塑社会,新的挑战接踵而来,如"千城一面""古城变死城"等现象被广为诟病。物质与社会、历史与现实、发展与保护等问题都凸显了古城是一个矛盾的综合体。这些挑战,要求我们团队要突破迷茫和困惑,既需要冷静的、客观的、科学的方法体系,更需要可持续的、整体性的、有关怀的价值思考。

二是以空间生产理论为依据,在理论基础上将古城解读为空间—社会关系的复合体。古城更新是横跨多学科的理论和实践热点,如何从公共管理的视角去解读是个难题,空间生产理论也由此进入我们的视野。社会理论的"空间转向"意味着"空间"在物质属性和精神属性之外,被赋予社会关系的内涵,如列斐伏尔所言:"哪里有空间,哪里就有存在。"哈维指出,时空的压缩在城市生活中表现得非常清晰,空间秩序的改变会通过货币受益重新分配社会权力,空间的生产与空间就是社会权力的源泉。古城作为特定的社会空间,具有复杂的社会、经济和政治关系,进一步来说,古城空间是被带有意图和目的地生产出来的,是资本运转的媒介,是权力角逐的场所。它既是社会关系的产物,又是社会关系依附的对象,从而形成了一个循环往复的过程:社会关系决定空间生产,空间一旦形成,又生产社会关系。空间与社会形成一个共同体,任何空间的生产过程必然意味着社会关系的改变。古城更新不应被认为是一个单纯的建筑项目和技术选择的问题,它是涉及社会与空间互动的再造运动,指向规划者与建筑师背后那些更加复杂而宏大的城市治理问题。

三是以历史与现实均衡为导向,寻求多层次多元化的古城更新策略。古城一方面具有历史价值和文化根脉,另一方面还是现时社会中人的居所,这样的双重特性决定了古城更新必须寻求一种平衡。在古城更新的探索过程中,从拆旧建新到修旧如旧、从旅游开发到文化挖掘、从居民搬迁到社会网络植入,新的发展策略在增进新的发展可能。古城可分为物质空间、社会空间和精神空间三个空间层次,因此古城的空间生产也可据此展开:以建筑和公共场所为载体的物质空间生产,通过建筑的复原和城市格局肌理的再现,实现场所再生与城市身份的均衡;以人群为载体的社会空间生产,目的在于激活原住居民、集聚外来人口与游客,通过再造社会关系和事件活动实现游居平衡和社区经营;以文化挖掘和价值建设为载体的精神空间再生,通过激活古城建筑和人群附着的文化信息、改造被尘封的文化形态、创新新时代的文化解读方式,推动城市文化的传承和文化产品的创新,进而实现在地文化与时代文化、文化体验与文化产品、历史与现实的均衡。这些多层次目标的实现,显然需要政府、企业、社会公众等多种力量在古城更新的立场、策略、方式等方面的有机合作,既要理性地分析古城多重性和社会复杂性,又要秉持社会正义作为保障资源公平分配和权利救济的核心价值,在细分利益相关者的基础上,达成行政化、市场化和社会化的有效衔接,走出一条科学、民主的多元化古城更新发展路径。

基于古城更新的问题意识、理论思考和策略选择,我们形成了本书的基本认知。古城更新不仅是对物质空间的改造、对古城精神想象的维系,更是对古城原住居民社会交往方式、社会关系网络的变革,重点在于注重古城更新中的"人",强调不同群体的"城市权利"。回到根本,就是要重塑古城更新的价值观,古城更新不仅仅是建筑及其格局的再造,更是人群社会关系的重塑,古城更新要实现"以人为本",离不开对社会关系的考量,离不开对人们期待的满足,也就是对"城冀"的回应。

古城更新是个政策选择,也是一种价值追寻,最终目的是让人找到一种归宿。古城更新实际上是把人们对传统生活样态下的"乡愁",转变为对于城市可持续、城市辉煌再现的可能性。这就是寄托了城市美好未来的"城冀"。这些关于未来美好的各种期冀,本质上就是城市的魅力所在、城市人的梦想所归,是城市空间赋予城市居民的无限可能性与至高权利。以古城更新为导向的城市振兴,就应该是这样一种将人们从"乡愁"之惆怅推至"城冀"之期待的空间实践,是秉持着"城市的发展首先是人的发展"这一共识的治理行为。古城更新就是在创造一个容器,能够引领和容纳人们对于城市未来美好的各种想象,回望是"乡愁",未来是"城冀"。

有"城冀"感的不仅仅是古城的研究者。"理论是灰色的,而生命之树常青",这句话是我们在调研过程中最大的感受。行走在各个古城,我们深感人们对于"生于斯,长于斯"的城市的热爱。和我们晦涩的理论立场相比,我们在各个城市遇到的诸多城里人,他们的古城更生动、对更新的思考更直白、对古城的爱更深沉,我们要对他们表示深深的感谢。

感谢领导之谋。地方官员在古城更新中是容易纠结的,"为"还是"不为"以及"如何为",都是他们亟须应对的挑战。感谢济南明府城管理中心、烟台北部滨海开发建设指挥部、台儿庄古城管委会、周村古商城管委会、青州古城管委会以及惠民县和临清市有关部门的领导,他们跟我们分享了古城保护的经验和体会,也坦露实践中的困惑。他们专业且敬业,既有宏观思考又有本土把握,城市曾经的荣耀带给他们自豪的同时也带来了诸多焦虑,他们谨慎地探索历史文化和经济发展之间的关系,在探索平衡现实与未来的问题上给我们许多启发。

感谢众人之力。社会人士表露对古城的热爱是最直接的。调研中有历下控股、烟台蓝天建设、金桥古典园林等企业的人士和我们分享参与古城建设的理念,我们还感受到了诸多民间人士自发参与古城更新的热情和力量,他们或在自己的岗位或在工作之余,都对古城保护和更新做着不懈的努力。感谢百花洲民俗馆的管延伟、生活日报社的雍坚和吴永功、台儿庄古城的左宾昕和沙莹、聊城日报社的孟凡磊和郝川、"临清公馆街老头"刘英顺等人士,他们对古城的热情和真诚极大地感染了我们。

感谢专家之智。专家学者是古城更新的中坚力量,他们的学识和思考为当地古城更新决策提供了重要依据。感谢调研过程中诸位学界同仁,包括山东工商学院的支军老师、蔺雪春老师、魏春洋老师,即墨区委党校的仇振国老师、王菁菁老师,青州政协的孟庆刚先生,山东师范大学的牛千老师,临清市博物馆的魏辉馆长,惠民县博物馆的齐向阳馆长,他们不仅在调研中给予我们最大的帮助,而且在交流中也为我们的思考提供了新的启发。

官员、企业家、社会人士、研究者,对于古城更新都有话要说,这种多元的参与正是我们所期待的对古城的一种尊重,也是我们所倡导的"城冀"的直观体现。为此,我们在书中特设一个小专栏"古城更新中的人和事",从中选取几位来分享他们的心路历程。

"城冀"一词尽管是我们当下新创,但也符合我们学术团队的"初心"。城市发展与公共政策研究中心一直致力于城市繁荣发展和可持续的研究,感谢曹现强老师和楼苏萍老师对本研究的坚定支持,马奔、孔新峰、高原、刘华兴、孙宗锋、王军洋、俞少宾等老师的学术视野和学术观点让我们获益良多。所有这些都基于山东大学政治学与公共管理学院的良好氛围和支撑。另外,特别感谢"山东大学学科高峰计划"和"山东大学人文社会科学青年团队项目"对本研究的支持。

在项目研究中,感谢可爱的朋友刘成彬、高洁、张俊鹏等人不遗余力的支持,也感谢刘洋、张婧琦、赵燕、陈安庆、王铮、孙悦、安娜尔等同学的积极参与,他们在实地调研、搜集资料、文稿校对等方面作出了很大的努力。感谢参与"古城更新与城市发展学术工作坊"的韩明、刘功利、吕文杰等MPA同学,他们在实践中的感悟使我们深受启发。

本书是团队共同努力的结果,在调研中相互激励,在写作中相互切磋。调研之后的具体执笔分工如下:

导论部分由王佃利、王玉龙完成;

第一篇为理论基础,包括第 1 章(于棋)、第 2 章(王玉龙)、第 3 章(王庆歌);

第二篇研究历史文化街区更新项目,包括第 4 章(毛启元、孙重才)、第 5 章(黄晴)、第 6 章(王玉龙、于棋);

第三篇研究已完成的古城项目,包括第 7 章(王庆歌)、第 8 章(安百杰)、第 9 章(王玉龙);

第四篇研究探索中的古城项目,包括第 10 章(黄晴)、第 11 章(安百杰)、第 12 章(苗红培);

余论部分对全书进行了总结和提炼,阐述了对于古城更新的立场和观点,由王佃利、王玉龙和黄晴完成。全书由王佃利统稿。

感谢北京大学出版社的朱梅全老师,他对书稿专业的判断给我们以清晰的努力方向,他的督促也是我们项目顺利推进的动力之一。

无论是研究课题还是政策实践,古城更新都还期待更多的投入和探索。由于我们的学力未逮,研究中还存在许多不足和疏漏,敬请专家和读者教正。

我们曾经在"洪家楼城市研究基地"微信公众号刊发词中说过:热爱生活,相信自己,从容地展示自己的学术思考,这样挺好。

2018 年 12 月于洪家楼 1 号楼